MONUMENTA SERICA MONOGRAPH SERIES
XXVII
Sankt Augustin
Editor: ROMAN MALEK SVD

---

MARIA DOROTHEA REIS-HABITO
Die Dhāraṇī des Großen Erbarmens des Bodhisattva
Avalokiteśvara mit tausend Händen und Augen

MONUMENTA SERICA MONOGRAPH SERIES
XXVII

Maria Dorothea Reis-Habito

# DIE DHĀRANĪ DES GROSSEN ERBARMENS DES BODHISATTVA AVALOKITEŚVARA MIT TAUSEND HÄNDEN UND AUGEN

Übersetzung und Untersuchung
ihrer textlichen Grundlage sowie Erforschung ihres Kultes
in China

Institut Monumenta Serica ■ Sankt Augustin

Steyler Verlag ■ Nettetal
1993

**Sumptibus Societatis Verbi Divini (SVD)**

Die Deutsche Bibliothek - CIP-Einheitsaufnahme

**Reis-Habito, Maria Dorothea:**
Die Dhāraṇī des grossen Erbarmens des Bodhisattva
Avalokiteśvara mit tausend Händen und Augen : Übersetzung
und Untersuchung ihrer textlichen Grundlage sowie
Erforschung ihres Kultes in China / Maria Dorothea Reis-
Habito. Institut Monumenta Serica, Sankt Augustin. - Nettetal
: Steyler Verl., 1993
(Monumenta serica monograph series ; 27)
Einheitssacht. des kommentierten Werkes: Sahasrabâhu-avalokiteśvara-dhâraṇî-sûtra
<dt.>
Zugl.: München, Univ., Diss., 1991
ISBN 3-8050-0296-3
NE: Die Dhāraṇī des grossen Erbarmens des Bodhisattva Avalokiteśvara mit tausend
Händen und Augen; EST des kommentierten Werkes; GT

ISBN 3-8050-0296-3
ISSN 0179-261X



Herausgeber: ROMAN MALEK SVD
Redaktionelle Mitarbeit: BARBARA HOSTER, M.A., Dr. GERD WÄDOW
Druck: DRUKKERIJ STEIJL B.V. (NL)
Vertrieb: Steyler Verlag, Bahnhofstraße 9, D-41311 Nettetal

# VORWORT

Ich danke Herrn Professor Helwig Schmidt-Glintzer für seine hilfreichen Hinweise zur Gestaltung dieser Arbeit. Seine weitsichtige Unterstützung und Förderung meines Studiums haben mir auch den zum Schreiben dieser Arbeit unerläßlichen Japan-Aufenthalt ermöglicht.

Ebenfalls danke ich Herrn Prof. Yoritomi Motohiro, Kyōto, für die zahlreichen Literaturhinweise und Anregungen für das Erstellen dieser Arbeit.

Mein ganz besonderer Dank gilt Herrn Dr. Hubert Durt und Frau Dr. Anna Seidel, die mir alle Forschungsmittel des Hōbōgirin Institutes in Kyōto großzügig zur Verfügung gestellt und mit wertvollem Rat zur Seite gestanden haben.

Herrn Kobayashi Tsuneyoshi möchte ich für seine unermüdliche Geduld und Hilfe bei der Einführung in die Computertechnik und der Rettung aus allen damit verbundenen Komplikationen danken.

Ich möchte diese Arbeit Anna Seidel widmen, deren plötzlicher Tod am 29. September 1991 dem kurzen Jahr einer tiefen Freundschaft ein abruptes Ende gesetzt hat.

# INHALTSVERZEICHNIS


EINLEITUNG .................................... S. 13

I. DIE METAMORPHOSE EINES BODHISATTVA .......... S. 23

1. Avalokiteśvara in der Tradition
des *Lotus-Sūtra* ............................. S. 26
2. Das *Reines Land-Sūtra* ...................... S. 33
3. Das *Sūtra der Betrachtung von Amitāyus* ..... S. 40
4. Das *Karuṇāpuṇḍarīka-Sūtra* .................. S. 44
5. *Das Dhāraṇī Mantra Sūtra der Einladung an den Bodhisattva Avalokiteśvara, giftiges Übel auszutreiben* ... S. 48
6. Das *Kāraṇḍavyūha-Sūtra* ..................... S. 60

Anmerkungen zu Kapitel 1 ...................... S. 65

II. DIE EINFÜHRUNG DES *CH'IEN-SHOU CHING* IN CHINA ... S. 95

1. Die Stellung des *Ch'ien-shou ching* innerhalb des "gemischten esoterischen Buddhismus" S. 98
2. Das Vorwort zu Chih-t'ungs Übersetzung des *Ch'ien-pi ching* ... S. 101
3. Inhaltliche Unterschiede zwischen Chih-t'ungs und Bhagavaddharmas Übersetzungen S. 110

4. Inhaltliche Skizzierung der Übersetzungen Amoghavajras, Vajrabodhis und Śubhākarasiṁhas ........................ S. 118
5. Neue Evidenz für die Übersetzung und Verbreitung des *Ch'ien-shou ching* anhand der Tun-huang-Manuskripte ............ S. 121
6. Die in den Tun-huang-Manuskripten enthaltenen Informationen über Formen religiöser Praktiken ........................ S. 127

Anmerkungen zu Kapitel II ........................ S. 133

III. ÜBERSETZUNG DES TEXTES ........................ S. 151

Einleitung zum Vorwort ........................ S. 153
1. Das kaiserliche Vorwort zum Dhāraṇīsūtra-Mantra des großen Erbarmens ................ S. 155
Einleitung zur Textübersetzung ................. S. 157
2. Das Sūtra der großen, vollkommenen, ungehinderten Dhāraṇī des großen Erbarmensgeistes des Bodhisattva Avalokiteśvara mit tausend Händen und tausend Augen ............ S. 160

Anmerkungen zu Kapitel III ..................... S. 205

IV. DIE GLAUBENSPRAXIS DER DHARANI DES GROSSEN ERBARMENS IN CHINA ........................ S. 245

1. Die Belege in den Mönchsbiographien ......... S. 249

a) Biographie von Tzu-chüeh des Ta-pei ssu der Provinz Chen-chou (Hopei) aus der T'ang-Dynastie .......... S. 257
b) Biographie von Chih-hsüan des Chou-ching Berges der Provinz P'eng (Szu-ch'uan) der T'ang-Dynastie .......... S. 261
c) Biographie von Shen-chih aus der Provinz Yüeh des Pao-shou ssu in Chu-chi (Che-chiang) der T'ang-Dynastie .......................... S. 263
d) Biographie von Tseng-jen aus dem Lung-hsing ssu aus Shuo-fang Ling-wu (Che-chiang) der T'ang-Dynastie .......... S. 264
e) Biographie von Tao-chou aus dem Yung-fu ssu in Shuo-fang Ling-wu (Che-chiang) der Chin-dynastie .......... S. 267

2. Die Thematik des tausendhändigen Avalokiteśvara und der Dhāraṇī in buddhistischen Wundergeschichtensammlungen ...................... S. 270

a) *Aufzeichnungen über die wichtigsten Wunderwirkungen der drei Juwelen* ......... S. 273
b) *Aufzeichnungen über die Wirkungen des Avalokiteśvara-Sūtra* ................ S. 279
c) *Die Sammlung vom liebenden Erbarmen des Avalokiteśvara* ...................... S. 288
* Abschließende Zusammenfassung zu den Themen der Dhāraṇī-Rezitation ........... S. 294

3. Die Miao-shan Thematik und Überlieferungen über die Dhāraṇī des großen Erbarmens aus der Min-kuo Zeit ... S. 298
4. Die Dhāraṇī des großen Erbarmens im *Ch'ih-hsiu pai-chang ch'ing-kuei* ............ S. 310
5. Das Bußritual des großen Erbarmens .......... S. 318

Anmerkungen zu Kapitel IV ...................... S. 336

KONKLUSION ................................ S. 387

Anmerkungen zur Konklusion .................... S. 401

BIBLIOGRAPHIE ............................. S. 403

INDEX ..................................... S. 433

ANHANG:

I. Einleitung und Text des *Ch'ien-shou ching*, *T.*1060
II. Text des *Ch'ien-shou ch'ien-yen ta-pei ch'an-fa*, Ausgabe Kamata Shigeo, *Chūgoku no bukkyō girei*, Tōkyō 1986, S. 928-932
III. Abbildungen von Avalokiteśvara aus dem *Fan-yin ta pei chou*, Hong Kong 1928.
Figur 1: Avalokiteśvara in Grundgestalt
Figur 30: Avalokiteśvara in der Gestalt eines Mahāsattva
Figur 38: Avalokiteśvara, der Schild, Pfeil und Bogen trägt

Figur 84: Avalokiteśvara, der die Sinne befreit
und alle Dharmas unterscheiden läßt

# EINLEITUNG

Die Kenntnis des Mahāyāna-Buddhismus hat im Westen in diesem Jahrhundert beachtlich zugenommen, nicht nur in theoretischer Hinsicht durch die von wissenschaftlichen Studien zu seiner geschichtlichen und doktrinären Entwicklung begleitete Übersetzung vieler grundlegender Texte, sondern auch in praktischer Hinsicht durch die quasi unbeschränkten Reisemöglichkeiten in die Länder Ostasiens, in denen er noch heute die religiösen Vorstellungen und Bräuche der Mehrheit prägt. Als Besonderheit des Mahāyāna-Buddhismus wird dem unbefangenen Beobachter an erster Stelle der Kult der Bodhisattvas auffallen. Es ist bekannt, daß die Einführung dieser Anwärter auf die Buddhaschaft, die aufgrund ihres Gelübdes, den endgültigen Eintritt in die Buddhaschaft nicht eher zu vollziehen, als bis sie alle Lebewesen aus dem leidvollen Kreis der Wiedergeburten erlöst haben, den Übergang vom monastischen Buddhismus des kleinen Fahrzeuges in die Laienbewegung des großen Fahrzeuges kennzeichnet. Unter den zahllosen, in den Sūtras als Gefolgschaft des Buddha Śākyamuni genannten Bodhisattvas, die mit dem Einzug des Buddhismus in China, Korea, Japan und Tibet als in Malerei und Skulptur dargestellte Kultobjekte die Phantasie und die Frömmigkeit der Gläubigen beflügelten, hat der Bodhisattva Avalokiteśvara als Sinnbild der buddhistischen Barmherzigkeit von Anfang an eine herausragende Stellung innegehabt, die sich aus seinem Auftreten im *Lotus-Sūtra* herleiten läßt. Dieser Bodhisattva ist darüberhinaus der Verkünder des *Herz-Sūtra*, das von allen gläubigen Buddhisten Asiens mehr noch als das Avalokiteśvara-Kapitel des *Lotus-Sūtra* abgeschrieben, auswendig gelernt und täglich rezitiert wird.

Mein Interesse am Kult des Avalokiteśvara in seiner esoterischen Form mit tausend Händen und tausend Augen, die in seinen Handflächen abgebildet sind, wurde im Dezember 1986 während eines dreitägigen Aufenthaltes in einem taiwanesischen Tempel in Fu-lung geweckt. Die Mönche, Nonnen und Laien umwandelten jeden Abend eine Statue des tausendhändigen Avalokiteśvara und rezitierten dabei ein Gebet, das sie auf meine Fragen als die Dhāraṇī des tausendhändigen Avalokiteśvara erklärten. Sie fügten hinzu, daß die ununterbrochene Rezitation dieser aus vierundachtzig Silbeneinheiten bestehenden Dhāraṇī den Hauptteil ihrer religiösen Praxis ausmache und unermeßlich positive Wirkungen habe. In Taiwan findet man die Dhāraṇī in allen Gebetstexten für die tägliche Rezitation der Nonnen, Mönche und Laien und auf farbigen Postern, die auf Tempelmärkten oder in buddhistischen Buchhandlungen ausgestellt sind, abgedruckt. Dazu kann man zahlreiche und unterschiedliche Kassetten, die ihre Aussprache in Chinesisch, Taiwanesisch und Sanskrit lehren und die unermeßlichen Vorteile ihrer Rezitation preisen, billig erstehen.

In Japan fiel mir die Dhāraṇī erneut während eines Zen-Sesshin in einem Tempel in Kamakura auf. Dort wurde sie von allen westlichen und japanischen Teilnehmern zusammen jeden Abend zum Abschluß des Tages in ihrer japanischen Aussprache rezitiert. Meine Nachforschungen ergaben, daß die Dhāraṇī auch in Japan zum täglichen Repertoire der Mönche der Zen-Sekte gehört und ebenfalls unter den Laien bekannt ist. Eine anschließende Reise zu den buddhistischen Pilgerorten auf dem chinesischen Festland bestätigte diese ersten Eindrücke von der ungemeinen Popularität und Bedeutung der Dhāraṇī besonders im chinesischen Buddhismus.

Die wichtige Funktion der Dhāraṇīs in der Entwicklung und Praxis des Buddhismus ist durch die Forschung bislang noch nicht genügend erfaßt worden. An westlichen Arbeiten zu diesem Thema seien die Arbeiten von Etienne Lamotte, Laurence A. Waddell, J.W. Hauer und Robert Duquenne genannt. Sie zeigen und analysieren die Entwicklung, im Zuge derer aus der Dhāraṇī als einem Mittel zum Behalten des buddhistischen Textes und der in ihm enthaltenen Lehre die auf eine Formel kondensierte Essenz des ganzen Textes wird. Diese Formel kann wiederum in ein Mantra verkürzt werden und dient in der Meditation als Konzentrationsstütze, die dem Meditierenden zur Freisetzung von als "magisch" beschriebenen Fähigkeiten verhilft. Darüberhinaus enthält die ursprüngliche Dhāraṇī-Formel oder das oft bis auf eine einzige Silbe, die sogenannte "Kernsilbe", verkürzte Mantra, die Essenz eines bestimmten Buddha oder Bodhisattva.

Die zusammenhängenden Silben der Dhāraṇī sind demnach nicht nur die Essenz des Textes, dessen

Rezitation in sich schon mit unendlichem Verdienst verbunden ist, sondern auch die Essenz zahlloser Buddhas und Bodhisattvas, deren barmherzig helfenden und alle Wünsche erfüllenden Kräfte durch die Rezitation beschworen werden. Weiterhin zielt die Rezitation in einem rituellen Zusammenhang, sei es einem Bußritual oder einem Ritual des esoterischen Buddhismus, in dem der Adept sich anhand einer bildlichen Darstellung die Eigenschaften und das Aussehen eines bestimmten Buddha oder Bodhisattva zu Bewußtsein bringt, auf die visuelle Identifizierung mit diesem Buddha oder Bodhisattva und auf die vollkommene Aneignung seiner Eigenschaften hin.

Die Dhāraṇī des tausendhändigen Avalokiteśvara ist im *Ch'ien-shou ch'ien-yen Kuan-shih-yin p'u-sa kuang-ta yüan-man wu-ai t'o-lo-ni ching*, im folgenden abgekürzt als *Ch'ien-shou ching*, das um A.D. 650 durch den Inder Bhagavaddharma ins Chinesische übersetzt wurde, enthalten. Zum Verständnis der ungemeinen Popularität dieses in den esoterischen Kanon aufgenommenen Textes muß sein Inhalt vor dem Hintergrund seiner Beziehung zu den wichtigsten Themen des Kultes von Avalokiteśvara, deren früheste Formulierung sich im *Lotus-Sūtra* und der Gruppe der Sūtras des Reinen Landes findet, gesehen und verstanden werden. Der erste Teil der Arbeit hat daher die Aufgabe, die Entwicklung der Vorstellungen über den Bodhisattva Avalokiteśvara, die in diesen und späteren Texten zum Ausdruck kommen, unter Bezugnahme auf die Themen des *Ch'ien-shou ching* zu verfolgen und darzustellen. Der Lauf dieser Entwicklung zeigt den

Bodhisattva als eine Rettergestalt, die nicht nur in vielfältigen Erscheinungsformen auftretend die Wesen bekehrt und aus allen Arten von Drangsal und Gefahren erlöst, oder als Helfer des Buddha Amitābha zwischen seinem Paradies des Reinen Landes und dem irdischen Bereich der leidvollen Wiedergeburten vermittelt, sondern die in zunehmendem Maße besonders mit den Leiden der drei untersten Existenzbereiche der Höllen, Hungergeister und Tiere assoziiert wird.

Im chinesischen Buddhismus hat der T'ien-t'ai-Meister Chih-i (538-597) als erster eine sechssilbige Dhāraṇī als sechs unterschiedliche Formen des Avalokiteśvara, von denen eine jede für einen der sechs Wiedergeburtsbereiche zuständig ist, erklärt. Nach diesem durch den japanischen Shingon- und Tendai-Buddhismus aufgegriffenen Schema ist der tausendhändige Avalokiteśvara speziell mit der Rettung der Hungergeister beauftragt. Daher ist die Rezitation seiner Dhāraṇī ein unverzichtbarer Bestandteil von Beerdigungs- und Totengedenkzeremonien, die zur Rettung der als Hungergeister in der Hölle leidenden Ahnen abgehalten werden.

Verquickt mit der Rettung aus der Hölle ist ebenfalls das im *Ch'ien-shou ching* in zahlreichen Wiederholungen betonte Motiv der Buße, das den T'ien-t'ai-Meister Chih-li (960-1028) dazu veranlaßt hat, den Text zur Grundlage eines Bußrituals zu machen. Dieses Ritual hat als Bestandteil des Kultes des tausendhändigen Avalokiteśvara und des damit verbundenen

Ahnenkultes seine Bedeutung bis zum heutigen Tag erhalten.

Der zweite Teil der Arbeit greift nach der Diskussion um die problematische Klassifizierung des *Ch'ien-shou ching* unter der Kategorie des "gemischten esoterischen Buddhismus" die Frage nach dem Vorgang der Einführung des Textes in China auf. Dazu muß auf die Beziehung zwischen dem *Ch'ien-shou ching* und der durch Chih-t'ung (605-653) zeitlich früher ausgeführten Übersetzung des *Ch'ien-yen ch'ien-pi Kuan-shih-yin p'u-sa t'o-lo-ni shen-chu ching*, abgekürzt als *Ch'ien-pi ching*, eingegangen werden. Da die Tun-huang-Manuskripte der beiden Texte Aufschluß über den Übersetzungsort des *Ch'ien-shou ching*, den Zusammenhang der beiden Texte und den Gebrauch der Dhāraṇī in einem rituellen Rahmen geben, wird ihre Diskussion in diesen Teil der Arbeit miteinbezogen. Ein Vergleich mit den anderen Übersetzungen von Texten und Ritualen des tausendhändigenen Avalokiteśvara zeigt, daß die Besonderheit von Bhagavaddharmas Übersetzung darin liegt, daß sie bis auf den letzten Teil über rituelle Heil- und Exorzismusmethoden ganz in der Tradition der "offenen" Mahāyāna-Sūtras steht.

Der dritte Teil der Arbeit gibt die vollständige Übersetzung des *Ch'ien-shou ching* unter Einschluß des durch Kaiser Yung-lo (reg. 1403-1425) verfaßten Vorwortes, des dem indischen Meister Amoghavajra zugeschriebenen Kommentares zu den Silben der Dhāraṇī sowie Chih-lis scholastischer Interpretation essentieller Stellen des Textes. Obgleich der ikonographische und kunsthistorische Aspekt des Themas in dieser Arbeit nicht aufgegriffen werden konnte, so macht ein Vergleich mit den in Japan erhaltenen Darstellungen des tausendhändigen Avalokiteśvara und seiner aus achtundzwanzig Geistern und Gottheiten bestehenden Gefolgschaft die Diskrepanz zwischen den Anweisungen des Textes und ihren ikonographischen Umsetzungen deutlich.

Der vierte und letzte Teil der Arbeit beschreibt die Praxis des Kultes des tausendhändigen Avalokiteśvara und der Dhāraṇī-Rezitation anhand von vielfältigen Quellen, die sich von der T'ang-Zeit bis in die jüngste Neuzeit erstrecken. In der späten T'ang-Zeit wirkten im besonderen fünf Mönche als Propagatoren des Kultes des tausendhändigen Avalokiteśvara, deren Biographien entweder ganz oder auszugsweise übersetzt wurden, um die in ihnen beschriebenen Wunderwirkungen der Dhāraṇī-Rezitation im Zusammenhang mit den anderen Aktivitäten der Mönche darzustellen. Daß die Dhāraṇī-Rezitation nicht auf die Zugehörigkeit zur Tradition der esoterischen Sekte in China zurückzuführen ist, sondern unter den Mönchen aller Sekten und auch den Laien gleichermaßen verbreitet war, zeigen auch Ch'ing-zeitliche Sammlungen über die Wunderwirkungen von Buddhas und Bodhisattvas, in denen außer den Biographien dieser Mönche viele andere Geschichten über die Rezitation der Dhāraṇī des großen Erbarmens zu finden sind. Diese Geschichten, die aus unterschiedlichen früheren Werken zusammengestellt sind, kreisen hauptsächlich um solche Themen wie z.B. Krankenheilungen, Vertreibungen von Geistern, Aufhebung von Gefahren, Rettung aus der Hölle, Verlängerung des Lebens und Wiedergeburt im Reinen Land. Alle diese materiellen und spirituellen Verdienste sind im *Ch'ien-shou ching* als Resultat der Dhāraṇī-Rezitation beschrieben. Doch ein besonderer, in diesen Geschichten zum Ausdruck kommender Zug der Dharaṇī-Rezitation und des Kultes des tausendhändigen Avalokiteśvara stellt sie als Akte kindlicher Pietät gegenüber verstorbenen Angehörigen heraus. Das Thema der kindlichen Pietät zurückverfolgend, trifft man auf die Sung-zeitliche Legende über Prinzessin Miao-shan als einer Inkarnation des tausendhändigen Avalokiteśvara. Sowohl diese Legende als auch die Berichte über die wunderbaren Wirkungen der Dhāraṇī-Rezitation aus der Zeit der Republik sind weitere Aspekte, die im letzten Teil über die Praxis der Dhāraṇī-Rezitation aufgegriffen werden.

Eine Überprüfung der monastischen Vorschriften der Ch'an-Schule in diesem Teil zeigt weiterhin eine Entwicklung, die die Vorschrift der Dhāraṇī-Rezitation von rituellen Anlässen wie Toten- und Gedenkfeiern auf tägliche Aktivitäten wie die Morgen- und Abendrezitation ausdehnt. Es ist auch hauptsächlich die Ch'an-Schule, in der das durch Chih-li verfaßte Bußritual ausgeführt wird. Das Bußritual wird ebenfalls vor dem Hintergrund der Ahnenverehrung verständlich, denn die Buße der eigenen Vergehen sowie die Bitte um die Tilgung der Sünden aller Lebewesen ist die Bedingung für die Rettung der Ahnen aus der Hölle. Die Übersetzung von Chih-lis Bußritual in der vereinfachten Form, in der es seit spätestens der Ch'ing-Zeit ausgeführt worden ist, bildet daher den Abschluß des letzten Teiles.

Die Tatsache, daß die Dhāraṇī durch die Jahrhunderte von Nonnen und Mönchen täglich rezitiert wurde und auch heute zum Repertoire westlicher Zen-Schüler gehört, die nicht nur auf die monastischen Kreise beschränkte Popularität dieser von Rhi Ki-yong als "das buddhistische *Pater Noster*" bezeichneten Dhāraṇī und die weit vebreitete Überzeugung von seiner Wirksamkeit sind der Ausgangspunkt für meine Nachforschungen und Verständnisbemühungen, deren hiermit vorliegendes Ergebnis vielleicht als bescheidener Beitrag zu dem heute immer wieder neu erstrebten Dialog der Religionen dienen könnte.

# I.
# Die Metamorphose eines Bodhisattva

Mit der Entwicklung des neuen Ideals der Rettung aller Lebewesen, die der Mahāyāna-Buddhismus im Gegensatz zu der älteren Form des Hīnayāna-Buddhismus und seiner Lehre der Erlösung kraft eigener Einsicht propagierte, nahm die Zahl der helfenden und rettenden Erlösergestalten in nahezu schwindelerregender Geschwindigkeit zu. Nun war das gesamte Universum durch beschützende und barmherzige Kräfte belebt, an die sich der Gläubige voll Vertrauen und im Bewußtsein seiner eigenen Hilfsbedürftigkeit wenden konnte. Doch es gewannen nicht nur die Vorstellungen von unendlich vielen unterschiedlichen Buddhas, Bodhisattvas und Beschützergottheiten an Vielfalt, Kraft und Ausdruck, sondern auch die Vorstellungen von den unbegrenzten Mitteln und Fähigkeiten, mit denen ein bestimmter Buddha oder Bodhisattva leidenden Wesen zu Hilfe kommen und ihre Wünsche erfüllen kann. Dieses Kapitel soll eine Einführung in die Entwicklungsgeschichte des Bodhisattva Avalokiteśvara anhand der wichtigsten textlichen Grundlagen geben und die enge Verwandtschaft zwischen den Themen im *Ch'ien-shou ching* und den früheren Quellen aufweisen. Die Entfaltung des Bodhisattva Avalokiteśvara in unterschiedliche Erscheinungsformen des gleichbleibend großen Erbarmens findet ihren tiefsten Ausdruck in seiner Form mit tausend Händen und Augen. Das Mittel, diese Erscheinungsform heraufzubeschwören und ihre Kräfte wirksam zu machen, ist die

Dhāraṇī des großen Erbarmens. Somit geht die Entwicklung der Dhāraṇīs mit der Entwicklung der Bodhisattvas Hand in Hand und konzentriert die Macht, die anfangs durch die Anrufung ihrer Namen wirksam gemacht wurde, in den Silben der Dhāraṇīs. In diesem Zusammenhang nimmt es nicht Wunder, daß die Dhāraṇī des großen Erbarmens schließlich im rituellen Zusammenhang eines Bußrituals selbst zum Gegenstand der Anrufung werden kann.

## 1. Avalokiteśvara in der Tradition des *Lotus-Sūtra*

Der Bodhisattva Avalokiteśvara, der "Wahrnehmer der Laute der Welt" (chin. Kuan-shih-yin) ist im Mahāyāna-Buddhismus, der allen Lebewesen ein "*Yāna*" oder "Fahrzeug" zur Befreiung durch Glauben und Erkenntnis anbietet[1], als Personifizierung des buddhistischen Erbarmens die zentrale Rettergestalt und Gegenstand einer Verehrung, die ihre schriftliche Grundlage im *Lotus-Sūtra* (*Saddharma-puṇḍarīka*) hat. Die Etymologie und Bedeutung des Namens Avalokiteśvara hat nicht nur lebhafte Diskussionen unter den Buddhismusforschern des vergangenen und jetzigen Jahrhunderts entfacht[2], sondern auch schon die indischen und chinesischen Mönche, die ab dem zweiten Jahrhundert Texte, in denen Avalokiteśvara auftritt, übersetzten, zu unterschiedlichen Lösungen des Problems geführt.[3] Hsüan-tsang (604-664) erklärte den Gebrauch von Kuan-shih-yin in den früheren Übersetzungen kategorisch als Fehler und korrigierte ihn durch seine neue Übersetzung mit Kuan-tzu-tsai, "der Herr dessen, was gesehen wird" oder "der Herr, der gesehen wird" oder "der mit dem völlig ungehinderten Blick".[4] Doch hatte der von Hsüan-tsang in seiner Kritik miteingeschlossene Kumārajīva (344-413) schon bemerkt, daß Kuan-shih-yin "auch Kuan-tzu-tsai genannt wurde."[5]

Ein Blick auf die Titel der Sūtras des tausendhändigen Avalokiteśvara zeigt, daß in der T'ang-Dynastie beide Namen verwendet wurden, und dazu in Texten, die demselben Übersetzer zugeschrieben sind.[6] Das *Ch'ien-shou ching* geht einer Entscheidung für eine der beiden Möglichkeiten dadurch aus dem Weg, daß es den Buddha auf Ānandas Frage nach dem Namen des Bodhisattva kurioserweise antworten läßt: "Dieser Bodhisattva heißt Kuan-shih-yin-tzu-tsai."[7]

Im *Lotus-Sūtra*[8], das dem Bodhisattva ein ganzes Kapitel[9] widmet, ist sein Name durch Kumārajīva als Kuan-shih-yin übersetzt. Dieses Kapitel wurde von den Gläubigen als unabhängige Schrift behandelt und verbreitet, auswendig gelernt und rezitiert. Das im Titel des Sanskrittextes enthaltene Ephitet des Avalokiteśvara *Samanthamukha*, "der Allseitige" oder "der in alle Richtungen Schauende"[10], wurde zur Überschrift des Kapitels in der chinesischen Übersetzung gewählt und als *P'u-men p'in* wiedergegeben. In dieser Überschrift kommt die "universale" Rettung (*p'u*) und der unbegrenzte "Zugang" (*men*), der dem Bodhisattva zur Erleuchtung aller Lebewesen zur Verfügung steht, zum

Ausdruck.

Zu Beginn des Kapitels stellt der Bodhisattva des Unbegrenzten Gedankens (Akṣayamati, chin. Wu-chin-i) die Frage, warum der Bodhisattva Avalokiteśvara diesen Namen habe. Die Antwort des Buddha Śākyamuni enthüllt zunächst die Funktion des Avalokiteśvara als eines Wunderwirkers, der mit seinen magischen Kräften allen notleidenden Wesen unverzüglich zur Hilfe eilt, sobald sie seinen Namen anrufen (*ch'eng-ming*): "Guter Mann, wenn all die hunderte Millionen von Myriaden von Lebewesen, die in dieser Welt Not leiden, den Namen dieses Bodhisattva Avalokiteśvara hören und ihn aus ganzem Herzen anrufen, dann hört Avalokiteśvara sofort auf ihre Stimmen, und sie werden alle erlöst.[11]

Dann folgt eine anschauliche Beschreibung aller Notsituationen, in die Menschen geraten können, wie z.B. Feuersbrünste, Wasserfluten, Schiffbruch an einer von weiblichen Dämonen behausten Insel, Überfälle durch Räuber und Banditen oder drohende Exekution durch das Schwert. Die Formen der Rettung aus solchen Situationen, bewirkt durch das Anrufen von Avalokiteśvara mit der Formel *Na-mo Kuan-shih-yin P'u-sa*[12], sprachen das Volk an und wurden Thema zahlreicher Illustrationen, von denen die frühesten sich an den Wänden der Höhlen in Tun-huang finden.[13]

Doch außer diesem weltlichen, vom Selbsterhaltungstrieb bestimmten Nutzen der Hilfe des Avalokiteśvara, werden auch geistige Vorteile wie die Befreiung von Leidenschaft, Haß und Begierde angeführt, die durch die Konzentration auf den Namen (*nien-ming*) erreicht werden.

Im *Ch'ien-shou ching* ist die wundertätige Funktion des tausendhändigen Avalokiteśvara auf seine Dhāraṇī des Großen Erbarmens[14] übertragen. Demjenigen, der die Dhāraṇī hält und rezitiert, wird die Ersparnis von fünfzehn schlechten Todesarten, z.B. durch Hungertod, Erschlagen, giftige und gefährliche Tiere, Hexerei, Krankheit, Selbstmord usw. versprochen. Gleichzeitig darf er darauf vertrauen, daß er durch eine der fünfzehn guten Geburtsarten das Licht der Welt erblicken wird, nämlich z.B. in einem durch einen guten König regierten Land, immer zur richtigen Zeit und am richtigen Ort, mit genügend Wohlstand ausgestattet, in einer harmonischen Familie usw.[15]

Die im *Lotus-Sūtra* mit der Formel *Na-mo* eingeleitete Anrufung des Avalokiteśvara bildet zusammen mit der Dhāraṇī den zentralen Teil des *Ch'ien-shou ching* und findet sich in dieser Kombination unter den Tun-huang-Manuskripten.[16]

Der geistige Nutzen wird nicht mehr als die Befreiung von Haß und üblen Leidenschaften ausgedrückt, sondern als der durch die Rezitation der Dhāraṇī entfaltete zehnfache Geist des großen Erbarmens, des Nicht-Erzeugens, der Demut, der unübertroffenen Weisheit usw. beschrieben.[17] Die Dhāraṇī befördert die Bodhisattvas von der ersten Stufe ihrer religiösen Praxis bis zur zehnten Stufe der Buddhaschaft.[18]

Wie in den größten Gefahren das Behalten und

Anrufen des Namens von Kuan-shih-yin die unverzügliche Rettung verspricht, so schlägt die Rezitation der Dhāraṇī alle Feinde wie wilde Tiere, Kobolde, Räuber, Magier und königliche Beamte mit Verhaftungsbefehl in die Flucht oder bringt sie zur Wandlung ihrer bösen Gesinnung.[19] An dieser magischen Funktion der Dhāraṇī entzündete sich die Phantasie des Volkes, die in zahlreichen Sammlungen von Wunderberichten über seine Wirksamkeit Ausdruck fand.[20]

Der Charakter von Avalokiteśvara zeigt sich im weiteren Verlauf des Textes des *Lotus-Sūtra* als durch die Aktivität eines Buddha gekennzeichnet. Auf die Frage des Bodhisattva Akṣayamati nach der Art, in der Avalokiteśvara durch die Welt wandert, den Dharma predigt und seine geschickten Mittel (*upāya*) einsetzt, antwortet der Buddha mit einer langen Aufzählung der Erscheinungsformen von Avalokiteśvara: Buddha, Pratyekabuddha, Śrāvaka, Brahma, Śakra, Iśvara, Maheśvara und viele andere einschließlich Bürger und Älteste, Mönche und Nonnen, Ehefrauen der Ältesten und Bürger, Jungen und Mädchen, Götter, Drachen und Dämonen.[21] Alle diese unterschiedlichen Formen nimmt er zugunsten derjenigen an, die ihrer in einer bestimmten Situation zur Rettung bedürfen.

Die Verwandlungen von Avalokiteśvara wurden viel mehr systematisiert und popularisiert als die der anderen Mahāyāna-Bodhisattvas.[22] So beruht z.B. die Pilgerschaft zu den dreiunddreißig heiligen Orten von Kuan-shih-yin (jap. Kanzeon od. Kannon) im Kansai Gebiet in Japan auf der im *Lotus-Sūtra* genannten Zahl seiner dreiunddreißig Verwandlungen.[23] Ein Handbuch zu dieser Pilgerschaft beschreibt sie als geschicktes Mittel, durch das der Pilger zum Glauben an den Bodhisattva Kannon, der die leidenden Wesen der Welt rettet, geführt wird.[24]

Diese dreiunddreißig Verwandlungsformen sind auch die Vorlage für seine vierundachtzig Verwandlungsformen, die, auf den vierundachtzig Silben der Dhāraṇī beruhend, seit der Ch'ing-Zeit in allen populären Ausgaben des *Ch'ien-shou ching* abgebildet sind.[25] Während die tausend Hände von Avalokiteśvara seine unbegrenzten geschickten Mittel symbolisieren, sind die vierundachtzig Erscheinungsformen Ausdruck seiner spontanen Freiheit, in jeder Situation in der gerade erforderlichen Form zu erscheinen.

Das Ende des *P'u-men p'in* zeigt die Beziehung zwischen Avalokiteśvara und dem Buddha auf. Akṣyamati spricht zunächst wiederum zu Śākyamuni und fragt um Erlaubnis, Avalokiteśvara ein Opfer darbringen zu dürfen. Er bietet ihm ein kostbares Halsband an, dessen Annahme Avalokiteśvara so lange verweigert, bis ihn Akṣyamati zusammen mit Śākyamuni dazu überredet, es aus Mitleid anzunehmen. Avalokiteśvara gibt aus Mitleid nach und teilt das Halsband in zwei Hälften, deren eine er dem Buddha Śākyamuni, die andere dem Stupa seines Vorgängers, des Buddha Prabhutarātna, darbringt. Auf diese Weise wird das symbolische Opfer, das Avalokiteśvara aufgrund seiner vielen Werke der Rettung zugedacht ist, an den vorsitzenden Buddha des *Lotus-Sūtra*, Śākyamuni, und an den Buddha, der im 11. Kapitel erschienen ist, um die Authenzität von Śākyamunis Lehre des *Lotus-Sūtra* zu bezeugen, weitergegeben. Diese Episode erhellt die Tatsache, daß jedes Opfer an Avalokiteśvara immer auch ein Opfer an den Buddha ist, auch wenn das nicht unbedingt in der Absicht der Spender liegt. Es gehört zur Charakteristik der in den dreiunddreißig Verwandlungen zum Ausdruck kommenden Rettungsaktionen des Avalokiteśvara, daß er persönlich weder Dank noch Opfer, symbolisiert durch das Halsband, beansprucht, sondern seinen Dienst ganz in das absolute Ziel der zukünftigen Buddhaschaft stellt.[26]

Avalokiteśvara ordnet sich auch im *Ch'ien-shou ching* dem Buddha unter. So bittet er Śākyamuni, nachdem dieser ihn der Versammlung vorgestellt hat, zuerst um die Erlaubnis, die Dhāraṇī des großen Erbarmens verkünden zu dürfen. Dazu wird er dann vom Buddha ausdrücklich aufgefordert. Wenn die Behandlung und Verbreitung des 24. Kapitels des *Lotus-Sūtra* als eines unabhängigen Textes unter dem Titel *Kuan-yin ching* ebenso wie die vielen Sūtras des esoterischen Kanons, die den Namen von Avalokiteśvara im Titel tragen, auch zu der Vermutung Anlaß geben können, daß der Bodhisattva den Buddha an Wichtigkeit ersetze, so hat dies jedoch kaum in der Absicht der Verfasser und Übersetzer dieser Texte gelegen.

Am Ende des hier behandelten 24. Kapitels des *Lotus-Sūtra* erscheint Avalokiteśvara im Sanskrittext als

Diener des Buddha Amitābha, jedoch fehlt dieser Teil in den chinesischen Übersetzungen.[27]

Dieser Überblick über die Themen des *P'u-men p'in* und die Form, in welcher sie durch das *Ch'ien-shou ching* aufgegriffen wurden, soll einen ersten Anhaltspunkt für die mit Avalokiteśvara verbundenen Vorstellungen geben. Die im *Ch'ien-shou ching* betonte Beziehung zwischen Avalokiteśvara und dem Buddha Amithāba verweist zu ihrer Erklärung jedoch nicht auf das *Lotus-Sūtra*, sondern auf die Schriften der Schule des Reinen Landes, in denen sie am ausdrücklichsten artikuliert ist.

## 2. Das *Reines Land-Sūtra*

Die Rolle von Avalokiteśvara als eines Helfers des Buddha Amitābha, der über das Reine Land (*Sukhāvatī*), das Paradies des Westens, regiert und dort unzählbaren Millionen die Lehre verkündet, wurde in einer Gruppe von Übersetzungen des grundlegenden Textes, genannt das *Reines Land-Sūtra* (*Sukhāvatīvyūha*)[28], ausgemalt und von ihnen her zu einem bestimmenden Glaubensinhalt entwickelt. Alle diese Werke preisen in den buntesten Farben die Freuden der Wiedergeburt im Reinen Land, dessen Bewohner nicht nur von der Erde, sondern auch aus anderen Paradiesen kommen, um den Buddha Amitābha zu verehren und seiner Lehre zu lauschen. Dessen Güte gegenüber seinen Verehrern ist so groß, daß er ihnen nicht nur die unermeßlichen Freuden des Reinen Landes schenkt, in dem es kein irdisches Leid mehr gibt, dessen juwelengeschmückte Paläste und blühende Gärten ständig von wohltuenden Düften und Musikklängen durchzogen sind und dessen kristallklare Wasser immer die gewünschte Badetemperatur haben, sondern ihnen auch die letzten Schrecken des irdischen Sterbebettes nimmt, indem er ihnen mit seiner Schar von Bodhisattvas und Arhats zum Empfang entgegenkommt.

Die Gruppe der ersten drei Texte[29] unterscheidet sich von der späteren Übersetzung durch Kumārajīva darin, daß sie die Bodhisattvas Avalokiteśvara und Mahāstamaprāpta als Diener und eventuelle Erben des Buddha Amitābha beschreiben. Obgleich die Übersetzung Kumārajīvas zeitlich später ist, kann sie auf einem älteren Sanskritoriginal, in dem die beiden Bodhisattvas noch nicht genannt wurden, beruhen.[30] Die beiden frühesten Übersetzungen stimmen mit der Kumārajīvas darin überein, daß sie den Buddha des Westens als O-mi-t'o (Amitābha) bezeichnen. Saṃghavarman (? um 252 in Loyang) benutzt Wu-liang-shou (Amitāyus), den Namen, der während der Sechs Dynastien gebräuchlich wurde.[31] Außerdem übersetzt er die Namen der beiden Bodhisattvas zum ersten Mal mit "Kuan-shih-yin" und "Ta-shih-chih", während seine beiden Vorgänger noch ungeschickte phonetische Äquivalente gebraucht hatten.[32]

Über den Ursprung der Triade von Amitābha, Avalokiteśvara und Mahāstāmaprāpta gibt es divergierende Theorien, die ihn auf persische, manichäische oder auch christliche Einflüsse zurückführen.[33] In der frühen buddhistischen Skulptur werden jedoch vedische Einflüsse sichtbar. Daher sind nach Lokesh Chandras Erklärung über den Ursprung der Triade bei der Geburt des Buddha Śakra, der König des Himmels und Brahmā, der Herrscher über die Erde, zu seinen Diensten. Als Śākyamuni die Erleuchtung gefunden hat, hält Brahmā einen weißen Schirm über sein Haupt und überredet ihn dazu, der Welt seine Lehre zu verkünden. Als Akolythen des Buddha werden die beiden göttlichen Könige zu Symbolen des Wissens und der Macht, der Weisheit und der Erfahrung. Mit dem Aufkommen der transzendentalen Tendenzen im Mahāyāna verlagert sich jedoch die Betonung vom historischen Buddha Śākyamuni auf den ewigen Buddha Amitābha. Mit diesem Wechsel ändern sich auch seine Akolythen; Brahmā wird zu Avalokita-svara und Śakra zu Mahāstāmaprāpta. Brahmā repräsentiert *brahman*, das heilige Wort, und hat als Besitzer der Mantras und als Herr der Rede und des Sehens Qualitäten, die auch Avalokiteśvara kennzeichnen. So wie er *Caturmukha*, "vier-gesichtig" genannt wird, ist Avalokiteśvara in der Überschrift zum 24. Kapitel des *Lotus-Sūtra* als *Samantamukha*, "in alle Richtungen schauend" bezeichnet. Die durch einen Vajra symbolisierte Macht von Śakra ist auf Mahāstāmaprāpta übergegangen, der weiterhin den Vajra in seiner Hand hält.[34]

Dennoch hat der durch Kraft und Weisheit gekennzeichnete Charakter von Mahāstāmaprāpta ihm nie die Ebenbürtigkeit mit Avalokiteśvara, der aufgrund seines Gelübdes, alle Lebewesen aus ihrem Leid zu erretten, zum lebendigen Symbol des buddhistischen "Großen Erbarmens" wurde, verschaffen können.[35]

Der früheste und einfachste Bericht über die Aktivitäten der beiden Bodhisattvas ist in Lokarakṣas (147?-186 in Loyang) erster Übersetzung gegeben. Dort werden sie als zur Rechten und Linken des Buddha Amitābha sitzend beschrieben, wo sie mit ihm die Angelegenheiten der höheren und niederen Welten diskutieren und ihren Flug als seine Gesandten in die zahllosen Buddhaländer starten.[36] In der zweiten Übersetzung durch Chih-ch'ien (168-255 in China) hat sich die Position der Bodhisattvas soweit gehoben, daß Avalokiteśvara für den sich in unendlicher Zukunft ereignenden Nirvānaeintritt des Buddha Amithāba als dessen Nachfolger vorausgesagt wird, um später selbst durch Mahāsthāmaprāpta abgelöst zu werden.[37] Dieses Verhältnis zwischen dem Buddha und den beiden Bodhisattvas ist im *Karuṇāpuṇḍarīka-Sūtra* dadurch erklärt, daß die beiden Bodhisattvas in einer früheren Inkarnation die Söhne des Buddha Amitāyus waren.[38]

Wie im *Lotus-Sūtra* werden auch in Chih-ch'iens Übersetzung des *Reines Land-Sūtra* die rettenden Funktionen des Avalokiteśvara, diesmal in Verbindung mit Mahāstāmaprāpta gepriesen: "Wenn es unter den Menschen in der Welt einen guten Mann oder eine gute Frau gibt, die durch Beamte in furchtbare Bedrängnis geraten, sollen sie nur ihre Zuflucht zu Avalokiteśvara und Mahāstāmaprāpta nehmen und sie werden gerettet werden."[39] Als Anführer der heiligen Heerscharen, die dem Toten am Sterbebett zum Empfang entgegenkommen, werden die beiden Bodhisattvas zuerst im *Sūtra der Betrachtung von Amitāyus*[40] genannt.

Im *Ch'ien-shou ching* finden sich formale und inhaltliche Parallelen zum *Reines Land-Sūtra*, die auf die enge Verwandtschaft der Texte schließen lassen. So entspricht der Formel der achtundvierzig Gelübde des Mönches Dharmākara, des zukünftigen Buddha Amitābha, der Wortlaut im *Ch'ien-shou ching*. Dort gelobt Avalokiteśvara dem Buddha mit denselben Worten wie Dharmakāra, nicht die höchste Erleuchtung (chin. *cheng-chüeh*, sans. *samyak saṃbodhi*) zu erreichen, solange es unter allen Wesen, die das Geistesmantra des großen Erbarmens rezitieren, noch eines gibt, das in eine der drei schlechten Wiedergeburtsbahnen fällt, solange nicht alle im Buddhaland wiedergeboren werden, nicht unbegrenzte meditative geistige Fähigkeiten erwerben usw.[41]

Eine auffallende Übereinstimmung in der ersten Gruppe der Texte des *Reines Land-Sūtra* besteht darin, daß sie wie die Schlußverse des *P'u-men-p'in* die Frauen von den Freuden der Wiedergeburt im Reinen Land ausschließen.[42] Doch müssen sie nicht alle Hoffnung auf die Teilhabe am höchsten Glück aufgeben, da ihnen das Gelübde von Dharmākara die wunschgemäße Wiedergeburt in einem männlichen Körper, Bedingung für den Eintritt in das Reich des Buddha Amitābha, garantiert:

> "Falls ich Buddha werde und es in den unermeßlichen, unvorstellbaren Buddhaländern der

zehn Richtungen Frauen gibt, die meinen Namen hören, jubeln, in freudigem Glauben den Geist der Weisheit entfalten, ihren weiblichen Körper verabscheuen und nach ihrem Tod nicht in einem männlichen Körper wiedergeboren werden sollten, dann werde ich nicht die wahre Erleuchtung annehmen."[43]

Im *Ch'ien-shou ching* findet sich das Echo dieses Gelübdes auf folgende Weise:

"Wenn alle Frauen, die ihren weiblichen Körper hassen und einen männlichen Körper erlangen wollen, die Sätze der Dhāraṇī des Großen Erbarmens rezitieren, behalten und ihren weiblichen Körper nicht in einen männlichen Körper verwandeln, dann gelobe ich, nicht die höchste Erleuchtung zu erlangen."[44]

Nur in Kumārajīvas Übersetzung kann man bezüglich der Wiedergeburt im Reinen Land eine erstaunliche Gleichberechtigung der Geschlechter feststellen:

"Wenn gute Männer oder gute Frauen von Buddha Amitābha hören, seinen Namen behalten und sich eine, zwei, drei, vier, fünf, sechs oder sieben Nächte fest auf ihn konzentrieren, wird bei ihrem Tode der Buddha Amitābha mit der Menge aller Heiligen vor ihnen erscheinen. Diese Menschen werden bei ihrem Tode einen ruhigen Geist haben und im Paradies des Buddha Amitābha wiedergeboren werden."[45]

Das Thema des Empfangs am Sterbebett und des Geleits ins Paradies findet sich auch im *Ch'ien-shou ching* wieder und dient als weiterer Hinweis auf die Verwandtschaft zwischen diesen Texten[46]:

"Der Bodhisattva Avalokiteśvara sprach wiederum zum Buddha: 'Bhagavat, wenn die Menschen und Götter, die die Sätze der Dhāraṇī des großen Erbarmens rezitieren und behalten, sterben, dann werden alle Buddhas der zehn Richtungen kommen und sie bei der Hand nehmen. Sie werden ihrem Wunsch entsprechend in dem Buddhaland, in dem sie geboren werden möchten, wiedergeboren werden.'"[47]

Schließlich enthält sowohl die Gruppe der ersten drei Texte wie auch der spätere in der *Taishō*-Ausgabe enthaltene, auf einem Tun-huang-Manuskript basierende Anhang an die Übersetzung Kumārajīvas den Gedanken von der Wirksamkeit der Dhāraṇīs. Während in Saṃghavarmans Übersetzung das Gelübde von Dharmakāra die Kenntnis der Dhāraṇīs einschließt[48], gibt der Anhang die von Amitāyus verkündete "Dhāraṇī zur Wiedergeburt im Reinen Land" mit dem Versprechen, daß "der Buddha Amitāyus sich ständig auf dem Haupt desjenigen, der die Dhāraṇī rezitiert, befindet und nach seinem Tod das Schicksal seiner Wiedergeburt bestimmt."[49]

Avalokiteśvara tritt in der Verbindung mit Amitābha zum ersten Mal im *Reines Land-Sūtra* auf, hat aber in diesem Sūtra noch keine ausgeprägte Rolle inne. Jedoch sind sowohl die Themen der Gelübde des Bodhisattva als auch diejenigen der Wiedergeburt im Reinen Land und der Wirksamkeit der Dhāraṇīs im *Ch'ien-shou ching* in so offensichtlicher Übereinstimmung wiederzufinden, daß das *Reine Land-Sūtra* als einer der Stränge, die das Textgewebe des *Ch'ien-shou ching* konstituieren, nicht außer Betracht gelassen werden kann. Was die mit der Rezitation der Dhāraṇī des großen Erbarmens verbundenen Vorstellungen und Wünsche der Gläubigen betrifft, so ist, wie es in Kapitel IV gezeigt werden wird, gerade die Wiedergeburt im Reinen Land ein in allen Texten wieder auffindbares essentielles Motiv.

### 3. *Das Sūtra der Betrachtung von Amitāyus*

*Das Sūtra der Betrachtung von Amitāyus* (*Amitāyurdyāna-Sūtra*)[50] gibt zum ersten Mal eine Beschreibung der beiden Bodhisattvas Avalokiteśvara und Mahāstāmaprāpta, die nun als Anführer der himmlischen Scharen, die den Gläubigen zum Empfang am Sterbebett entgegengeeilt kommen, in Aktion treten:

> "Wenn die Geburt in diesem Land (des Amitābha) bevorsteht, werden wegen seines (des Sterbenden)

Eifers und Mutes (in der Praxis der Lehre) der Buddha Amitābha, unzählige Verwandlungsbuddhas, hunderttausend Mönche und Srāvakas mit ihrer ganzen Gefolgschaft, unzählige Götter, die Paläste der sieben Juwelen und Avalokiteśvara, der einen Diamantthron trägt, zusammen mit Mahāstāmaprāpta vor ihm erscheinen. Amitābha wird einen großen Lichterglanz aussenden, um seinen Körper zu bestrahlen, und alle Bodhisattvas werden ihn zum Empfang bei der Hand nehmen. Avalokiteśvara, Mahāstāmaprāpta und alle Bodhisattvas werden ihn preisen und seinen Geist anspornen."[51]

Während die *Reines Land*-Texte nur die ungeheuren Ausmaße der Aureolen der beiden Bodhisattvas betont hatten, wird Avalokiteśvara nun ausführlich beschrieben, um als Fokus einer der vielfältigen Visualisierungspraktiken seine Wirkung zu entfalten. Sein Körper ist von rotgoldener Farbe und achtzig Millionen *Yojanas* groß. Der oben aus seinem Kopf (*uṣṇīṣa*) hervorgehende Schein enthält fünfhundert wunderbare Verwandlungsbuddhas, denen jeweils fünfhundert wunderbare Verwandlungsbodhisattvas zu Diensten stehen, die ihrerseits wiederum von zahllosen Göttern umgeben sind. In dem von seinem ganzen Körper ausstrahlenden Licht erscheinen die Formen und Kennzeichen aller Wesen der sechs Existenzbahnen. Sein Gesicht ist golden, und aus dem weichen siebenjuwelenfarbigen Haar zwischen seinen Augenbrauen gehen vierundachtzig Arten von

Strahlen aus. Diese bergen wiederum unzählige verwandelte Buddhas und Bodhisattvas, die die Welten der zehn Richtungen mit ihren Erscheinungen ausfüllen. In seinen zehn Fingerspitzen sind vierundachtzigtausend Lichtquellen, die alles Existierende bescheinende, weiche Strahlen aussenden. Mit seinen Juwelenhänden zieht und umfaßt er alle Wesen, seine Fußsohlen tragen den Abdruck eines Rades mit tausend Speichen, die sich in fünfhundert Millionen Lichtstrahlen verwandeln.

Die Gläubigen, die Avalokiteśvara auf vorgeschriebene Weise visualisieren, werden vor jedem Unheil bewahrt bleiben, alle karmischen Behinderungen aufheben und von allen sie im Kreis der Wiedergeburten bindenden Sünden frei werden.[52]

Im *Ch'ien-shou ching* fehlt eine dermaßen gründliche Beschreibung von Avalokiteśvara, dessen Auftreten lediglich mit alle Welten vergoldenden Lichtstrahlen und mit Erdbeben verbunden ist. Die magische Zahl der vierundachtzig Silben der Dhāraṇī und der damit verbundenen Erscheinungsformen verweist auf die vierundachtzig Arten von Buddhalichtstrahlen, die zwischen den Augenbrauen des Avalokiteśvara hervorströmen, und auf die vierundachtzigtausend Lichtquellen in seinen Handflächen, die alles Existierende bescheinende Strahlen aussenden.

Im *Śūraṇgama-Sūtra*, einem A.D. 705 ins Chinesische übersetzten Text, beschreibt Avalokiteśvara, wie er als Ergebnis der Meditation über das Organ des Hörens in unterschiedlichen Formen erscheinen und unzählige esoterische Mantras beherrschen kann:

> "Ich kann mit einem, drei, fünf .... bis zu zehntausend und vierundachtzigtausend Cakra Gesichtern erscheinen; mit zwei, vier .... bis zu zehntausend und vierundachtzigtausend Armen, die die unterschiedlichen Mudrās ausführen; mit zwei, drei .... bis zu zehntausend und vierundachtzigtausend klaren und reinen Augen, entweder erbarmungsvoll oder zürnend, in einem Zustand von Versenkung oder Weisheit, um Lebewesen zu retten und zu schützen, so daß sie souveräne Freiheit (*tzu-tsai*) erlangen können."[53]

Avalokiteśvara greift im *Amitāyurdhyāna-Sūtra* noch nicht aktiv in das Geschick der sechs Existenzbahnen ein. Er erhellt sie zwar durch sein Licht und nimmt auch die Sterbenden zusammen mit Mahāstāmaprāpta in Empfang, zieht sich dann aber gleich wieder in das Reine Land zurück. In Chih-is (538-555) Kommentar zum *Ch'ing Kuan-yin ching* nimmt er zum ersten Mal sechs Verwandlungsformen an, die seinem Wirken in den sechs Existenzbahnen entsprechen.[54]

Im *Ch'ien-shou ching* ist außer dem Empfang am Sterbebett auch die Thematik der Befreiung von schweren Sünden und Schuld, die im *Amitāyurdhyana-Sūtra* als Frucht der richtigen Kontemplation von Avalokiteśvara und der Anrufung des Buddha Amithāba versprochen wird, auf die Rezitation der Dhāraṇī übertragen:

> "Sie sollen aus ganzem Herzen meinen Namen anrufen und sich auch auf den Namen meines Lehrers, des Tathāgata Amitābha, konzentrieren. Danach müssen sie dieses Dhāraṇī-Geistesmantra rezitieren. Volle fünf Rezitationen an einem Tag vernichten die im Körper seit hunderttausend Milliarden von Kalpas angehäuften schweren Sünden des Saṃsāra."[55]

Der Hinweis auf die Wirksamkeit der Dhāraṇī zur Sündentilgung wird im Text insgesamt achtmal wiederholt[56] und mit der Anweisung zur Buße verflochten. Die Funktion der Dhāraṇī als eines Mittels zur Behebung von Schuld wurde von dem Mönch Chih-li (960-1028) zum Ansatzpunkt seines auf dem *Ch'ien-shou ching* basierenden Bußrituals[57] gewählt. Diese Funktion hat bis zum heutigen Tag ihre Wirkung auf den Glauben und die rituelle Praxis der Buddhisten in Taiwan, Japan, Singapur und Hongkong bewahrt, wo das Ritual in vereinfachter Form weiterhin ausgeführt wird.

## 4. Das *Karuṇāpuṇḍarīka-Sūtra*

Wie schon in Kapitel I.2 angemerkt, ist im *Karuṇāpuṇḍarīka-Sūtra*[58] die enge Beziehung zwischen Avalokiteśvara und Amitābha als eine Vater-Sohn Beziehung aus einer früheren Inkarnation erklärt worden. Im *Ch'ien-shou ching* nennt Avalokiteśvara Amitābha seinen ursprünglichen Lehrer (*pen-shih*) und ruft zur

Konzentration auf seinen Namen auf. Die Anrufung des Namens von Amitābha ist auch ein wichtiger Bestandteil des Bußrituals. Amitābha thront in bildlichen und plastischen Darstellungen des tausendarmigen Avalokiteśvara deutlich sichtbar entweder auf dessen Bodhisattva-Krone oder in zwei seiner tausend Hände, die ihn so über diese halten, wie es der Vorschrift unseres Textes entspricht: "Dafür, daß alle Buddhas der zehn Richtungen geschwind herbeikommen, sein Haupt berühren und eine Vorhersage[59] machen, ist die Hand mit dem Verwandlungsbuddha über dem Haupt zuständig."[60]

Im zweiten Kapitel des *Karuṇāpuṇḍarīka-Sūtra* mit der Überschrift "Dhāraṇī" stellt der Bodhisattva Ratnavairocana dem Buddha die Frage nach Kennzeichen und Aussehen (*hsiang-mao*) der Laute, die im Lotus (*Padmā*) Buddhaland zu vernehmen sind. Der Buddha antwortet mit einer Aufzählung von sechzehn Lauten, in denen die Lehre von Buddha, Dharma, Saṅghā und Nirvāna, den sechs *Parāmitās*[61], dem abhängigen Entstehen und den geistigen Durchdringungen bis zur Vorhersage enthalten ist. Dann folgt die Beschreibung des Geistes der sich in diesem Buddhaland aufhaltenden Bodhisattvas:

> "Jene Bodhisattvas haben alle den Geist der großen Liebe, den Geist des großen Erbarmens, den Geist der Sanftheit, den Geist des Nichtversinkens in Leidenschaft, den Geist der Bekehrung, den Geist der Stille, den Geist des Ertragens, den Geist der Versenkung, den Geist der Reinheit, den Geist ohne

Hindernisse, den unbefleckten Geist, den lauteren Geist, den aufrichtigen Geist, den Geist der Freude an der Lehre, den Geist, der das Leiden aller Lebewesen beenden will, den Geist der Ebene des Absoluten, den Geist des Aufgebens aller vulgären Reden und Worte, den Geist der Liebe und Freude an der heiligen Lehre, den Geist des Erstrebens der guten Lehre, den Geist des Verlassens des Ich (Denkens), den Nirvāṇageist des Verlassens von Geburt, Alter, Krankheit und Tod, den Geist des Verbrennens allen Leidens, den Nirvāṇageist des Lösens aller Fesseln, den Geist des Erlangens der Unerschütterlichkeit durch alle Dharmas."[62]

Im *Ch'ien-shou ching* wendet sich Brahma mit der gleichen Frage nach Aussehen und Kennzeichen (*hsing-mao chuang-hsiang*) der Dhāraṇī an Avalokiteśvara, der ihm folgendermaßen antwortet:

"Du hast diese Frage gestellt, um allen Lebewesen Vorteil und Nutzen zu bringen. Höre nun gut zu, was ich euch kurz und knapp lehre: Der Geist des großen Erbarmens ist der Geist der Gleichheit, der Geist des Nicht-Erzeugens, der Geist der Unbeflecktheit, der Geist der Betrachtung der Leere, der Geist der Hochachtung, der Geist der Demut, der Geist ohne Aufruhr, der Geist der Nichtdiskriminierung, der Geist unübertroffener Erleuchtung."[63]

Auffallend ist außer der Verwandtschaft der Fragen und der Antworten in beiden Texten der Hinweis des Avalokiteśvara auf die Kürze seiner Erklärung, die im Vergleich zur Beschreibung des Bodhisattvageistes im ersten Text wirklich kurz ausfällt. Chih-lis Bußritual des tausendhändigen Avalokiteśvara enthält eine ausführliche Interpretation der neunfachen Kennzeichen des Geistes des großen Erbarmens.[64] Zwar findet sich bei Chih-li kein Hinweis auf das *Karuṇāpuṇḍarika-Sūtra*, aber die Tatsache, daß er diese Stelle als Ausgangspunkt für seine Erörterung der zehnfachen Meditationsmethode der T'ien-t'ai Schule wählt, zeigt ihren zentralen Stellenwert.

Im *Karuṇāpuṇḍarīka* wird der Geist des großen Erbarmens, der nach dem *Ch'ien-shou ching* "Kennzeichen und Aussehen" der Dhāraṇī ist, all den Bodhisattvas zugesprochen, die die Bedingungen des vierfachen, fünffachen und sechsfachen Dharma[65] für den Erhalt der Dhāraṇīs erfüllt haben:

> "Dann sehen jene Bodhisattvas ausnahmslos alle Buddhas, so zahlreich wie die Sandkörner im Ganges, und erhalten dadurch, daß sie die Buddhas sehen, die vierundachtzigtausend Dhāraṇī-Lehren, die zweiundsiebzigtausend Versenkungslehren und die sechzigtausend Dharma-Lehren. Wenn die Bodhisattvas das Verständnis aller Dhāraṇīs erlangt haben, können sie allen Lebewesen gegenüber großes Erbarmen entfalten."[66]

Weiterhin wird betont, daß die Dhāraṇīs alle schweren Sünden und böses Karma tilgen, ohne daß jedoch wie im *Ch'ien-shou ching* die Wichtigkeit der Buße thematisiert ist.

Die Verwandtschaft der Thematik des *Ch'ien-shou ching* mit derjenigen aus den bisher behandelten Sūtras läßt den Schluß zu, daß seine Verfasser mit all diesen Texten vertraut waren und die für ihr Verständnis wichtigen Vorstellungen über Avalokiteśvara, seinen Geist des großen Erbarmens und die Wirkung der Dhāraṇīṣ aus ihnen bezogen und zum Bild den tausendhändigen Avalokiteśvara zusammengefügt haben. Für die Metamorphose des Avalokiteśvara in sechs bestimmte Formen, von denen diejenige mit tausend Händen und Armen die spezielle Funktion der Rettung aus der Hölle übernimmt, bildet jedoch der nun folgende Text die Grundlage.

### 5. *Das Dhāraṇī Mantra Sūtra der Einladung an den Bodhisattva Avalokiteśvara, giftiges Übel auszutreiben*[67]

Der Schauplatz dieses im Jahre 420 A.D. durch den Inder Nan-ti übersetzten Sūtra ist die von einer Seuche heimgesuchte Stadt Vaiśāli, deren Bewohner sich in ihrer Verzweiflung an den Buddha Śākyamuni um Hilfe wenden. Er antwortet ihnen:

"Nicht weit von hier genau im Westen gibt es einen

Buddha namens Amitāyus. Er hat zwei Bodhisattvas namens Avalokiteśvara und Mahāstāmaprāpta, die aus ihrem großen Erbarmen und Mitleid für alle stets aus Leid und Gefahr retten. Werft euch daher vor ihnen in Verehrung nieder.[68] Verbrennt Weihrauch, streut Blumen und konzentriert euch während mehrerer Atemzüge auf den Buddha und die beiden Bodhisattvas, ohne euch ablenken zu lassen. Dabei ruft sie zehnmal an. Bittet sie auf diese Weise für alle Wesen."[69]

Die Ankunft der Triade ist nach dem Schema des *Sūtra der Betrachtung von Amitāyus* beschrieben:

"Als er sprach, konnten sie in seinem Buddhaglanz den Buddha Amitāyus und seine beiden Bodhisattvas aus dem Westen zu ihrem Land gerade zu dem Stadttor von Vaiśālī kommen sehen. Der Buddha, die beiden Bodhisattvas und ihre Gefolgschaft strahlten so viel Licht aus, daß ganz Vaiśalī erleuchtet und vergoldet wurde."[70]

Avalokiteśvara übernimmt bei der Ankunft sofort die Hauptrolle, da die Bewohner der Stadt ihn mit Weidenzweigen und klarem Wasser empfangen und sich in Verehrung vor ihm auf den Boden werfen. Diese drei Elemente der Weidenzweige, des klaren Wassers und der Prostrationen sind Bestandteil des zu diesem Text durch Chih-i verfaßten *Bußritual der Einladung an*

*Avalokiteśvara.*[71]

Weidenzweige wurden in China von alters her als Fruchtbarkeitsfetische verehrt und haben daher im Kult des Avalokiteśvara, der als Vermittler zwischen Leben und Tod, als Heiler von Krankheiten und Spender von Nachkommenschaft in das Geschick der Wesen eingreift, ihre besondere Bedeutung.[72] Im *Ch'ien-shou ching* findet sich der Weidenzweig "zur Heilung aller Körperkrankheiten" in der Hand von Avalokiteśvara wieder.[73]

Nachdem die Bewohner von Vaiśālī Avalokiteśvara ehrfürchtig empfangen haben, lehrt er sie nach einer Gebetshymne, in der er selbst "Vater des großen Erbarmens" genannt wird, das Geistesmantra zum Schutz aller Lebewesen durch die Buddhas der zehn Richtungen, das er als die "Dhāraṇī-Mudrā des großen Erbarmens aller Buddhas der zehn Richtungen der Vergangenheit, Gegenwart und Zukunft" bezeichnet. Weiter folgen eine Dhāraṇī zur Auflösung des Giftes (nach dem das Sūtra benannt ist) und eine Dhāraṇī zur Aufhebung alles schlechten Karma.

Die Dhāranī der sechs Silben[74] wird in der Mitte des Textes gegeben. Ihre Rezitation ist mit unermeßlichen Verdiensten verbunden, die Buddha Śākyamuni seinem Schüler Ānanda im folgenden erklärt. Wenn sich jemand z.B. unterwegs verirrt, wird Avalokiteśvara in Menschengestalt erscheinen und den Weg weisen, bei Durst läßt er einen Brunnen und Früchte erscheinen, bei Unglück löst die Dhāraṇī alle schlimmen Gedanken auf, vertreibt alle bösen Geister, bekehrt Räuber und Diebe und hilft Frauen in ihren schwersten

Stunden: "Wenn eine Frau eine schwere Geburt hat und ihr Leben zu Ende geht, soll sie dreimal den Namen des Bodhisattva Avalokiteśvara anrufen und dieses Mantra rezitieren, und sie wird unverzüglich befreit werden."[75] Doch das besondere Verdienst liegt in der Befreiung aus den Leiden der fünf Wiedergeburtsbereiche der Höllenwesen, Hungergeister, Tiere, Asuras und Menschen, die der Buddha in einer abschließenden Hymne auf die Dhāranī preist:

> ".... Wenn er in die Höllen schweift, nimmt der Große Erbarmende auf sich ihr Leid; wenn er unter den Tieren weilt, nimmt er an die Tiergestalt und lehrt sie große Weisheit, damit sie den unübertroffenen Geist entfalt'; wenn er unter den Asuras weilt, bekehrt mit sanften Worten er ihren Geist, treibt aus den Brauch von Stolz und Hohn, damit sie schnell erreichen das Ufer vom Nicht-Handeln (Strom); er erscheint als Hungergeist, und mit duftender Milch aus seiner Hand (sie speist); alle durch Hunger und Durst bedränget, erhalten Sattheit durch ihn gespendet; in seinem großen Erbarmungsgeiste durchschweift er die fünf Wiedergeburtsbereiche."[76]

Hier hat Avalokiteśvara anders als im *Reines Land-Sūtra* nicht mehr die Aufgabe des himmlischen Gesandten, der nach erfolgter Mission wieder in das Reich des Amitābha zurückkehrt, auch bescheint er nicht nur wie im

*Betrachtung von Amitāyus-Sūtra* die Existenzbereiche mit seinem Licht, sondern seine Identifizierung mit den Leiden der Wesen der fünf Wiedergeburtsbereiche ist nun so vollständig, daß er ihr Leid auf sich nimmt, indem er z.B. den Tieren als Tier und den Hungergeistern als Hungergeist entgegenkommt.

Während in den vorher behandelten Texten das Anrufen des Namens von Avalokiteśvara sein rettendes Erscheinen in allen Notsituationen und seine Vermittlung für den Eintritt ins Reine Land bewirkt, wird in diesem Sūtra die Tendenz der Herbeirufung von Avalokiteśvara mittels der Dhāraṇī zum ersten Mal deutlich zum Thema gemacht. Das Versprechen, den Tieren Weisheit zu verleihen, die Hungergeister zu sättigen und die Asuras zu bekehren, um ihnen zur Entfaltung höchster Weisheit zu verhelfen, findet sich ebenso im *Ch'ien-shou ching* wieder: "Wende ich mich zu den Hungergeistern, werden die Hungergeister von selbst satt; wende ich mich zu den Asuras, wird ihr böses Herz von selbst bekehrt; wende ich mich zu den Tieren, erlangen sie von selbst große Weisheit."[77] Es enthält den tantrischen Gedanken der Umwandlung von Gefühlen, im *Ch'ien-shou ching* angedeutet als "wenn jedoch die schweren Sünden nicht sofort getilgt werden, kann man sie doch zur fernen Ursache der Weisheit machen", der sich später in volkstümlichen Vorstellungen wie der von Avalokiteśvara als der Frau des Herrn Ma wiederfinden wird.[78]

Das *Ch'ing Kuan-yin ching* macht die Dhāraṇī-Rezitation noch nicht als Teil eines Bußaktes zum Thema.

Doch sowohl Chih-is *Ch'ing Kuan-yin-Bußritual* als auch Chih-lis Bußritual des tausendhändigen Avalokiteśvara zeigen, daß in der T'ien-t'ai Tradition die wichtigsten Texte zu Avalokiteśvara als Grundlage für Bußrituale herangezogen wurden. Die Dhāraṇī-Rezitation bildet für diese Form der rituellen Kontaktaufnahme mit dem Bodhisattva ein wichtiges Mittel, da sie dem Adepten zugleich mit der Visualisierung der Buddhas und Bodhisattvas die Tilgung aller Sünden ermöglicht.

Die Biographie des Mönches Guṇabhadra, der Kanton im Jahr 425 erreichte, enthält den folgenden, die Verbindung von Dhāraṇī-Glauben und Buße spiegelnden Vorfall: "Da seine Bestimmung ihn rief, sich in den Osten zu begeben, nahm Guṇabhadra ein Schiff, um das Meer zu überqueren. Auf halber Strecke legte sich der Wind und das Süßwasser ging aus. Alle auf dem Schiff bekamen Angst. Guṇabhadra sagte den Reisenden: 'Laßt uns uns im Geist vereinigen, um mit Inbrunst die Buddhas der zehn Richtungen und Avalokiteśvara anzurufen. Wo immer man sie anruft, wird man durch sie erhört.' Er selbst rezitierte insgeheim Mantra-Sūtras und bereute aufrichtig seine Sünden. Plötzlich erhob sich ein günstiger Wind, Wolken zogen auf, und es begann zu regnen. Das Schiff war gerettet."[79]

Die im *Ch'ing Kuan-yin ching* gelehrte Anrufung von Avalokiteśvara und den Buddhas der zehn Richtungen, durch Guṇabhadra befolgt und als Bestandteil von Chih-is *Ch'ing Kuan-yin-Bußritual* und Chih-lis Ritual des tausendhändigen Avalokiteśvara erhalten[80], ist im *Ch'ien shou ching* in die Rezitation der Dhāraṇī umgewandelt:

> "Wenn die Lebewesen durch eine Hungerkatastrophe der zum Essen notwendigen Lebensmittel und Güter beraubt sind, müssen sie vor den Lehrern der zehn Richtungen bereuen. Damit beginnt dann die Tilgung der Sünden. Wenn sie nun die Dhāraṇī des großen Erbarmens rezitieren, kommen die Meister der zehn Richtungen und geben die Bestätigung, daß alle Sünden vollständig getilgt sind."[81]

Avalokiteśvara erscheint in seiner Beziehung zu den Buddhas der zehn Richtungen als Vermittler zwischen den niederen Bereichen der Welt des Saṃsāra und den höchsten Bereichen des Nirvāna, in das er die Gläubigen, die seinen Namen anrufen oder seine Dhāraṇī rezitieren, geleitet. Seine gleichzeitige vollkommene Teilhabe an beiden Bereichen beschreibt er im *Śūraṅgāma-Sūtra* als Realisierung seiner Meditation über das Organ des Hörens, in der die Subjekt-Objekt Unterscheidung endgültig aufgehoben wurde:

> "Nach der Aufhebung (der Unterscheidung) von Entstehen und Vergehen erreichte ich Nirvāṇa. Plötzlich transzendierte ich sowohl das Weltliche als auch das Überweltliche und erwarb in dem alle zehn Richtungen erfüllenden Glanz zwei unübertroffene (Verdienste). Das erste ist in Übereinstimmung mit dem ursprünglichen tiefen

Erleuchtungsgeist der Buddhas der zehn Richtungen dort oben und besitzt die gleiche Kraft des Erbarmens wie die Buddhas und Tathāgatas. Das zweite ist in Übereinstimmung mit allen Lebewesen in den sechs Wiedergeburtsbereichen der zehn Richtungen hier unten und teilt mit ihnen die gleiche Bitte um Erbarmen."[82]

Chih-i ist der erste, der im Zusammenhang mit den sechs Silben der Dhāraṇī aus dem *Ch'ing Kuan-yin ching* eine für jeden der sechs Existenzbereiche zuständige Form von Avalokiteśvara nennt. Die Namen, die er diesen Formen gibt, sind zum größten Teil übereinstimmend in einer Anrufungslitanei im *Ch'i-fo pa-p'u-sa shen-chu ching*[83] enthalten, das um dieselbe Zeit wie das *Ch'ing Kuan-yin ching* entstanden ist. Durch die Meditation und Anrufung des Dhāraṇī aus dem *Ch'ing Kuan-yin ching* ruft der Gläubige das Erbarmen und die allwissenden Erlösungkräfte von Avalokiteśvara an und identifiziert sich mit ihnen. Dadurch kann er in einem einzigen Augenblick nicht nur seine eigenen karmischen Behinderungen aufheben, sondern gleichzeitig auch die aller Lebewesen der sechs Existenzbereiche. Die durch die Dhāraṇī herbeigerufenen Erscheinungsformen von Avalokiteśvara sind die Folgenden:

"1. Avalokiteśvara des Großen Erbarmens zerstört die drei Behinderungen der Höllenexistenz. Das Leiden dieser Existenzbahn ist groß. Dafür passend

gebraucht er großes Erbarmen.
2. Avalokiteśvara der Großen Liebe zerstört die drei Behinderungen der Hungergeisterexistenz. Passend für den Durst und Hunger dieser Existenz gebraucht er große Liebe.
3. Avalokiteśvara mit der Furchtlosigkeit eines Löwen zerstört die drei Behinderungen der Tierexistenz. Der Tierkönig ist von ehrfurchtgebietender Wildheit. Dafür passend gebraucht er Furchtlosigkeit.
4. Avalokiteśvara des großen Lichts der universalen Erleuchtung zerstört die drei Behinderungen der Asuraexistenz. Diese Existenz ist eifersüchtig mißtrauisch und haßvoll zweifelnd. Für all dies passend gebraucht er universale Erleuchtung.
5. Avalokiteśvara, der Götter- und Menschenheld, zerstört die drei Behinderungen der Menschenexistenz. In der Menschenexistenz gibt es Praxis und Prinzip.[84] Weil er durch Praxis Eitelkeit und Stolz unterwirft, wird er Gott und Mensch genannt. Weil er durch das Prinzip die Buddhanatur schaut, wird er Held genannt.
6. Avalokiteśvara als großer Brahma, tief und weitreichend, zerstört die drei Behinderungen der Himmelsexistenzen. Brahma ist Bezeichnung für den Himmelsherrn. Der Herr erhält Untertanen."[85]

In einem zweiten darauffolgenden Interpretationsschema unterteilt Chih-i die sechs Existenzbereiche in insgesamt fünfundzwanzig Existenzweisen. Ein Schema des *Nirvāṇa-Sūtra*[86] anwendend, in dem die fünfundzwanzig Existenzweisen mit den fünfundzwanzig königlichen Samādhis in Beziehung gesetzt werden, erklärt er, daß die fünfundzwanzig Existenzweisen durch die Rezitation der Dhāraṇī in die fünfundzwanzig königlichen Samādhis umgesetzt werden, wodurch man Allwissenheit über alle Existenzweisen erlangt.[87]

Im *Ch'ien-shou ching* ist eine Verbindung zwischen der Zahl der Hände von Avalokiteśvara und den fünfundzwanzig Existenzweisen nicht erwähnt, dafür jedoch in einem anderen Sūtra, das zu der Gruppe der Sūtras des tausendhändigen Avalokiteśvara gehört. Dieser Text, das *Ch'ien-kuang-yen ching*[88], erklärt die Zahl der tausend Hände dadurch, daß jeweils vierzig der im *Ch'ien-shou ching* beschriebenen Hände von Avalokiteśvara in jede der fünfundzwanzig Existenzweisen eingreifen. Im *Ch'ien-kuang-yen ching* vollzieht sich die Umwandlung der fünfundzwanzig Existenzweisen in die fünfundzwanzig Samādhis jedoch nicht durch die Rezitation der Dhāraṇī, sondern durch die meditativen Kräfte von Avalokiteśvara, durch die er bei Eintritt in den "Samādhi der Furchtlosigkeit" in seinem geistigen Licht fünfundzwanzig goldene Bodhisattvas hervorbringt, von denen jeder vierzig Hände mit einem erbarmungsvollen Auge in der Handfläche hat. Der aus seiner tiefen Meditation wieder auftauchende Avalokiteśvara gibt den Bodhisattvas den Auftrag, das leidvolle Dasein der fünfundzwanzig Existenzen zu zerstören.[89]

In den Shingon-Kommentaren der Kamakura-Zeit ist diese Interpretation der Funktion der tausend Hände von Avalokiteśvara überliefert[90] und hat ihren Weg bis auf die Erläuterungstafeln der Statuen des tausendhändigen Avalokiteśvara im Sanjusangendō[91] gefunden, wo zu lesen steht: "Die zweiundvierzig Hände schließen das vor der Brust gefaltete Paar mit ein. Da von den übrigen vierzig Händen eine jede fünfundzwanzig Existenzen rettet, bedeuten sie zusammengenommen die Wirkung von tausend Händen."

Chih-li stellt in seiner Interpretation der sechs Bodhisattvagelübde im *Ch'ien-shou ching* eine Beziehung zu Chih-is Theorie der sechs Formen von Avalokiteśvara dadurch her, daß er jedes der Gelübde als eine der sechs Formen von Avalokiteśvara erklärt.[92] Während über einen Kult der sechs Avalokiteśvaras (jap. Roku Kannon) in China jedoch nur wenig bekannt ist[93], gewann er in Japan seit der Heian-Zeit an Popularität. Die früheste Überlieferung eines solchen Kultes der sechs Kannon stammt aus dem Jahr 950, in dem im Enryakujī Tempel des Hiei-Berges bei Kyōto für die Kriegsopfer der Auseinandersetzung zwischen den Taira und den Fujiwara eine Seelenfeier abgehalten wurde. Auf eine Gelübderolle wurde neben das Bild der sechs Kannon die Bitte geschrieben, daß sie die in den sechs Existenzbahnen umherirrenden Seelen der Gefallenen trösten mögen.

Während die sechs Kannon zunächst nur innerhalb der Tendai-Tradition Beachtung fanden, rückten sie durch die unruhigen Zeiten, in denen der Gedanke des Untergangs der Lehre (jap. *mappō*)[94] zusammen mit Höllenfurcht und Vorstellungen des Umherirrens in den sechs Existenzbereichen die Gemüter beunruhigte, in ein weiteres Feld der Öffentlichkeit.[95] Doch wegen der Ungewöhnlichkeit der von Chih-i verwendeten Namen wurden sie dem im *Hishōmondō*[96] des Shingonmönches Raiyu (1226-1304) überlieferten Bericht zufolge durch den Mönch Ningai (945-1046) in seiner Antwort auf die Fragen des Fujiwara no Michinaga (966-1027) in die bekannten Namen der sechs Kannon der Shingon-Tradition umgewandelt:

| | | |
|---|---|---|
| 1) Shō Kannon | (Ārya) | Hölle |
| 2) Senju | (Sahasrabhuja) | Hungergeister |
| 3) Juichimen | (Ekadāśamukha) | Tiere |
| 4) Battō | (Hayagrīva) | Asuras |
| 5) Juntei | (Cundī) | Menschen |
| 6) Nyōirin | (Cintamāṇicakra) | Himmel |

Die Tendai-Tradition in Japan unterscheidet sich von der Shingon-Klassifizierung dadurch, daß sie Juntei Kannon durch Fukūkenjaku Kannon ersetzte. Der Kult der sechs Kannon beinhaltete in Japan außer dem Anliegen der Wiedergeburt in einer guten Existenzbahn vor allem auch den Wunsch um Vorteile im jetzigen Leben.[97]

Die besondere Bedeutung der Dhāraṇī der sechs Silben, deren magische Kraft eine so vollständige Identifizierung des Avalokiteśvara mit den Leiden der sechs Wiedergeburtsbereiche bewirkt, daß er die diesen

Bereichen jeweils gemäße Gestalt annimmt und damit vollständige Kenntnis über das Leiden und die zu seiner Behebung erforderlichen geschickten Mittel hat, ist in seiner Universalität durch Chih-is geniale Auslegung erfaßt und weitervermittelt worden. Wenn seine Auslegung der sechs Silben als sechs Formen von Avalokiteśvara und ihre Verbindung mit den fünfundzwanzig Existenzbereichen sich in Japan bis zum heutigen Tag sichtbar in den sechs Kannon und den vierzig attributgeschmückten Händen von Senju Kannon und ihrer Erklärung erhalten hat, so gehört die Dhāraṇī dennoch nicht mehr zum religiösen Repertoire. Anders verhält es sich mit der Dhāraṇī des Großen Erbarmens aus dem *Ch'ien-shou ching*, die in den Handbüchern für den täglichen Gebrauch der Mönche der Ch'an-Tradition zu finden ist, und der auch für den tibetischen Buddhismus wichtigen Dhāraṇī *Oṁ maṇi padme hūṁ*. Diese ebenfalls sechssilbige Dhāraṇī ist in einem im Folgenden zu betrachtenden Text enthalten, der dem Bild und der Funktion des Avalokiteśvara die Dimension einer Schöpfergottheit hinzufügt.

## 6. Das *Kāraṇḍavyūha-Sūtra*

Avalokiteśvara tritt in dem zwischen dem sechsten und zehnten Jahrhundert entstandenen *Kārandavyūha-Sūtra*[98] als kosmische Gottheit auf, die die berühmte magische Formel in sechs Silben *Oṃ maṇi padme hūṁ*[99] verkündet. Nach der Beschreibung in der einleitenden Vershymne besitzt er elf Gesichter, hunderttausend Arme und ebensoviele Augen. Seine Weisheit, mit der er im Kreise seiner Gefolgschaft in die drei unteren Wiedergeburtsbereiche eindringt, deren Bewohner befreit und zu höchster Weisheit bringt, ist so tief wie die vier großen Ozeane.[100] Der Buddha erklärt nun, daß er in einer früheren Inkarnation den Buddha Vipaśyin über die Qualitäten des Bodhisattva Mahāsattva Avalokiteśvara befragt und folgende Antwort erhalten habe: "Aus den Augen des Bodhisattva Avalokiteśvara sind Sonne und Mond entstanden. Aus seiner Stirn ist Maheśvara entstanden, aus seiner Schulter Brahma, aus seinem Herz Nārāyana, aus seinen Zähnen Sarasvatī, aus seinem Mund der Windgott, aus seinen Füßen der Erdgott, aus seinem Bauch der Wassergott. Aus dem Körper des Avalokiteśvara sind alle diese Götter entstanden."[101]

Nach einer Aufzählung der verdienstvollen Taten von Avalokiteśvara, die er unter den Buddhas vergangener Zeitalter ausgeführt hatte, kehrt der Text zum Zeitalter des Buddha Śākyamuni zurück. Dieser beschreibt die Poren des Bodhisattva, aus denen unzählige Gottheiten, die Bodhisattvas der zehn Stufen, Schatzberge riesiger Ausmaße, Paläste mit blumengeschmückten Gärten und viele andere phantastische Dinge, die an die Paradiesbeschreibungen der *Reines-Land*-Texte erinnern, hervorgehen.[102] Doch was ist die Bedingung für die Geburt aus einer dieser Rettung verheißenden Poren? Der Buddha schließt seine diesbezüglichen Ausführungen:

"Warum ist (Avalokiteśvara) für alle Lebewesen wie ihre großen Eltern, verleiht allen Lebewesen in ihrer Furcht Furchtlosigkeit und leitet sie alle als großer guter Freund? Dieser gute Mann, der Bodhisattva Mahāsattva Avalokiteśvara, besitzt die große erleuchtende Dhāraṇī in sechs Silben, die schwer zu erhalten ist. Wenn jemand seinen Namen anrufen und im Geiste bewahren kann, wird er in seiner Pore geboren werden und keine Befleckung erhalten. Er wird eine Pore verlassen und sich wieder in die nächste Pore hineinbegeben. So wird er in ihm wohnen bis er die Nirvānaebene erreicht."[103]

Auf die Frage des Bodhisattva mit dem Namen "Hindernisse beseitigen", wo er diese Dhāraṇī in sechs Silben erhalten könne, antwortet er: "Diese große erleuchtende Dhāraṇī in sechs Silben ist der ursprüngliche wunderbare Geist des Avalokiteśvara. Wer diesen wunderbaren ursprünglichen Geist kennt, kennt damit die Befreiung."[104]

Schließlich gewährt Avalokiteśvara dem Lotustathāgata (Padottama) die Dhāraṇī mit der Formel *Oṁ maṇi padme huṁ*, worauf das ganze Universum erbebt. Der Lotustathāgata bietet Avalokiteśvara ein Perlenhalsband an, das dieser an Amitābha weitergibt, der es seinerseits dem Spender wieder zurückreicht.[105] Somit ist auch in diesem Text, der Avalokiteśvara als den

Schöpfer und Retter des Universums beschreibt, seine den Buddhas untergeordnete Rolle eingehalten.

Das Thema vom Abstieg des Avalokiteśvara in die Hölle hat zur Entstehung der in Kapitel IV.3 behandelten Legende von Prinzessin Miao-shan als einer Inkarnation des tausendhändigen Avalokiteśvara beigetragen.[106] Diese Legende war für die religiöse Phantasie der Chinesen anregender als die Vorstellung von Avalokiteśvara als des Schöpfers der indischen Gottheiten und des Kosmos. In der heutigen Praxis des Buddhismus in China hat sich der Glaube an die Effizienz der Dhāraṇī aus dem *Karaṇḍavyūha* erhalten, die, wie Mönche und Gläubige in Taiwan erklären, vorläufig die Dhāraṇī des Großen Erbarmens aus dem *Ch'ien-shou ching* solange ersetzen könne, bis man diese auswendig gelernt habe. Doch, wie die buddhistischen Sammlungen von wunderbaren Geschichten über die Dhāraṇī des großen Erbarmens und ihre Aufnahme in das täglich zu lesende Repertoire der Mönche beweisen, läßt sich mit der Popularität dieser Dhāraṇī nur noch diejenige der kurzen Dhāraṇī aus dem ebenfalls täglich rezitierten *Herz-Sūtra* (*Hṛidaya-sūtra*) messen.

Avalokiteśvara besitzt für die buddhistischen Gläubigen zwar alle bisher beschriebenen Charakteristiken und Funktionen, die aber im Licht der durch ihn im *Herz-Sūtra* verkündeten Lehre - "Form ist nichts anderes als Leere. Leere ist nichts anderes als Form. Form ist Leere. Leere ist Form"[107] - letztlich nichts anderes als geschickte Mittel zur Vermittlung dieser Befreiungseinsicht sind. In den chinesischen Ausgaben des *Ch'ien-shou ching*, die in Taiwan erscheinen, werden die Gläubigen auf diesen Zusammenhang zwischen Avalokiteśvara mit tausend Händen und dem Verkünder des *Herz-Sūtra* dadurch hingewiesen, daß der Text des *Herz-Sūtra* als Einleitung abgedruckt ist.[108] Doch da das ganze *Herz-Sūtra* ebenfalls als die Dhāraṇī von Avalokiteśvara bezeichnet und rezitiert wird, trägt auch hier der Glaube an die magische Rezitationswirkung über das intellektuelle Verständnis der philosophischen Śunyatā-Lehre den Sieg davon.

## Anmerkungen zu Kapitel I

1. Siehe S. Radhakrishnan: "The Buddha's system is not a *darśana*, or philosophy, but a *yāna*, or vehicle, a practical method leading to liberation", in *Indian Philosophy* (London 1951), vol. 1, S. 464, wo er das *Majjhima Nikāya* zitiert.

2. Eine detaillierte Wiedergabe der Diskussion bis 1948 findet sich in Marie Thérèse de Mallmann, *Introduction à l'étude d'Avalokiteçvara* (Paris 1948[1], 1967[2]), S. 59-82. Ihr eigener Vorschlag ist: "Notre interprétation du nom d'Avalokiteçvara nous semble donc impliquer toutes les autres. Et elle peut se traduire ainsi: Avalokiteçvara = le Seigneur Brillant, Etincelant, ou (par extension) le Maître de la Lumière" (*ebd.*, S. 82). Ihre Interpretation kritisiert Guiseppe Tucci in "A propos Avalokiteśvara", *Mélanges chinois et bouddhiques* 9 (1948-1951), S. 173-220. Er lehnt de Mallmanns Theorie zervanistischer Einflüsse bei der Entstehung von Avalokiteśvara ebenso wie ihre Theorie der von Anfang an bestehenden essentiellen Verbindung zwischen Avalokiteśvara und Amitābha ab: "First of all I am rather doubtful that the connection between Avalokiteśvara and Amitābha is essential from the very beginning; this may be true

as regards some texts, such as the *Sukhāvati*, but we have no proof that it was generally accepted .... I am of the opinion that Avalokiteśvara is originally nothing else but the deification of the look of Buddha, *avalokana*, which the Bodhisattva casts from Tuṣita Heaven upon the suffering world before descending upon it .... There is no connection between Avalokiteśvara and the light, the luminous element in Avalokiteśvara is not so essential as this act of looking down" *ebd.*, S. 174.

Lokesh Chandra führt in seinem unveröffentlichten Manuskript "The origin of Avalokita-Svara/Avalokiteśvara" (New Delhi 1986) alle frühen Sanskritquellen und chinesischen Übersetzungen an, in denen die drei Formen des Sanskrit 1) *Avalokita*, 2) *Avalokita-svara* und 3) *Avalokiteśvara* gefunden werden können, und kommt anhand seiner chronologischen Überschau der chinesischen Namen zu folgendem Ergebnis in 6 Punkten:

"1) The earliest name was *Avalokita-svara*, as evidenced by Chih-ch'iens translation *K'uei-yin* (in *Vimalakīrti-nirdeśa*, *T.*474.223-228 A.D.) [*kuan* und *k'uei* haben die gleiche Bedeutung "beobachten, betrachten"; *svara* "der Laut, Ton".]

2) When the original meaning got dimmed, the Chinese translators took the term *loka* 'world' (Chin. *shih*) implied in *avalokita* and translated A. as Kuan-shih-yin 'He who listens to the cries of

the world'. This was part of the developing bhakti trend in Buddhism wherein the prime function of A. came to be to hearken to the needs of his devotees in the world. Kumārajīva popularized this term by his use in the *Lotus Sūtra* in A.D. 406.

3) I have not been able to ascertain the earliest use of the name Kuan-yin. It was employed in the sixth century by Chih-i, the founder of the T'ien-T'ai sect in his commentary on Kumārajīva's separate translation of the chapter on Avalokiteśvara (*T.*1726, *T.*1728, 538-598 A.D.). Hence onward the worship of Avalokita was adopted by all sects, and the name Kuan-yin, Jap. Kannon became popular.

4) Till the time of Hsüan-tsang Chinese translations invariably end in *yin* '*svara*'.

5) In A.D. 646, Hsüan-tsang translated Avalokiteśvara as Kuan-tzu-tsai, where *tzu-tsai* = *Īśvara*. For the first time he discarded the form ending in *svara* and adopted the form with *Īśvara*, namely Avalokiteśvara. This must have been the prevalent usage in India during his time. Fifty years later Śikṣānanda followed his usage.

6) The alteration of *svara* and *Īśvara* was explained by the fact that *Svara* = *Īśvara*, *Śabda* is *Brahman*, just as 'the seminal Logos of the Stoics, when spoken of as a single Power, is God Himself as the organic principle of the cosmic process'(*E.R.E.* 8.134b)."

Als zusätzlichen Beitrag zur Diskussion um den Namen Avalokiteśvara vgl. Alexander Coburn Soper, *Literary Evidence For Early Buddhist Art in China* (Ascona 1959), S. 157-159. Er macht wie Chandra den sivaitischen Einfluß für Hsüan-tsangs Übersetzung des Namens als 'Kuan-tzu-tsai' verantwortlich: "The change of name looks like a stage in this gradual loss of individuality; 'Avalokiteśvara' or 'Kuan-tzu-tsai' is half Shiva" (*ebd.*, S. 157).

3. Vgl. Chandra, *op.cit.*, dazu Iwamoto Yutaka, "Kanzeon", *Young East* 8.2 (1982), S. 15; ebenso C.N. Tay, "Kuan-yin: The Cult of Half Asia", *History of Religions*, vol. 16.2 (Nov. 1976), S. 148.

4. *Hsi-yü chi*, *T.*2087.883*b*, übersetzt bei Samuel Beal, *Si-Yu-ki: Buddhist Records of the Western World* (London 1884), S. 127.

5. Nach Seng-chao (384-414), *Chu wei-mo-chieh ching* (Kommentar zum *Vimalakīrti Sūtra*), *T.*1775.331, wo er Kumārajīva zitiert.

6. Diese Texte sind in Band 20 des *Taishō Daizōkyō* enthalten. Der Länge der Titel wegen gebe ich hier vorerst nur die entsprechenden Nummern des *Taishō* an. Der Name Kuan-shih-yin wird einheitlich

gebraucht von Hui-chih (? 693 in Loyang) *T.*1052; Chih-t'ung (605-653) *T.*1057; Bodhiruci (P'u-t'i-liu-chih, ?-727) *T.*1058; Bhagavaddharma (Ch'ieh-fan ta-mo, in China zw. 650-660) *T.*1059, *T.*1060; Subhākarasiṃha (Shan-wu-wei, 637-753) *T.*1068. In den Amoghavajra (Pu-k'ung, 705-744) zugeschriebenen Übersetzungen taucht der Name Kuan-shih-yin nur einmal auf, *T.*1064; ebenso bei Vajrabodhi (Chin-kang-chih, 669-741) *T.*1062, ansonsten findet sich bei ihnen durchgehend der Name Kuan-tzu-tsai.

7. *T.*1060.110*c*10, 106*b*. Da das Sūtra um 650 ins Chinesische übersetzt worden ist, gerade vier Jahre nach Hsüan-tsangs *Hsi-yü chi* (vgl. Fußnote 4), steht es an der Schwelle des Namenwechsels. Zur Datierung des *Ch'ien-shou ching* siehe Kap. II.2.

8. Zu den zahlreichen wissenschaftlichen Übersetzungen des *Lotus-Sūtra* in westliche Sprachen siehe Peter Pfand, *Mahāyāna Texts Translated into Western Languages* (Köln 1986), S. 85-87, 139. De Mallmann, *op. cit.*, S. 28-36, gibt eine Übersetzung des 24. Kapitels, die auf dem von Kern und Nanjio 1912 in St. Petersburg publizierten Sanskritoriginal beruht. Ich beziehe mich im Folgenden auf den chinesischen Text in der Übersetzung Kumārajīvas und auf die Übersetzung des Sanskrittextes von H. Kern, *The Saddharma Pundarīka*, in Max Müller (ed.),

*Sacred Books of the East* (Oxford 1884), vol. XXI. Die Übersetzung von L. Hurvitz, *Scripture of the Lotus Sūtra* (New York 1976), basiert auf Kumārajīvas Text.

9. Kapitel 24 im Sanskrittext. Die chinesischen Übersetzungen dieses Kapitels sind folgende:
1) *Cheng fa-hua ching*, *T.*263, Kap. 23: Kuang-shih-yin p'u-men p'in. Übersetzt von Dharmarakṣa A.D. 286.
2) *Miao-fa lien-hua ching* *T.*262, Kap. 25: Kuan-shih-yin p'u-sa p'u-men p'in. Übersetzt von Kumārajīva A.D. 406
3) *T'ien-pin miao-fa lien-hua ching* *T.*264, Kap. 24. (Der Titel ist derselbe wie der vorher-gehende). Übersetzt von Jñanagupta und Dharmarakṣa A.D. 601. Eine hilfreiche textkritische Analyse der Enstehung und Anordnung der Kapitel des *Lotus-Sūtra* in seinen chinesischen Übersetzungen findet sich bei Michael Pye, *Skilful Means, A Concept in Mahāyāna Buddhism* (London 1978), im Appendix B: "Historico-critical Perspective on the Lotussutra", S. 168-182. Siehe auch die Einführung zum *Saddharmapuṇḍarīka*, H. Kern, *op. cit.*, S. 1-30. Kern kommt durch Vergleich der chinesischen Übersetzungen mit den nepalesischen Sanskritoriginalen zu dem Schluß, daß Kapitel 21-26 des Textes späteren Datums sind. Er nimmt für das Entstehungsdatum um A.D. 250 an. Vgl. *ebd.*, S. 21, 22.

10. Vgl. Iwamoto, *op. cit.*, S. 16. De Mallmann gibt die Übersetzung "(celui)-qui-fait-face-à-tout", *op. cit.*, S. 28.

11. *T.*262.56*c*5-8. Bei Kern, *op. cit.*, S. 406. In Kumārajīvas Übersetzung, *T.*262.57*a*2, wird für die Erlösung und die Befreiung aus Gefahr die Anrufung (*ch'eng-ming*) vorgeschrieben, während die Konzentration auf den Namen (*nien-ming*) die Befreiung von den Leidenschaften verspricht. Etienne Lamotte weist in seiner Übersetzung des *Ta-chih-tu lun* (*T.*1509) im Kommentar zu der Konzentration auf den Namen von Avalokiteśvara darauf hin, daß das *Ta-chih-tu lun* nur die Befreiung aus Gefahren anerkenne, nicht aber die Erlösung, die gleichbedeutend mit dem Eintritt ins Nirvāṇa ist: "Ici le Traité parle seulement de ceux qui 'commémorent'(*anusmaranti, nien*) le nom d'Avalokiteśvara. Au sens premier du mot, l'*anusmmṛti* est un acte mental et non point vocal. Le *Traité* reconnaît que ceux qui commémorent le nom du grand Bodhisattva échappent aux dangers, mais à la différence du *Lotus*, il ne dit pas qu'ils se libèrent de la masse des douleurs (duḥkhaskandha), libération qui n'est autre que le Nirvāṇa, la *Vimukti*. Bien plus, il tient à remarquer que le recours à Avalokiteśvara, si profitable soit-il, est moins efficace que l'appel à ces Buddha dépersonnalisés que sont les *dharmadhātujakāya*" -

E. Lamotte, *Le Traité de la grande vertu de Sagesse de Nāgārjuna (Mahāprajñāpāramitāśāstra)* (Louvain 1980), tome 5, S. 2355.

12. *T.*262.*c*28, auf Japanisch *Namu Kanzeon Bosatsu.*

13. Zur Darstellung der Szenen des *Lotus-Sūtra* in der chinesischen Kunst siehe Murase Miyeko, "Kuan-yin as Saviour of Men", *Artibus Asiae* 33, (1971), S. 39-74, und J.L. Davidson, *The Lotus Sutra in Chinese Art* (New Haven 1954). Der Artikel von Ueno Teruo, "Tonkō ga Kannonzu shiryō", *Bukkyōgeijutsu* 10 (1950), S. 78-88, behandelt die unterschiedlichen Typen von Avalokiteśvara, die in den Tunhuang-Gemälden dargestellt sind, darunter die aus dem *P'u-men p'in* auf S. 87-88. Für Quellenangaben zum Kult des Avalokiteśvara im *Lotus-Sūtra* siehe Yutaka, *op. cit.*, S. 28-29, und die ausführliche Studie über Avalokiteśvara zur Zeit der Sechs Dynastien von Makita Tairyō, *Rikuchō koitsu Kanzeon ōgenki no kenkyū* (Kyōto 1970). Der Artikel von Kobayashi Taichirō, "Shin Tō no Kannon", *Bukkyō geijutsu* 10 (1950), S. 3-47, behandelt die wichtigsten textlichen Grundlagen zu Avalokiteśvara von der Chin- (265-420) bis zur T'ang-Zeit.

14. Zu Dhāraṇī siehe Kap. II, Anm. 11, dazu Kap. III, Anm. 3.

15. *T.*1060.107*a*.

16. Vergleiche Kap. II.6 und Kap. IV.5.

17. *T.*1060.108*a*.

18. *T.*1060.109*a*.

19. *T.*1060.108*c*.

20. Siehe Kap. IV.

21. *T.*262.57*a-b*, bei Kern, *op. cit.*, S. 410-411.

22. Zu einer Erörterung des Konzeptes von *upāya* und seiner Anwendung in den Verwandlungen von Avalokiteśvara siehe Daigan und Alicia Matsunaga, "The Concept of Upāya in Mahāyāna Buddhist Philosophy", *Japanese Journal of Religious Studies* 1 (1974), S. 51-72.

23. In Kumārajīvas Übersetzung.

24. *Saikoku Junrei Anaiki* (ab 1933 durch das Amt der Gesellschaft für Pilgerorte durchgehend veröffentlicht). Der Glaube an das *Lotus-Sūtra* (jap. *Hokkekyō*) war seit der Zeit des Prinzen Shōtoku Taishi (574-622), der auf der Lehre des Sūtra basierend ein geeinigtes Reich für alle

Lebewesen aufbauen wollte, weit verbreitet. Im Jahre 741 gab Shōmu Tenno (724-749) den Befehl, in jeder Provinz eine zehnstöckige Pagode zu errichten, in der zehn Abschriften des Sūtra aufbewahrt werden sollten. Eine in der Zeit zwischen 1040 und 1044 von dem Mönch Chigen zusammengestellte Sammlung von 129 kurzen biographischen und legendarischen Geschichten zum *Hokkekyō* gibt Einblick in den mit diesem Sūtra verbundenen Volksglauben der Heian-Zeit. Sie ist ins Englische übersetzt von Yoshiko K. Dykstra, *Miraculous Tales of the Lotus Sutra from Ancient Japan* (Tōkyō 1983).

25. Vgl. Kapitel III.

26. Whalen Lai kommt in seinem Vergleich der Buddhakörper- (*Buddhakāya*) Konzeption im *Lotus-Sūtra* und den *Weisheits-Sūtras* bezüglich der Stellung des Buddha im *Lotus-Sūtra* zu folgendem Schluß: "... the *Lotus* Buddha excels over the *Prāj̃na Dharmakāya* in two Aspects. (1) The Dharmakāya as empty, *śūnya*, was by definition without attributes (*nirguṇa*), but the *Lotus* Buddha by his formal personality is necessarily gifted with extraordinary *guṇas* and cannot be ontologically empty; (2) Emptiness as wisdom was knowable to the Bodhisattva, but what is not-empty (*aśūnya*, i.e., the marvellous attributes or *guṇas*

of the Buddha in the Buddhayāna tradition) lies beyond the limits of the Bodhisattva's wisdom. This second aspect is already stressed in the *Lotus Sūtra*, which held its higher mystery of Buddhahood as something known only among Buddhas, something not priviledged even to the highest of Bodhisattvas" - "Why the Lotus Sūtra", *Japanese Journal of Religious Studies*, Vol. 14:2-3 (June-September 1987), S. 97.

27. Iwamoto, *op. cit.* S. 17, nimmt die Tatsache, daß Avalokiteśvara im Sanskrittext zusammen mit Buddha Amitābha erscheint, als Indiz dafür, daß der Kult von Avalokiteśvara zusammen mit dem von Buddha Amitābha im 2. Jh. n.Chr. in Nordwest-Indien entstanden sei.

28. Die im *Taishō* enthaltenen Übersetzungen sind die folgenden:
1. *Fo-shuo wu-liang ch'ing-ching p'ing-teng-chüeh ching*, *T.*361, übersetzt von Lokarakṣa (? - oder Lokakṣema), zweite Hälfte des 2. Jh.
2. *A-mi-t'o san-yeh-san-fo-sa-lou-fo-t'an kuo-tu jen-tao ching*, *T.*362, übersetzt von Chi-ch'ien, zweite Hälfte des 3. Jh.
3. *Wu-liang-shou ching*, *T.*360, übersetzt von Saṃghavarman, A.D. 252.
4. *A-mi-t'o ching*, *T.*366, übersetzt von Kumārajīva, um A.D. 400.

Die ersten drei Texte weisen eine gewisse Ähnlichkeit untereinander und zum Sanskrittext des "Larger Sukhāvatī-vyūha" auf, das Max Müller ins Englische übersetzt hat. Kumārajīvas Version ist viel kürzer und entspricht Müllers "Smaller Sukhāvatīvyūha" in *Sacred Books of the East* (Oxford 1894), vol. XLIX. Zu einer Liste der anderen Übersetzungen dieser Sūtras in westliche Sprachen siehe Pfand, *op. cit.*, S. 98-100.

29. Siehe Anm. 28.

30. Vgl. Soper, *op. cit.*, S. 142.

31. Zur Diskussion des Namens "Amitābha", der die Betonung auf das unbegrenzte Licht, das der Buddha ausstrahlt, legt, bzw. "Amitāyus" mit der Bedeutung der unendlichen Lebenslänge, ein von den Chinesen hochgehaltenes Ideal, siehe Paul Demiéville, "Amida", in *Hōbōgirin* I (1929-30), S. 24-30.

32. Bei Lokakşema findet sich der Name K'o-lou-hsüan. Vgl. die chronologische Liste der Namen bei L. Chandra, *op. cit.* S. 5. Dieser Name scheint ein Versuch, ein ursprüngliches "*Avalokana*", ein frühes Synonym für "*Avalokita*", im Chinesischen wiederzugeben. Zu Avalokana siehe F. Edgerton, *A Buddhist Hybrid Sanskrit Dictionary* (New Haven 1953), S. 74.

33. De Mallmann, *op. cit.*, S. 85ff., weist auf das Vorkommen von Triaden im Zoroastrismus und Zervanismus hin und bringt Avalokiteśvara in seiner Funktion als Retter und Erlöser besonders mit Mithra in Verbindung. E. Abegg führt den sich auf indischem Boden entwickelnden Messiasglauben, der sich auch in der Gestalt des Bodhisattva Avalokiteśvara spiegelt, auf Einflüsse durch den Parsismus, den Manichäismus und die Gnosis zurück. Siehe *Der Messiasglaube in Indien und Iran* (Berlin/Leipzig 1928), S. 144. Soper, *op. cit.*, S. 147, 148, nimmt eine Beziehung zwischen Amithāba, dem Buddha des westlichen Paradieses, und dem christlichen Gott an und weist darauf hin, daß Christus in der östlichen Gnosis viel mehr als Logos, als philosophisches Pendant zum heiligen Geist aufgefaßt wurde denn als einziger eingeborener Sohn.

34. Chandra, *op. cit*, S. 5-7.

35. Vgl. dazu Henri de Lubac, *Amida*, (Paris 1955), wo er schreibt: "Au rebours d'Avalokiteśvara, la personnalité de Mahāsthāma, moins indépendante en sa préhistoire, n'est jamais devenue très saillante" (S. 40). Zu diesem Bodhisattva siehe H. Durt, "Daiseishi", *Hōbōgirin VII* (in Vorbereitung).

36. *T.*361.290*a*.

37. *T.*362.309*a*.

38. *Pei-hua ching*, *T.*157, übersetzt von Dharmakṣema (385-433) um A.D. 420. Nach diesem Text hat der König Aranemi, der zukünftige Buddha Amitāyus, tausend Söhne, deren erster der Bodhisattva Avalokiteśvara und deren zweiter der Bodhisattva Mahāstāmaprāpta werden wird (*T.*157.186b-c). Zu diesem Sūtra siehe Kap. I.4.

39. *T.*362.308b20-23.

40. Siehe Kapitel I.3.

41. *T.*360.267*c*-269*b*. Die von Dharmakāra gebrauchte Formel ist "pu-ch'ü cheng-chüeh" - "Ich nehme nicht die höchste Erleuchtung an". In *T.*361.281*a*-*c* (24 Gelübde) "wo pu-tso fo" - "Ich werde nicht Buddha"; in *T.*362.301*a*-302*b* (24 Gelübde) "chung pu-tso fo" - "Ich werde nie Buddha"; in 366 fehlen diese Gelübde ganz. Im *Ch'ien-shou ching*, *T.*1060.107*a*, lautet die Formel "wo shih pu ch'eng cheng-chüeh" - "Ich gelobe, nicht die höchste Erleuchtung zu erlangen."

42. Das Reine Land ist im *Lotus-Sūtra* folgendermaßen beschrieben: "Im Westen, wo sich das Reine Land Sukhāra befindet, hat der Regent Amitābha, der Bezwinger der Menschen, seinen festen Ort. Dort sind keine Frauen zu finden; dort gibt es keinen

Intimverkehr, dort sitzen die Söhne des Jina, die durch Erscheinungsgeburt existieren, in makellosen Lotuskelchen" - nach H. Kern, *op. cit.*, S. 417.

43. *T.*360.268*c*21-23. Vgl. *T.*362.301*a*27: "Falls ich Buddha werde, gibt es in dem von mir regierten Reich weder Ehefrauen noch Frauen. Die in meinem Reich geboren werden wollen, haben demnach einen männlichen Körper." Vgl. Müllers Übersetzung aus dem Sanskrit, *op. cit.*, S. 390.
In *T.*361 fehlt der Ausschluß von Frauen in den Gelübden.

44. *T.*1060.107*a*16-18.

45. *T.*366.347*b*10-17. Vgl. die auf dem chinesischen Text basierende Übersetzung durch Nishu Utsuki, *Buddhabhāsita-Amitāyuḥ-Sūtra* (Kyōto 1929), S. 13. Siehe auch Müller, *op. cit.*, S. 456. Sollte Kumārajīva aufgrund seines Lebensschicksals von "theologischen Abstraktionen" über die "höchsten buddhistischen Himmel, die im puren Äther ohne sinnliche Freuden oder Körper existieren" (nach Soper, *op. cit.*, S. 149) frei gewesen sein ? Als Sohn eines Mönches, der zur Heirat mit einer königlichen Prinzessin aus Kutcha gezwungen worden war, mußte Kumārajīva selbst auf Befehl des Barbarengenerals Lü Kuang im Jahr 384 mit der Tochter des zum Tode verurteilten Königs von Kutcha

schlafen (*Ch'u san-tsang chi-chi*, *T.*2145.101*c*1-4). Später legte der General Yao Hsing (Kaiser Wen Huan der späteren Ch'in, reg. 396-415) Kumārajīva einen Harem von zehn Kurtisanen auf, um nicht seines kostbaren Erbgutes verlustig zu gehen (*T.*2145,101*c*22-24). Siehe hierzu Paul Demiéville, *Choix d'études bouddhiques* (Leiden 1973), S. 479.

46. Vgl. Fujita Kōtatsu, *Genshi jōdō shiso no kenkyū* (Tōkyō 1970), S. 150, der das *Ch'ien-shou ching* in seiner Liste der Texte, die mit den Texten des Reinen Landes verwandt sind, angibt.

47. *T.*1060.107*a*.

48. *T.*360.268*c*20. Das hier gebrauchte chin. Wort für Dhāraṇī ist *tsung-ch'ih*. Vgl. Müller, *op. cit.*, S. 390, und Kap. III.3, Anm. 3.

49. *T.*366.348*b*6-7. Das für Dhāraṇī verwendete Wort ist *chu*. Vgl. zur chinesischen Übersetzung von Dhāraṇī Kap. III, Anm. 3. In der Übersetzung von Nishu ist dieser *Taishō*-Anhang nicht enthalten, woraus zu schließen ist, daß andere japanische Textausgaben ihn nicht inkorporiert haben.

50. *Kuan wu-liang-shou fo-ching*, *T.*365, übersetzt von Kālayaśas um A.D. 424. Zur Übersetzung dieses Textes s. Pfand, *op. cit*, S. 8.

51. *T.*365.344*c*17-23.

52. *T.*365.343*c*-344*a*. Vgl. De Mallmann, *op. cit.*, S. 23, 24.

53. *Leng-yen ching*, *T.*945.129*c*8-14. Das Sūtra wurde von Pāramiti ins Chinesische übersetzt. Vgl. die Übersetzung ins Englische bei Charles Luk, *The Śūramgāma Sūtra* (London 1973), S. 141. Das Sūtra wurde ins Französische übersetzt von E. Lamotte, *Śūrangamasamādhisūtra : La concentration de la marche héroique*, Mélanges Chinois et bouddhiques 13 (1965).

54. Siehe Kapitel I.4.

55. *T.*1060.107*a*4-7, vgl. *T.*365.345*c*14-15.

56. T.1060.106*b*22; 107*a*6; 107*a*21; 107*a*23; 109*a*9; 109*a*23; 109*a*27; 111*b* 29.

57. Siehe Kap. IV.5.

58. *Pei-hua ching*, *T.*157, übersetzt von Dharmakṣema (385-433).
*Ta-ch'eng pei-fen-t'o-li ching*, *T.*158, unbekannter Übersetzer. Edition des Sanskrittextes mit Inhaltsangabe der einzelnen Kapitel von Yamada Isshi, *Karuṇāpuṇḍarīka* (London 1968). Als Übersetzung der

Kapitel 5 und 6 siehe die Dissertation von Terakawa Shunsho, "The Karuṇāpuṇḍarīka: Chapters V and VI" (Pennsylvania University 1969).

59. *Shou-chi* (*Vyākaraṇṇa*), "Die Vorhersage, die durch den Lehrer Buddha einem Bodhisattva gegeben wird, der bestimmte Gelübde (*praṇidhāna*) abgelegt hat." Siehe hierzu Yamada, *op. cit.*, Bd. 1, "Development of *praṇidhāna*", S. 160.

60. *T.*1060.111*b*10.

61. *Liu po-lo-mi-to*, die sechs Tugenden von Spenden (*dāna*), Halten der Gebote (*śīla*), geduldigem Ertragen (*kṣānti*), eifrigem Vorwärtsstreben (*vīrya*), Versenkung (*dhyāna*) und Weisheit (*prajñā*). So.134b.

62. *T.*157.168*c*17-24.

63. *T.*1060.108*a*10-16.

64. Vgl. Kapitel III, Anm. 44.

65. Der vierfache Dharma: Sich mit dem begnügen, was an Kleidung, Nahrung, Schlafstätte und Medizin zugeteilt wird; der fünffache Dharma: das Halten der Gelübde; der sechsfache Dharma: das Erlangen der Freiheit von Haß. *T.*172*a*27-*b*15.

66. *T.*157. 172*b*27-*c*1.

67. *Ch'ing Kuan-shih-yin p'u-sa hsiao-fu tu-hai t'o-lo-ni chou ching*, *T.*1043.

68. *Wu-t'i t'ou-ti*, wörtlich die Verbeugung mit den fünf Gliedmaßen. Sie ist die höchste Respektbezeigung in Indien. Die fünf Gliedmaßen sind die beiden Knie, die beiden Ellenbogen und die Stirn. Siehe *Hōbōgirin* V, Artikel "Chōrai", S. 371b-380a.

69. *T.*1043.34*c*4-10.

70. *T.*1043.34*c*10-13.

71. *Ch'ing Kuan-shih-yin ch'an-fa* enthalten im *Kuo-ch'ing pai-lu*, *T.*1934.795*b*-796*a*. Das *Kuo-ch'ing pai-lu* ist eine Zusammenstellung der Lehren Chih-is durch seinen Schüler Kuan-ting (561-632). Daniel Stevenson beschreibt den Aufbau dieses Rituals in "The Four Samādhi in Early T'ien-t'ai Buddhism", in Peter N. Gregory (ed.), *Traditions of Meditation in Chinese Buddhism* (Honolulu 1986), S. 72-75.

72. Siehe Kobayashi, *op. cit.* (1950), S. 32. Dort zitiert er das *Asabashō*, einen von Shōchō (1205-1282) verfaßten Tendai-Kommentar zu den drei Abteilungen des esoterischen Kanons: "In der Erklärung der 40 Hände (des tausendhändigen

Avalokiteśvara) heißt es: die Bedeutung des Weidenzweigs ist lindernde Medizin. Zur Heilung aller den Körper befallenden Krankheiten nehme man die Blätter einer Weide, lege sie vor die Hauptgottheit (jap. *honzon*), führe zehntausendmal geistige Unterstützung (jap. *kaji*) aus, koche sie danach in reinem Wasser, lege sie dem Körper auf, und die Krankheit wird geheilt. Daher heißt es im Sūtra: Er heilt alle 84.000 dämonischen Krankheiten" (*DNBZ*.35-41, *chüan* 84). In *T*.1057.87*c*20 wird der Weidenzweig in Verbindung mit der Dhāraṇī als Methode beschrieben, die alle Menschen zu gegenseitig liebevollem Respekt (*ching-ai*) bewegt und alle bösen Krankheitsdämonen austreibt. Kuan-ting schreibt in seinem Kommentar, dem *Ch'ing Kuan-yin ching shu*, *T*.1800.973*a*8-9: "Der Weidenzweig fegt hinweg und symbolisiert dadurch Weisheit. Das reine Wasser ist klar und kühl und symbolisiert dadurch Samādhi."

73. *T*.1060.111*a*14; in *T*.1064.117*b* mit Abbildung und Angabe des entsprechenden Mantra.

74. Im Text sind die Silben der Dhāraṇī im kleingedruckten Kommentar als Namen von zwölf Geistern erklärt. Die Frage, warum diese Dhāranī als sechssilbig bezeichnet wird, ist ungeklärt. Stevenson schreibt: "The *Ch'ing Kuan-yin ching* offers no clear explanation of why the third

dhāraṇī is called dhāraṇī of six syllable phrases. Chih-i, Kuan-ting, and Chan-jan offer various possible interpretations - the number six can refer to six syllables or phrases, or it can derive from a multiple of the Three Jewels - but the explanation they tend to favor is to equate the number six with the six realms of existence or the six senses. This is predominantly why Kuan-ting matches the dhāraṇī of six syllable phrases with the obstruction of endowment - endowment being the six sense faculties and the six realms of existence into which one is born. Recitation of this dhāranī brings realization of the intrinsic purity of the six senses and realization of the interfusion of all realms of existence and their ultimate participation in the truth of the Middle" (*op. cit.*, S. 95, Anm. 93).

75. *T.*1043.36*b*. Vgl. *T.* 1060.108*c*.

76. *T.*1043.36*b*.

77. *T.*1060.107*a*1-3.

78. Die erste Schicht der Legende der "Frau des Herrn Ma", die sich allen jungen Männern hingibt, stammt aus dem 10. Jh. Nach ihrem Tod erklärt ein hoher Bonze, daß sie eine Heilige war und aus Erbarmen (*tz'u-pei*) gehandelt habe. Ende des 11. Jh. wird

diese Frau ausdrücklich als Kuan-shih-yin bezeichnet. Anfang des 12. Jh. unterstreicht der Verfasser einer Enzyklopädie den tantrischen Gedanken der Umwandlung der Gefühle durch ihre Befriedigung: "Den buddhistischen Werken zufolge hat es früher eine weise Frau, die Ehefrau des Herrn Ma gegeben, die sich auf der goldenen Sandbank mit allen Männern einließ. Alle, die ein Verhältnis mit ihr gehabt hatten, waren für immer von ihren sexuellen Begierden befreit" (*Hai-lu ts'ui-shih chi, chüan* 13.8*b*.). Diese Referenz, wie die Geschichte der Frau Ma ist enthalten in Rolf A. Stein, "Avalokiteśvara/Kouan-yin, un exemple de transformation d'un dieu en déesse", *Cahiers d'Extrême Asie* 2 (1986), S. 54-55. Dieser Artikel ist eine ausführliche Studie über die Verwandlung des Avalokiteśvara von einer männlichen in eine weibliche Gottheit, die das Datum dieser Verwandlung, Theorien zum Ursprung der weiblichen Form und ihre mögliche Motivation untersucht, eine Beziehung von Gestalten aus dem indischen Pantheon zu Avalokiteśvara herstellt und sein Auftauchen in weiblicher Form in der chinesischen Literatur und Malerei behandelt. Die Idee der Umwandlung von Leidenschaften in Erleuchtung ist auch Gegenstand des *Li-ch'ü ching*, dessen Ubersetzung von Amoghavajra (*T.* 243) die allgemein gebräuchliche ist. Es beinhaltet das Ritual des Donnerkeil- (oder diamantenen) Wesens (Vajrasattva), das von vier weiblichen Gottheiten, den diamantenen Partnerinnen von Begierde, Berührung, Liebe und Stolz, umgeben ist. Während die Essenz von Vajrasattva der reine Erleuchtungsgeist ist, stellen die weiblichen Gottheiten die vier Leidenschaften dar und versinnbildlichen das esoterische Konzept der Leidenschaften als Erleuchtung. Siehe hierzu Ian Astley-Kristensen, "The Five Mysteries of Vajrasattva: A Buddhist Tantric View of the Passions and Enlightenment", *Temenos* 24 (1988), S. 7-27.

79. *T.*2059.344*a*19-22. Übersetzung in Robert Shih, *Biographies des moines éminents* (Louvain 1968), S. 149-150. Kobayashi zitiert diese Stelle aus der Biographie Gunabadhras in *op. cit.* (1950), S. 22, und vermutet, daß mit den "Mantra-Sūtras" das *Ch'ing Kuan-yin ching* gemeint sei.

80. *T.*1934.795*b*, *T.*1950,973*c*-974*a*.

81. *T.*1060,107*a*.

82. *T.*945.128*a*21-24.

83. Der volle Titel ist *Ch'i-fo pa-p'u-sa so-shuo ta t'o-lo-ni shen-chu ching*, *T.*1332, von einem unbekannten Übersetzer in der Östlichen Chin-Dynastie (317-420) übersetzt. Die Litanei wird im

Text als Dhāraṇī (*t'o-lo-ni*) bezeichnet und besteht aus folgenden Namen von Avalokiteśvara: 1. Klang der Furchtlosigkeit eines Löwen, 2. sanfter Klang großer Liebe, 3. reiner Brahmaklang, 4. Klang des großen Lichts universaler Erleuchtung, 5. Klang des Götter- und Menschenhelden. *T.*1332.541*b*8-10.

84. Chih-i unterscheidet zwischen zwei Formen von Buße, deren erste auf *shih*, phänomenalen Handlungen beruht, die zweite auf *li*, dem Prinzip. Vgl. hierzu Stevenson, *op. cit.*, S. 66.

85. *Mo-ho chih-kuan*, *T.*1911.15*b*1-10.

86. *Ta-pan nieh-p'an ching*, *T.*374.448*b-c*.

87. *T.*1911.15*b*. Eine ausführliche Diskussion der Beziehung der 25 Existenzweisen und der 25 Samādhi findet sich in Chih-is *Ssu-chiao i*, *T.*1929.755*c*29-758*b*28. (zitiert nach Stevenson, *op. cit.*, S. 95, Anm. 94).

88. *Ch'ien-kuang-yen Kuan-tzu-tsai p'u-sa pi-mi fa ching*, *T.*1065, übersetzt von Svara(? T'ang-Dyn.). Siehe zu diesem Text auch Kap. III, Anm. 69.

89. *T.*1065.120*a*24-*b*5. Ein Schema der 25 Existenzweisen, die ihrerseits wieder in die drei Bereiche der Begierden (*kāmadhātu*), der Form (*rūpadhātu*) und der

Formlosigkeit (*arūpadhātu*) unterteilt werden, findet sich in Gōtō Daiyō, *Kanzeon bosatsu no kenkyū* (Tōkyō 1958), S. 115-116.

90. In *Kakuzenshō*, *T.*3022.803*a*, verfaßt von Kakuzen (1143-1218); *Byakuhōshō*, *T.*3191.802*a*, verfaßt von Chōen (1218-); *Byakuhōkushō*, *T.*3119.631*a*, verfaßt von Ryōson, Schüler von Ryōzen (1258-1341). Eine kurze Beschreibung der ikonographischen Shingon-Kompendien, zu denen diese Werke gehören, findet sich bei Raoul Birnbaum in *Studies on the Mysteries of Mañjuśrī*, Society for the Study of Chinese Religions Monograph No. 2, S. 110. Nach Birnbaum sind alle diese Werke in Gruppenarbeit unter Führung eines Meisters entstanden, obwohl sie mit individuellen Namen versehen sind.

91. Die "Halle der 33 Zwischenräume", deren Name von den 33 Zwischenräumen zwischen den Säulen vor dem Hauptaltar und auch von den 33 Verwandlungsformen Kannons herrührt, wurde als Ausdruck der Kannonverehrung des Kaisers Goshirakawa (1126-1129) errichtet und im Jahr 1164 eingeweiht. Sie enthält 1101 Statuen des elfgesichtigen tausendhändigen Avalokiteśvara (Juichimen Senju-Kannon) und seiner Gefolgschaft von 28 Gottheiten, die unter der Leitung der berühmten buddhistischen Holzschnitzer der Kamakura-Zeit Kōkei, Unkei und Tankei hergestellt wurden. Als ausführliche Beschreibung

der Geschichte dieser Halle und der Herstellung der Statuen siehe den Katalog *Kokuhō Sanjūsangendōran*, (Osaka 1972).

92. Siehe die Übersetzung der Gelübde Kap. III, dazu Chih-lis Interpretation, Kap. III, Anm. 25.

93. Im *San-pao kan-ying yao-lüeh lu*, *T*.2084.853*b* sind zwei Belege für einen solchen Kult zu finden. Siehe die Übersetzung des ersten in Kap. IV.2.

94. *Mappō* (chin. *mo-fa*), zum Ursprung der Theorie des Untergangs des wahren Dharma und den dafür angegebenen Daten siehe E. Lamotte, "Prophéties relatives à la disparition de la bonne loi" in R. de Berval (ed.), *Présence du Bouddhisme* (Saigon 1959), S. 657-659. Raoul Birnbaum charakterisiert die Bedeutung dieser Theorie folgendermaßen: "Emphasis on *mo-fa* was a significant factor in East Asian Buddhism, in China especially from the T'ang onwards, in Japan especially from the late Heian and Kamakura to the present. Many doctrinal innovations and many new emphases in the realm of practice arose in reaction to (or recognition of) the prevailing view that the world was falling into spiritual dissarray. For example, many of the tantric texts on rituals for invocation of deities translated into Chinese in the eight century (especially by Vajrabodhi and Amoghavajra) hold

that such teachings are appropriate and necessary for the adverse conditions of the age of *mo-fa*" ("Thoughts on T'ang Buddhist Mountain Traditions and Their Context", *T'ang Studies 2* [1984], S. 9). In China wurde die Sekte San-chieh chiao, deren Name von der im *Lotus-Sūtra* verkündeten Unterteilung der Lehre des Buddha in drei Zeitalter herrührte, deshalb durch die T'ang-Kaiser verboten, weil sie das letzte Zeitalter des Untergangs der Lehre als angebrochen erklärte und die Unfähigkeit der Regierung, die Religion zu erneuern oder das Volk zur Erlösung zu führen, anprangerte. Hierzu siehe K. Chen, *Buddhism in China* (Princeton 1964), S. 297-300. Eine systematische Studie über die Sekte ist das Werk von Yabuki Keiki, *Sangaikyō no kenkyū* (Tōkyō, 1927).

95. Vgl. Yoritomi Honkō, *Shomin no hotoke* (Tōkyō 1985), S. 38.

96. *T.*2536.424*b-c.* Die Tabelle der sechs Formen folgt Gōtō, *op. cit.*, S. 109, Yoritomi, *op. cit.*, S. 39.

97. Vgl. Yoritomi, *op. cit.*, S. 39, 40. Zum Kult der sechs Kannon in der Tendai- und Shingon-Sekte der Heian-Zeit siehe Hayami Tasuku, "Heian jidai ni okeru Kannon shinkō no henshitsu", in *Kannon Shinkō*, Tōkyō, 1983, S. 167-200.

98. *Ta-ch'eng chuang-yen pao-wang ching*, *T*.1050, übersetzt von Devaśānti im 10. Jh. Wegen einer auf der Sanskritversion basierenden Inhaltsangabe des Textes siehe De Mallmann, *op. cit.*, S. 39-47. In der Einleitung zitiert sie Jean Przyluskis Datierung der tibetischen Versionen, die zwischen dem 6. und 10. Jh. anzusetzen sind. Nach Przyluski hat der Text drei Redaktionsphasen erfahren, in denen Avalokiteśvara hintereinander als Bodhisattva Mahāsattva, als Makrokosmos und als großer Magier erscheint. Zu den Ursprüngen der Vorstellung von Avalokiteśvara als einer kosmischen Gottheit siehe De Mallmann, *op. cit.*, Kap. 3, "Avalokiteśvara macrocosme", S. 104-110. Eine Zusammenfassung der im Vergleich zu den Prosateilen später entstandenen Verse gibt P. Majumder, "The Kāraṇḍavyūha: Its Metrical Version", *Indian Historical Quarterly* 24 (1948), S. 293-299.

99. Zur grundlegenden Funktion dieser Dhāraṇī für den tibetischen Buddhismus siehe Lama A. Govinda, *Grundlagen tibetischer Mystik* (Zürich 1956).

100. *T*.1050.48*c*-49*a*.

101. *T*.1050. 49*c*13-16.

102. *T*.1050.58*c*-59*a*.

103. *T.*1050.59*a*27-*b*3.

104. *T.*1050.59*b*12-13.

105. *T.*1050.61*b*14-23.

106. Vgl. Stein, *op. cit.*, S. 52, wo er die Namen aus dem *Kāraṇḍavyūha-Sūtra*, die sich auch in der Legende Miao-shans wiederfinden, angibt.

107. *Pan-jo p'o-lo-mi-to hsin ching*, *T.*251, übersetzt durch Hsüan-tsang, 848*c*7-8. Zur Liste der zahlreichen Übersetzungen dieses Sūtra in westliche Sprachen s. Pfand, *op. cit.*, S. 38-40.

108. Ich habe folgende Ausgaben konsultiert: 1) *Ta-pei-chou chi-chieh* (San-chung 1983), 2) *Ch'ien-shou ch'ien-yen ta-pei-hsin t'o-lo-ni ching* (Taipei 1988), 3) *Kuan-shih-yin p'u-sa ling-ying shih-chi shih-lu* (Taipei 1985). Nr. 2 enthält zur Einleitung ebenfalls die Dhāraṇī *Oṃ maṇi padme huṁ.*

# II.
# Die Einführung des *Ch'ien-shou ching* in China

Um die gleiche Zeit, in der Bhagavaddharmas Übersetzung des *Ch'ien-shou ching* entstand, gelangten andere Texte über den tausendhändigen Avalokiteśvara nach China, wo sie übersetzt und in den Kanon aufgenommen wurden. Im *Taishō* finden sich alle diese Übersetzungen im Teil der "esoterischen" Schriften (*mi-chiao pu*). Dieses Kapitel soll zunächst die Kriterien untersuchen, die japanische Buddhismusforscher zur Unterscheidung von zwei Strömungen innerhalb des "esoterischen" Buddhismus aufstellen und dabei dem "gemischten esoterischen Buddhismus" (jap. *zōmitsu*) den "reinen esoterischen Buddhismus" (jap. *junmitsu*) gegenüberstellen. Es stellt sich hierbei die Frage, inwiefern diese Unterscheidungskriterien auf das *Ch'ien-shou ching* anwendbar sind.

Für die Geschichte der Einführung des *Ch'ien-shou ching* in China gibt das in diesem Kapitel im Folgenden übersetzte Vorwort zu einer anderen Übersetzung, dem *Ch'ien-pi ching*, einige Anhaltspunkte, die durch die in den Tun-huang-Manuskripten enthaltenen Informationen zusätzlich erhellt werden. Ein Vergleich der anderen Sūtras des tausendhändigen Avalokiteśvara mit dem *Ch'ien-shou ching* hilft weiterhin zur Klärung der Frage, warum ausgerechnet Bhagavaddharmas Übersetzung des *Ch'ien-shou ching* in China zu einer solchen Beliebtheit gelangt ist. Doch wie es die in Tun-huang und Japan erhaltene Ikonographie des tausendhändigen Avalokiteśvara zeigt, sind die anderen Übersetzungen, da sie ausführlichere Anweisungen zur Ikonographie und Ausführung von Ritualen enthalten, zusammen mit dem *Ch'ien-shou ching* zu seiner Ergänzung gelesen oder als Kommentar verwendet worden. Schließlich sind die Tunhuang-Manuskripte nicht nur aufschlußreich für den Ort der Übersetzung des *Ch'ien-shou ching* sondern demonstrieren außer seiner frühen Verbreitung auch Formen von auf ihm basierenden religiös-kultischen Praktiken; diese haben sich in der entwickelteren Form des von Chih-li verfaßten Bußrituals bis in die Gegenwart erhalten.

## 1. Die Situierung des *Ch'ien-shou ching* innerhalb des "gemischten esoterischen Buddhismus"

Der in den Sechs Dynastien (A.D. 420-581) zunächst noch vornehmlich auf der Tradition des *Lotus-Sūtra* und des *Sukhāvatīvyūha-Sūtra* basierende Kult des Avalokiteś-vara hatte den Bodhisattva in schlichter Gestalt, mit einem Kopf und einem Paar Arme, so wie er in den Texten beschrieben wurde und den Chinesen daher vertraut war, zum Gegenstand.[1] Doch auf indischem Boden entstanden Texte, in denen Avalokiteśvara immer enger mit der Rettung der leidenden Wesen in den sechs Existenzbereichen verbunden wurde und zu diesem Zweck unterschiedliche Formen mit mehreren Köpfen und vielen Armen annahm. Diese wurden in Japan in die sechs Formen Kannons klassifiziert und haben sich durch die esoterische Tradition der Tendai- und Shingon-Schule bis in die Gegenwart erhalten. Ningai hatte die Namen, durch die er Chih-is Klassifizierung der sechs Formen ersetzte, aus den in der späten Nara- und frühen Heian-Zeit nach Japan gelangten chinesischen Übersetzungen der esoterischen Sūtras übernommen.[2] Da eine systematische Darstellung der Einführung dieser Sūtras nach China und der Herausbildung der esoterischen Schule in der T'ang-Dynastie den Rahmen dieser Arbeit sprengen würde, beschränke ich mich hier nur auf eine Angabe der wichtigsten japanischen und wenigen westlichen Werke zu diesem Thema.[3]

Die Entwicklungsphase der Sūtras, die Avalokiteśvara in neuer Form mit vielen Köpfen, Armen und Augen als Ausdruck der unbegrenzten Mittel der Hilfe und Rettung darstellen, wird durch das Sūtra des elfgesichtigen Avalokiteśvara (Ekadāśamukha, jap. Juichimen) eingeleitet, das im Jahr 570 ins Chinesische übersetzt wurde.[4] Da alle Sūtras zu den esoterischen Formen von Avalokiteśvara unter die im japanischen Shingon-Buddhismus aufgestellte Kategorie des sogenannten "gemischten esoterischen Buddhismus" (jap. *zōmitsu*) fallen, der die Kategorie des "reinen esoterischen Buddhismus" (jap. *junmitsu)* gegenübergestellt wird, soll hier eine kurze Charakterisierung dessen, wodurch sich die beiden Kategorien innerhalb des esoterischen Buddhismus unterscheiden, vorausgeschickt werden.[5] Die als *junmitsu* klassifizierten Sūtras basieren auf dem *Mahāvairocana-Sūtra*[6] und dem *Vajraśekhara-Sūtra*[7] und gelten als "Selbstoffenbarung" des kosmischen Buddha

Mahāvairocana. Die beiden Sūtras sind die Grundlage der beiden sino-japanischen Maṇḍalas, deren Aufbau den zweifachen Prozeß der Entfaltung des Absoluten in das Phänomenale und der Reintegration des Phänomenalen in das Absolute versinnbildlicht und in der Meditation nachvollziehbar macht.[8] Die Rituale bezwecken eine synthetische Vereinigung der "Drei Geheimnisse" (chin. *san mi*) von Geist, Wort und Leib durch Meditation (*samādhi*), symbolische Gesten (*mudrā*) und die Rezitation von Dhāraṇīs zur Erreichung der Buddhaschaft.[9]

In den Sūtras des *zōmitsu* tritt der historische Buddha Śākyamuni auf, ihre Rituale beinhalten auch die Elemente von Dhāraṇī, Mudrā und Samādhi, werden aber hauptsächlich zum Erwerb von "weltlichen" Zwecken wie Schutz gegen Gefahren, Heilung von Krankheiten und Abwendung von Unglück jeglicher Art ausgeführt. In der T'ang-Dynastie entstanden unter taoistischem Einfluß eine ganze Reihe von apokryphen Sūtras dieser Art, die Verfahren zur Erreichung des für die Chinesen so wichtigen Ideals des langen Lebens und der Abwendung von Naturkatastrophen wie Dürren, Überschwemmungen oder drohenden Sternkonstellationen anbieten.[10]

Buddhistische Texte lehren drei Verfahren zum Abwenden von Unglück (chin. *hsiao-tsai*) und Erlangen von Segen (chin. *tseng-i*):
1) Dhāraṇī, 2) Verehrung der Sūtras, 3) Anrufung der Namen von Buddhas, Bodhisattvas und Gottheiten. Die Schriften des *zōmitsu* konzentrieren sich auf das erste Verfahren, dessen Ursprünge bis auf Schriften des Veda,

speziell auf die magische Formelsammlung und Kultvorschriften des Atharvaveda zurückreichen[11], während die meisten Mahāyāna-Texte die letzten beiden empfehlen. Die im *Ch'ing Kuan-yin ching* und den Sūtras des elfgesichtigen Avalokiteśvara deutliche Tendenz, die Verfahren von Dhāraṇī und Namensanrufung in der Verehrung des Avalokiteśvara zu verbinden, ist auch charakteristisch für das *Ch'ien-shou ching*. Dieses läßt aber das spirituelle Ziel der Erreichung der Buddhaschaft, nach der Meinung japanischer Buddhologen nur für die Rituale des *junmitsu*[12] kennzeichnend, nie aus den Augen und erweist allein von daher die Problematik der getroffenen Unterscheidung zwischen den beiden Kategorien. Wie in Kapitel I gezeigt, lassen sich alle Züge des Avalokiteśvara im *Ch'ien-shou ching* von früheren Mahāyāna-Sūtras herleiten, weshalb ihm die unterschiedslose Klassifizierung als *zōmitsu* meiner Meinung nach nicht gerecht wird.

## 2. Das Vorwort zu Chih-t'ungs Übersetzung des *Ch'ien-pi ching*

Bei der Betrachtung der in *Taishō*, Band 20, enthaltenen zwölf Sūtras des tausendhändigen Avalokiteśvara[13] stellt sich außer der Frage, warum ausgerechnet die Übersetzung Bhagavaddharmas zu einer solchen Popularität gelangt ist, auch diejenige nach der Einführung des

Sūtra in China. Im Vorwort zu der frühesten im *Taishō* enthaltenen Übersetzung, dem *Ch'ien-pi ching*[14], finden sich Hinweise zur Beantwortung des zweiten Teiles der Frage. Über seinen Übersetzer Chih-t'ung (605-653) gibt uns das *K'ai-yüan lu*[15] folgende Auskunft:

> "Der Mönch Chih-t'ung befolgte rein und genau die Vināyavorschriften und verstand die Sūtras und Śāstras. Der Lehre der Dhāraṇīs wandte er seine besondere Aufmerksamkeit zu. T'ung wurde während der Periode Ta-ye (605-616) der Sui-Dynastie Mönch. Er wohnte im Ta-tsung-ch'ih ssu in der Hauptstadt. Er hatte den Willen zu reisen. Infolgedessen kam er nach Loyang an das Übersetzerinstitut. Er studierte die Texte und Sprache des Sanskrit, die er in ihrer Tiefe und Feinheit schnell beherrschte. In der Mitte der Periode Chen-kuan (627-649) kam ein indischer Mönch und hatte ein Sanskritoriginal des *Ch'ien-pi ch'ien-yen ching* dabei, das er einreichte. Der Kaiser Wen (T'ai-tsung) befahl T'ung, es zusammen mit dem indischen Mönch zu übersetzen. Eifrig vollbrachten sie es in zwei *chüan.* Später brachte er im 4. Jahr der Periode Yung-cheng (653) mit der Konstellation Kuei-ch'ou die drei Werke von *Ch'ien-chuan ching* usw.[16] hervor."[17]

In dieser Eintragung des *K'ai-yüan lu* gibt es ebensowenig wie in der Biographie Chih-t'ungs im *Sung Kaoseng chuan*[18] einen klaren Hinweis auf eine Beziehung oder Zusammenarbeit zwischen Bhagavaddharma und Chih-t'ung. Das Vorwort zu Chih-t'ungs Übersetzung, als dessen Verfasser das *K'ai-yüan lu* einen gewissen Po-lun nennt[19], beschreibt den Prozeß der Einführung der frühesten Sūtras über den tausendhändigen Avalokiteśvara und Chih-t'ungs Übersetzung wie folgt:

"Es ist schwierig, die göttliche Kraft zu ermessen und Herz und Geist voll einzuschätzen. Warum sollte derjenige mit den wunderbaren Leistungen der sechs geistigen Durchdringungen und der acht Souveränitäten, der in Wahrung der verehrungswürdigen Wirklichkeit wie der heilige Berg (Sumeru?) ist und das große Meer (des Saṃsāra) bis in die kleinsten Teile unterscheidend umfaßt, sich nicht in hundert Millionen Körper teilen oder in dreitausend (Welten) erscheinen? Der Bodhisattva mit tausend Händen und tausend Augen ist eine Verwandlungserscheinung von Avalokiteśvara, das göttliche Kennzeichen der Unterwerfung von Dämonen und Feinden (des Buddhismus).

In der Regierung von T'ang Wu-te (Kao-tzu, reg. 618-626) malte der mittelindische Brahmin Ch'ü-to-t'i-p'o ein Bild der Form und Substanz (der Gottheit) auf reines Leinen und (schrieb) ein Sūtra über die Bildung der Altäre und der Mūdras nieder. Damit kam er in die Hauptstadt und reichte es ein. Kaiser Wu sah es, aber schätzte es nicht. So abgelehnt, kehrte der Mönch um und ritt zurück.

In der Chen-kuan Periode (627-649) gab es einen anderen Mönch aus Nordindien, der ein Sanskritoriginal des *Ch'ien-pi ch'ien-yen t'o-lo-ni ching* einreichte. Kaiser Wen-wu (Tai-tsung, reg. 627-649) befahl dem Dharma-Meister Chih-t'ung aus dem Ta-tsung-ch'ih ssu sowohl die Dhāraṇī als auch die Mudrās usw. zusammen mit dem indischen Mönch zu übersetzen. Der Dharma-Meister ging den Text dreimal zur Überprüfung durch. Mit betendem Herzen und großer Ernsthaftigkeit die Veröffentlichung (des Textes) erhoffend, bat er um ein Zeichen. Schließlich erlebte er die große Freude der Herabkunft des Verehrten (Avalokiteśvara), der seine Form offenbarte. Chih-t'ung warf sich durch erbarmungsvolle Freude überwältigt in seiner Gegenwart in Verbeugung (auf den Boden). (Avalokiteśvara) grüßte ihn höflich, tröstete ihn und fragte, was er wünsche. T'ung antwortete: 'Mein dummer Geist ist von Zweifeln befallen, was die genaue Übersetzung betrifft. Ich kann nicht entscheiden, ob Inhalt und Aussage dem Willen des Heiligen entsprechen oder nicht.' Dieser schwieg und drückte seine Zustimmung aus. (T'ung sagte): 'Ich bin tief gerührt.' Er machte einen Bericht und reichte das Sūtra ein. Der Kaiser befragte ihn, woher es komme. T'ung erzählte ihm alles Vorgefallene und rührte das Herz des Kaisers. Schließlich gab er die Anweisung, das eingereichte Buch herauszubringen. Sobald Hsüan-mu[20], der Dharma-Meister von großem Glück und hoher Tugend es sah, pries er es ohne Unterlaß. Jemand wies darauf hin, daß noch kein kaiserlicher Befehl zur Veröffentlichung gegeben worden war und (fragte), warum es plötzlich herausgedrungen sei. Daraufhin wurde das Buch eingezogen und nicht mehr veröffentlicht.

Es kam wiederum ein anderer indischer Mönch aus dem Westen. Er hatte ein Sūtra dabei, das er Chih-t'ung zeigte. Chih-t'ung übersetzte es noch einmal. Es unterschied sich in nichts von dem alten Buch, außer daß in ihm der Abschnitt der Körper-Dhāraṇī (*shen-chu*) fehlte.

Der Abt des Cheng-ch'in ssu in Ch'ang-chou, der Dharma-Meister Hui-lin[21], wurde wegen seines Verdienstes im Amte und seiner Meditation und Weisheit verehrt. Er war tief in die Dhāraṇī-Praxis eingedrungen und in allen Künsten perfekt. Er kam in die Hauptstadt in das Kloster (*saṅghārāma*) Chia-ch'ih shih-chi. Er wollte Kenntnis von Ungewöhnlichem erlangen und (daher) Fragmente verlorener Schriften finden. Damals gab es einen nordindischen Brahmanen namens Su-chia-shih, der ständig diese (Dhāraṇī-) Lehre einhielt und mit großer Hingabe morgens und abends einen Altar aufbaute und Mudrās formte. Hui-lin verausgabte sich in seinen Erkundigungen, bis er mit einem Seufzer aufgab. Schließlich ging er (Su) mit ihm zum Luo Fluß, wo er ihm nach und nach den Weg der Fähre (über den Fluß des Leidens) zeigte. Dann bat er einen reinen Gläubigen, den Laien Li T'ai-i, der sowohl in Sanskrittexten gelehrt war als sich auch in taoistischen und konfuzianischen Texten auskannte. Er führte geschickt den Pinsel und brachte den Text in eine literarische Form. Er schrieb ihn vollständig auch mit der kompletten Körper-Dhāraṇī in Sanskrit.

In der Mitte des Jahres Shen-kung (697) kam eine aufrichtige Person aus der Hauptstadt und brachte den zweiten der von Chih-t'ung übersetzten Texte mit. Er bestand aus insgesamt zwei *chüan*, nur die Körper-Dhāraṇī fehlte. Hui-lin fügte sie in den Text ein und machte ihn damit zusammenhängend und vollständig wie eine Familie.

Weiterhin war im Fo-shou-chi ssu[22] der indische Mönch Ta-mo-chan-t'o[23], der ursprünglich aus Udayana stammte. Er besaß eine gute Kenntnis aller Dhāraṇīs. Er empfing oft den kaiserlichen Befehl zu übersetzen. Er malte auf feinen Stoff sowohl die Gestalt des Bodhisattva mit tausend Armen als auch die Dhāraṇī aus dem Text und reichte sie ein. Shen-huang (Kaiserin Wu, 685-704) befahl den Palastdamen, Stickereien davon zu machen, und einigen Künstlern, sie zu malen. Sie wurde im ganzen Land verbreitet, so daß die geistige Gestalt nicht verloren ginge.

Po-lun hörte darüberhinaus von dem Brahmanen, dem Vināya-Meister Chen-ti[24], die Herkunft dieses Mönches. Er sagte: 'Es gibt sehr starke Dämonen und Vināyakas, die alle guten Dharmas zerstören, so daß sie nicht erfüllt werden können. Sie bringen mit Sicherheit alle schlechten Dharmas dazu, sich zu vermehren. Trotz einer wunderbaren den Geist durchdringenden Kraft kann man sie nicht unterwerfen.' Nun, der Bodhisattva Avalokiteśvara erscheint mit tausend Armen, um diese Geister zu unterwerfen. Nun sind die Dhāraṇīs und Mudrās auf Hochglanz gebracht und werden nicht verfallen. Ich hoffe, daß die guten Werke in der Zukunft bestehen bleiben ohne in Verfall zu geraten."

Nach diesem Vorwort hat sich die Einführung der Sūtras zum tausendhändigen Avalokiteśvara in China in vier Schritten vollzogen:

1) Ein indischer Mönch brachte den frühesten Text in der Zeit zwischen 618-626, wurde aber abgewiesen. 2) Chih-t'ung machte seine erste Übersetzung in der Zeit zwischen 627-649. Ihre Veröffentlichung wurde aber unterbunden. 3) Chih-t'ung erhielt von einem anderen indischen Mönch wieder einen Text, den er ebenfalls übersetzte. Diese zweite Übersetzung wurde 697 nach Loyang gebracht, wo Hui-lin sie sah und mit der Dhāraṇī vervollständigte. 4) Unter der Regierung von Kaiserin Wu wurden der Text und die Darstellung des tausendhändigen Avalokiteśvara durch einen Inder, eventuell Bodhiruci, an den Hof gebracht und im ganzen Land verbreitet.

Das *K'ai-yüan lu* gibt unter Verweis auf das Vorwort des *Ch'ien-pi ching* einen Hinweis darauf, daß

Bhagavaddharma zusammen mit Chih-t'ung an einer Übersetzung gearbeitet habe. Dieser Eintragung zufolge müßte Bagavaddharma der erste indische Mönch gewesen sein, der Chih-t'ung einen Text zur Übersetzung gebracht hatte:

> "Der Śramana Bhagavaddharma, was in (der Sprache) der T'ang 'Lehre des Verehrten' heißt, stammt aus Westindien. Er übersetzte das *Ch'ien-shou ch'ien-yen ta-pei-hsin ching* in einem *chüan*. In der Sūtra-Einführung wird Bhagavaddharma als Übersetzer genannt, aber keine Jahresangabe gemacht. Ich vermute, daß dieses Sūtra (von Anfang) bis Ende der neuen Übersetzung aus der jetzigen Kaiserdynastie entspricht. Doch da der Überbringer der Lehre auf günstige Bedingungen traf, wurde das übersetzte Sūtra verbreitet, und er begab sich an einen anderen Ort. Da aber das (Übersetzungs-)Datum nicht vermerkt ist, weiß ich nicht, wie alt es ist. Ich fragte höchstpersönlich einen indischen Mönch, der sagte, daß es ein Sanskritoriginal gebe. Da es sich also um keine Fälschung handelt, nehme ich es in diesen Katalog auf. Laut dem Vorwort des *Ch'ien-pi ching* heißt es auch, daß er es zusammen mit Chih-t'ung übersetzt hätte."[25]

Außer dieser auch im *Sung Kao-seng chuan* übernommenen Vermutung Chih-shengs über die Zusammenarbeit zwischen Bhagavaddharma und Chih-t'ung gibt es keine anderen Indizien, die diese Vermutung erhärten könnten.

Doch mag Bhagavaddharmas Assoziierung mit Chih-t'ung wie auch die Tatsache, daß Chih-sheng einen indischen Mönch nach der Herkunft des Sūtra fragte, nur als Vergewisserung über die Echtheit des *Ch'ien-shou ching* gedient haben. Da die Bagavaddharma betreffende Eintragung im *K'ai-yüan lu* hinter derjenigen Chih-t'ungs steht, wird als Übersetzungsdatum des *Ch'ien-shou ching* Mitte Yung-cheng (650-656) angenommen.[26] Die Eintragung des *Sung Kao-seng chuan*, in der Bhagavaddharma unter seinem chinesischen Namen Tsun-fa genannt ist, gibt den diesbezüglichen Hinweis:

> " .... Er übersetzte das *Ch'ien-shou ching* in der Yung-cheng-Regierungszeit. Doch nennt die Sūtra-Einführung nur Bhagavaddharma als Übersetzer, gibt aber keine Jahreszahl an. Ich vermute, daß dieses Sūtra zwischen Yung-cheng und Hsien-ch'ing (entstanden ist). Nach dem Vorwort des *Ch'ien-pi ching* habe es Chih-t'ung zusammen mit diesem Tripiṭaka übersetzt. Über das Ende von Bagavaddharma ist nichts bekannt."[27]

Chih-shengs Hinzufügung, daß das Sūtra "der neuen Übersetzung der jetzigen Kaiserdynastie entspricht," muß sich auf die von Bodhiruci im Jahr 709 ausgeführte Übersetzung des *Ch'ien-shou lao t'o-lo-ni ching*[28] beziehen. Da diese inhaltlich und an vielen Stellen wörtlich mit der Übersetzung Chih-t'ungs übereinstimmt, ist sie keine Neuübersetzung von einem anderen Original, sondern eine

Überarbeitung von Chih-t'ungs Übersetzung.[29] Ein
Textvergleich zwischen Bhagavaddharmas Übersetzung und
diesen beiden zeigt jedoch zweifelsfrei, daß sie nicht
auf demselben Sanskritoriginal beruhen können. Daher
mag Chih-shengs Interpretation des Vorwortes des *Ch'ien-
pi ching*, die Bhagavaddharmas Übersetzung auf eine
Zusammenarbeit mit Chih-t'ung zurückführen möchte, mehr
seiner Sorge um Orthodoxie als der Kenntnis der
wirklichen Zusammenhänge entspringen.

### 3. Inhaltliche Unterschiede zwischen Chih-t'ungs und Bhagavaddharmas Übersetzungen

Von den beiden im *Taishō* enthaltenen Übersetzungen
Chih-t'ungs ist die erste dem koreanischen Kanon, die
zweite dem Ming-zeitlichen Kanon entnommen. Sie
bestehen aus zwei *chüan* und haben die Methode von
fünfundzwanzig Mantras, Mudrās und die Bildung der
Maṇḍalas für das Ritual des tausendhändigen Avalokiteśvara zum Inhalt. Die in den Text eingefügte Körper-
Dhāraṇī ist bis 94 durchnummeriert und mit der allgemein
gebräuchlichen, in Bhagavaddharmas Übersetzung enthaltenen Dhāraṇī nicht identisch. Die zentralen Aussagen
von Bhagavaddharmas Übersetzung, nämlich das
Versprechen der fünfzehn guten Geburtsweisen und das
Vermeiden der fünfzehn schlechten Todesarten, das Erlangen des zehnfachen Geistes und die Wiedergeburt im

Reinen Land finden sich in Chih-t'ungs Übersetzung nicht wieder. Und doch sind es genau diese Aussagen, die Bhagavaddharmas Übersetzung so populär gemacht haben, so daß sie noch heute in den in Taiwan und Hongkong publizierten Bändchen, die nur die Dhāraṇī enthalten, als Erklärung des Verdienstes der Dhāraṇī-Rezitation mitabgedruckt sind.

Chih-t'ungs wissenschaftliche Redlichkeit, mit der er im Text die jeweilige Herkunft einer bestimmten Stelle vermerkt hat, zeigt an, daß seiner Übersetzung kein einheitlicher Text zugrunde liegt. So hat er die Beschreibung der Herstellung einer Statue des tausendhändigen Avalokiteśvara aus dem Text des im Vorwort genannten Brahmanen Ch'ü-to-t'i-p'o übernommen.[30] Da dieser Text aber nicht Namen und Herkunft von Avalokiteśvara erkläre, habe er dazu noch ein anderes Sanskritoriginal konsultieren müssen. Im *Ch'ien-shou ching* wird die Herkunft der tausend Arme und Augen von Avalokiteśvara als das aus Freude über den Erhalt der Dhāraṇī abgelegte Gelübde zur Rettung der Lebewesen beschrieben:

> "Bhagavat, ich erinnere mich, daß in der Vergangenheit, vor unzähligen Milliarden von Kalpa, ein Buddha in der Welt erschien. Er hieß Tathāgata Tausend Lichter König des ruhigen Verbleibens. Dieser Buddha sprach aus Mitleid für mich und alle Lebewesen diese große, vollkommene, ungehinderte Dhāraṇī des großen Erbarmensgeistes. Mit seiner

goldenen Hand berührte er mein Haupt und sprach folgendes: 'Guter Mann, du mußt dieses Geistesmantra halten, das allen Lebewesen in den zukünftigen schlechten Welten großen Nutzen und große Freude bringt.' Damals befand ich mich auf der ersten Stufe. Sowie ich dieses Mantra hörte, wechselte ich auf die achte Stufe hinüber. Weil mein Geist vor Freude jauchzte, legte ich ein Gelübde ab: Wenn ich in Zukunft allen Lebewesen Nutzen, Friede und Freude bringen kann und soll, dann laß meinen Körper sofort tausend Augen und tausend Hände besitzen. Kaum daß ich dieses Gelübde abgelegt hatte, besaß mein Körper sofort tausend Hände und Augen."[31]

Die Erklärung in Chih-t'ungs Übersetzung bringt die Herkunft des tausendhändigen Avalokiteśvara jedoch nicht mit der Dhāraṇī, sondern mit der Unterwerfung von Dämonen in Zusammenhang:

"Nach wieder einem anderen Sanskritoriginal ist der Bodhisattva in der Vergangenheit unter dem Buddha Vipaśin[32] als Unterwerfer von Dämonen erschienen. Aus jedem seiner tausend Augen brachte er einen Buddha hervor, nämlich die tausend Buddhas des gegenwärtigen Zeitalters. Aus jedem seiner tausend Arme brachte er einen Dharmacakravartin hervor. Dieser Bodhisattva ist der erste unter den Dämonenunterwerfern."[33]

Unter der 17. Mudrā-Methode mit der Überschrift: "Der Kristallbodhisattva erhält Mudrā und Mantra des Tausendäugigen" wird folgende Geschichte zum Auftreten des Dämonen unterwerfenden Bodhisattva mit tausend Armen und Augen wiedergegeben:

> "Zu jener Zeit lehrte der Bodhisattva im Himālaya. Er sah, wie die Yakṣas und Rākṣās (weibliche Dämonen) Fleisch und Blut der Landesbewohner auffraßen und bösen Sinnes waren. Der Bodhisattva wollte ihnen Nutzen bringen und sie mit geschickten Mitteln zur Lehre bekehren. Daher begab er sich mit seiner spirituellen Durchdringungskraft in dieses Land und erschien in der Dämonenunterwerfungsgestalt mit tausend Augen und Armen."[34]

Auch bei der Beschreibung der Statue hat Chih-t'ung unterschiedliche Texte zu Rate gezogen, was aus seinen Einfügungen "in Übereinstimmung mit diesem Sanskritoriginal" oder "nach wieder einem anderen Text heißt es" hervorgeht.[35]

Zur 18. Mudrā der Rettung der Lebewesen aus den sechs Wiedergeburtsbereichen erklärt Chih-t'ung: "Diese Mudrā-Methode hat der alte Meister Pa-cha-na-luo bei seinem Kommen übersetzt. Danach ist er in sein Land zurückgekehrt. Ich habe seine Übersetzungen bis zum äußersten gesucht, aber nicht gefunden. Ich traf einen Mönch, von dem ich das Sanskritoriginal erhielt und übersetzte. Einen anderen Text gibt es sonst nicht."[36]

Die 22. Mudrā der Bodhisattva-Befreiung ist mit folgender Anmerkung versehen: "Diese Mudrā hat es in meinem Text zunächst nicht gegeben. Ich traf in Yüan-chou einen Brahmanen, der das Sanskritoriginal hatte. Beim Treffen bat ich darum und erhielt daher diese Mudrā."[37]

Schließlich schreibt er zur 24. Mudrā der Bodhisattva-Souveränität: "Früher ist der Mönch She-ti aus Kaschmir nach Nordindien gegangen und erlangte dieses Sanskritoriginal. Er übersetzte es nicht, nahm es an sich und bewahrte es. Seine spirituelle Kraft war immens. Er wagte nicht, es zu verbreiten. Ich erhielt es von seinem Schüler P'o-chia. Wenn man es nach der Vorschrift ausführt, ist der Verdienst nicht gering. Jedoch ist es nicht in der Welt verbreitet."[38]

Wegen der Vielfältigkeit der Chih-t'ungs Übersetzung zugrundeliegenden Quellen sind seine im Vorwort erwähnten Zweifel an der Korrektheit des Textes verständlich. Da Chih-t'ung einen offiziellen Auftrag zur Übersetzung hatte, muß er Chih-sheng bei der Verfassung des *K'ai-yüan lu* als so vertrauenswürdig erschienen sein, daß er nicht nur seine Übersetzungen aufnahm, sondern auch Bhagavaddharmas Übersetzung auf eine Zusammenarbeit mit Chih-t'ung zurückführte. Das in der Frage nach dem Sanskritoriginal zu Bhagavaddharmas Übersetzung mitschwingende Mißtrauen mag seinen Grund nicht nur in dem Dunkel haben, das weiterhin Ort und Zeit seiner Übersetzung umgibt, sondern auch in der Tatsache, daß sich Chih-t'ungs Übersetzung aus so vielen unterschiedlichen, nicht überprüfbaren Quellen speist.

In Chih-t'ungs Übersetzung zeigt sich weiterhin ein Zug zur Geheimhaltung, der sich bei Bodhiruci noch verstärkt, bei Bhagavaddharma aber vollständig fehlt. Chih-t'ung fügt der Textstelle, die bei der 1080maligen Rezitation der Dhāraṇī die Erscheinung von Avalokiteśvara in der Form von Ānanda, der den Gläubigen nach seinen Wünschen fragt, verspricht, zunächst die interessante autobiographische Notiz hinzu: "Diese Aussage habe ich höchstpersönlich verehrt (*kung-yang*). Da (auch) mir diese Frage gestellt wurde, habe ich es hier niedergeschrieben" und fährt dann fort:

> "Der Praktizierende antwortet, daß er die Dhāraṇī-Methode der unübertroffenen Erleuchtungsweisheit erstrebt. Wenn er sie erhält, wünsche er nur die Entfaltung eines rücksichtsvollen Geistes und erstrebe nicht Ehre und Profit. In allen Wünschen muß er darum bitten, alle Lebewesen wie sein eigenes Kind zu betrachten. Außerdem soll er die Folgsamkeit und Unterwerfung aller Dämonen wünschen. Wenn er die Erfüllung seines Wunsches erhalten hat, muß er es aber für sich behalten und darf es niemanden weitererzählen."[39]

Der Angabe der 4. Mudrā des tausendarmigen Avalokiteśvara schickt Chih-t'ung folgende Warnung voraus: "Diejenigen, die nicht die (ersten?) drei

Maṇḍalas durchgemacht haben, dürfen auf keinen Fall diese Lehre der Mudrās und Mantras zu sehen bekommen. Das wäre eine Sünde." Zur Bekräftigung der Wirksamkeit dieser Methode betont er wiederum seine eigene Erfahrung: "T'ung hat diese Mudrā-Methode ausgeführt und selbst die Erfahrung gemacht, wie der Bodhisattva es ihn gelehrt hatte. Er erfüllte Chih-t'ung alle seine Wünsche vollständig."[40]

In Bodhirucis Übersetzung lautet die erste von Chih-t'ungs Anweisungen zur Geheimhaltung: "Wenn du alles nach Wunsch erhalten hast, behalte es aber für dich. Laß niemanden gegenüber etwas darüber verlauten und verkünde es nicht blindlings und willkürlich an andere weiter."[41] An anderer Stelle heißt es: "Derjenige, der diese Methode einhält, mache seinen Mund ständig zum Geheimnis. Er enthalte sich aller Diskussionen und führe auf keinen Fall blindlings etwas aus dieser Dhāraṇī vor."[42]

Doch der uneinheitliche, tendenziell offene Charakter der Sūtras des gemischten esoterischen Buddhismus zeigt sich in solchen Aussagen wie "um überall allen Lebewesen Überfluß und Vorteil zu bringen,"[43] oder "man soll jene Menschen die Sūtras sehen, hören, rezitieren und annehmen lassen, die das reine Brahmanenverhalten ausführen und einen Geist voller Erbarmen und Mitleid für alle Lebewesen haben,"[44] und nicht zuletzt auch in der Tatsache, daß der Laienanhänger Li T'ai-i damit beauftragt wurde, die neue Übersetzung in literarischer Form niederzuschreiben.

Obgleich dieser Textvergleich zwischen dem *Ch'ien-pi ching* und dem *Ch'ien-shou ching* zeigt, daß sie unmöglich auf einem einheitlichen Sanskritoriginal beruhen können, und auch eine Zusammenarbeit Chih-t'ungs und Bhagavaddharmas als unwahrscheinlich erscheint, wird das Anliegen der Dhāraṇī-Rezitation, nämlich die Zerstörung der karmischen Behinderungen und Reue über die Sünden, in beiden Texten mit gleicher Nachdrücklichkeit artikuliert.[45] Aus dieser Perspektive wird deutlich, daß das nur den Schriften des *junmitsu* zugeschriebene Ziel der Erreichung der Buddhaschaft ebenso ein Anliegen der Autoren dieser als *zōmitsu* klassifizierten Texte war, auch wenn es wegen der vielfältigen Anweisungen zur Gewinnung materiellen Nutzens weniger deutlich akzentuiert sein mag. Die Thematik der Buße gerät über der Beschreibung der magischen Effekte der Dhāraṇī-Rezitation in Verbindung mit Mudrā und Maṇḍala doch nie aus dem Blickpunkt und verweist von sich aus auf die Entwicklung, in deren Zuge das *Ch'ien-shou ching* als Ansatzpunkt für ein Bußritual aufgegriffen werden konnte.

## 4. Inhaltliche Skizzierung der Übersetzungen Amoghavajras, Vajrabodhis und Śubhākarasiṁhas

Das Amoghavajra zugeschriebene *Ch'ien-shou ta-pei hsin t'o-lo-ni*[46] ist eine Wiedergabe von Bhagavaddharmas Text ab den zehn Anrufungsversen "Na-mo Avalokiteśvara" bis einschließlich der Dhāraṇī. Neu sind der zwischen den Silben der Dhāraṇī eingeschobene Kommentar, der sie mit Namen von Gottheiten als Erscheinungsformen des Avalokiteśvara assoziiert, die Abbildungen der Hände und die Hinzufügung von Mantras in die Erklärung der Funktionen der Hände. Zwar ist die Reihenfolge der Hände vertauscht, dafür aber die dem *Ch'ien-shou ching* entsprechende Reihenfolge in einer kleingedruckten Ziffer zum Bild angegeben. Osabe ist bei diesem Text der Ansicht, daß er zwar zu Amoghavajras Zeit entstanden, nicht aber von ihm selbst verfaßt worden sei.[47] Doch kann man aus der Tatsache, daß das *Ch'ien-shou ching* seine Grundlage bildet, auf seine Verbreitung und Popularität zur Zeit Amoghavajras schließen.

In der Amoghavajra zugeschriebenen Übersetzung des *Chin-kang-ting ch'ien-shou i-kuei ching*[48] ist das Ritual des Avalokiteśvara zum ersten Mal mit den beiden auf den Schriften des "reinen esoterischen Buddhismus" beruhenden Maṇḍalas in Beziehung gesetzt. Der Text beginnt folgendermaßen: "Ich lehre nach dem *Yogavajraśekhara-Sūtra*[49] die Ausführungsmethode des diamantenen Geheimnisses von Leib, Geist und Mund des tausendhändigen und tausendäugigen Avalokiteśvara des Lotusklans."[50]

Zu Beginn des Rituals verehrt der Ausführende die fünf Buddhas des Vajradhātumaṇḍala. Dann folgt die Meditation des vierfach unendlichen Geistes der Freundlichkeit (*maitrī*), des Mitleids (*karuṇā*), der Freude (*muditā*) und des Gleichmuts (*upekṣā*). Die Visualisierungsanweisungen machen deutlich, daß es sich hier um ein Ritual des auf dem *Mahāvairocanasūtra* beruhenden Garbhadhātumaṇḍala handelt: "Der Ausführende stellt folgende Betrachtung an: 'Mein jetziger Leib ist der von Avalokiteśvara.' Er stellt sich vor, daß er in der linken Hand über dem Herzen einen Lotus halte. Die rechte Hand macht die Geste des Saṃkusumitarāja[51]," und "Er visualisiert vor sich genau in der Höhe der Brust einen vollen weißen und reinen Vollmond .... Auf dem hellen Kreis denkt er sich einen achtblättrigen Lotus. In der Mitte des Lotusgarbha sieht er das Zeichen Hṛih[52]."

Die im letzten *chüan* beschriebenen vier Methoden des Aufhebens von Katastrophen (*hsiao-tsai*), der Vermehrung von Nutzen (*tseng-i*), des Bekehrens (*tiao-fu*) und liebenden Verehrens (*ching-ai*) werden als Ritual des Vajradhātumaṇḍala beschrieben.[53] Da dieser Text aber nicht in Amoghavajras Liste seiner eigenen Übersetzungen aufgeführt ist, vermutet Osabe wiederum einen anderen Übersetzer, der sich nur Amoghavajras Namen bedient hat.[54]

Die mit Vajrabodhis Namen gekennzeichneten Texte

(*T.*1061 - *T.*1063) enthalten nur die Wiedergabe der Dhāraṇī, deren phonetische Umschrift sich von derjenigen des *Ch'ien-shou ching* unterscheidet. *T.*1061 hat denselben Titel wie Bhagavaddharmas Übersetzung, nur daß Sūtra (*ching*) durch Mantraband (*chu-pen*) ersetzt ist, und gibt zusätzlich eine Sanskritversion der Dhāraṇī. Ob Vajrabodhi selbst im Besitz des Sanskritoriginals gewesen ist oder die Sanskritversion nachträglich aus der chinesischen phonetischen Umschrift rekonstruiert hat, bleibt eine offene Frage.
*T.* 1062 ist mit der Anmerkung versehen, daß es sich um einen Extrakt aus dem *Ta-pei ching*, womit das *Ch'ien-shou ching* gemeint ist, handle.[55]

Diese Texte dienen ebenfalls als Hinweis auf die Verbreitung von Bhagavaddharmas Übersetzung, die im Unterschied zu derjenigen Chih-t'ungs als autoritativer Text gegolten haben muß.

Śubhakarasiṃhas Übersetzung des *Ch'ien-shou i-kuei*[56] ist eine Anweisung für die Herstellung der im *Ch'ien-shou ching* genannten Schutzgottheiten, die als Gefolgschaft von Avalokiteśvara auftreten. Der nur zwei Seiten lange Text gibt im ersten Teil die ikonographische Beschreibung, auf die im zweiten Teil die Mantras der Gottheiten folgen. Da dieser Text ebenso wie das *Ch'ien-shou he-yao ching*[57], dessen Übersetzung Bhagavaddharma zugeschrieben wird, in keinem der Sūtra-Kataloge enthalten ist, wird er von Osabe wieder als apokrypher Text der späten T'ang eingeschätzt.[58]

Auch wenn die Funktion des tausendhändigen

Avalokiteśvara in den Ritualen und der mit ihr verbundenen Kunst des esoterischen Buddhismus ein wichtiger Aspekt ist, zu dessen Erarbeitung die Ritualtexte und ihre japanischen Kommentare das Quellenmaterial bilden, kann er im Rahmen dieser Arbeit nicht aufgegriffen werden. Wie aus den oben angeführten Anweisungen zur Geheimhaltung der Ritualmethoden hervorgeht, waren die Rituale Spezialisten vorbehalten, die durch einen Meister in die Handhabung aller Geheimanweisungen und der durch sie auszulösenden Mächte initiiert werden mußten. Die japanischen Kommentare zu den Ritualtexten finden sich nur in den Schriften der Shingon- und Tendai-Sekten und sind daher dem Studium einer Elite vorbehalten. Im Gegensatz hierzu ist das *Ch'ien-shou ching* von Anfang an für die Allgemeinheit zugänglich und verständlich gewesen, wie seine zahlreichen Abschriften und die Verbreitung der Dhāraṇī bezeugen. Die Entwicklung, die entgegen jeder esoterischen Tendenz das *Ch'ien-shou ching* zur Grundlage eines rein mahāyānistischen Bußrituales machen konnte, zeichnet sich in ihren Anfängen schon in den im folgenden zu betrachtenden Tun-huang-Manuskripten ab.

## 5. Neue Evidenz für die Übersetzung und Verbreitung des *Ch'ien-shou ching* anhand der Tun-huang-Manuskripte

Hirai Yukeis Studium der Tun-huang-Manuskripte des *Ch'ien-shou ching*[59] hat ein neues Licht auf die Frage nach dem Übersetzungsort des Sūtra geworfen, auch wenn das in chinesischen Quellen herrschende Dunkel um Bhagavaddharmas Person weiterhin bestehen bleibt. Da die Kataloge der Dokumente, die in den konkurrierenden Tun-huang-Expeditionen (1906-1908) Sir Aurel Steins und Paul Pelliots gesammelt wurden, eine Beschreibung der betreffenden Fragmente enthalten[60], soll in diesem Kapitel anstelle einer wiederholten Diskussion dieser Fragmente nur der Frage nachgegangen werden, welche Informationen sie bezüglich der Übersetzung und Verbreitung des *Ch'ien-shou ching* und der Dhāraṇī des Großen Erbarmens liefern. Im Folgenden werden die Fragmente unter ihren Nummern mit *P.* für Pelliot und *S.* für Stein angegeben, wobei sich die Nummern in den Klammern auf die Numerierung von Giles' (*G.*) Katalog beziehen.

Es ist eine überraschende Tatsache, daß der Name Chih-t'ungs als des Übersetzers des *Ch'ien-pi ching* in den Tun-huang-Manuskripten überhaupt nicht auftaucht. *S.*1210 (*G.*3798) gibt zunächst den Titel und Text des *Ch'ien-shou ching* an und darauf folgend Titel und Text des *Ch'ien-pi ching* ohne die Unterteilung in zwei *chüan*. Dieses Fragment weist die zwei Besonderheiten auf, daß es den ersten Text als erstes *chüan* (*chüan shang*), den zweiten Text als letztes *chüan* (*chüan hsia*) kennzeichnet und hinter diesem den Tripiṭaka I-ching (635-713) als Übersetzer nennt.[61] *S.*3534 (*G.*3792) gibt ebenfalls I-ching als Übersetzer an und ist in ein mittleres *chüan* (*chüan chung*) und ein letztes *chüan* unterteilt, wobei die Vermutung naheliegt, daß das erste *chüan* das *Ch'ien-*

*shou ching* gewesen sein könnte. *S.*1405 (*G.*3799) trägt am Schluß den Titel des *Ch'ien-shou ching* mit der Bezeichnung *chüan shang*. Da das Manuskript hiernach jedoch zerstört ist, muß die Annahme, daß als *chüan hsia* wieder das *Ch'ien-pi ching* gefolgt sein könnte, als solche stehenbleiben.

Aus diesen Fragmenten läßt sich der doppelte Schluß ziehen, daß Chih-t'ung erstens in Tun-huang als Übersetzer nicht bekannt war, und daß zweitens das *Ch'ien-shou ching* und das *Ch'ien-pi ching* als zusammengehörige Texte aufgefaßt wurden. Obgleich das im *Taishō* aufgenommene *Ch'ien-pi ching* aus zwei *chüan* besteht, enthält das *K'ai-yüan lu* die Angabe einer Version in einem *chüan*[62], die zu jener Zeit bekannt gewesen sein muß.

Bhagavaddharma ist in fünf Manuskripten als Übersetzer genannt.[63] Das älteste datierte Manuskript unter ihnen ist *P.*2291. Es ist am Ende mit dem Zusatz "im Jahre K'ai-yüan 27 (739) von dem Schüler Wang Ch'ung-i abgeschrieben" versehen. Das Vorhandensein einer Abschrift neun Jahre nach der Verfassung des *K'ai-yüan lu* ist ein Beleg für die Verbreitung von Bhagavaddharmas Übersetzung, auch wenn sie Chih-sheng bei der Erstellung seines Kataloges noch so zweifelhaft erschien, daß er nach dem Vorhandensein eines Sanskritoriginals fragte.
*S.*231 (*G.*3793) ist das einzige Beispiel für eine Reihenfolge, in der das *Ch'ien-pi ching* vor dem *Ch'ien-shou ching* kommt. Auch wenn der Schlußtitel *Ch'ien-yen t'o-lo-ni ching* lautet, handelt es sich bei dem Text um das

im Titel angegebene *Ch'ien-shou ching*. Dieses Manuskript hat den rechts unten in kleiner Schrift vermerkten Zusatz "übersetzt von dem west-indischen Mönch Bhagavaddharma in Yü-t'ien (Khotan)."

Khotan war eine wichtige Handelsoase an der südlichen Seidenstraße, die zusammen mit der nördlichen Seidenstraße als einzige Landweg-Verbindung zwischen China und dem eurasischen Kontinent diente, und befindet sich in der heutigen Provinz Hsin-chiang, in der Gegend von Ho-t'ien.

Eine Erwähnung des Namens Yü-chih, der später durch Yü-t'ien ersetzt wurde, findet sich schon im *Shih-chi*.[64] Viele Indizien sprechen dafür, daß Khotan ein frühes Zentrum der Verehrung von Avalokiteśvara gewesen sein muß. Das Original für Kumārajīvas Übersetzung des *Lotus-Sūtra* stammte aus Khotan[65], der Marquis An-yang[66] studierte dort ebenfalls die Mahāyāna-Lehre und erhielt in Kao-ch'ang (Turfan) jeweils einen Band des *Kuan-shih-yin ching* und des *Kuan mi-lo ching*[67], die er später übersetzte; der Pilger Fa-hsien erreichte Khotan im Jahr 475 und erlangte dort Buddha-Reliquien und das *Kuan-shih-yin mieh-tsui t'o-lo-ni*[68]; der Mönch Dharmodgata brachte aus Kaschmir das *Kuan-shih-yin shou-chi ching* mit, das in Nan-ching verbreitet wurde.[69]

Von Hsüan-tsang, der um das Jahr 640, also gerade zu der Zeit, in der Bhagavaddharma mit der Übersetzung des *Ch'ien-shou ching* beschäftigt gewesen sein müßte, durch diese Gegend reiste, gibt es folgenden Bericht über die dort vorgefundene religiöse Situation:

"Sie verehren die buddhistische Lehre. Es gibt mehr als hundert *vihāra* (Tempel) und mehr als fünftausend Mönche. Außerdem studieren viele die Mahāyāna-Lehre. Der Kaiser, ein äußerst tapferer Krieger, achtet die buddhistische Lehre."[70]

Die Funde von Stein und Pelliot bestätigen die Existenz buddhistischer Sūtras in khotanesischer Sprache, die auf einen Zeitraum zwischen dem sechsten und zehnten Jahrhundert datiert werden.[71] Während ein Teil der Sanskritoriginale über die Seidenstraße direkt nach Zentralchina gelangte, wurde ein anderer Teil in dieser Gegend ins Khotanesische übersetzt.

Von den Tun-huang-Manuskripten weisen noch *P.* 3437 und *Chih* 48[72] den gleichen Zusatz "übersetzt vom westindischen Mönch Bhagavaddharma in Khotan" auf. Hirai ist durch Materialanalyse der Abschriften zu dem Ergebnis gekommen, daß *S.*231 die älteste Abschrift sein muß, da sie auf Papier von feiner Qualität und in guter Kalligraphie ausgeführt ist. Da nach der Eroberung Tun-huangs durch die Jurchen im Jahre 786 diese Region von chinesischem Materialnachschub und Kultureinfluß abgeschnitten war, muß das Manuskript aus einer früheren Zeit stammen.[73] Dem Ausführenden dieser Abschrift war demnach der Ort der Übersetzung zu einer Zeit bekannt, in der Chih-sheng bei seiner Verfassung des *K'ai-yüan lu* darüber Stillschweigen bewahrte.

Für *Chih* 48 vermutet Hirai ein späteres Abschriftsdatum, bei dem sich die Tradition des Zusatzes "in

Khotan" erhalten hat. *P.*3437 besteht nur aus den letzten 37 Zeilen des Textes, die leichte Abweichungen vom Text des *Ch'ien-shou ching* aufweisen.

In Khotan war nicht nur die Verehrung von Avalokiteśvara ausgeprägt, sondern auch die Kenntnis esoterischer Schriften und Praktiken zu der Zeit verbreitet, in der sich Bhagavaddharma dort aufhielt. Im Jahr 689 erreichte der khotanesische Mönch Devaprajñā[74], der besonders die Kunst der magischen Sprüche beherrschte, China und übersetzte in Loyang außer einem Teil des *Avataṃsaka-Sūtra* mehrere Dhāraṇī-Sammlungen. Auch Śīkṣānanda[75], der im Jahr 695 mit der Übersetzung des *Avataṃsaka-Sūtra* in 80 *chüan* begann, stammte aus Khotan. Das Verzeichnis seiner Übersetzungen enthält viele esoterische Texte, darunter das *Kuan-shih-yin pu-sa mi-mi-tsang shen-chu ching.*[76] Im Jahr 707 wurde der Sohn des khotanesischen Königs in China zum Mönch und nahm den Namen Chih-yen an.[77] Auch unter seinen Übersetzungen finden sich Dhāraṇī-Sūtras. Diese Beispiele zeigen, daß Khotan im siebten Jahrhundert von der Strömung des esoterischen Buddhismus erfaßt war, in deren Zuge auch Bhagavaddharma nach China kam und dort die Übersetzung des *Ch'ien-shou ching* hinterließ, die, wie es in seiner Biographie heißt, "auf günstige Bedingungen traf", so daß sich ihre Popularität über die Tunhuang-Abschriften und die T'ang-Dynastie hinaus erhalten hat.

## 6. Die in den Tun-huang-Manuskripten enthaltenen Informationen über Formen religiöser Praktiken

Zwei Manuskripte der Stein-Kollektion belegen außer dem oben genannten Manuskript *P.*2291 die Praxis des Sūtra-Abschreibens. *S.*4378 (*G.*4444) enthält einen kurzen Text, betitelt *Ta-pei ch'i-ch'ing*, der sich ab den Anrufungen "Na-mo Avalokiteśvara des Großen Erbarmens" bis einschließlich der Dhāraṇī des Großen Erbarmens aus dem Text des *Ch'ien-shou ching* zusammensetzt.[78] Daran schließt sich die *Tsun-sheng t'o-lo-ni*[79] an. Der Name Bhagavaddharmas ist nicht genannt. Die Abschrift trägt einen Nachsatz folgenden Inhalts:

> "Der Bhikṣu Hui-lan hat nun dem Auftrag gehorsam diesen (Text) abgeschrieben und veröffentlicht, so daß er, wenn auch durch Ungeschicklichkeit entstellt, in Zukunft religiöse Einstellung verbreite. Er bietet ihn ergebenst an und bittet (den Leser) demütig, ihn anzunehmen und im Geist zu bewahren, um an seinem außerordentlichen Nutzen teilzuhaben. Er schrieb am 8. Tag des 12. Monates des Jahres Chi-wei (12 Jan. 899 ?) in der Bibliothek des Ta-pei ssu in Chiang-ling fu (Provinz Hupei) die *Ta-pei-hsin*-Dhāraṇī und die *Tsun-sheng*-Dhāraṇī in insgesamt einem *chüan* ab."

*S.*2566 (*G.*6436) weist die gleiche Form, nämlich die Verbindung vom *Ta-pei ch'i-ch'ing* mit der *Tsun-sheng*

Dhāraṇī auf und zeigt damit, daß sich anstelle der Abschrift des ganzen Sūtra diese kürzere Form herausgebildet hatte. An die Dhāraṇī schließt sich folgender Vers an: "Alle Verdienste der ausgeführten (obigen) Aufgabe mögen auf alle fühlenden Wesen übertragen werden, so daß wir mit allen Lebewesen zusammen die Buddhaschaft erreichen."

Dann folgt der gleiche Nachsatz wie bei *S.*4378 mit Ausnahme des Datums: "Im inneren Kuan-yin-Hof des San-chieh ssu in Sha-chou am 17. Tag des ersten Mondes des Mou-yin Jahres (1. März 918?) abgeschrieben."

Sha-chou war der Name Tun-huangs während der T'ang-Dynastie, und der San-chieh ssu befand sich im Osten der Mo-kao Höhlen.[80] Aus den beiden Abschriften und ihren Daten geht hervor, daß der Mönch Hui-lan 19 Jahre lang den gleichen Text abgeschrieben und mit größter Wahrscheinlichkeit in dieser Form rezitiert hat. Das Jahr 907 markierte den Untergang der T'ang-Dynastie und den Übergang in die unruhigen Zeiten der Fünf Dynastien (907-960). Hui-lan, der Hupei zu Beginn des zehnten Jahrhunderts verlassen hat, um sich auf den mühsamen Weg nach Tun-huang zu begeben, gibt durch seine Abschriften Zeugnis von seiner Avalokiteśvara-Verehrung, die ihn durch die Gefahren der Wege und der bewegten Zeiten getragen haben mag. Das Verdienst der Abschrift des Sūtra als auch die Rettung aus Gefahren durch Anrufung von Avalokiteśvara ist schon die religiöse Praxis der Generationen inspirierenden Lehre des *Lotus-Sūtra*, die ihren Widerhall im *Ch'ien-shou ching* gefunden hat:

"Diejenigen, die die Dhāraṇī ausführen, abschreiben und in einem Geist aufrichtiger Beschaffenheit in ihr verbleiben, werden von selbst die vier Früchte des Śramana erlangen, ohne darum zu bitten. Sie können die Berge und Felsklippen zum Beben, die Flüsse und das Wasser der vier großen Meere zum Wallen, den Sumeru und den Eisenberg zum Wanken, die Atome zum Bersten und alle Lebewesen darin zur Entfaltung des unübertroffenen Bodhi-Geistes bringen," und "wenn diejenigen, die in der Bergeswildnis dieses Sūtra rezitieren und darüber meditieren und deren durch die Spukerscheinungen von Berggeistern, Kobolden und Dämonen aufgeschreckter Geist nicht zur Ruhe kommt, dieses Mantra nur einmal rezitieren, werden dadurch alle Geister und Dämonen gebannt."[81]

*S.*509 (*G.*3802) besteht aus dem Text des *Ch'ien-shou ching*, an den sich das *Ta-pei ch'i-ch'ing* reiht. Der Text enthält außer der Angabe Bhagavaddharmas als Übersetzer im Nachsatz folgende Ortsangabe: "Abschrift im Auftrag des Stifters Yin Chih-yung aus Hsi-liang fu." Hsi-liang fu ist der Name Liang-chou (Provinz Kansu) zu Beginn der Sung-Dynastie und erlaubt daher einen Rückschluß auf das Abschriftsdatum. Daß Yin Chih-yung den Auftrag zur Abschrift des Sūtra aus einem bestimmten Anliegen heraus erteilt hat, zeigt außer der Bekanntheit von Bhagavaddharmas Übersetzung in der Sung-Zeit den lebendigen Glauben des Volkes an das Verdienst von

Sūtra-Abschriften und Dhāraṇī-Rezitation.

*S.*5460 (*G.*3800) ist ein langes gefaltetes Manuskript, in dem auf einen einleitenden Gelübdetext der Text des *Ch'ien-shou ching* folgt, der am Schluß den vollen Titel und die Angabe erstes *chüan* (*chüan shang*) trägt. Die Existenz dieses Manuskriptes läßt darauf schließen, daß nicht nur die Dhāraṇī, sondern der gesamte Text des Sūtra in Tempeln oder in der Öffentlichkeit gelesen und rezitiert wurde.

*S.*2489 (*G.*6524) ist ein langes Manuskript, das unter dem Titel *Kuan-shih-yin p'u-sa fu-yin* eine Sammlung von Dhāraṇīs enthält, die von der Dhāraṇī des Großen Erbarmens, des Sonnenlicht-Bodhisattva und des Mondlicht-Bodhisattva aus dem *Ch'ien-shou ching* eingeleitet wird. Die darauffolgende Dhāraṇī ist dem *Ch'ien-pi ching* entnommen. Daran reiht sich eine Sammlung von Dhāraṇīs und Mantras, deren Verdienst und Rezitationsmethode beschrieben wird. Der Text betont das Erbarmen von Avalokiteśvara und wurde nach Meinung Hirais bei der Ausführung von Ritualen benutzt, von denen sich eine Verbindungslinie zu Chih-lis Bußritual herstellen läßt.[82] Das anhand von Materialanalyse, Kalligraphie und Inhalt auf Ende T'ang bis Anfang Sung datierte Manuskript gibt einen Anhaltspunkt für die Entwicklung, im Zuge derer das *Ch'ien-shou ching* zur Grundlage eines Bußrituals wurde. Dieses Bußritual wurde von der T'ien-t'ai-Sekte weiterentwickelt und in der Ch'ing-Dynastie in seine heute gebräuchliche Form gebracht.

Der zweite Teil des Manuskriptes enthält die Zeichnung eines Altars zur Ausführung eines Homa-Rituals, das in einem Text mit dem Titel *Ta-pei t'an-fa pieh-hsing pen* "Gebrauchsanweisung für die Altar-Methode des großen Erbarmenden" erläutert wird. Dieses Manuskript gibt Aufschluß darüber, daß in Tun-huang das Homa-Opfer bekannt war und praktiziert wurde. Der Zusammenhang der Zeichnung mit der Reihe der Dhāraṇīs zeigt weiterhin, daß die Dhāraṇīs aus dem *Ch'ien-shou ching* einen Bestandteil des Rituals ausmachten.

Zusammenfassend lassen sich folgende, aus der Überprüfung der Tun-huang-Manuskripte gewonnenen Punkte festhalten:

1) Bhagavaddharma war als Übersetzer des *Ch'ien-shou ching* bekannt, ebenso Khotan als Ort der Übersetzung, während über Chih-t'ung in den Quellen völliges Schweigen herrscht. Zwei Manuskripte geben I-ching als Übersetzer an, obwohl dieser nie einen Text aus der Gruppe der Sūtras des tausendhändigen Avalokiteśvara übersetzt hat.

2) In den Manuskripten lassen sich formale Übereinstimmungen finden, nämlich die Verbindung von *Ch'ien-shou ching* und *Ch'ien-pi ching* als ein zusammengehöriger Text in zwei *chüan*, weiterhin die Verkürzung des *Ch'ien-shou ching* in das *Ta-pei ch'i ch'ing* und seine Zusammenstellung mit der *Tsun-sheng*-Dhāraṇī.

3) Wie die Abschriften des Sūtra und das gefaltete Rezitations-Manuskript beweisen, wurde nicht nur die Dhāraṇī, sondern der gesamte Text von frommen Mönchen

aus eigenem Antrieb oder im Auftrag abgeschrieben, rezitiert und verbreitet.

4) Die Verbindung der Dhāraṇīs aus dem *Ch'ien-shou ching* und dem *Ch'ien-pi ching* mit einer Reihe anderer Mantras in einem Text, der Zeichnungen und Anweisungen für ein Homa-Ritual enthält, zeigt die gegen Ende der T'ang-Zeit herausgebildete Praxis, diese Dhāraṇīs in einen rituellen Zusammenhang, der sich heute als Bußritual erhalten hat, einzugliedern.

## Anmerkungen zu Kapitel II

1. Vgl. Satō Taishun, "Rokuchō jidai no Kannon shinkō", in *Kannon Shinkō*, S. 17-35, S. 26.

2. Im *Dai Nihon kōbun sho* ist als frühestes Datum für eine japanische Abschrift des *Ch'ien-shou ching* das Jahr Tempyō 3 (A.D. 731) angegeben, gefolgt von Tempyō 7 (735), Tempyō 11 (739). Im Jahr Tempyō 13 legte der Mönch Gembō das Gelübde ab, tausend Abschriften des *Ch'ien-shou ching* zu machen. Zur chronologischen Darstellung der Einführung der Sūtras des tausendhändigen Avalokiteśvara nach Japan siehe Kobayashi Taichirō, *Tōdai no daihi Kannon*, in *Kannon Shinkō*, S. 117-123. Vgl. ebenfalls die chronologische Liste bei Hayami Tasuku in "Nara chō no Kannon shinkō ni tsuite", *op. cit.*, S. 149-151.

3. Grundlage aller späteren japanischen Arbeiten zu diesem Thema ist Ōmura Seigai, *Mikkyō hattatsu shi* (Tōkyō 1918, Neuaufl. 1972). Siehe auch folgende Werke:
   - Toganoō Shōun, "Himitsu bukkyō shi", *Toganoō Zenshū* (Kōyasan 1959), vol. 1;
   - Osabe Kazuo, *Tōdai mikkyō shi no zakkō* (Kōbe

1971);
- ders.,"Tōdai mikkyō to Nihon bukkyō", *Rekishi kyōiku* (Tōkyō 1963), S. 30-37;
- ders., "Tōdai no kōki mikkyō", *Bukkyō shigaku* (Tōkyō 1962), S. 65-89;
- ders., *Ichigyō zenji no kenkyū* (Kōbe 1963);
- ders., *Tō Sō mikkyōshi ronkō* (Kōbe 1982);
- Tsukamoto Shunkyō, "Chūgoku ni okeru mikkyō juyō ni tsuite", in *Bukkyō bunka kenkyū* (Tōkyō 1952), S. 89-98;
- Matsunaga Yūkei, *Mikkyō kyōten seiritsu shi ron* (Kyōtō 1980);
- ders., *Mikkyō no rekishi* (Kyōto 1969, 1971);
- Yoritomi Motohiro, *Chūgoku Mikkyō no kenkyū* (Tōkyō 1979);
- Toganoō Shōzui, Matsunaga Yūkei, "Gaikokujin no mikkyō kenkyū", "Nihonjin no mikkyō kenkyū", *Gendai mikkyō kōza* (Tōkyō 1976), vol. 8.

In westlichen Sprachen erschienen zu diesem Thema bislang nur ein Artikel von Chou Yi-liang, "Tantrism in China", *Harvard Journal of Oriental Studies* (1944), S. 421-332, und die Dissertation von R. Orlando, *A Study of Chinese Documents Concerning the Life of the Tantric Buddhist Patriarch Amoghavajra* (Princeton 1981); hilfreich ist auch das Kapitel zur tantrischen Schule in K. Chen, *Buddhism in China* (Princeton 1964), S. 325-337.

4. *Shih-i-mien Kuan-shih-yin shen-chu ching, T.1070*,

übersetzt von Yaśogupta (561-578 in Ch'ang-an). Es wurde später noch einmal von Hsüan-tsang (*T.*1071) und Amoghavajra (*T.*1069) übersetzt und ist auch im im *T'o-lo-ni-chi ching*, *T.*901, *chüan* 4, eingeschlossen. Dieses im Jahr 605 durch Atikuta übersetzte Sūtra ist die erste ausgeprägte Mantrasammlung, in der außer den Anweisungen zur Errichtung von Maṇḍalas und zur Form der zu visualisierenden Gottheiten auch die diesbezüglichen Rituale gegeben werden. Zur Bedeutung dieses Textes in China siehe R.v. Gulik, *Hayagrīva: The Mantrayānic Aspect of Horse Cult in China and Japan* (Leiden 1935), S. 56ff. Zur Diskussion der Sūtras des elfgesichtigen Avalokiteśvara, seiner Ikonographie und des mit ihm verbundenen Glaubens siehe Sawa Ryūken, *Mikkyō geijutsu o yomu* (Kyōto 1984, S. 180-190); ders., "Kanzeon Bosatsu no tenkan" (The development of Avalokiteśvara worship), *Bukkyō Geijutsu* 10 (Dez. 1950), S. 54-56; zu seiner Darstellung in der Kunst siehe Mizuno Seiichi, "Jūichimen Kanzeonzō (The Gilt Bronze Statuettes of Avalokiteśvara with manifold faces)", im selben Band, S. 89-91; zur geschichtlichen Analyse der Sūtras zu den esoterischen Formen von Avalokiteśvara in China siehe Matsusaki Esui, "Zōmitsu no Kannonkei sho kyōki ni tsuite", *Taishō Daigaku Kenkyū kiyō* 11 (1978), S. 1-12.

5. Der nun folgende Vergleich beruht auf den Ausführun-

gen Matsunaga Yūkeis in "Zōbutsu Mikkyō no tokushitsu to sono genryū", in *Henge Kannon no seiritsu to tenkan*, Bukkyō geijutsu kenkyū Ueno kinen zaidan josei kenkyūkai hōkokusho VI (1979), S. 1-4, englische Zusammenfassung auf Seite ii.

6. *Ta-jih-ching*, *T.*848, im 6. Jh. in Nālanda, Zentralindien, entstanden, von Śubhākarasiṁha und seinem Schüler I-hsing 725 ins Chinesische übersetzt. Es gibt eine ausführliche Studie über dieses Sūtra von Tajima, *Étude sur le Mahāvairocana-Sūtra* (Paris 1936).

7. *Chin-kang-ting ching*; es gibt drei Versionen: *T.*866, *T.*865, *T.*882. Zu den unterschiedlichen Übersetzungen vgl. Ch. Willemen, "The Chinese Hevajra-Tantra", *Orientalia Gandensa VIII* (Leuven 1983), S. 13, Anm. 16.

8. Zur detaillierten Beschreibung der Maṇḍalas siehe Tajima, "Les deux grands maṇḍalas et la doctrine de l'ésotérisme Shingon", *Bulletin de la Maison Franco-Japonaise* (Tōkyō 1959); R. Stein, "Les deux grands maṇḍalas du tantrisme sino-japonais", *Annuaire du Collège de France* (1976), S. 481-488; M. Kiyota, "Shingon Mikkyō Maṇḍala", *History of Religions* 8 (1968), S. 31-58; Toganoō Shōun, *Mandara no kenkyū*, Toganoō Zenshu IV (Kōyasan 1959). Zur allgemeinen Theorie des Maṇḍala siehe G. Tucci,

*Das Geheimnis des Maṇḍala* (Weilheim 1972); E. Haar, "Contributions to the Study of Maṇḍala and Mudrā", *Acta Orientalia* 23 (1958), S. 57-91.

9. Zur Theorie und Praxis der "Drei Geheimnisse" siehe M. Kiyota, *Shingon Buddhism: Theory and Practice* (Los Angeles 1978); zu Mudrā siehe E. Saunders, *Mudrā* (London 1960); J. Auboyer, "Moudrā et hasta ou le langage par signes", *Oriental Art* (London 1951), S. 153-161.

10. Zum Problem der Authentizität dieser Schriften, von denen viele Amoghavajra zugeschrieben wurden, vgl. Osabe, "Tōdai no kōki mikkyō", S. 80ff.

11. Vgl. M. Winternitz: "The Dhāraṇīs or 'Protective Spells' constitute a large and important part of Māhāyānist literature. The need for incantations, benedictions, and magic spells, which was supplied in the very earliest times by Vedic mantras, especially those of the Atharvaveda, played far too great a part in the mind of the Indian people, for Buddhism to have been able to dispense with them," in seiner Diskussion der Dhāraṇīs in *A History of Indian Literature* (Calcutta 1933), vol. 2, S. 380ff. Siehe auch L. Waddell, "The Dhāranī Cult in Buddhism, its Origin, Deified Literature and Images", *Ostasiatische Zeitschrift* (1912), S. 155-195. Er gibt folgende Definition von *Dhāraṇī*: "The

Dhāraṇī I would define as a 'Buddhist spell of stereotyped formulas, an exoteric device of animistic origin, adapted by the Buddhists for the purpose of protecting superstitious humanity against specific fears and dangers in the external world by the outward means to which it had long accustomed.' It is the Buddhist analogue of the *Mantra* or secret sacrificial spell of Brahmanism, from which parent religion it was directly derived eclectically, along with most of the other elements of Buddhism, and *Mantra* is still occasionally used to designate the set of cabalistic words within the larger Dhāraṇī. It consists of short talismanic formulas of words or verses sometimes in the shape of a sūtra or discourse, usually ascribed to the Buddha, and credited with holding irresistible magical power, which is exerted each time the formula is repeated or remembered, or (in the written form) worn as an amulet. It is addressed to particular spirits or deities whom it propriates or coerces. Latterly, its power was extended as a luck-compelling talisman to encompass all worldly desires, to achieve miracles, and mystically for spiritual advancement by short cuts to Bodhisattvaship in paradise, or to *Nirvāṇa* itself" (S. 157-158). Zum Prozeß der Verkürzung des *Prajñāpāramitā-Sūtra* in eine Dhāraṇī siehe J.W. Hauer, "Die Dhāraṇī im nördlichen Buddhismus", *Beiträge zur indischen Sprachwissenschaft und Religionsgeschichte*

(Stuttgart 1922), S. 1-25.

12. Vgl. Matsunaga Yūkei: "*Zōmitsu* followers perform their rituals to obtain secular benefits, .... but *junmitsu* prayers pursue the attainment of Buddhahood. *Zōmitsu*-sūtras have little relationship to Buddhist thought in their contents, but *junmitsu* equivalents attempt to harmonize esoteric rituals and Mahāyāna Buddhist thought," in *op. cit.* (1979), S. ii. Matsunaga räumt jedoch in *Mikkyō kyōten seiritsushi ron* bei seiner Diskussion des *Ch'ien-shou ching* ein, daß es zwar seinen grundlegenden Charakter eines Sūtra der Behebung von Unglück (jap. *sho zai*) bewahre, jedoch kein reines Dhāraṇī-Sūtra sei, sondern auch den Stil eines Mahāyāna-Sūtra besitze. Vgl. *ebd.*, S. 105-106.

13. Wegen der Länge der Titel gebe ich hier nur die Nummer des *Taishō*, Übersetzer und Übersetzungsdatum an. Die Kanjur-Nummern der ihnen entsprechenden tibetischen Übersetzungen sind entnommen aus *A Comparative Analytical Catalogue of the Kanjur Division of the Tibetan Tripitaka* (Kyōto 1930-1932).

1) *T.*1057, Chih-t'ung, um 649 *Kj.*369

2) *T.*1060, Bhagavaddharma, um 650 *Kj.*368, 369

3) *T.*1065, ders., um 655

4) *T.*1058, Bodhiruci, um 709 *Kj.*369

5) *T.*1061, Vajrabodhi, um 740 *Kj.*378
6) *T.*1062, ders., um 740
7) *T.*1056, Amoghavajra, um 770
8) *T.*1064, ders., um 770
9) *T.*1065, Svara (?) Späte T'ang
10) *T.*1066, Amoghavajra, späte T'ang
11) *T.*1067, ders., späte T'ang
12) *T.*1068, Śubhākarasimha, späte T'ang

14. *Ch'ien-yen ch'ien-pi Kuan-shih-yin p'u-sa t'o-lo-ni shen-chu ching*, *T.*1057.

15. Das *Kai-yüan shih-chiao lu*, *T.*2154, wurde im Jahr 730 (Kai-yüan 18) durch Chih-sheng (658-740) herausgegeben.

16. Mit den drei Werken sind die Übersetzungen *T.*1035, *T.*1038 und *T.*1103 gemeint.

17. *Kai-yüan shih-chiao lu*, *T.*2154.562*b*17-23.

18. *T.*2061.719*c*14-720*a*13.

19. *T.*2154.562*b*11. Das Vorwort stammt vermutlich aus einer späteren Zeit als die Übersetzung, nämlich aus der Zeit kurz vor Kai-yüan (713-742). Vgl. Osabe, *Tōdai mikkyō shi no zakkō*, S. 62.

20. Hsüan-mu ist in der Biographie Hsüan-tsangs als

Mönch aus dem Ta-hsiung-shan ssu genannt, der ein Bhadanta (*Ta-te*) der Sanskritsprache und -schrift war (*T.*2053.254.) Er half bei der Übersetzung der aus Indien zurückgebrachten Sūtras, darunter das *Liu men t'o-lo-ni ching*, *T.*1360.

21. Hui-lin, Schüler Amoghavajras, ursprünglich aus Kashgar, Verfasser des *I-ch'ieh ching yin i*, *T.* 2128, eines Wörterbuches buddhistischer Ausdrücke. Er starb im Jahr 820.

22. Fo-shou-ji ssu, der Tempel, in dem Mahacintana A.D. 694 arbeitete; auch Bodhiruci arbeitete dort. Erwähnt in Antonino Forte, "The Activities in China of the Tantric Master Manicintana (Pao-ssu-wei, ?-721 A.D.) from Kashmir and of his Northern Indian Collaborators", *East and West*, N.S., Vol. 34, 1-3 (Sept. 1984), S. 308.

23. Ta-mo-chan-t'o, Dharmaruci? Sollte hier Bodhiruci gemeint sein?

24. Chen-ti, Paramārtha (500-569). Siehe *Hōbōgirin, Fascicule Annexe*, unter Shindai, S. 276. Vgl. auch Kap. IV. 2, Anm. 65.

25. *T.*2154.562*b*26-*c*20.

26. Vgl. Omura, *Mikkyō hattatsu shi*, S. 193.

27. *Sung Kao-seng chuan* *T.*2061.718*b*9-15, verfaßt von Tsan-ning (919-1002).

28. *Ch'ien-shou ch'ien-yen Kuan-shih-yin p'u-sa lao t'o-lo-ni ching*, T.1058.

29. *T.*1058 ist im *K'ai-yüan lu*, *T.*55.569*b*25 als andere Übersetzung von Chih-t'ungs Text angegeben, die im dritten Jahr der Periode Ching-lung (709) angefertigt wurde.

30. *T.*1057. 87*b*16.

31. *T.*1060.106*b*27-*c*.7.

32. Vipaśin, der erste der sieben Buddhas der Vergangenheit.

33. *T.*1057.87*b*17-20. Das Motiv der tausend Augen wird auf Indra zurückgeführt, der nach einer hinduistischen Erzählung, die in chinesischen und tibetischen buddhistischen Texten auftaucht, die Frau eines Eremiten verführt hat. Bei der Rückkehr des Eremiten versteckt sich Indra im Geschlechtsorgan der Frau, wird aber vom Eremiten zum Hervorkommen gezwungen und zur Strafe mit einem Fluch belegt, der seinen ganzen Körper mit tausend weiblichen Geschlechtsorganen bedeckt. Schließlich vergibt der Eremit ihm auf die Intervention der Götter hin

und verwandelt die Geschlechtsorgane in tausend Augen. Vgl. Stein, *op. cit.* (1986), S. 39. Die Geschichte ist wiedergegeben in *T.*153.64*a*. Das *Tsa a-han ching*, *T.*99.291*a*15-18 gibt allerdings eine andere Erklärung für die tausend Augen von Indra: "Ein Mönch fragte Buddha: 'Warum wird Indra der Tausendäugige genannt?' Buddha antwortete dem Mönch: 'Als Indra ursprünglich ein Mensch war, besaß er Intelligenz und Weisheit. Während einer Meditation dachte er über tausend Arten von Bedeutungen nach und meditierte über ihren Sinn. Aus diesem Grund wird Indra auch der Tausendäugige genannt.'"

34. *T.*1057.88*c*6-9. Das *Byakuhōkushō*, *T.*3119, 288*b-c*, gibt auf die Frage nach der Herkunft der tausend Arme eine Sammlung der relevanten Stellen aus den Sūtras, unter denen sich auch dieses Zitat findet. Zum Thema der Unterwerfung (*tiao-fu*) von Śiva, um ihn zur buddhistischen Lehre zu bekehren, siehe den Artikel von Iyanaga Nobumi, "Récits de la soumission de Maheśvara par Trailokyavijaya - d'après les sources chinoises et japonaises", *Tantric and Taoist Studies* III (Bruxelles 1985), S. 634-744.

35. *T.*1057.87*b*1, *b*5.

36. *T.*1057.88*c*18.

37. *T.*1057.89*b*8.

38. *T.*1057.89*b*16-18.

39. *T.*1057.86*c*10-15.

40. *T.*1057.85*c*11-14.

41. *T.*1058.100*c*11-13.

42. *T.*1058.99*c*2-4.

43. *T.*1058.99*c*3.

44. *T.*1058.99*c*20-21.

45. Die Vernichtung aller Karmabehinderungen (*i-ch'ieh yeh-chang hsi-chieh hsiao-mieh*) *T.*1057.83*a*29; 84*a* 28; 85*a*8; 85*a*17; 85*a*23; 85*b*23; 86*a*22; 88 *a*17; 88*a*22; 88*c*24; 89*a*8; 89*c*7. Die Bereuung aller Sünden (*ch'an-hui tsui-kuo*) *T.*1057.87*b*13, 88*c*26. Zu *T.*1066 vgl. Kap. I.3, Anm. 56.

46. *Ch'ien-shou ch'ien-yen Kuan-shih-yin p'u-sa ta-pei-hsin t'o-lo-ni*, *T.*1064.

47. Osabe, *op. cit.*, S. 67. Vgl. auch Iyanga, *op. cit.*, S. 640-41, wo er zur Authentizität der Übersetzungen der drei indischen Meister schreibt: "Les

Bodhisattva, Juwelenkönig-Bodhisattva, Medizinkönig-Bodhisattva, Oberster Medizin-Bodhisattva, Avalokiteśvara Bodhisattva, Mahāstāmaprāpta Bodhisattva, Blumenschmuck-Bodhisattva, Großer Schmuck-Bodhisattva, Juwelenschatz-Bodhisattva, Tugendschatz-Bodhisattva, Diamantschatz-Bodhisattva, Schatz der Leere-Bodhisattva, Maitreya Bodhisattva, Samantabhadra Bodhisattva, Mañjuśri Bodhisattva, alle diese Bodhisattvas Mahāsattvas. Alle sind große geweihte Dharma-Prinzen. Wieder waren mit ihm zahllose große Śrāvaka-Mönche, die die Arhatschaft der zehn Stufen[17] praktizierten, mit Mahākāśyapa als Oberhaupt. Wiederum waren mit ihm unzählige Brahma-Gottheiten mit Brahma Shan-cha als Oberhaupt. Wiederum waren mit ihm alle zahllosen Prinzen der Welt der Begierden mit Prinz Gopikā als Oberhaupt. Wiederum waren mit ihm die vier Himmelskönige, die unzählige Welten beschützen, mit Dṛtarāṣṭra als Oberhaupt. Wiederum waren mit ihm zahllose Devas (Götter), Nāgas (schlangenähnliche Wassergeister), Yakṣas (böse Waldgeister), Gandharvas (fliegende Geister, die sich von Weihrauch ernähren und himmlische Musik erklingen lassen), Asuras (titanenähnliche Wesen, die miteinander im Kampf liegen), Garudas (adlerähnliche himmlische Vögel), Kiṃnaras (Berggeister mit menschlichen Körpern und Pferdeköpfen), Mahoragas (große schlangenähnliche Wesen)[18], Menschen, Nicht-Menschen usw. mit dem großen Drachenkönig 'Himmelstugend' als Oberhaupt. Wiederum waren mit ihm unzählige Geister des Äthers, die Geister der Ströme und Meere, die Geister der Quellen und Brunnen, die Geister der Flüsse und Seen, die Geister der Medizinkräuter, die Geister der Wälder, die Geister der Behausungen, die Erdgeister, die Windgeister, die Bodengeister, die Berggeister, die Steingeister, die Palastgeister usw.; alle diese kamen und versammelten sich.

Zu jener Zeit sendete Avalokiteśvara inmitten der großen Versammlung heimlich das Licht geistiger Durchdringung aus, das die Länder der zehn Richtungen der Buddhawelt[19] durchstrahlte, so daß sie alle vergoldet wurden. Die Paläste der Götter, die Paläste der Drachen und die Paläste aller verehrungswürdigen Geister erbebten. Auch die Flüsse und Ströme, der Eisenringberg, der Berg Sumeru, der Erdberg und der schwarze Berg bebten gewaltig. Die Perlen Sonne und Mond und das Licht der Planetenkonstellationen schienen nicht mehr. Als schließlich der Bodhisattva Dhāraṇīkönig diese raren seltsamen Erscheinungen, die es noch nie gegeben hatte, sah, erhob er sich von seinem Sitz, faltete die Hände und fragte den Buddha mit einem Gāthā, wer diese Art von Erscheinung geistiger Durchdringung ausgesandt habe. Die Frage in einem Gāthā lautet:

"Wer ist es, der heute die wahre Erleuchtung gefunden hat und universal diesen großen Lichtglanz ausstrahlt?

Die Länder der zehn Richtungen sind alle vergoldet, ebenso alle Buddhaländer.

Wer ist es, der heute volle Souveränität erlangt hat und diese rare große Geisteskraft aussendet?

Alle unzähligen Buddhaländer beben und sämtliche Paläste der Drachengeister sind in Unruhe.

Heute haben einige in dieser großen Versammlung Zweifel und wissen nicht, wer diese Bedingungen hervorgebracht hat.

(Waren es) die Buddhas, Bodhisattvas oder großen Śrāvakas, alle solchen Götter wie Brahma, Māra oder Indra?

Bitten wir den Bhagavat in seinem großen Erbarmen, daß er die Herkunft dieser geistigen Durchdringung erkläre."

Buddha sprach zu dem Bodhisattva Dhāraṇīkönig: "Guter Mann, Ihr müßt wissen, daß heute in dieser Versammlung ein Bodhisattva Mahāsattva ist, der Avalokiteśvara Iśvara heißt. Seit unendlichen Kalpas hat er große Liebe und großes Erbarmen vollbracht und beherrscht die unendlichen Dhāraṇī-Methoden. Da er allen Lebewesen Friede und Freude geben will, sendet er heimlich diese große geistige Durchdringungskraft aus."

Nachdem der Buddha dieses gesprochen hatte, erhob sich Avalokiteśvara von seinem Sitz, ordnete seine Gewänder, faltete vor dem Buddha die Hände und sprach: "Bhagavat, ich habe das Dhāraṇī-Mantra des Großen Erbarmensgeistes, das ich heute lehren möchte, damit alle Lebewesen Friede und Freude erhalten, von allen Krankheiten befreit werden, langes Leben und Wohlstand erhalten, ihr böses Karma und ihre schweren Sünden getilgt werden, sie sich von allen Hinderungen und

Schwierigkeiten fernhalten, in allen reinen Dharmas und allen Verdiensten wachsen, alle Wurzeln des Guten entfalten, alle Furcht und Ängste weit hinter sich lassen und geschwind all ihre Hoffnungen und Wünsche erfüllt erhalten. Ich bitte dich, Bhagavat, sei gnädig und erlaube, daß es gehört werde."

Der Buddha sprach: "Guter Mann, du möchtest mit deinem großen Erbarmen allen Lebewesen Frieden und Freude gebend dieses Geistesmantra sprechen. Nun ist genau die richtige Zeit, es ohne Verzug zu sprechen."

Daraufhin freuten sich die Tathāgatas und alle Buddhas mit ihnen. Avalokiteśvara wendete sich wieder an den Buddha und sprach: "Bhagavat, ich erinnere mich, daß in der Vergangenheit, vor unzähligen Milliarden von Kalpas, ein Buddha in der Welt erschien. Er hieß Tathāgata Tausend Lichter König des ruhigen Verbleibens. Dieser Buddha sprach aus Mitleid für mich und alle Lebewesen diese große, vollkommene, ungehinderte Dhāraṇī des großen Erbarmensgeistes.[20] Mit seiner goldenen Hand berührte er mein Haupt und sprach Folgendes: 'Guter Mann, du mußt dieses Geistesmantra behalten, das allen Lebewesen in den zukünftigen schlechten Welten großen Nutzen und Freude bringt.' Damals befand ich mich auf der ersten Stufe. Sowie ich dieses Mantra hörte, wechselte ich auf die achte Stufe hinüber.[21] Weil mein Geist vor Freude jauchzte, legte ich ein Gelübde ab: 'Wenn ich in der Zukunft allen Lebewesen Nutzen, Friede und Freude bringen kann und soll, dann laß meinen Körper sofort tausend Augen und tausend Hände besitzen.'

Kaum, daß ich dieses Gelübde abgelegt hatte, besaß mein Körper sofort tausend Hände und tausend Augen.[22] Die großen Länder der zehn Richtungen bebten auf sechsfache Weise und die tausend Buddhas der zehn Richtungen sandten alle einen Lichterschein aus, der mich und die unendlichen Welten der zehn Richtungen bestrahlte. Hiernach konnten alle aus den unzähligen Buddhaversammlungen wiederum diese Dhāraṇī hören, persönlich annehmen und bewahren. Sie brachte maßlosen Jubel und Freudentanz hervor, und alle konnten zahllose Milliarden von Kalpas der Wiedergeburten überspringen. Seitdem wurde die (Dhāraṇī) ständig rezitiert und nie mehr vergessen.

Dadurch, daß man dieses Mantra bewahrt, wird man immer in der Gegenwart eines Buddha geboren, und zwar durch Verwandlung aus einer Lotusblume und nicht durch Geburt aus einer Gebärmutter. Wenn es Mönche, Nonnen, Laienanhänger, Laienanhängerinnen, Jungen oder Mädchen gibt, die das Mantra rezitieren und allen Lebewesen gegenüber den Geist des großen Erbarmens entfalten möchten, müssen sie zuerst mir folgend dieses Gelübde ablegen[23]:

*Na-mo* Avalokiteśvara großen Erbarmens, ich gelobe, schnell alle Dharmas zu wissen.

*Na-mo* Avalokiteśvara großen Erbarmens, ich gelobe, früh das Auge der Weisheit zu erhalten.

*Na-mo* Avalokiteśvara großen Erbarmens, ich gelobe, schnell alle Lebewesen zu retten.

*Na-mo* Avalokiteśvara großen Erbarmens, ich gelobe,

früh gute geschickte Mittel zu erlangen.

*Na-mo* Avalokiteśvara großen Erbarmens, ich gelobe, schnell das Weisheits-Schiff zu besteigen.

*Na-mo* Avalokiteśvara großen Erbarmens, ich gelobe, früh das Meer der Bitternis zu verlassen.

*Na-mo* Avalokiteśvara großen Erbarmens, ich gelobe, schnell den Weg der Gebote und der Meditationsversenkung zu erlangen.

*Na-mo* Avalokiteśvara großen Erbarmens, ich gelobe, früh den Nirvāṇa-Berg zu erklimmen.

*Na-mo* Avalokiteśvara großen Erbarmens, ich gelobe, schnell im Heim des Nirvāṇa verbleiben zu können.

*Na-mo* Avalokiteśvara großen Erbarmens, ich gelobe, mich früh mit dem Dharmakāya zu vereinigen.[24]

Wende ich mich zum Berg der Messer,
fällt der Berg der Messer von selbst zusammen.
Wende ich mich zur brodelnden Feuerbrühe,
verschwindet die brodelnde Feuerbrühe von selbst.
Wende ich mich zur Hölle,
verdörrt die Hölle von selbst.
Wende ich mich zu den Hungergeistern,
werden die Hungergeister von selbst satt.
Wende ich mich zu den Asuras,
ist ihr böses Herz von selbst bekehrt.
Wende ich mich zu den Tieren,
erlangen sie von selbst große Weisheit.[25]

Nachdem sie dieses Gelübde abgelegt haben, sollen

sie aus ganzem Herzen meinen Namen anrufen und sich auch auf den Namen meines Lehrers, des Tathāgata Amitābha konzentrieren. Danach müssen sie dieses Dhāraṇī-Geistesmantra rezitieren. Volle fünf Rezitationen an einem Tag vernichten die im Körper seit hunderttausend Milliarden von Kalpas (angehäuften) schweren Sünden des Saṁṣāra."

Avalokiteśvara sprach wiederum zum Buddha: "Bhagavat, wenn die Menschen und Götter, die die Wörter und Sätze der Dhāraṇī des großen Erbarmens rezitieren, sterben, dann werden alle Buddhas der zehn Richtungen kommen und sie bei der Hand nehmen. Sie werden ihrem Wunsch entsprechend in dem Buddhaland, in dem sie geboren werden möchten, wiedergeboren werden."

Weiterhin sprach er zu Buddha: "Bhagavat, wenn unter allen Lebewesen eines, das das Geistesmantra des großen Erbarmens rezitiert, in die drei schlechten Bahnen der Wiedergeburt fällt, gelobe ich, nicht die höchste Erleuchtung zu erlangen. Wenn diejenigen, die das Geistesmantra des großen Erbarmens rezitieren, nicht in allen Buddhaländern wiedergeboren werden, gelobe ich, nicht die höchste Erleuchtung zu erlangen. Wenn diejenigen, die das Geistesmantra des großen Erbarmens rezitieren, nicht unbegrenzte Versenkungen und Redegewandtheit erhalten, gelobe ich, nicht die höchste Erleuchtung zu erlangen. Wenn diejenigen, die das Geistesmantra des großen Erbarmens rezitieren, in ihrem jetzigen Leben nicht all das erhalten, was sie sich wünschen, so liegt es nicht an der Dhāraṇī des großen

Erbarmens. Sie vertreibt nur das Ungute und das Unwahre. Wenn die Frauen, die ihren weiblichen Körper hassen und einen männlichen Körper erlangen wollen, die Sätze und Wörter der Dhāraṇī rezitieren und ihren weiblichen Körper nicht in einen männlichen Körper verwandeln, dann gelobe ich, nicht die höchste Erleuchtung zu erlangen. Diejenigen, die in ihrem Herzen den leisesten Zweifel aufkommen lassen, werden auf keinen Fall die Erfüllung (ihrer Wünsche) erreichen.

Wenn alle Lebewesen durch ein Katastrophenjahr fester Nahrungsmittel und Güter beraubt sind und bei der Erscheinung der tausend Buddhas in der Welt nicht ihre Sünden bereuen oder ihre Sünden trotz Reue nicht getilgt werden, werden sie, wenn sie nun das Geistesmantra des großen Erbarmens rezitieren, getilgt. Wenn sie durch ein Katastrophenjahr der zum Essen notwendigen festen Lebensmittel und Güter beraubt sind, müssen sie vor den Buddhas der zehn Richtungen büßen und bereuen. Damit beginnt dann die•Tilgung der Sünden. Wenn sie nun die Dhāraṇī des großen Erbarmens rezitieren, kommen die Meister der zehn Richtungen und geben die Bestätigung, daß alle Sündenhinderungen vollständig getilgt sind. Die zehn Übel und fünf Vergehen wie das Verleumden der Menschen und der Lehre, das Brechen des Fastens und der Vorschriften, das Zerstören von Stupas und Beschädigen von Tempeln, das Stehlen des Eigentums der Mönche und das Besudeln der reinen Brahmanenpraxis, alle diese schweren Sünden üblen Verhaltens werden vollständig getilgt. Mit Ausnahme einer Tatsache - dem Aufkommen von Zweifel an dem Mantra - in welchem Falle noch nicht einmal die kleinen Sünden leichten Vergehens getilgt werden, und um wieviel weniger dann erst die schweren Sünden. Wenn jedoch die schweren Sünden nicht sofort getilgt werden, kann man sie doch zur fernen Ursache der Weisheit machen."[26]

Weiter sprach er zum Buddha und sagte: "Bhagavat, Menschen und Götter, die das Mantra des großen Erbarmensgeistes rezitieren, werden fünfzehn Arten guter Geburten erhalten und nicht fünfzehn Arten eines schlechten Todes erleiden. Die schlechten Tode sind: 1) Sie werden den bitteren Hungertod erleiden. 2) Sie werden durch Fesseln oder Schläge sterben. 3) Sie werden in Auseinandersetzung mit einem bösen persönlichen Feind sterben. 4) Sie werden in Heeresschlachten sterben. 5) Sie werden durch Angriffe von Tigern, Wölfen oder anderen bösen Tieren sterben. 6) Sie werden inmitten giftiger Schlangen oder Skorpione sterben. 7) Sie werden durch Ertrinken oder Ersticken sterben. 8) Sie werden durch Vergiftung sterben. 9) Sie werden an den Folgen von Hexerei sterben. 10) Sie werden an Wahnsinn oder Geisteskrankheit sterben. 11) Sie werden durch Erdrutsch oder herabstürzende Bäume sterben. 12) Sie werden durch schwarze Magie böser Menschen sterben. 13) Sie werden durch abartige Geister und böse Dämonen getötet werden. 14) Sie werden an einem von bösen Krankheiten befallenen Leib sterben. 15) Sie werden durch unüberlegten Selbstmord sterben.

Diejenigen, die das Geistesmantra des großen Erbarmens rezitieren, werden nicht durch diese fünfzehn schlechten Todesarten sterben und fünfzehn gute Geburtsarten erhalten: 1) Ihr Geburtsort wird immer einen guten König haben. 2) Sie werden immer in einem guten Land geboren werden. 3) Sie werden immer zur gerade richtigen Zeit geboren werden. 4) Sie werden immer gute Freunde treffen. 5) Sie werden immer vollständige Körperorgane besitzen. 6) Sie werden immer ein reifes und reines Herz für die Lehre besitzen. 7) Sie werden nicht die Gebote übertreten. 8) Alle ihre Angehörigen werden freundlich und harmonisch sein. 9) Sie werden immer die nötigen Güter und Lebensmittel in Fülle haben. 10) Sie werden immer die Achtung und Hilfe der anderen erhalten. 11) All ihre Reichtümer werden nicht durch andere geplündert werden. 12) All ihre Wünsche werden erfüllt werden. 13) Sie werden immer durch Drachen, Götter und gute Geister beschützt werden. 14) An ihrem Geburtsort werden sie den Buddha sehen und die Lehre vernehmen. 15) Sie werden den tiefen Sinn der vernommenen wahren Lehre realisieren.

Diejenigen, die die Dhāraṇī des großen Erbarmensgeistes rezitieren, werden diese fünfzehn Arten von guter Geburt erhalten. Alle Götter und Menschen sollen sie immer ohne Unterlaß rezitieren."

Nachdem Avalokiteśvara diese Worte gesprochen hatte, faltete er vor der Versammlung die Hände, stellte sich aufrecht, entfaltete den Geist großen Erbarmens für alle Lebewesen, blickte freundlich, lächelte und sprach die mystischen Dhāraṇī-Sätze der großen, vollkommenen ungehinderten Dhāraṇī des großen Erbarmensgeistes[27]:

1) *Na-mo ho-la-ta-nu to-la-yeh-yeh.* (Kommentar: Das ist Avalokiteśvara in Grundgestalt [*pen-shen*]. Man muß sie mit einem Geist großen Erbarmens rezitieren, ohne laute Stimme und Nervosität.)

2) *Na-mo wo-li-yeh.* (Das ist Cintamāṇicakra Bodhisattva[28] in Grundgestalt. Hier muß man Aufmerksamkeit bewahren.)

3) *P'o-lu-chieh-ti shuo-po-la-yeh.* (Das ist Avalokiteśvara in Grundgestalt, der eine Schale trägt. Wenn man möchte, nehme man Reliquien, rezitiere dieses [Mantra] und stelle sich im Geiste den Bodhisattva, der die Schale trägt, vor.)

4) *P'u-t'i-sa-to-p'o-yeh.* (Das ist Amoghapāśa Bodhisattva[29], der ein großes Heer schlägt.)

5) *Mo-hu-sa-to-p'o-yeh.* (Das ist der Same des Bodhisattva. Die Grundgestalt, die selbst das Mantra rezitiert.)

6) *Mo-hu-chia-lu-ni-chia-yeh.* (Das ist die Grundgestalt von Ma-ming.[30] In den Händen hält er eine Schale.)

7) *An.* (Dieses An ist das Händefalten aller Dämonen und Geister, die die Rezitation des Mantra hören.)

8) *Sa-po-la-fa-i.* (Das ist die Grundgestalt der vier Himmelskönige. Sie unterwerfen die Dämonen.)

9) *Shu-ta-nu-ta-hsia.* (Das ist der Name der vier Himmelskönige und der ihnen untergebenen Dämonen und Geister.)

10) *Na-mo hsi-chi-li-to i-meng wo-li-yeh.* (Das ist der

Bodhisattva Nāgārjuna in Grundgestalt. Man muß sie mit großer Aufmerksamkeit rezitieren, ohne Hast, die die Bodhisattvanatur bindet.)

11) *P'o-lu-chi-ti she-fo-la-leng-to-po*. (Das ist der vollkommene Samboghakāya Vairocana.)

12) *Na-mo nu-la-chin-ch'ih*. (Das ist der reine Dharmakāya Vairocana in seiner Grundgestalt. Man muß große Aufmerksamkeit anwenden.)

13) *Hsi-li-mo-hu-po-to-sha-mieh*. (Das ist der Ziegenmeckern-Ziegenkopf-Geisterkönig.[31] Götter und Dämonen bilden seine Gefolgschaft.)

14) *Sa-p'o-wo-t'o tou-sha-p'eng*. (Das ist Bodhisattva 'Süßer Nektar'. Er ist Angehöriger der Gefolgschaft des Avalokiteśvara.)

15) *Wo-shih-yün*. (Das ist der fliegende Yaksadeva-König. Er durchstreift die vier Himmelsrichtungen und überwacht ihr Ja und Nein [d.h. Gutes und Böses?].)

16) *Sa-p'o-sa-to na-mo p'o-sa-to na-mo p'o-ch'ieh*. (Das ist der erhabene Geisterkönig. Er ist von schwarzer, großer Gestalt und hat ein Hundefell als Lendenschurz. In der Hand hält er ein Eisenmesser.)

17) *Mo-fa-t'e-tou*. (Dies ist Bodhisattva Kuṇḍali[32] in Grundgestalt. Er trägt ein Seil und hält ein Rad. Außerdem hat er drei Augen.)

18) *Ta-chih-t'o*. (Das ist ein Wort wie ein Schwert.)

19) *An wo-p'o-lu-hsi*. (Das ist König Brahma in Grundgestalt.)

20) *Lu-chia-ti*. (Das ist Mahābrahma. Er hat die Geister

und Unsterblichen als Gefolgschaft.)

21) *Chia-luo-ti.* (Das ist Indra, gewaltig und von schwarzer Farbe.)

22) *I-hsi-li.* (Das ist der 33. Himmel[33]. Es ist Maheśvara, der ein großes Heer anführt. Blaue Farbe.)

23) *Mo-hu-p'u-t'i-sa-to.* (Das ist der wahre Geist, der unaufgestörte Geist, der Sattva genannt wird.)

24) *Sa-p'o sa-p'o.* (Das ist der Bodhisattva des Duftes[34] Er unterwirft die Dämonenheere der fünf Richtungen, um sie auf unglaubliche Weise dienen und folgen zu lassen.)

25) *Mo-la mo-la.* (Das ist die Erscheinung [*hsiang*] des Bodhisattva. Es ist ein Mahnwort für das Fasten.)

26) *Mo-hsi mo-hsi li-t'o-yun.* (Wie oben.)

27) *Chü-lu chü-lu chieh-meng.* (Das ist der Bodhisattva 'Körper der Leere'. Er unterwirft das Heer der großen Göttergeneräle. Er befehligt zwanzig Millionen Göttertruppen.)

28) *Tu-lu tu-lu fa-she-yeh-ti.* (Das ist der erhaben hohe Bodhisattva. Er unterwirft das wilde Heer des Pfauenkönigs.)[35]

29) *Mo-he-fa-she-yeh-ti.* (Wie oben.)

30) *T'o-la t'o-la.* (Das ist Avalokiteśvara in der Gestalt eines Mahāsattva.)

31) *Sai-li-ni.* (Das ist der Löwenkönig. Das Heer erlebt die Rezitation.)

32) *Shih-fo-la-yeh.* (Das ist der Bodhisattva 'Donnerkrachen'. Alle Dämonen sind seine Gefolgschaft.)

33) *Che-la che-la.* (Das ist der Bodhisattva 'In Stücke

Zerbrechen'. In der Hand hält er ein Goldrad.)

34) *Mo-mo fa-mo-la*. (Das ist der große Dämonenunterwerfende Vajra in Grundgestalt. Er hält ein Goldrad.)

35) *Mu-ti-li*. (Das sind alle Buddhas, die die Hände falten und die Rezitation des Mantra hören.)

36) *I-hsi I-hsi*. (Das ist der Götterkönig Maheśvara.)

37) *Shih-nu shih-nu*. (Wie oben.)

38) *Wo-la-seng fo-la-she-li*. (Das ist Avalokiteśvara, der Schild, Pfeil und Bogen trägt.)

39) *Fa-sha fa-seng*. (Wie oben.)

40) *Fo-la-she-yeh*. (Das ist Buddha Amithāba in Grundgestalt. Er ist Herr und Lehrer von Avalokiteśvara.)

41) *Hu-lu hu-lu mo-la*. (Das ist der König der acht Abteilungen von Geistern.)

42) *Hu-lu hu-lu hsi-li*. (Wie oben.)

43) *So-la so-la*. (Das ist die schlechte Welt der fünf Perioden des Untergangs.[36])

44) *Hsi-li hsi-li*. (Das ist Avalokiteśvara, der allen Lebewesen Nutzen bringt. Unvorstellbar.)

45) *Su-lu su-lu*. (Das ist die Stimme aller Buddhas, wie das Abfallen der Blätter vom Baum.)

46) *P'u-ti-yeh p'u-ti-yeh*. (Das ist Avalokiteśvara, der mit allen Lebewesen Verbindung knüpft.)

47) *P'u-to-yeh p'u-to-yeh*. (Das ist Ananda in Grundgestalt.)

48) *Mi-ti-li-yeh*. (Das ist der Bodhisattva 'Großer Wagen'. Er hält ein goldenes Messer.)

49) *Nu-la-chin-ch'ih*. (Das ist der Bodhisattva Nagārjūna, ein goldenes Messer in der Hand haltend.)

50) *Ti-li-se-ni-lu.* (Das ist der Bodhisattva 'Schatzfahne'. In der Hand hält er einen Speer.)

51) *Po-yeh-mo-nu.* (Das ist der Bodhisattva 'Goldglanz Schatzfahne' mit Schale und Speer.)

52) *So-p'o-hu.*

53) *Hsi-to-yeh.* (Das ist das Erlangen aller Lehren.)

54) *So-p'o-hu.*

55) *Mo-hu hsi-t'o-yeh.* (Das ist der Lichtstrahl-Bodhisattva. In der Hand hält er ein rotes Banner.)

56) *So-p'o-hu.*

57) *Hsi-to-yü-i.* (Das sind alle Götter und Bodhisattvas, die sich versammelt haben. In der Hand tragen sie goldene Messer.)

58) *Shih-p'o-la-yeh.* (Das ist beruhigender Weihrauch.)

59) *So-p'o-hu.*

60) *Nu-la-chin-ch'ih.* (Das ist der Bodhisattva 'Tugend von Berg und Meer' selbst. In der Hand hält er ein goldenes Schwert.)

61) *So-p'o-hu.*

62) *Mo-la-nu-la.* (Das ist der Bodhisattva 'König Schatzsiegel'. In der Hand hält er eine goldene Axt.)

63) *So-p'o-hu.*

64) *Hsi-la-seng wo-mu-ch'ieh-yeh.* (Das ist der Bodhisattva 'Medizinkönig' selbst. Er heilt alle Krankheiten.)

65) *So-p'o-hu.*

66) *So-p'o mo-hu wo-hsi-t'o-yeh.* (Das ist der oberste Medizin-Bodhisattva. Er heilt alle Krankheiten.)

67) *So-p'o-hu.*

68) *Cheh-chi-la wo-hsi-t'o-yeh.* 69) *So-p'o-hu.*

70) *Po-t'o-mo chieh-hsi-to-yeh.* 71) *So-p'o-hu.*

72) *Nu-la-chin-çh'ih p'o-ch'ieh-la-yeh.* 73) *So-p'o-hu.*

74) *Mo-p'o-li sheng-chieh-la-yeh.* 75) *So-p'o-hu.*

76) *Na-mo ho-la-ta-nu to-la-yeh-yeh.* 77) *Na-mo wo-li-yeh.* 78) *P'o-lo-chi-ti.* 79) *Shuo-p'o-la-yeh.*

80) *So-p'o-hu.* 81) *An hsi-tien-tu.* 82) *Man-to-la.*

83) *Po-mo-yeh*[37]. 84) *So-p'o-hu.*

[Übersetzung der Dhāraṇī]

Ich nehme meine Zuflucht zu den Drei Juwelen. Ich nehme meine Zuflucht zum heiligen Avalokiteśvara, dem Bodhisattva Mahāsattva, dem großen Erbarmenden, Oṃ, dem Retter aus aller Gefahr. Zu ihm nehme ich meine Zuflucht und will rezitieren jene Mantraessenz der erhabenen Avalokiteśvaranatur, die Blauhalsig Genannte[38], allen Sinn Vollendende, Strahlende, von allen Dämonen Unbesiegbare, den Weg der Existenz Läuternde. Nämlich: Oṃ, Du Strahlender, [Toganoō-Manuskript: Du strahlende Weisheit], Du die Welt überschritten Habender, oh, oh, Löwe, Mahābodhisattva, Bodhisattva, behalte, behalte, mache, mache das Werk der Mantraessenz, [Toganoō: vollende, vollende], erhalte, erhalte, Sieger, großer Sieger, bewahre, bewahre, Herr über den Herrn der Erde, bewege, bewege, unbefleckt Reiner, [Toganoō: unbefleckter Leib], komm, komm, Herr der Welt, [Toganoō: treibe das Gift der Gier aus, treibe das Gift des Hasses aus, treibe das Gift der Verblendung aus], nimm, nimm die Verschmutzung hinweg, Heil Dir Lotusnabel (Geborenem), fließ herbei, fließ herbei, erscheine, erscheine, dringe ein, dringe ein, gib Erwachen, gib Erwachen, laß erwachen, laß erwachen, Erbarmungsvoller, Blauhalsiger, [Toganoō: Heil dem, der denen, die sehen wollen, die Freude des Sehens gewährt], Heil dem Vollbringenden, Heil dem großen Vollbringenden, Heil dem souveränen Vollbringer des Yoga, Heil dem Blauhalsigen, [Toganoō: Heil dem Schweinsgesichtigen, dem Löwengesichtigen[39]]. Heil dem großen, alles Vollbringenden, [Toganoō: Heil dem einen Lotus in der Hand haltenden], Heil dem mit dem Rad Unterjochenden, [Toganoō: Heil dem durch den Ton der Muschel erwachen Lassenden, Heil dem Träger des großen Stabes. Heil dem in Richtung der linken Schulter befindlichen schwarzen Sieger. Heil dem mit einem Tigerfell Bekleideten].

Ich nehme meine Zuflucht zu den Drei Juwelen, ich nehme meinen Zuflucht zum heiligen Avalokiteśvara. Heil dem Vollbringer, Heil den Silben des Mantra.

Nachdem Avalokiteśvara dieses Mantra gesprochen hatte, erbebten die Kontinente sechsfach, und vom Himmel regneten eine Fülle von Juwelen und Blumen herab. Alle Buddhas der zehn Richtungen jubilierten. Den Göttern, Dämonen und Häretikern standen vor Angst die Haare zu Berge. Alle Versammelten erhielten die Realisierung der Frucht. Einige erhielten die Frucht des Eintritts in den Strom[40], andere die Frucht des Einmal-Wiederkehrers[41], andere die Frucht des Nicht-mehr-Wiederkehrers[42] und andere die Frucht der Arhatschaft. Andere erhielten die erste, zweite, dritte, vierte und fünfte bis zur zehnten Stufe.[43] Unzählige Lebewesen entfalteten den Geist der Erleuchtung.

Zu jener Zeit erhob sich der Gott Brahma von seinem Sitz, ordnete seine Gewänder, faltete die Hände und verbeugte sich. Er redete zu Avalokiteśvara und sprach: "Wunderbar, Du Mahāsattva. Ich habe in der Vergangenheit in unzähligen Buddhaversammlungen alle möglichen Lehren und alle möglichen Dhāraṇīs vernommen, doch noch nie die mystischen Sätze und Wörter jener ungehinderten großen Erbarmens-Dhāraṇī des großen Erbarmensgeistes. Nun bitte ich dich, großer Mann, lehre mich Aussehen und Kennzeichen dieser Dhāraṇī. Unsere große Versammlung möchte sich erfreuen und es hören."

Avalokiteśvara redete zu Brahma und sprach: "Du hast diese Frage gestellt, um allen Lebewesen Vorteil und Nutzen zu bringen. Hört nun gut zu, was ich kurz und knapp lehre."

Avalokiteśvara sprach: "Der Geist des großen Erbarmens ist der Geist der Gleichheit, der Geist des Nicht-Erzeugens, der Geist der Unbeflecktheit, der Geist der Betrachtung der Leere, der Geist der Hochachtung, der Geist der Demut, der Geist ohne Aufruhr, der Geist der Nichtunterscheidung, der Geist unübertroffener Erleuchtung.[44] Ihr müßt wissen, daß dieser Geist das Aussehen der Dhāraṇī ist. Ihr müßt sie (auf diesen Geist gestützt) ausführen."

Brahma sprach: "Unsere große Versammlung beginnt nun, das Aussehen der Dhāraṇī kennenzulernen. Von nun an wollen wir sie annehmen, behalten und nie wagen, sie zu vergessen."

Avalokiteśvara sprach: "Der gute Mann oder die gute Frau, die dieses Geistesmantra rezitieren, entwickeln einen großen Erleuchtungsgeist. Sie geloben, alle Lebewesen zu retten und die Fastengebote zu halten. Sie entwickeln allen Lebewesen gegenüber den Geist der Gleichheit und rezitieren unaufhörlich dieses Mantra. Sie halten sich in einem reinen Raume auf, nehmen ein reinigendes Bad und ziehen reine Gewänder an. Zur Opferung hängen sie Bänder auf, brennen Lichter und Weihrauch, nehmen Blumen und alle Arten von Gewürzen und Nahrungsmitteln. Sie konzentrieren ihren Geist auf einen Ort, lassen ihn nicht abschweifen und rezitieren (das Mantra) in Übereinstimmung mit der Lehre. Dann erscheinen der Mondlicht-Bodhisattva und der Sonnenlicht-Bodhisattva[45] mit unzähligen Heiligen, bezeugen sie und vermehren ihre Wirksamkeit. Ich bestrahle sie mit tausend Augen und behüte sie mit tausend Händen. Von da an können sie alle Sūtras und Bücher dieser Welt annehmen und behalten. Sie können alle häretischen Praktiken und auch die Schriften des Veda beherrschen. Diejenigen, die dieses Mantra rezitieren, heilen alle vierundachtzigtausend Krankheiten dieser Welt ausnahmslos. Auch können sie alle Geister und Dämonen befehligen und alle Häretiker maßregeln. Wenn diejenigen, die in der Bergeswildnis dieses Sūtra rezitieren und meditieren, und deren durch die Spukerscheinungen von Berggeistern, Kobolden, Monstern und Dämonen aufgeschreckter Geist nicht zur Ruhe kommt, dieses Mantra nur einmal rezitieren, werden dadurch alle Geister und Dämonen gebannt. Ich werde allen guten Geistern, Drachenkönigen und dem Vajra der geheimen Spur befehlen, alle diejenigen, die es in Übereinstimmung mit der Lehre rezitieren und gegenüber allen Lebewesen einen Geist voll liebenden Erbarmens entfalten, stets zu begleiten, zu beschützen und nie von ihrer Seite zu weichen. Sie werden sie wie ihren Augapfel und wie ihr eigenes Leben behüten."

Er sprach ein Gāthā zur Aufforderung, das lautete:

"Ich entsende den Vajra der geheimen Spur (Vajrapāṇi guhyakādhipati) Uccchuṃa, Kuṇḍali, Hayagrīvākṣa und Vajra-Śaṅkara, stets den (Mantra-) Besitzer zu beschützen;

Ich entsende Maheśvara, Nārāyaṇa und Kumbhira(?), stets den Mantra-Besitzer zu beschützen;

Ich entsende Kapila, Varuṇa(?), Pūrṇaka(?) und Cindra(?), stets den Mantra-Besitzer zu beschützen;

Ich entsende Sucimā, Mahābalasenapati, Kurantaṇṭa(?) und Pan-chih-luo, stets den Mantra-Besitzer zu beschützen;

Ich entsende Vivaka-rāja(?), Arha-guṇa, Bhūta(?) und Sa-he-luo, stets den Mantra-Besitzer zu beschützen;

Ich entsende Brahma-sampara(?), Wu-pu-ching-chü, und Yama-rāja, stets den Mantra-Besitzer zu beschützen;

Ich entsende Indraya-deva, Sarasvatī, Mahāśrīyadevī und P'o-t'a-na, stets den Mantra-Besitzer zu beschützen;

Ich entsende Dhṛtarāṣṭra-rāja und Hāritī mit ihrer großen starken Menge, stets den Mantra-Besitzer zu beschützen;

Ich entsende Virūḍhaka, Virūpakṣa und Vaiśravaṇa, stets den Mantra-Besitzer zu beschützen;

Ich entsende Mahāmayūri-rāja und die große Menge der Unsterblichen der achtundzwanzig Abteilungen, stets den Mantra-Besitzer zu beschützen;

Ich entsende Maṇi-bhadra, Sañjaya und Pūrṇa-bhadra, stets den Mantra-Besitzer zu beschützen;

Ich entsende Nanda, Sāgara und Elāpattra, stets den Mantra-Besitzer zu beschützen;

Ich entsende Asura, Gandharva und Garuda, Kinnara und Mahoraga, stets den Mantra-Besitzer zu beschützen;

Ich entsende die Wasser-, Feuer-, Donner-, und Blitzgeister, Kumbhāṇḍa-rāja und Piśāca, stets den Mantra-Besitzer zu beschützen.[46]

Alle diese guten Geister, Drachenköniggeister, Mütter- und Töchtergeister haben jeder eine Gefolgschaft von fünfhundert Angehörigen. Der Yakṣa 'Große Kraft' begleitet und behütet ständig denjenigen, der das Geistesmantra des großen Erbarmens zitiert. Wenn er auf einem verlassenen Berg oder in der Wildnis allein wohnt und einsam schläft, wechseln sich diese guten Geister mit der Bewachung seiner Behausung ab und halten alle Katastrophen und Hindernisse fern. Wenn er sich im tiefen Berg verirrt, verwandeln sich die guten

Drachenköniggeister, wenn er dieses Mantra rezitiert, in einen guten Menschen und zeigen ihm den Weg. Wenn es ihm in den Bergeswäldern an Wasser oder Feuer mangelt, werden die Drachenkönige, da sie ihn behüten, Wasser und Feuer hervorbringen."

Avalokiteśvara sprach weiterhin für den Rezitierenden das reine und frische Gāthā zur Vernichtung von Katastrophen und Unglück:

"Wenn er Wildnis, Berge und Sümpfe durchquert und auf Tiger, Wölfe, alle wilden Tiere, Schlangen, Kobolde, Monster und Dämonen trifft, können sie, das Mantra hörend, ihn nicht verletzen.

Wenn er Flüsse, Seen und blaue Meere durchquert, verstecken sich alle giftigen Schlangen, Wasserschlangen, Seemonster, Dämonen, Fische und Meeresungeheuer, die Rezitation des Mantra hörend, von selbst.

Wenn er von Soldaten und Räubern umzingelt oder von Übeltätern seines Reichtums beraubt wird, rezitiere er laut und hingebungsvoll das Mantra des großen Erbarmens, und ihr Herz wird liebevoll, sie kehren um und gehen zurück.

Wenn er von des Königs Beamten verhaftet, ins Gefängnis gesperrt und in Fesseln geschmiedet wird, rezitiere er laut und hingebungsvoll das Mantra des großen Erbarmens, und die Beamten werden von selbst gutmütig und lassen ihn frei.

Wenn er in das Haus von bösen Magiern gerät, die ihn mit vergifteten Lebensmitteln umbringen wollen, rezitiere er laut und hingebungsvoll das Mantra des großen Erbarmens, und das Gift verwandelt sich in Ambrosia.

Wenn eine Frau vor einer schweren Geburt steht und die Behinderungen und das Leid durch böse Dämonen schwer zu ertragen sind, rezitiere sie laut und hingebungsvoll das Mantra des großen Erbarmens, und die Dämonen und Geister ziehen sich zurück, und sie gebiert in Frieden.

Wenn böse Dämonen und Krankheitsgeister Gift verbreiten und das Leben sich durch Fieberattacken dem Ende nähert, rezitiere man laut und hingebungsvoll das Mantra des großen Erbarmens, und die Krankeit wird ausgetrieben, das Lebensalter hoch.

Wenn Schlangen und Dämonen giftige Schwellungen verbreiten und die Geschwüre äußerst schmerzhaft bluten, rezitiere man laut und hingebungsvoll das Mantra des großen Erbarmens, spucke dreimal aus, und die giftigen Schwellungen verschwinden (nach dem Ausspucken) durch den Mund.

Wenn alle Lebewesen dumm und böse Schlechtes planen und sich zu einem Angriff von schwarzer Magie und Verwünschungen zusammentun, rezitiere man laut und hingebungsvoll das Mantra des großen Erbarmens, und die schwarze Magie wird auf die Ursprungstäter zurückkehren.

Wenn das Böse wächst, das Chaos herrscht und die Lehre untergeht, die fleischlichen Begierden feurig lodern und der Sinn verwirrt ist, wenn die eigenen Ehefrauen verworfen werden, die Ehemänner sich draußen mit Lust beschmutzen und Tag und Nacht ohne Unterbrechung nur Böses denken, wenn man (dann) das

Mantra des großen Erbarmens laut rezitieren kann, erlischt das Feuer der Begierden, und der böse Sinn wird aufgegeben."

Dann sprach Avalokiteśvara zu Brahma und sagte: "Man rezitiere dieses Mantra fünfmal und drehe eine Schnur aus fünf Fäden mit unterschiedlicher Farbe. Man rezitiere es einundzwanzig Mal, mache einundzwanzig Knoten und binde (die Schnur) um den Hals. Diese Dhāraṇī haben alle vergangenen unzähligen neunundneunzig Millionen von Buddhas, so zahlreich wie die Sandkörner im Ganges, gelehrt. Alle jene Buddhas (haben sie gelehrt), um alle Adepten, die sich in den sechs Pāramitās[47] üben und sie noch nicht erfüllt haben, schnell zu ihrer Erfüllung kommen zu lassen; um diejenigen, die den Erleuchtungsgeist noch nicht entwickelt haben, ihn schnell entwickeln zu lassen, um die Śrāvakas, die die Vollendung noch nicht erreicht haben, sie schnell erreichen zu lassen; um alle Geister, Unsterblichen und Menschen in allen Buddhaländern, die noch nicht den unübertroffenen Erleuchtungsgeist entwickelt haben, ihn schnell entwickeln zu lassen; um in allen Lebewesen, die noch nicht die Wurzeln des Mahāyāna-Glaubens haben, durch die erhabene spirituelle Kraft dieser Dhāraṇī die Sprößlinge der Mahāyāna-Lehre wachsen zu lassen; um durch die Kraft meiner geschickten Mittel[48] und meines Erbarmens sie alles erreichen zu lassen, was sie nötig haben; um alle Lebewesen der drei Sümpfe[49] des Ortes der Verlassenheit und Finsternis in allen Buddhaländern vom Leid zu befreien, wenn sie dieses mein Mantra hören; um alle Bodhisattvas, die noch nicht die erste Stufe erreicht haben, sie diese bis einschließlich der zehnten Stufe schnell erreichen zu lassen; um sie darüberhinaus die Stufe der Buddhaschaft erreichen zu lassen, wo sie von selbst die zweiunddreißig Zeichen und achtzig Körpermerkmale[50] erhalten können.

Diejenigen Śrāvakas und Menschen, die die Dhāraṇī nur einmal hören, die diese Dhāraṇī praktizieren und abschreiben, die in einem Geist aufrichtiger Beschaffenheit in der Lehre verharren, werden von selbst die vier Früchte des Śramaṇa[51] erhalten, ohne danach zu suchen. Sie können die Berge und Felsklippen zum Beben, die Flüsse und das Wasser der vier großen Meere zum Wallen, den Sumeru und den Eisenberg zum Wanken, die Atome zum Bersten und alle Lebewesen in ihnen zur Entfaltung des unübertroffenen Erleuchtungsgeistes bringen. Wenn diejenigen der Lebewesen, die in dieser Welt Wünsche haben, einundzwanzig Tage lang in Reinheit die Abstinenzgebote einhalten und diese Dhāraṇī rezitieren, werden ihre Wünsche mit Sicherheit in Erfüllung gehen. Alles schlechte Karma von einem Kreis der Wiedergeburt bis zum nächsten wird vollkommen erschöpft werden. Alle Bodhisattvas, Brahma, Indra, die vier Himmelskönige, die Unsterblichen und Drachenkönige werden alle das Wissen realisieren. Wenn von all den Menschen und Göttern, die die Dhāraṇī rezitieren, ein Mensch sich in Strömen, Flüssen oder dem großen Meere badet, werden alles schlechte Karma und die Sünden aller Wesen, die ihren Körper mit seinem Badewasser benetzen, getilgt. Und sie werden an anderer Stelle im Reinen Land wiedergeboren werden. Sie werden aus einem Lotus geboren werden und nie aus einer Gebärmutter, aus Feuchtigkeit oder aus Eiern. Um wieviel weniger dann diejenigen, die (die Dhāraṇī) annehmen und rezitieren. Wenn der Rezitierende auf der Straße läuft und ein großer Wind aufkommt, der Körper, Haare und die Kleider dieses Menschen anbläst, werden die Sünden und das böse Karma der Lebewesen, die unter den Ausläufern des Windes einherziehen und selbst von dem Wind gestreift werden, der den Körper jenes Menschen umwehte, getilgt werden. Sie werden nicht die Vergeltung (der Wiedergeburt) in den drei schlechten Existenzbereichen erleiden und immer vor einem Buddha geboren werden.

Wisset, daß das Verdienst der glückvollen Tugendkraft des (die Dhāraṇī) Empfangenden und Bewahrenden unvorstellbar ist. Alle Wörter und Laute, die aus dem Mund des Dhāraṇī-Rezitierenden dringen, egal, ob gut oder böse, sind für alle Götter, Dämonen, Häretiker, Himmelsdrachen und Geister, die sie hören, alles reine Klänge der Lehre. Alle werden diesem Menschen gegenüber einen Geist der Hochachtung entwickeln und ihn wie einen Buddha verehren. Wisset, daß der Rezitierende dieser Dhāraṇī der Schatz des Buddhakörpers ist, da er von allen neunundneunzig Milliarden von Buddhas, so unzählig wie die Sandkörner im Ganges, geliebt und gehegt wird. Wisset, daß er der Körper strahlenden Lichtes ist, da ihn das strahlende Licht aller Tathāgatas anstrahlt. Wisset, daß er der Schatz des Erbarmens ist, da er durch die Dhāraṇī ewiglich alle Lebewesen rettet. Wisset, daß er der Schatz der wunderbaren Lehre ist, da er in sich umfassend alle Dhāraṇī-Lehren vereint. Wisset, daß er der Schatz der Meditation ist, da ihm ständig die hunderttausend Visionen erscheinen. Wisset, daß er der Schatz der Leere ist, da er die Lebewesen ständig mit der Weisheit der Leere betrachtet. Wisset, daß er der Schatz der Furchtlosigkeit ist, da ihn die Drachen, Götter und guten Geister ständig behüten. Wisset, daß er der Schatz der wunderbaren Sprache ist, da der Klang der Dhāraṇī in seinem Munde nie abreißt. Wisset, daß er der Schatz des ständigen Verbleibens ist, da ihn die drei bösen Katastrophen-Kalpas nicht verletzen können. Wisset, daß er der Schatz der Erlösung ist, da ihn die Götter, Dämonen und Häretiker nicht gefangenhalten können. Wisset, daß dieser Mensch der Schatz des Medizinkönigs ist, da er durch die Dhāraṇī ständig die Krankheiten aller Lebewesen heilt. Wisset, daß er der Schatz geistiger Durchdringung ist, da er durch alle Buddhaländer schweifend die absolute Freiheit erhält. Der Ruhm des Verdienstes seiner Tugendkraft ist unerschöpflich.

Guter Mann, wenn es wiederum einen Menschen gibt, der die Leiden der Welt haßt und langes Leben erstrebt, so bilde er an einem abgeschlossenen stillen Ort einen reinen sakralen Bereich.[52] Er spreche das Mantra einhundertundachtmal über seinem Gewand, Wasser, Lebensmitteln, Weihrauch und Medizin. Dadurch wird er leicht und mit Sicherheit ein langes Leben erhalten. Wenn er den sakralen Bereich nach der Lehre bilden und auf die Lehre gestützt (die Dhāraṇī) rezitieren kann, wird alles gelingen. Was die Methode zur Bildung des sakralen Bereiches angeht, so nehme er ein Messer, spreche das Mantra einundzwanzigmal und bezeichne (damit) den Boden als sakralen Bereich. Oder er nehme reines Wasser, spreche das Mantra einundzwanzigmal und versprenge es in die vier Himmelsrichtungen als sakralen Bereich. Oder er nehme Senfkörner, spreche das Mantra einundzwanzigmal und verstreue sie in die vier Himmelsrichtungen als sakralen Bereich. Oder er nehme den Ort, an den er gerade denkt, als sakralen Bereich. Oder er nehme reine Asche als sakralen Bereich und spreche das Mantra einundzwanzigmal. Oder er nehme Schnüre in fünf Farben, spreche das Mantra einundzwanzigmal und bilde damit ein Viereck als sakralen Bereich. Alles dieses ist möglich. Wenn er es nach der Lehre annehmen und bewahren kann, ergibt sich das Ergebnis von selbst. Wenn jemanden, der (nur) den Namen dieser Dhāraṇī hört, sogar die schweren Sünden unendlicher Kalpas von Wiedergeburten getilgt werden, um wieviel mehr dann erst dem Rezitierenden.

Wisset, daß derjenige, der dieses Geistesmantra zur Rezitation erhält, schon früher unzählige Buddhas verehrt und die Wurzeln des Guten tief gepflanzt hat. Wisset, daß der nach der Lehre Rezitierende, der das Leid aller Wesen aufheben kann, großes Erbarmen hat und in Kürze Buddha wird. Er rezitiert es für alle Lebewesen, die er sieht, läßt es sie hören und gibt ihnen die Ursache für die Erleuchtung. Sein Verdienst ist unermeßlich, unendlich, und kann nicht genug gepriesen werden.

Derjenige, der klar und aufmerksam die Enthaltsamkeitsvorschriften befolgt, die Sünden aus dem früheren Karma aller Lebewesen büßen und auch seine eigenen seit unzähligen Kalpas angehäuften vielfältigen Sünden bereuen kann, der eifrig und unaufhörlich diese Dhāraṇī rezitiert, erreicht in diesem Leben die vier Früchte des Śramaṇa. Mit Intelligenz, kontemplativer Weisheit und geschickten Mitteln erlangt er ohne Schwierigkeiten die Früchte der zehn Stufen. Wieviel mehr noch erhält er die Erfüllung kleinen weltlichen Glückes. Es gibt keinen seiner Wünsche, der nicht erfüllt würde.

Wenn jemand Geister befehligen möchte, nehme er einen Totenschädel und wasche ihn sauber. Er errichte vor der Statue des Tausendäugigen (Avalokiteśvara) einen Altar und verehre sie während einer Woche jeden Tag mit aller Art von Weihrauch, Blumen und Lebensmitteln. Dann wird mit Sicherheit eine Erscheinung kommen, die den Befehlen des Menschen folgt. Wenn jemand die vier Himmelskönige befehligen will, spreche er das Mantra über Sandelholzweihrauch und verbrenne ihn. Da die Kraft des großen Erbarmens-Gelübdes dieses Bodhisattvas tief und stark ist, ist auch der erhabene Geist der Dhāraṇī weit und groß."

Buddha sprach zu Ananda: "Wenn in einem Land eine Katastrophe entsteht und der König dieses Landes es mit der rechten Lehre regiert, Menschen und Tieren gegenüber großzügig verfährt, die Lebewesen nicht mißbraucht, allen ihre Fehler vergibt und dieses Geistesmantra des großen Erbarmensgeistes sieben Tage und Nächte lang mit energischem Körper und Geist rezitiert, werden dadurch alle Katastrophen in diesem Land vollkommen behoben. Die fünf Körner wachsen üppig, und die zehntausend Familien sind in Frieden und Freuden. Wenn wegen Feinden aus einem anderen Land, die in Scharen zum Angriff und Überfall kommen, das Volk nicht in Frieden ist, die hohen Minister einen Staatsstreich planen, Epidemien sich ausbreiten, Wasser und Trockenheit nicht ausgewogen sind und Sonne und Mond ihre Bahn verloren haben; wenn alle diese Arten von Katastrophen entstehen, muß man eine Statue des Tausendäugigen mit dem großen Erbarmensgeist aufstellen, die nach Westen gewandt ist. Man opfere ihr hingebungsvoll alle Arten von Weihrauch, Blumen, Fahnen, Baldachine, Gewürze und Nahrungsmittel. Wenn der König wiederum mit konzentriertem Körper und Geist sieben Tage und Nächte lang die geistig geheimnisvollen Sätze und Wörter dieser Dhāraṇī rezitieren kann, werden die ausländischen Feinde von selbst unterworfen, alle kehren unter die Regierung zurück und bringen sich nicht gegenseitig in Aufruhr. Alle im Lande begegnen sich mit liebevollem Herzen. Die Prinzen und Beamten verhalten sich alle loyal und untertänig. Die Königin und Konkubinen begegnen dem König mit pietätvollem Respekt, alle Drachen und Geister beschützen sein Land, der Regen fällt zur rechten Zeit, und das Volk freut sich.

Wenn wiederum eine Familie von einer schlimmen

Krankheit getroffen wird oder eine Reihe von Abnormitäten entsteht, wenn Gespenster, Geister, üble Dämonen Verwirrung stiften und böse Menschen in der Familie absurde Gerüchte in Umlauf bringen, um sich gegenseitig zu schaden, so daß in der Familie zwischen Alt und Jung, weiter und enger Verwandtschaft kein Friede ist, muß man vor der Statue des tausendäugigen großen Erbarmenden einen Altar bereiten, hingebungsvoll an Avalokiteśvara denken und die Dhāraṇī eintausendmal rezitieren. Dann werden die obengenannten üblen Vorkommnisse alle verschwinden und sie für immer Frieden und Ungestörtheit erhalten."

Ananda sprach zum Buddha und sagte: "Bhagavat, wie wird dieses Mantra genannt, wie empfangen und bewahrt?

"Ananda, dieses Geistesmantra hat alle Arten von Namen. Einer ist 'groß und vollkommen'; einer ist 'ungehindertes großes Erbarmen'; einer ist 'Dhāraṇī zur Rettung aus Leid'; einer ist 'Dhāraṇī zur Verlängerung des Lebens'; einer ist 'Dhāraṇī zur Vernichtung der schlechten Wiedergeburtsbereiche'; einer ist 'Dhāraṇī zur Zerstörung der Hindernisse des schlechten Karma'; einer ist 'Dhāraṇī des vollen Gelübdes'; einer ist 'Dhāraṇī der absoluten Freiheit des Folgens des Geistes'; einer ist 'Dhāraṇī des schnellen Aufsteigens zur obersten Stufe'. Auf diese Weise wird es empfangen und bewahrt."

Ananda sprach zu Buddha und sagte: "Bhagavat, wie ist es mit dem Namen dieses Bodhisattva Mahāsattva, der jene Dhāraṇī so gut verkünden kann?" Buddha sprach:

"Dieser Bodhisattva heißt 'Avalokiteśvara Iśvara',[53] oder auch 'der Seildrehende',[54] oder auch 'tausend strahlende Augen'. Guter Mann, dieser Bodhisattva Avalokiteśvara hat unvorstellbar erhabene spirituelle Kraft. Er hat schon vor unendlich vielen vergangenen Kalpas die Buddhaschaft erreicht und hieß 'Strahlender Tathāgata der wahren Lehre'. Da er mit seinem Gelübde des großen Erbarmens alle Bodhisattvas ins Entstehen und alle Lebewesen zu Friede, Freude und Reife bringen will, erscheint er als Bodhisattva. Ihr großen Versammlungen aller Bodhisattvas, Mahāsattvas, Brahma, Indra, Drachen und Geister sollt ihn alle achten und nicht geringschätzen. Alle Menschen und Götter müssen ihm immer Opfer darbringen und besonders seinen Namen anrufen. Sie erhalten (dadurch) unermeßliches Glück und die Tilgung unzählbarer Sünden. Wenn ihr Leben zu Ende geht, werden sie im Buddhareich des Amitābha wiedergeboren."

Der Buddha sprach zu Ananda: "Das Geistesmantra, das Avalokiteśvara lehrt, ist echt und nicht falsch. Wenn man diesen Bodhisattva zum Kommen einladen will, spreche man das Mantra einundzwanzigmal über Kālanusārin-Weihrauch[55], verbrenne ihn, und der Bodhisattva kommt sofort.

Wenn jemand von einer jungen Katze besessen ist, nehme man den Schädel einer toten jungen Katze und verbrenne ihn zu Asche. Man mische sie mit sauberer Erde und forme daraus die Gestalt einer jungen Katze. Vor einer Statue des Tausendäugigen spreche man das Mantra einhundertundachtmal über ein Eisenmesser und zerschneide (die Gestalt) Stück für Stück in einhundertundacht Teile. Bei jedem Schnitt rezitiere man einmal das Mantra und rufe den Namen (des Dämonen). Dann wird er in Ewigkeit ausgetrieben sein[56] und nicht mehr zurückkommen.

Wenn jemand vergiftet worden ist, nehme man als Medizin Kampfer sowie Kālanusārin-Weihrauch, vermische sie und koche sie in einem Gefäß mit klarem Brunnenwasser. Man bringe das Gefäß vor die Statue des Tausendäugigen und spreche das Mantra einhundertundachtmal. Man trinke und ist geheilt.

Wenn jemand von bösartigen Schlangen und Tausendfüßlern gebissen worden ist, nehme man trockene Ingwerwurzel und spreche das Mantra einundzwanzigmal. Man trage sie auf die Schwellungen auf, und sie sind sofort verschwunden und geheilt.

Wenn jemand aus Neid und Übelwollen eine Perversität ausheckt, nehme man reine Erde, Mehl, oder Wachs, bilde daraus seine Gestalt und spreche das Mantra vor der Statue des Tausendäugigen einhundertundachtmal über ein Eisenmesser. Bei jedem Mantra mache man einen Schnitt und rufe einmal seinen Namen. Dann verbrenne man die einhundertundacht Stücke vollständig. Dann wird (der Neider) sich freuen, sein ganzes Leben lang würdig und anderen gegenüber liebe- und respektvoll sein.

Wenn es an Augenkrankheiten Leidende gibt, wie solche mit blinder Pupille oder verdunkelten Auge, oder solche mit bedecktem oder rotem Augenweißen und glanzloser Membran, nehme man von den drei Arten von

*Hārītakī*, *Amalā* und *Vibhītaka*[57] jeweils eine Frucht und zerreibe sie in einem Mörser zu feinem Pulver. Wenn man sie zu Pulver macht, muß man vor allem auf die Reinheit achten und nicht in die Nähe von Frauen, die gerade geboren haben, Hunden und Schweinen kommen lassen. Mit dem Munde rufe man Buddha an und verschließe mit einem Gemisch von weißem Honig und Muttermilch das Auge. Die Milch, die man dem Menschen aufträgt, muß die Milch der Mutter eines Jungen sein. Die Milch der Mutter eines Mädchens hat keine Wirkung. Wenn die Medizin fertig ist, rezitiere man das Mantra eintausendundachtmal vor der Statue des Tausendäugigen. Nachdem (die Mischung) volle sieben Tage lang in einem dunklen und windgeschützten Raum auf das Auge aufgetragen war, kehrt es zum Leben zurück. Die blinde Pupille und das (vorher) bedeckte Augenweiße strahlen in erstaunlichem Glanz.

Wenn jemand an Malaria leidet, nehme er ein Tiger- oder ein Wolfsfell und spreche das Mantra einundzwanzigmal. Wenn man damit seinen Körper bedeckt, ist er geheilt. Ein Löwenfell ist am besten.

Wenn jemand durch eine giftige Schlange gebissen worden ist, nehme man Ohrenschmalz des gebissenen Menschen. Man spreche das Mantra einundzwanzigmal, trage (das Schmalz) auf die Schwellungen auf, und sie sind geheilt.

Wenn jemand an einer bösartigen Malaria leidet, in Depression verfallen ist und unbedingt sterben will, nehme man einen Klumpen Harz von einem Pfirsichbaum, ungefähr so groß wie ein Pfirsich, und ein Maß Wasser, koche beides zusammen, nehme die halbe Menge und spreche das Mantra siebenmal. Man trinke es in einem Zug und ist sofort geheilt. Man lasse diese Medizin nicht von Frauen kochen.[58]

Wenn jemand an Leichenkrankheit, bewirkt durch den Einfluß des Geistes des Verstorbenen, leidet, verbrenne man Kālanusārin-Weihrauch, spreche das Mantra einundzwanzigmal und inhaliere (den Rauch) durch die Nase. Dazu nehme man sieben runde Hasenkötel. Man spreche das Mantra einundzwanzigmal, verschlucke (die Mischung) und ist sofort geheilt. Man sei vorsichtig mit Alkohol, Fleisch, den fünf starken Gewürzen[59] und bösen Flüchen. Wenn man aus Realgar und weißen Senfkörnern Salz macht, das Mantra einundzwanzigmal spricht und (die Mischung) unter dem Bett des Kranken verbrennt, dann stürzen die Dämonen, die ihn krank gemacht haben, davon und trauen sich nicht mehr, zu bleiben.

Wenn jemand an Taubheit leidet, spreche man das Mantra über Sesamöl, streiche es in das Ohr, und es ist sofort geheilt.

Wenn jemand an Erkältung leidet, so daß Nase und Ohren verstopft und Hände und Füße unbeweglich sind, nehme man Sesamöl und koche es mit Weihrauch von grünem Holz. Man spreche das Mantra einundzwanzigmal, trage (die Mischung) auf dem Körper auf, und er ist für immer geheilt. Auch wenn man nur reine Kuhbutter nimmt, das Mantra einundzwanzigmal spricht und sie verreibt, wird man ebenso geheilt.

Wenn eine Frau unter einer schweren Geburt leidet, nehme man Sesamöl und spreche das Mantra einundzwanzigmal. Man reibe es auf Bauch und Gebärmutterausgang der Frau, und sie gebiert mit Leichtigkeit.

Wenn eine Frau schwanger und das Kind im Leib gestorben ist, nehme man Ysop[60]. Bei einem starken Regen (nehme man) zwei Maß frischen Wassers und koche es darin. Man nehme davon ein Maß und spreche das Mantra einundzwanzigmal. Dann kommt das Kind ohne jeglichen Schmerz heraus. Wenn die Nachgeburt nicht herauskommt, schlucke man ebenfalls diese Medizin und ist geheilt.

Wenn jemand an plötzlichen, unerträglichen Herzschmerzen, genannt 'Krankheit der Furcht vor dem Leichnam' leidet[61], nehme er Kundura-Weihrauch in der Menge der Größe einer weiblichen Brustwarze und verschlucke ihn. Wenn er sich übergeben muß, ist er geheilt. Man sei vorsichtig mit den fünf starken Gewürzen, Alkohol und Fleisch.

Wenn jemand durch Feuer Brandblasen hat, nehme man heißen Kuhdung, spreche das Mantra einundzwanzigmal, schmiere (den Kuhdung auf die Blasen), und er ist geheilt.

Wenn jemand dadurch Herzschmerzen hat, daß ihn die Darmwürmer beißen, nehme man ein halbes Maß Mist von einem weißen Pferd. Man spreche das Mantra einundzwanzigmal, und nach Schlucken (des Mistes) ist er sofort geheilt. In schweren Fällen (nehme man) ein Maß. Dann kommen die Würmer heraus wie ein dunkelgrüner Faden.

Wenn jemand von Geschwülsten befallen ist, nehme

man aus Wasserkastanien gepreßten Saft. Man spreche das Mantra einundzwanzigmal, tröpfele (den Saft) auf die Geschwülste, reiße ihren Kern heraus und ist sofort geheilt.

Wenn jemand unter lästigen Fliegen am Auge leidet, filtere man frischen Eselsmist und nehme den Saft. Man rezitiere das Mantra einundzwanzigmal, schmiere (den Saft) nachts (vor dem) Schlafen in das Auge, und es ist sofort geheilt.

Wenn jemand an Bauchschmerzen leidet, vermische man frisches Brunnenwasser mit einundzwanzig Körnern indischen Salzes. Man spreche das Mantra einundzwanzigmal, schlucke ein halbes Maß und ist geheilt.

Wenn jemand an geröteten Augen, an überanstrengten Augen oder einem Katarakt leidet, nehme man Blätter des *Lysium Chinese*, wringe sie und nehme den Saft ein. Man spreche das Mantra einundzwanzigmal, tauche eine reine Geldmünze über Nacht (in den Saft) und spreche dabei das Mantra siebenmal. Man lege sie auf das Auge, und es ist sofort geheilt.

Wenn jemand Angst vor der Unsicherheit der Nacht, Furcht vor dem Hinaus- und Hineingehen hat und schreckhaft ist, nehme man einen weißen Faden und mache eine Schnur. Man rezitiere das Mantra einundzwanzigmal, mache einundzwanzig Knoten und binde die Schnur um den Hals. Dann verschwindet die Angst. Nicht nur, daß (die Angst) verschwindet, sondern auch die Sünden werden getilgt.

Wenn in einer Familie plötzlich eine Katastrophe

ausbricht, nehme man den Ast eines Granatapfelbaumes und zerteile ihn in eintausendundacht Teile. Man schmiere an die Enden Butter und Honig. Man verbrenne die eintausendundacht Teile, indem man bei jedem Teil einmal das Mantra rezitiert, und jegliche Katastrophe ist vollkommen behoben.[62] Dies soll man vor (der Statue des) Buddha tun.

Wenn man eine weiße Kalmus-Pflanze nimmt, das Mantra einundzwanzigmal spricht und sie oben an der linken Schulter festbindet, kann man in allen Streitigkeiten und Debatten den Sieg über andere davontragen.

Wenn man die Blätter und Stiele des Shih-shih-mi nimmt, in kleine Stücke teilt, an die Enden echte Kuhbutter und weißen Honig schmiert und die eintausendundacht Teile verbrennt, indem man bei jedem Teil einmal das Mantra rezitiert, dies dreimal am Tag und jedesmal eintausendundachtmal, dann erlangt der Mantra-Meister nach sieben Tagen von selbst die Erleuchtung und vollkommenes Wissen.

Wenn jemand die mächtigen Dämonen und Geister unterwerfen möchte[63], nehme man ein Arkagewächs. Man muß es noch mit Butter und Honig bestreichen, das Mantra einundzwanzigmal sprechen und es vor der Statue des großen Erbarmensgeistes (Avalokiteśvara) verbrennen.

Wenn man ein großes Maß Realgar nimmt, in ein Glasgefäß gibt, vor der Statue des großen Erbarmensgeistes aufstellt, das Mantra einhundertundachtmal rezitiert, sich (mit dem Realgar) den Körper bestreicht und die Stirn markiert, dann freuen sich alle Götter, Drachen,

Geister, Menschen und Nicht-Menschen.

Wenn jemand in Fesseln liegt, nehme man den Mist von einer weißen Taube, spreche das Mantra eintausendundachtmal, schmiere (den Mist) auf die Hand und reibe ihn auf die Fesseln. Dann lösen sie sich von selbst.

Wenn es Eheleute gibt, die ebensowenig friedlich miteinander auskommen wie Wasser und Feuer, nehme man die Schwänze von einer männlichen und einer weiblichen Mandarinente und spreche das Mantra vor der Statue des großen Erbarmensgeistes eintausendundachtmal. Es bringt ihnen für das ganze Leben Freude, gegenseitige Liebe und Respekt.[64]

Wenn jemandem durch Ungeziefer die Sprößlinge des Feldes und die fünf Früchte[65] aufgefressen werden, nehme man reine Asche, reinen Sand und reines Wasser, spreche das Mantra einundzwanzigmal, versprenge (die Asche) in alle vier Richtungen über die Sprößlinge, und das Ungeziefer verzieht sich sofort. Das mit dem Mantra besprochene Wasser versprenge man über alle Obstbäume. Dann traut sich das Ungeziefer nicht mehr, das Obst zu fressen."

Der Buddha sprach zu Ananda:

"1) Für reichen Überfluß an aller Art von Schätzen und lebensnotwendigen Dingen ist die Hand mit dem Wunschjuwel.

2) Für die, die vor aller Art von Ängsten Frieden suchen, ist die Hand mit dem Seil.

3) Für alle Magenkrankheiten ist die Hand mit der Schatzschale.

4) Für die Unterwerfung aller Kobolde, Gespenster und Geister ist die Hand mit dem Schatzschwert.

5) Für die Unterwerfung aller Götter, Dämonen und Geister ist die Hand mit dem Diamant.

6) Für die Unterwerfung aller bösen Feinde ist die Diamantkeilhand.

7) Für jegliche Furcht und Angst ist die Hand der Furchtlosigkeit.

8) Für die glanzlose Erloschenheit des Auges ist die Sonnenjuwelschatzhand.

9) Für die erstrebte Kühlung aus Fieberkrankheit ist die Mondjuwelschatzhand.

10) Für Amtswürden und Berufskarriere ist die Schatzbogenhand.

11) Für das schnelle Treffen von guten Freunden ist die Schatzpfeilhand.

12) Für alle Arten von Körperkrankheiten ist die Weidenzweighand.

13) Für das Vertreiben von Schwierigkeiten und allen bösen Behinderungen des Körpers ist die Hand mit dem weißen Wedel.

14) Für alle guten und harmonischen Angehörigen ist die Hand mit der Opfervase.

15) Für die Vertreibung aller Tiger, Leoparden, Wölfe und aller bösen wilden Tiere ist die Hand mit dem Schild.

16) Dafür, daß man stets allen Amtsschwierigkeiten gut entrinnt, ist die Hand mit der Axt.

17) Für die männlichen und weiblichen Bediensteten ist

die Hand mit dem Jadereif.

18) Für alle Art von Verdienst ist die Hand mit der weißen Lotusblume.

19) Für den Wunsch der Wiedergeburt im universalen Reinen Land ist die Hand mit der blauen Lotusblume.

20) Für die große Weisheit ist die Hand mit dem Schatzspiegel.

21) Für das Zusammentreffen mit allen Buddhas ist die Hand mit der purpurnen Lotusblume.

22) Für im Boden versteckte Schätze ist die Hand mit der Schatzkiste.

23) Für den Weg der Unsterblichen ist die Hand mit der fünffarbigen Wolke.

24) Für die Geburt als Brahma ist die Hand mit der Vase.

25) Für eine Wiedergeburt im Himmelspalast ist die Hand mit der roten Lotussblume.

26) Für die Vertreibung fremder Räuber ist die Hand mit dem Schatzspeer.

27) Für das Zusammenrufen aller guten Himmelsgeister ist die Hand mit der Schatzmuschel.

28) Für die Befehligung aller Dämonen und Geister ist die Hand mit dem Totenschädel.

29) Dafür, daß alle Buddhas der zehn Richtungen schnell kommen und die Hand reichen, ist die Hand mit dem Rosenkranz.

30) Für das Beherrschen aller höchst wunderbaren Sanskritlaute ist die Hand mit der Schatzglocke.

31) Für die Redegewandheit und Geschicklichkeit ist die Hand mit dem Schatzsiegel.

32) Dafür, daß alle guten Geister und Drachenkönige stets kommen und Schutz gewähren, ist die Hand mit dem Eisenhaken.
33) Dafür, daß das Erbarmen alle Lebewesen bedecke und behüte, ist die Hand mit dem Mönchsstab.
34) Dafür, daß sich alle Lebewesen gegenseitig achten und lieben, sind die gefalteten Hände.
35) Dafür, daß alle Wesen Geburt für Geburt nie die Seite aller Buddhas verlassen, ist die Hand mit dem Verwandlungsbuddha.
36) Dafür, daß man Geburt für Geburt und Generation für Generation immer im Buddhapalast bleibt und nicht außerhalb des Garbhadhātu[66] gezeugt wird, ist die Hand mit dem Verwandlungspalast.
37) Für Informiertheit und Bildung ist die Hand mit dem Schatzsūtra.
38) Dafür, daß der Erleuchtungsgeist vom jetzigen Körper bis zum Buddhakörper nie umkehre, ist die Hand mit dem Goldrad des Nicht-Zurückgehens.[67]
39) Dafür, daß alle Buddhas der zehn Richtungen schnell kommen, das Haupt berühren und eine Voraussage machen, ist die Hand mit dem Verwandlungsbuddha auf dem Haupt zuständig.[68]
40) Für die Kultivierung von Obst, Knollen und allen Arten von Getreide ist die Hand mit den Trauben.
Von der auf diese Weise zu erreichenden Methoden gibt es eintausend. Heute habe ich grob und knapp wenige davon gelehrt.[69]

Der Sonnenlicht-Bodhisattva spricht für diejenigen,

die die Dhāraṇī des großen Erbarmensgeistes annehmen und bewahren, das große Geistesmantra und behütet sie[70]...

Durch die Rezitation dieses Mantra werden alle Sünden getilgt. Außerdem kann es die Dämonen vertreiben und alle Katastrophen abhalten. Wenn man bei der einmaligen Rezitation den Buddha verehrt und auf diese Weise dreimal am Tag verfährt, werden die Körper, die man in allen zukünftigen Wiedergeburten erhält, einer nach dem anderen ein erfreuliches Ergebnis stattlichen Aussehens sein.

Auch der Mondlicht-Bodhisattva[71] spricht für alle Ubenden ein Dhāraṇī-Mantra und behütet sie ...

Man rezitiere dieses Mantra fünfmal, nehme eine Schnur aus fünf Farben und mache daraus eine Mantra-Schnur, die man an die schmerzende Stelle binde. Dieses Mantra haben die Buddhas der vergangenen vierzig Kalpas, so zahlreich wie die Sandkörner im Ganges, gelehrt. Auch ich lehre es heute, um alle Ubenden zu beschützen, um alle Hindernisse und Probleme zu lösen, um alle bösen Krankheiten und Schmerzen aufzuheben, um alle guten Dharmas zu vollbringen, um alle Ängste ganz abzuwerfen."

Der Buddha sprach zu Ananda: "Du mußt in tiefem Geiste diese Dhāraṇī rein und klar annehmen, sie bewahren und im Jambudvīpa[72] weit verkünden und verbreiten, ohne sie je aufzugeben. Diese Dhāraṇī kann allen Lebewesen der drei Welten großen Nutzen bringen. Alle, die von Leid und Mühen geplagt sind, werden ohne Ausnahme durch diese Dhāraṇī geheilt. Wenn dieses große Geistesmantra, über dürre Bäume gesprochen, sogar

Zweige, Äste, Blüten und Früchte wachsen läßt, wieviel mehr heilt es dann erst alle Lebewesen mit Empfindung und Verstand, die an Krankheit leiden, so daß es auf keinen Fall vorkommt, daß jemand nicht geheilt wird.

Guter Mann, die erhabene Geisteskraft dieser Dhāraṇī ist unvorstellbar, und mehr noch als unvorstellbar, unerschöpflich! Wenn man nicht seit langer und entfernter Vergangenheit weit und breit gute Wurzeln gepflanzt hätte, könnte man noch nicht einmal den Namen hören, geschweige denn, es zu Gesicht zu bekommen. Ihr großen Versammlungen von Devas, Menschen, Nāgas und Geistern, die ihr meinen Lobpreis hört, freut euch mit mir! Wenn jemand dieses Mantra verleumdet, verleumdet er damit all die neunundneunzig Milliarden Buddhas, so zahlreich wie die Sandkörner am Ganges. Wenn jemand Zweifel an dieser Dhāraṇī aufkommen läßt und nicht glaubt, muß er wissen, daß er damit für immer einen großen Vorteil verloren hat. Er wird in hunderttausend Kalpas schlechter Wiedergeburten versinken, und es gibt keine Hoffnung auf Befreiung. Er wird in Ewigkeit keinem Buddha begegnen, keine Lehre hören, keine Mönche sehen."

Alle Bodhisattvas und Mahāsattvas der Versammlung, Vajrapaṇi, Brahma, Indra, die vier Himmelskönige, die Nāgas und Geister, die den Buddha Tathāgata diese Dhāraṇī lobpreisen hörten, jauchzten auch, ehrten die Lehre und führten sie aus.

## Anmerkungen zu Kapitel III

1. Der im koreanischen Kanon enthaltene Text geht auf ein Original aus dem Jahr 1240 zurück. Siehe Lewis Lancaster, *The Korean Buddhist Canon. A Descriptive Catalogue* (Berkeley/Los Angeles/London 1979), K.294 (S. 109).

2. Die buddhistischen Vorstellungen über die Höllengerichtsbürokratie, die beteiligten Wesenheiten und ikonographischen Darstellungen sind behandelt in Michel Soymié, "Notes d'iconographie chinoise: les acolytes de Ti-tsang", *Arts Asiatiques* XIV (1966), S. 45-78, und XVI (1967), S. 141-170. Für die Übersetzung und Erläuterung der betreffenden Stelle des *Pao-p'u-tzu* siehe *ebd.*, XIV (1966), S. 58ff.

3. *Tsung-ch'ih ching-chu*, übersetzt als Dhāraṇīsūtra-Mantra. Mochizuki gibt unter Dhāraṇī folgende Übersetzungsmöglichkeiten wieder: *Ts'ung-ch'ih*, *neng-ch'ih*, *neng-shu* (Mo., S. 3532). Im *Ta-chih-tu lun* werden diese Begriffe folgendermaßen erklärt: Dhāraṇī bedeutet in der Sprache der Ch'in "fähig zu halten" (*neng-ch'ih*) oder "fähig zu hindern" (*neng-shu*): a) "fähig zu halten": Indem sie alle Arten von guten Dharmas vereinigt, hält die Dhāraṇī sie, damit sie nicht zerstreut oder verloren werden.

Man kann sie mit einem guten Behälter voller Wasser vergleichen, aus dem das Wasser nicht herausfließt; b) "fähig zu hindern": Indem sie das Entstehen eines Geistes bösen Ursprungs haßt, verhindert die Dhāraṇī sein Entstehen. Es hindert diejenigen, die etwas Böses tun wollen, daran, es zu tun. Dieses wird Dhāraṇī genannt ... Der Bodhisattva, der die Dhāraṇī beherrscht, kann durch seine Gedächtnisstärke alle Lehren, die er gehört hat, behalten und nicht vergessen. Außerdem folgt die Dhāraṇī dem Bodhisattva immer. Wie ein chronisches Fieber verläßt sie ihn nie und folgt ihm wie ein Gespenst. Sie ist wie die guten und schlechten Vorschriften. Darüber hinaus hält die Dhāraṇī den Bodhisattva davon ab, in die beiden Erdgräben zu fallen. Sie ist wie ein liebevoller Vater, der seinen geliebten Sohn, der dabei ist, in einen Graben zu fallen, davor bewahrt. Wenn der Bodhisattva die Kraft der Dhāraṇīs besitzt, können ihn weder König Māra noch seine Familie noch seine Truppen rühren, zerstören oder besiegen. Er ist wie der Berg Sumeru, den das Anpusten durch einen gewöhnlichen Menschen nicht rühren kann. *T.*25.95*c*10-14, 95*c*18-96*a*4. Vgl. die Übersetzung bei Lamotte, *Le traité de la grande vertu de sagesse*, tome 1, S. 317-318. Obgleich *chu* die Übersetzung für Mantra ist, gibt es keine klaren Unterscheidungskriterien für den Sinn und Gebrauch von Mantra, bzw. Dhāraṇī. Die Dhāraṇī des *Ch'ien-*

*shou ching* wird sowohl als *Ta-pei-hsin t'o-lo-ni* als auch als *Ta-pei chou*, wobei *chou* mit *chu* gleichbedeutend ist, genannt. Das *P'u-sa ti-ch'ih ching* (*Bodhisattvabhūmi*) gibt eine vierfache Klassifizierung von Dhāraṇī, deren dritte die Mantra-Dhāraṇī ist: "Was ist die Mantra-Dhāraṇī? Der Bodhisattva erhält eine solche Meditationskraft, daß er durch die Sätze und Wörter der Mantras für alle Wesen das Unglück vertreiben kann. Die erste spirituelle Erfahrungskraft (*shen-yen*) ist das Aufheben von allen Arten von Katastrophen" (*T.*1581.934*a*9-11; vgl. *T.*1579.542*c*26-543*a*1). Lamotte hat diese Stellen (in *op. cit.*, tome IV, S. 1857-1858) zitiert und übersetzt. Zu seiner Diskussion von Dhāraṇī anhand von frühen Quellenangaben und Sekundärliteratur siehe *op. cit.*, S. 1854-1864. Amoghavajras Übersetzung des *Tsung-shih t'o-lo-ni i-tsan* (Lobpreis des Sinnes aller buddhistischen Dhāraṇī) definiert die vierfache Funktion der Dhāraṇī als 1) Bewahren des Dharma, 2) Bewahren des Sinnes, 3) Bewahren der Meditation, 4) Bewahren des Textes. Dementsprechend gibt es vier Mantras (übersetzt als "wahres Wort", *chen-yen*): "1) Das Dharma-Mantra: Die reine Welt des Dharma wird zum Mantra. 2) Das Mantra des Sinnes: Die Übereinstimmung mit dem höchsten Sinn. In jedem einzelnen Wort ist der Sinn des Absoluten. 3) Das Meditations-Mantra: der Yogi benützt dieses Mantra. Im Geistesspiegel sind (bei der Visualisierung) im

Mondrad der Weisheit die Wörter des Mantra aufgereiht. Der Geist ist voll konzentriert und wird nicht abgelenkt. Weil man äußerst schnell in die Meditation eintritt, wird es Meditations-Mantra genannt. 4) Das Mantra des Bewahrens des Textes: Vom Wort *Oṁ* bis zum Wort *Svāhā* (d.h. vom ersten bis zum letzten Wort) heißt jedes einzelne der dazwischenliegenden Wörter Mantra" (*T.*902.*a*23-*b*1). Eine Inhaltsangabe dieses Textes sowie eine systematische Behandlung des Begriffes Dhāraṇī findet sich in *Hōbōgirin*, Bd. VII.

4. *Wu-cho*, die fünf Kaṣāya Perioden des Untergangs; 1) *Chieh*: Kalpa des Unterganges, leitet die zweite Periode ein. 2) *Chien*: Verwirrung der Sichtweise, gebiert Egoismus. 3) *Fan-nao*: Die Passionen von Gier, Haß und Stolz herrschen vor. 4) *Chung-sheng*: Als Konsequenz nimmt menschliches Unglück zu. 5) *Ming*: Das menschliche Lebensalter verkürzt sich allmählich auf zehn Jahre. So.122*a*.

5. *T.*1950, vgl. Kap. IV.5.

6. *T.*1064, vgl. Kap. II.4. Der Text ist in den buddhistischen Katalogen nicht vermerkt.

7. Dieser Text trägt auf dem Deckblatt den Titel "Sanskrit-Laut des Mantra des großen Erbarmens," *Fan-yin ta-pei chou*, und auf der nächsten Seite den

Titel "Das Geistes-Mantra des großen Erbarmens," *Ta-pei shen-chou*, auf der Rückseite gefolgt von dem mit einem Bild des tausendarmigen Avalokiteśvara geschmückten Untertitel "Die Buße des Mantra des großen Erbarmens," *Ta-pei-hsin chou ch'an*. Der Text ist datiert mit dem Mou-tzu Jahr der Tao-kuang Periode (1828), wiedergedruckt in Hongkong im Jahre 1928. Der einzige mir vorliegende Text, der die 84 Namen auf Englisch angibt, ist unter dem Titel "Erklärung der Abbildungen des Mantras des großen Erbarmens", *Ta-pei-hsin chu hsiang-chieh* 1985 in Hangchou erschienen und wurde mir im Juni 1987 von einem jungen chinesischen Mönch mit der Erklärung geschenkt, daß er nach der Lektüre dieses Textes beschlossen habe, in die Hauslosigkeit zu ziehen (*ch'u-chia*).

8. *The Dhāraṇī Sutra*. Buddhist Texts Translation Society (San Francisco 1976), und *Ta Pei Chou. The Great Compassion Mantra*, Hrsg. Huang Chin-i (Taipei, ohne Angabe des Datums).

9. Takenaka Tomoyasu, Kimura Toshihito, *Rinzaishū no darani* (Ōsaka 1982), S. 196-197. Takenakas Arbeit basiert auf Toganoō Shōun's Rekonstruktion des Sanskritoriginals. Toganoō hat zu seiner Rekonstruktion eine Ubersetzung Amoghavajras benutzt, die jedoch nicht im *Taishō*, sondern in dem im Jahre Ch'ien-lung 46 (1781) in Korea er-

schienenen *Chung-k'an chen-yen chi*, einem dreisprachigen Dhāraṇī-Wörterbuch in Sanskrit, Chinesisch und Koreanisch enthalten ist. Nach Meinung Toganoōs kommt diese Version der Dhāraṇī dem Sanskritoriginal näher als die Versionen des *Taishō*. Toganoōs Version ist in *Jōyō sho kyōten wakai*, Rokudai shinpōsha (1983), S. 223-237 publiziert worden. Folgende andere Werke enthalten eine Rekonstruktion des Sanskrittextes mit angeschlossener Übersetzung ins Japanische: Takubo Shūyo, *Shingon daranizō no kaisetsu* (Tōkyō 1960), S. 120-122; Sakauchi Tatsuo, *Shingon Darani* (Tōkyō 1981), S. 15-23; Mo.3374; Hatta Yukio, *Shingon jiten* (Tōkyō 1985), S. 247-248. Eine Übersetzung in modernes Chinesisch findet sich in *Hsien-tsai fo-chiao hsüeh-shu tsung-li*, Bd. 79 (Taipei 1979), S. 294. Sie beruht ebenso wie Suzukis Übersetzung ins Englische auf der Arbeit Toganoōs. Suzukis Übersetzung ist enthalten in Suzuki Daisetsu, *A Manual of Zen Buddhism* (London 1950), S. 14-15. C.N. Tay gibt eine Rekonstruktion und Übersetzung ins Chinesische in "Ta-pei chou shih-tse", in *Kuan-yin: The Cult of Half Asia* (Taipei 1987), S. 153-166. Sie basiert auf dem Text Bhagavaddharmas (*T.* 1060).

10. *T.*1068. Vgl. Kap. II.4.

11. *T.*2243.

12. Yamada Meiji, "Senjukannon nijūhachi bushū no keifu", *Ryūkoku Daigaku Ronshu* 399 (1972), S. 48-65.

13. *T.*1059. Der Text ist ebenso wie *T.*1064 in keinem Sūtra-Verzeichnis enthalten und wird daher durch Osabe, *op. cit.* (1971), S. 63, als eine in der späten T'ang-Zeit erweiterte Abschrift der entsprechenden Stelle des *Ch'ien-shou ching* angesehen. Das Vorhandensein dieses Textes unterstreicht die Bedeutung und Popularität buddhistischer Heilverfahren in China.

14. Diese englische Übersetzung ist enthalten in P. Unschuld, *Medicine in China. A History of Ideas* (Berkeley 1985), S. 314-321. Seine Übersetzung basiert auf der Erstübersetzung durch Sen Satiranjan, "Two Medical Texts in Chinese Translation", *Visva Bharati Annals* I (1945), S. 70-95.

15. *T.*1065.

16. *Wu-ai t'o-lo-ni* (*asaṅgadhāraṇī*), die ungehinderte Dhāraṇī wird im *Ta-chih-tu lun* wie folgt erklärt: "Frage: Weiter oben wurde schon gesagt, daß alle Bodhisattvas die Dhāraṇīs besitzen. Warum wird nun wiederholt, daß sie die ungehinderte Dhāraṇī besitzen? Antwort: Weil die ungehinderte Dhāraṇī die größte ist. Genauso wie unter allen Samādhis

(Meditationsversenkung) der Samādhi 'König der Samādhi' der größte ist wie ein König unter den Menschen, und genauso wie unter allen Befreiungen die ungehinderte Befreiung (die Befreiung der Erreichung der Buddhaschaft) am größten ist, so ist unter allen Dhāraṇīs die ungehinderte Dhāraṇī am größten. Weiter wurde oben gesagt, daß alle Bodhisattvas die Dhāraṇīs besitzen. Man weiß nicht, welche Dhāraṇīs das sind. Es gibt die kleinen Dhāraṇīs, die die Cakravartin-Könige, die Seher usw. erhalten: zum Beispiel die Dhāraṇī zum Behalten des Gehörten, die Dhāraṇī des Unterscheidens aller Lebewesen und die Dhāraṇī der nicht aufgebenden Rettung der Zufluchtnahme. Auch andere Menschen können kleine Dhāraṇīs dieser Art besitzen. Aber diese ungehinderte Dhāraṇī können Häretiker, Śrāvaka und Pratyekabuddha und Bodhisattvas der ersten Stufe nicht erlangen. Nur alle die Bodhisattvas mit unermeßlichem Verdienst, Weisheit und großer Kraft können sie besitzen. Deswegen wird sie an besonderer Stelle besprochen. Schließlich wollen diejenigen Bodhisattvas, die ihren eigenen Nutzen schon vollständig haben, nur anderen nützen, ihnen die Lehre predigen und sie unaufhörlich bekehren. Sie benützen die ungehinderte Dhāraṇī als Grundlage. Aus diesem Grunde führen diese Bodhisattvas immer die ungehinderte Dhāraṇī" (*T.*25.97*c*5-19; vgl. die Übersetzung von Lamotte, *op. cit.*, tome 1, S. 328.)

17. *Shih-ti*, zehn Stufen. Es gibt unterschiedliche Kategorien von zehn Stufen; diejenigen der Śrāvaka sind 1) *Śuklavidarśanābhūmi*; 2) *Gotrabhūmi*; 3) *Aṣṭamakabhūmi*; 4) *Darśanabhūmi*; 5) *Tanūbhumi*; 6) *Vitarāgabhūmi*; 7) *Kṛtavibhūmi*; 8) *Pratyekabuddhabhūmi*; 9) *Bodhisattvabhūmi*; 10) *Buddhabhūmi*. Zur Übersetzung der ausführlichen Erklärung dieser Stufen im *Ta-chih-tu lun*, *T*.1509.585*c*25-586*a*25, die die zehn Stufen der Śrāvakas denjenigen der Bodhisattvas gegenüberstellt, siehe Lamotte, *Le traité*, tome 5, S. 2380.

18. Im *P'u-men p'in*, *T*.262.57*b*, wird beschrieben, daß Avalokiteśvara die Erscheinungsform dieser Gruppe von acht Wesen annehmen kann, um sie zu bekehren. Sie werden in Mo.4228 unter *Pa-pu chung*, "die Menge der acht Abteilungen" aufgeführt, und auch als *T'ien-lung pa-pu* "die acht Abteilungen von Devas und Nāgas" bezeichnet. Als Erklärung ist hinzugefügt: "Gefolgschaft des Buddha. Die buddhistische Lehre beschützende unterschiedliche Wesen in acht Abteilungen." Sie treten im *P'u-men p'in*, *T*.57*c*3-5, nochmals gegen Ende des Kapitels auf, wo Avalokiteśvara aus Mitleid mit ihnen das ihm durch den Bodhisattva Akṣyamati angebotene Halsband annimmt. Die Gruppe von Menschen und Nicht-Menschen ist an beiden Stellen zu ihrer Aufzählung hinzugefügt. Im *P'u-men p'in* ist der

Charakter der acht Abteilungen von Devas und Nāgas so verändert, daß sie als acht unter den insgesamt 33 Verwandlungskörpern des Avalokiteśvara nicht mehr nur die Lehre beschützen, sondern an der Rettung der Lebewesen partizipieren. In dieser Funktion gehören sie zu der Gruppe der Gottheiten, die den Mantra-Besitzer beschützen, sind aber nicht unter den mit den Silben der Dhāraṇī assoziierten Verwandlungsformen enthalten. In Japan ist die Gefolgschaft des tausendarmigen Avalokiteśvara auf *Nijūhachi bushū*, von denen diese Schutzgottheiten einen Bestandteil bilden, festgelegt. Zur ausführlichen Beschreibung der obengenannten Gruppe von Devas und Nāgas, Bodhisattvas und den vier Himmelskönigen, die die Gefolgschaft von Avalokiteśvara bilden, siehe Soper, *op. cit.*, Kapitel "Minor Beings", S. 226-228. Zu ihrer Rolle im Pantheon des tantrischen Buddhismus siehe De Mallmann, *Introduction à l'iconographie du tantrisme bouddhique* (Paris 1975), Kapitel IV, "Répertoire des divinités".

19. *San-ch'ien ta-ch'ien shih-chieh*, wörtlich die dreitausend großen Tausender-Welten, der Sumeru mit den sieben ihn umgebenden Kontinenten, acht Seen und Ringen von Eisenbergen bildet eine kleine Welt, tausend von ihnen einen kleinen Chiliokosmos, tausend kleine Chiliokosmen einen mittleren Chiliokosmos, tausend mittlere Chiliokosmen einen

großen Chiliokosmos, das Buddhaland, das die drei Sorten von tausend Welten umfaßt (So.61).

20. Dieser Tatahāgata ist nur in diesem Text genannt. Das *Ch'ien-pi ching*, *T.*1057.90*b*3-5, gibt folgende Erklärung für die Herkunft der Dhāraṇī: "Ich habe vor unendlichen Kalpas schon höchstpersönlich diese Dhāraṇī-Lehre verehrt. Und einschließlich aller Buddhas der Vergangenheit, Zukunft und Gegenwart haben wir alle durch diese Dhāraṇī-Lehre die höchste Erleuchtung (*Anuttara-samyak-saṁbodhi*) erhalten." Die Dhāraṇī wird in diesem Text ebenso wie die Herkunft der tausend Augen und Arme mit der Unterwerfung von Dämonen in Zusammenhang gebracht: "Ich erinnere mich, daß ich vor unendlichen Kalpas diese Dhāraṇī-Methode besaß. Ich befand mich auf dem Potala. Da traf ich den König Māra, der alle seine Māra-Gefolgschaft anführte. Sie störten meine Lehre, so daß die Worte des Mantra nicht zustandekamen. Zu jener Zeit unterwarf ich durch diese Dhāraṇī-Lehre diesen Māra und schlug sie alle in die Flucht. Man muß wissen, daß die Kraft dieser Dhāraṇī unvorstellbar ist" (*T.*1057.*b*15-19). Zum Motiv der Unterwerfung vgl. Kap. II.3.

21. Die zehn Stufen der Entwicklung des Bodhisattva nach dem *Daśabhūmika-Sūtra* sind: 1) die freudige Stufe (*pramuditā*); 2) die unbefleckte Stufe (*vimalā*); 3) die strahlende Stufe (*prabhākarī*); 4) die Stufe der

lodernden Weisheit (*arciṣmatī*); 5) die schwer zu erobernde Stufe (*sudurjayā*); 6) die Stufe der Gegenwärtigkeit (*abhimukhī*); 7) die Stufe, die weit reicht (*dūraṃgamā*); 8) die ungestörte Stufe (*acalā*); 9) die Stufe der guten Weisheit (*sādhumatī*; 10) die Stufe der Wolke des Gesetzes (*dharmameghā*). Vgl. Lamotte, *Le traité*, tome 5, S. 2376, 2383. Siehe auch seine Diskussion der unterschiedlichen Klassifizierungen der zehn Stufen der Bodhisattva-Entwicklung innerhalb des Mahāyāna, *op. cit.*, S. 2372-2383.

22. Dieses Gelübde fehlt in *T.*1057 bzw. *T.*1058, die, wie erwähnt, diese Gestalt des Avalokiteśvara nur mit seiner qualitativ anderen Funktion der Dämonenbekehrung und -bezwingung assoziieren.

23. Chih-li's Kommentar zu der Anrufung Na-mo Avalokiteśvara erklärt sie als die Rückkehr zu unserer eigenen, ursprünglichen Natur von Avalokiteśvara: "Das Gelübde hat zwei Abschnitte. Die vorderen zehn Gelübde erhellen den Dharma der Erfüllung, der stets Gutes hervorbringt. Die hinteren sechs Gelübde erhellen den Dharma der Vernichtung, der stets Böses zerstört .... Die vorderen zehn Gelübde haben alle den Anruf '*Na-mo* Avalokiteśvara des Großen Erbarmens.' *Na-mo* wird übersetzt als 'Ich nehme meine Zuflucht' oder 'rette mich' oder auch 'Ich glaube und folge dem

großen Erbarmenden.' Da der Geist dieses Bodhisattva für die Rettung aus dem Leid wichtig ist, wird er 'der großes Erbarmen Besitzende' und 'der Furchtlosigkeit Gewährende' genannt. Wenn der Körper des Erbarmens vollkommen ist, kann er Freude geben. Es wird erklärt, daß Avalokiteśvara über diese besonderen Weisen verfügt. 'Da nämlich mein Mitleid äußerst tief ist, lehre ich alle Lebewesen, mich um Rettung zu bitten. Sie sollen ihre Zuflucht nehmen, mir folgen und das Gelübde aufstellen, um mich auf ihre Veranlagungen reagieren zu lassen.' Wir müssen nämlich verstehen, daß Avalokiteśvara des Großen Erbarmens unsere ursprüngliche Natur ist. Da wir nun zu unserem Ursprung zurückkehren wollen, rufen wir den Ursprung an und stellen das Gelübde auf. Das ist auch der Grund, warum das Gelübde die kraftvolle Anwendung der ursprünglichen Natur ist" (*T.*1950.974*c*1-3,9-16).

24. In einem zweiten Schema erklärt Chih-li die zehn Gelübde in Beziehung zu den vier heiligen Wahrheiten: "Die ersten beiden Gelübde werden beruhend auf der (2.) Wahrheit des Ansammelns (der Faktoren für das Leiden) aufgestellt. Zuerst gelobt man, alle unzähligen Dharmas zu wissen. Alle sind die Dharma-Welt. Danach gelobt man, dieses vollkommen reine Auge der Weisheit zu erlangen. Ohne diese Weisheit versteht man nicht (die

Dharmas). Das dritte und vierte Gelübde werden beruhend auf der (1.) Wahrheit des Leidens aufgestellt. Zuerst gelobt man, alle verlorenen Lebewesen zu retten. Danach gelobt man, früh alle geschickten Mittel verkörpern zu können, da ohne die Erlangung dieser Mittel die Rettung der Lebewesen nicht universal ist. Fünf, sechs, sieben und acht werden beruhend auf der (4.) Wahrheit des Weges aufgestellt. Obgleich es beim Weg zehntausende von Praktiken gibt, fallen sie alle unter die drei Disziplinen (von *ṣīla*, *sāmādhi*, *prajñā*). Nun erbittet man zunächst wahre Weisheit, *prajñā*, also die Lehre der Weisheit. Dann gelobt man, daß die Weisheit die beiden Meere von Tod und Leid überquere. Weiter erbittet man zunächst überweltliche allerhöchste Tugend und Versenkung. Dann gelobt man, daß das Verdienst dieser beiden Disziplinen in die drei Tugenden (des Dharmakāya, seiner Weisheit und der Erlösung) münde. Die drei Nirvāṇa-Disziplinen sind der Anfang der Lehre des Weges. Die Überwindung des Leides und Erlangung des Nirvāṇa zeigen das Ende der Lehre des Weges an.

Neun und zehn werden auf der (3.) Wahrheit des Aufhebens (des Leides) aufgestellt. Zunächst erbittet man den ungeschaffenen Dharma, um seinen Geist darin zu beherbergen. Dadurch werden die Verwirrungen vernichtet und das Treiben zur Ruhe gesetzt. Danach gelobt man die unsichtbare Dharma-Natur. Das ist die Rückkehr zur ursprünglichen Reinheit, nämlich die ewige Ruhe des Absoluten. Wenn die hunderttausend Gelübde aus den vier großen Bodhisattvagelübden (alle zahllosen Lebewesen zu retten, alles unerschöpfliche Leid aufzuheben, alle maßlosen Dharmas zu kennen, den unübertroffenen Buddhaweg zu vollenden) hervorgehen, um wieviel mehr dann diese zehn. Wenn ein Gelübde nicht auf den (vier) Wahrheiten beruht, ist es ein wertloses Gelübde und geht nicht aus den vier (Bodhisattvagelübden) hervor. Weil nun die Weisheit des Avalokiteśvara geschickt und sein Erbarmen tief ist, erweitert er die vier (Gelübde) auf zehn" (*T.*1950.974*c*27-975*a*11).

25. Chih-li assoziiert diese sechs Gelübde der zweiten Kategorie mit den sechs Formen von Avalokiteśvara, und stellt die Gelübde als Heilung der durch die drei Übel von Haß, Neid und Verblendung behinderten absoluten Ich-Natur dar: "Die hinteren sechs Gelübde zerstören stets das Böse. Die drei vorderen von ihnen zerstören die Höllen. Die beiden ersten zerstören besonders die beiden (Höllen-) Arten von Messern und Feuer. Das dritte zerstört alle Höllen. Die hinteren drei zerstören die übrigen drei Existenzweisen. Man muß wissen, daß diese sechs Gelübde alle auf der Lehre des Heilens aufgestellt werden (die siebte Stufe der zehnstufigen Meditationslehre Chih-is, übersetzt in L. Hurvitz, *Chih-I. An Introduction to the Life and*

*Ideas of a Chinese Buddhist Monk*. Mélanges Chinois et Bouddhiques XII [1963], S. 330-331). Daher heißt es, daß die Höllen zerbersten und verdörren, die Hungergeister gesättigt, die Asura unterworfen und die Tiere weise werden. So zerstören die sechs Avalokiteśvaras die sechs Bereiche (vgl. Chih-lis Klassifizierung, S. 24-25). Nur die Devas folgen ihrem Vorteil, weil ihr Gutes (Karma) stark ist. Die Menschen gelangen alle zum Prinzip (*li*), da ihr Denken reich ist. Aber die übrigen vier folgen auf jeden Fall wegen ihrer vielen Übeltaten der Heilung. Alle (Gelübde) stellen das Ich (*wo*) heraus. Obgleich es durch die Ausführenden ausgesprochen wird, ist es im Ganzen die wahre ewige Ich-Natur aller Seinsweisen (nach dem *Nirvāṇa-Sūtra* sind die vier Qualitäten des Nirvāṇa Ewigkeit [*ch'ang*], Freude [*le*], Ich [*wo*], Reinheit [*ching*]). Es ist das Gesetz der tausend Dharmas in einem Gedanken. Bei den vorderen zehn Gelübden verhält es sich mit jedem einzelnen Ich nicht anders. Dieses derartig unbestimmte Wort wird den Existenzbereichen entsprechend geheilt. In allen (Gelübden) heißt es 'sich wenden gegen' (*hsiang*). Dies bedeutet ermahnen, unterweisen. Der Sinngehalt ist der Gleiche wie der des Heilens. Es ist nämlich die (wahre) Ich-Natur der vier Existenzbereiche, die heilt. Und es sind die drei Behinderungen (von Haß, Neid und Unwissenheit), die geheilt werden. Alle (Gelübde) nennen das Selbst (d.h. in allen kommt der Ausdruck "von selbst" vor). Obgleich der Urgrund der drei Behinderungen leer ist, gibt es sie wegen der Unwissenheit. Diese wird durch die vollkommene Lehre geheilt. Die Anrufung des Grundes (*Na-mo Avalokiteśvara* ...) und die Verschmelzung mit der Leere vernichtet die Behinderungen. Deshalb heißt es 'von selbst zusammenfallen'.... Der Sinn des einen Satzes: 'Wenn ich mich gegen den Berg der Messer wende, bricht der Berg der Messer von selbst zusammen' usw. ist so tief, daß er nicht erschöpft werden kann. Avalokiteśvara, an den er sich ursprünglich richtet, kann die drei (üblen) Wege verhindern. Das Geistesmantra und mein Leib sind die Dharmawelt, auch mittlerer Weg genannt. In der Nennung dieses einen ist der ganze Dharma enthalten. Der Dharma ist das Absolute" (*T.*1950.975*b*21-*c*4;975*c*13-16).

26. Vgl. Kap. I.4.

27. Die nun folgende Dhāraṇī untergliedert sich in 84 Silbeneinheiten. Zum Vergleich sei die Anzahl der Silben in den unterschiedlichen Textübersetzungen genannt, die Takubo, *op. cit.*, S. 119, in vier Gruppen unterteilt: 1) *T.*1064, von Amoghavajra, 84 Silben; *T.*1060, Bhagavaddharma, 84 Silben; 2) *T.*1056, von Bodhiruci, 94 Silben; *T.*1062, von Vajrabodhi, 94 Silben; *T.*1057, von Chih-t'ung, 94 Silben; 3) *T.*1061, von Vajrabodhi (mit Zufügung des

Siddhaṃ), 113 Silben; *T.*1063, unbekannt, 113 Silben; 4) *T.*1056, von Amoghavajra, 40 Silben, *T.*1062B, unbekannt (Siddhaṃ), 40 Silben.

Toganoō bezeichnet diese beiden Übersetzungen als "verkürzten Band" (*ryakuhon*) und die unter Nummer 3 genannte Übersetzung von Vajrabodhi als "erweiterten Band" (*kōhon*). Die drei tibetischen Übersetzungen der Dhāraṇī gehören zu der Kategorie des erweiterten Bandes. Toganoōs Rekonstruktion des Sanskrittextes anhand der in der koreanischen Ausgabe enthaltenen Übersetzung Amoghavajras, die er als die authentische ansieht, ist in meinem Text in Klammern hinzugefügt. Die Aussprache der Silben folgt der in den taiwanesischen Ausgaben enthaltenen phonetischen Umschrift. Die in Kursivschrift hinzugefügten Erklärungen beruhen auf Amoghavajras Kommentar *T.*1064.

28. Avalokiteśvara mit dem Wunschjuwel, die sechste Form der vorigen Liste (Kap.I.5), die für die Visualisierungpraktiken der Shingon-Sekte wichtigste Form von Avalokiteśvara.

29. Avalokiteśvara mit dem nie leeren Seil. Er ersetzt in der japanischen Tendai-Schule den auf der vorigen Liste (Kap. I.5) an fünfter Stelle genannten Cintamāṇicakra.

30. Acvaghoṣaḥ, die Gottheit des Herstellens und Hal-

tens von Seidenraupen. Mik.D.2152.

31. Mochizuki zitiert das 19. Kapitel des *Ch'ang-a-han-ching*, in dem die fünfte der zehn Höllen als "Meckern einer Ziege" bezeichnet wird. Über die Identität der Gottheit werden keine Angaben gemacht. Mo.3577.

32. Er ist einer der fünf Geisterkönige (*ming-wang*). Mo.723*c*.

33. Der Himmel des Indra, der in ihm auf dem Gipfel des Berges Sumeru residiert und in einer Form mit tausend Augen und vier Armen erscheint. So.60*a*.

34. Der Bodhisattva des Duftes ist als einer der vier Opferungs-Bodhisattvas des Vajradhātumaṇḍala genannt. Mik.D.583.

35. Mahāmayūrī vidyārāja, die auf einem Pfauen reitend dargestellte Personifizierung einer Dhāraṇī, die Buddha zum Austreiben des Giftes von Schlangenbissen gelehrt hat. Zu diesem Prozeß der Verwandlung der Dhāraṇī in eine Gottheit siehe A. Waddell, *op. cit.*, S. 155-195.

36. Siehe Anm. 4 des kaiserlichen Vorwortes.

37. *T.*1060 numeriert Nr. 81 bis Nr. 83 fälschlicherweise

als ein zusammengehöriges Ganzes und gibt daher die in allen anderen von mir konsultierten Texten als Nr. 84 gezählte letzte Einheit als Nr. 82 an. Der koreanische Kanon hat eine andere Unterteilung der Silben, die nur bis Nr. 78 geht.

38. *Nīlakaṇṭha*, (chin. *ch'ing-ching*), "blauhalsig" ist ein Epithet des Śiva. Er hat als Weltenretter das Gift der Welt geschluckt, das an seinem Hals eine blaue Stelle hinterlassen hat. Siehe S. Kramischs Artikel "Śiva" in *The Encyclopedia of Religion*; s.a. De Mallmann, *op. cit.*, S. 113-115. Sie kommt anhand der studierten Texte und Ikonographie des Avalokiteśvara zu dem Ergebnis, daß Einflüsse des Śivaismus nicht vor dem 10.-11. Jh. festzustellen sind und der śivaitische Aspekt von Avalokiteśvara auf keinen Fall als der ursprüngliche betrachtet werden kann. Ch'ing-ching Kuan-yin ist eine der 33 Formen von Kuan-yin, basierend auf den Ritualtexten *T.*1111 und *T.*1113, übersetzt von Amoghavajra, und *T.*1112, übersetzt von Vajrabodhi.

39. Nīlakaṇṭha Avalokiteśvara wird im *Ch'ing-ching Kuan-tzu-tsai p'u-sa hsin t'o-lo-ni ching* folgendermaßen beschrieben: "Seine Gestalt hat drei Gesichter. Das vordere Gesicht muß einen barmherzigen, verhalten lächelnden Ausdruck haben. Rechts gibt man ihm ein Löwengesicht und links ein Schweinsgesicht. Auf dem Kopf trägt er eine Krone,

in der sich der Verwandlungsbuddha Amitābha befindet. Weiterhin hat er vier Arme: Der rechte erste Arm trägt einen Stock. Der rechte zweite Arm hält einen Lotus. Der linke erste Arm trägt ein Rad, der linke zweite Arm eine Muschel. Er ist mit einem Tigerfell be-kleidet. Er hat über der linken Schulter ein schwarzes Rehfell. Er trägt eine schwarze Schlange als spirituelle Schnur. Er steht auf einem achtblättrigen Lotus" (*T.*1111.940*b*3-9). Siehe auch die Beschreibung von Nīlakaṇṭha bei Bhattacharrya, *The Indian Buddhist Iconography* (Calcutta 1958), S.140-141.

40. *Śrota-āpanna*, interpretiert als der Eintritt in den Strom des heiligen Lebens, die erste Stufe des Śravaka. So.395*a*.

41. *Sakṛdāgāmin*, der Einmal-Wiederkehrer. Dies ist die zweite Stufe der Arhatschaft, auf die nur noch eine weitere Wiedergeburt folgt. So.374*b*.

42. *Anāgāmin*, der nicht wiederkommende Heilige, der nicht in dieser Welt sondern in den Bereichen der Form und der Formlosigkeit wiedergeboren wird, von denen aus er das Nirvāṇa erreicht. So.293*a*.

43. Siehe Anm. 17 bzw. 21, oben.

44. Chih-li interpretiert den neunfachen Geist im Zusam-

menhang mit den zehn Stufen der Betrachtung aus dem *Mo-ho chih-kuan* als Urgrund und Vollendung des großen Erbarmens: "Der Sūtra-Text des neunfachen Geistes beruht auf Ebenen. Er ist das Fahrzeug der neunfachen Lehre der Entfaltung des höchsten Erleuchtungsgeistes. Von Anfang an ist die Dhāraṇī die Ebene seines Prinzips. Es ist schwer, mit einer offenen Erklärung durchzudringen. Daher wird das Geheimnis dieser Stelle in einer geheimen Sprache ausgedrückt. Dadurch können diejenigen mit höchster Kapazität, sobald sie es nur gehört haben, sofort in die Realisierung eintreten. Sie erlangen entweder die vier Früchte (des Eintritts in den Strom, des Einmal-Wiederkehrers, des Nicht-mehr-Wiederkehrers, der Arhatschaft) oder ersteigen die zehn Stufen. Die Fortgeschrittenen und Anfänger auf allen Stufen fassen im Namen (von Avalokiteśvara) den Geistesentschluß. Nun fragt Brahma im Hinblick auf die höchste Kapazität nach den Ebenen und wird erleuchtet. Für diejenigen mit mittleren und niedrigeren Kapazitäten bittet er um die übrigen neun Fahrzeuge (die Fahrzeuge sind die zehn Stufen der Betrachtung, die Chih-i im *Mo-ho chih-kuan*, *T.*34.975*a*, erläutert. Vgl. die Übersetzung bei Hurvitz, *op. cit.*, S. 330-331). Daher sage ich: Das Aussehen der Ebene des Prinzips ist das Fahrzeug (der buddhistischen Lehre). Die Verkörperung des Fahrzeuges ist die universale Rettung. Auf die Frage (von Brahma) werden die Lehre und die Wesen (die sie aufnehmen) genannt. Daher spricht Avalokiteśvara: 'Du hast diese Frage gestellt, um allen Wesen Vorteil und Nutzen zu bringen.' Man muß daher wissen, daß der Körper des Mantra den Sinn des neunfachen Geistes und der zehn Fahrzeuge besitzt. Außerdem leitet es den Praktizierenden beständig dazu an, allen Lebewesen gegenüber großes Erbarmen zu entwickeln. Wie könnte man anders als durch das Prinzip seine verhaftete Sichtweise vergessen? Daher ist die erste Ebene des Prinzips der Urgrund des Erbarmens. Die darauf folgenden acht Geisteshaltungen sind die Lehre der Vollendung des Erbarmens. Man muß wissen, daß dieses Sūtra die Praxis des Erbarmens bezeugt" (*T.*1950.977*b*10-21). Die sich nun anschließende technische Diskussion verbindet die Geistesstufen mit den zehn Stufen der Betrachtung. Da sie eine ausführliche Erläuterung der T'ien-t'ai-Terminologie erfordert, muß hier auf ihre Wiedergabe verzichtet werden.

45. Zu diesen beiden Bodhisattvas siehe unten, Anm. 71.

46. Der erste Kommentar zu diesen Gottheiten ist das in der Einleitung genannte *Ch'ien-shou Kuan-yin tsao tz'u-ti-fa i-kuei*, *T.*1068. Die Übersetzung des Textes wird Śubhākarasiṁha zugeschrieben, aber da sie in keinem Katalog vermerkt ist, handelt es sich um einen apokryphen Text. Osabe, *op. cit.* (1971),

S. 71, vertritt jedoch die Meinung, daß dieser Kommentar aus der T'ang-Zeit stammt. Er enthält eine ikonographische Beschreibung von 28 numerierten Gottheiten, deren Namen wie im *Ch'ien-shou ching* in chinesischer Umschrift des Sanskrits gegeben sind. Im Prinzip trifft der Kommentar seine Unterscheidung der Namen, indem er jeden Vers als einen Namen auffaßt. Nur unter Nr. 22 ist die "große Menge der Unsterblichen der 28 Abteilungen" genannt, die als "Himmelsgeister" erklärt werden (138*c*7), und unter Nr. 22 die vier Gottheiten von Donner, Blitz, Wasser und Erde (138*c*25). Auf diese Namen folgen die als "geheime Worte" (chin. *mi-yü*) bezeichneten Mantras der Gottheiten. Nach Yamada, *op. cit.*, S. 51, ist die Sanskrit-Grundlage der meisten Namen unklar. Der Mik.D. gibt auf S. 1719 eine Liste von Namen in Sanskrit an, deren Unterteilung auf derjenigen von *T.*1068 basiert. Die in Mo.4043 enthaltene Unterteilung von 28 Namen ohne Sanskrit-Rekonstruktion nennt nicht den Ausgangstext, unterscheidet sich von der in *T.* 1068 getroffenen Unterteilung und nimmt auf den Kommentar Jōjins in *T.*2243 keinen Bezug. Im *Ch'ien-shou ching* ist die Anzahl der Gottheiten nicht ausdrücklich auf 28 festgelegt, sondern die "große Menge der Unsterblichen der 28 Abteilungen" bildet nur eine Gruppe unter den genannten Gottheiten. Wie die Tun-huang-Dokumente beweisen, variiert die Anzahl der Gottheiten in der Gefolgschaft des tau-

sendarmigen Avalokiteśvara so sehr, daß von einer Festlegung auf 28 Gottheiten keine Rede sein kann. Die in Matsumoto Eiichi, *Tonkōga no kenkyū* (Tōkyō 1937), Bd. 2, enthaltenen 13 Abbildungen von Seidengemälden des tausendarmigen Avalokiteśvara geben, wenn man die mit Namen versehenen Gottheiten zählt, folgendes Bild:
Pl. 174: 32 Gottheiten; Pl. 167: 28 Gottheiten.; Pl. 169: 20 Gottheiten; Pl. 168: 20 Gottheiten; Pl. 170: 10 Gottheiten; Pl. 171: 8 Gottheiten; Pl. 173a: 6 Gottheiten; Pl. 173b: keine Gottheiten.
Die Wandmalereien: Pl. 172a: 20 Gottheiten;
Pl. 176a: 6 Gottheiten; Pl. 176b: 6 Gottheiten.
Malerei auf Baumwolle: Pl. 172b: 10 Gottheiten.
Malerei auf Papier: Pl. 175a: 2 Gottheiten.
Die ausführliche Beschreibung dieser Abbildungen ist enthalten in *op. cit.*, Bd. 1, S. 650 - 681.
Darüberhinaus enthält A. von le Coq, *Chotscho* (Berlin 1913), zwei Abbildungen von Wandmalereien, die in Turfan und Kao-ch'ang gefunden wurden: Pl. 32 - 8 Gottheiten; Pl. 46f - 6 Gottheiten.
Im *Ch'ien-shou ching* wird Hand Nr. 27, die "Schatzmuschelhand", als "zum Herbeirufen aller Devas und guten Geister" (*T.*1060, 111*a*26) bezeichnet, ohne ihre Anzahl weiter zu spezifizieren. In den Ubersetzungen Chih-t'ungs und Bodhirucis (*T.*1057, *T.*1058) lehrt Avalokiteśvara 25 Mudrās, in denen sich Hinweise auf seine Gefolgschaft finden lassen. Die Mudrā Nr. 7 wird beschrieben als die

Mudrā zum Herbeirufen der Versammlung der acht Abteilungen von Devas, Nāgas und Geistern" (*T.*1057.92*b*8), Nr. 20 als "Mudrā zum Herbeirufen der 33 Devas" (95*c*1), Nr. 21 als "Mudrā zum Herbeirufen der acht Abteilungen von Devas, Nāgas und Geistern" (95*c*13). Als Erklärung der Wirkung des zur Mudrā gehörigen Mantra wird weiterhin hinzugefügt: "Wenn man dieses Mantra rezitiert, kommen die Geister der 28 Abteilungen herbei" (95*c*23). Man gewinnt hieraus den Eindruck, daß diese Beschreibungen nicht die Absicht haben, die Zahl der Geister näher festzulegen, und auch keinen Unterschied zwischen den "Geistern der 28 Abteilungen" und den "acht Abteilungen von Devas, Nāgas und Geistern" machen. Es findet sich ansonsten noch einmal die Erwähnung von den "Geistergenerälen der 28 Abteilungen" als Türhüter eines Maṇḍala in *T.*947.181*b*6, jedoch ohne Nennung der Namen.

Das *Chin-kuang-ming ching*, von dem es zwei Übersetzungen gibt, nämlich *T.*663, übersetzt von Dharmarakṣa (385-436) und *T.*665, übersetzt von I-ching (635-713), enthält an wiederholten Stellen die Bezeichnung *Erh-shih-pa-pu chu kuei-shen* "alle Geister der 28 Abteilungen" (*T.*663, 341*a*7, 346*b*16, 350*a*11). Im Sanskritoriginal, herausgegeben von J. Nobel, *Suvarṇabhāsottamasūtra* (Leipzig 1937), S. 66, 128, 161, werden sie die *Aṣṭāviṁśti-mahāyakṣasenāpati*, also die großen Yakṣa-Generäle genannt.

Sie treten immer in Verbindung mit den vier Himmelskönigen auf, die sich im *Ch'ien-shou ching* unter der Menge der Schutzgottheiten befinden. In *T.*663 werden in dem Kapitel mit der Überschrift "Alle Geister" die Namen einer großen Anzahl Geister und Gottheiten angegeben, darunter auch die Namen der 28 Yakṣas. Durch den Vergleich der Sanskrit-Fassung mit ihrer chinesischen Übersetzung zeigt sich, daß die Bezeichnung "die Geister der 28 Abteilungen" eine andere Übersetzung für die 28 Yakṣas ist, die wegen ihrer Unkonkretheit einen größeren Spielraum für die Vorstellung dieser Geister zuläßt. Die in *T.*1057 und *T.*1058 genannten "acht Abteilungen von Devas, Nāgas und Geistern", die schon im *Lotus-Sūtra* als Gefolgschaft des Avalokiteśvara auftreten (vgl. Anm. 18), sind im Kommentar *T.*1068 als 28 Abteilungen festgelegt worden, um, einer Tendenz des esoterischen Buddhismus folgend, die unbegrenzte Macht und das allumfassende Erbarmen des Avalokiteśvara anhand seiner nicht "nur" aus Yakṣas bestehenden Gefolgschaft, von der jedes einzelne Mitglied wiederum eine Gefolgschaft von 500 Angehörigen hat, hervorzuheben. Zur Diskussion der Vajra-Gottheiten (*ching-kang* oder *ming-wang*), die in den Tun-huang-Gemälden als Gefolgschaft von Avalokiteśvara auftauchen, siehe M. Soymié, "Notes d'iconographie bouddhique des Vidyārāja et Vajradhara de Touen-huang", *Cahiers d'Extrême Asie* 3 (1987), S. 9-27.

Yamada, *op. cit.*, S. 63, unterstreicht, daß sich in Japan die 28 Abteilungen als Gefolgschaft des tausendhändigen Avalokiteśvara herausbildeten, nachdem Kūkai den Kommentar *T.*1068 mit zurückgebracht hatte, während es in China keinen Hinweis auf die Festlegung dieser Zahl für die Gefolgschaft gebe. Kūkais Verzeichnis der nach Japan zurückgebrachten Texte (*Goshōraimokuroku*, *T.*2161) enthält jedoch nicht den Titel des Kommentares. Auch in Japan standen die 28 Namen nicht einheitlich fest. Jōjins Kommentar diskutiert die im Sūtra enthaltene Umschrift der Namen und berichtigt die Unterteilung des Kommentars *T.*1068. Schließlich fügt er jedem Namen eine Erklärung mit Bezug auf Sūtras, in denen sie vorkommen, und ihre Siddhaṃ-Umschrift hinzu. Nach seiner Unterteilung setzen sich die 28 Abteilungen aus den in der Übersetzung angegebenen 49 Namen zusammen. Im Jahr 1176 wurden auf Erlaß des Kaisers Goshirakawa tausend Statuen des tausendhändigen Avalokiteśvara und die Statuen der 28 Abteilungen im Sanjūsangendō aufgestellt, also zu jener Zeit, in der Jōjin seinen Kommentar verfaßt hatte. Das Entstehungsdatum der heute erhaltenen Statuen der 28 Abteilungen wird im Ausstellungskatalog *Sanjūsangendōten* zur Ausstellung in Osaka (November 1972) für die Zeit zwischen dem ersten Tempelbrand im Jahr 1183 und dem zweiten Tempelbrand im Jahr 1249, aus dem sie gerettet werden konnten, angenommen. Die folgende Aufzählung ihrer Namen findet sich in dem 1988 veröffentlichten Bildband *Sanjusangendō kannon nijūhachi bushō*. Die Mehrzahl dieser Gottheiten wird in D. Bakshi, *Hindu Divinities in Japanese Buddhist Pantheon* (Calcutta 1979), erläutert. Die Seitenangaben hinter den Namen beziehen sich auf die Ausführungen in diesem Werk:

1. Narāyana (Vishṇu, S. 88-90), 2. Maheśvara (S. 73-74), 3. Śri Devī (Lakṣmī, S. 127-134), 4. Kiṃnara, 5. Mahāmayūrī (Pfauenkönig), 6. Gandharva, 7. Pūrṇa-bhadra, 8. Asura (S. 135-36), 9. Sāgara-nāga-rāja (Meeresdrachenkönig), 10. Mani-bhadra (Yakṣa), 11. Kumbhīra (Yakṣa), 12. Wu-pu ching-chü (Yakṣa), 13. Virūḍhaka (südl. Himmelskönig), 14. Vaiśravaṇa (Kubera, nördl. Himmelskönig, S. 66-72), 15. Dhṛtarāṣṭra (östl. Himmelskönig), 16. Virūpakṣa (westl. Himmelskönig), 17. Hāritī (Muttergottheit), 18. Garuḍa, 19. Vasu (Unsterblicher), 20. Mahā-bala, 21. Nanda-nāgara-rāja (Himmelsdrachenkönig), 22. Man hsien-jen (?), 23. Vikarāla (Yakṣa), 24. Mahā-brahma (S. 46-71), 25. Śakra-devendra (Indra, S. 73-74), 26. Sañjaya (Anführer der 28 Yakṣas) 27. Mahoraga, 28. Vajra-pāṇi (Vajraträger).

47. *Liu-tu*, die Tugenden, die zur Erreichung des Nirvāna führen: 1) Freigebiges Spenden (*dāna*), 2) das Halten der Gebote (*śīla*), 3) geduldiges Ertragen (*kṣānti*), 4) vorwärtsstrebender Eifer (*vīrya*), 5) Meditation (*dhyāna*), 6) Weisheit (*prajñā*). So.134b.

48. *Fang-pien* (*upāya*), die geschickten Mittel von Avalokiteśvara sind Gegenstand des *P'u-men p'in*. Zur Erörterung dieses grundlegenden Konzeptes im Mahāyāna-Buddhismus siehe Michael Pye, *op. cit.*, insbesondere S. 74-83.

49. *San-t'u*, dic drei Sümpfe, sind die drei unglücklichen Wege zu den Feuern der Hölle, zur Bluthölle und zur Schwerterhölle, in der die Blätter der Pflanzen scharfe Schwerter sind. So.62*b*.

50. *San-shih-er hsiang*, zur Beschreibung der Zeichen und Körpermerkmale des Buddha, vgl. So.60*a*.

51. Vgl. Anm. 40-42, oben.

52. *Chieh-chieh* (*sīmā-bandha*), das Bilden eines sakralen Bereichs. Im esoterischen Buddhismus wird die Methode, einen bestimmten Bereich abzugrenzen, hauptsächlich zur Beschwichtigung von Geistern und zum Schutz und Reinigung des Ortes der Lehre sowie desjenigen, der die Methode ausführt, angewendet. In den Schriften des esoterischen Buddhismus gibt es unzählige Anweisungen zur Ausführung dieser Methode, der dazu erforderlichen Mantras und Mudrās sowie des Arrangements der Gottheiten. Mo.869 ff.

53. Kuan-shih-yin tzu-tsai. Zu dieser Lösung des Übersetzungsproblemes des Namens von Avalokiteśvara ins

Chinesische vgl. Kap.I.1.

54. *Nien-so*, das Seil kommt in dem Namen einer anderen der sechs Formen von Avalokiteśvara vor, nämlich in Pu-k'ung chüan-so (Amoghapāśa, jap. Fukukenjaku), Avalokiteśvara mit dem unfehlbaren Seil. Zu den Sūtras dieser Form siehe *T.*1092-1098.

55. Der Kālanusārin-Baum kommt in Südostasien, d.h. Indien, Thailand, Sumatra und Java vor. Aus seinen Blättern wird Weihrauch und Parfum hergestellt, das schon ab 1300 v. Chr. am chinesischen Kaiserhof eingeführt wurde. Mo.86, gibt als als Sanskritnamen *Guggula* an; Unschuld, *op. cit.*, S. 315, *Guggulu*.

56. *Ch'a*, ein Ausdruck, der für Exorzismus und im weiteren Text auch für Heilung von Krankheit gebraucht wird. Aus der Verwendung dieses Begriffes wird ersichtlich, daß der Heilungsprozeß als Exorzismus verstanden wurde. Vgl. Unschuld, *op. cit.*, Anm. 78.

57. *Hārītakī*, Frucht des gelben Myrobalan-Baumes, die für Medizin benutzt wird. So.390*b*. *Amalā, Emblica officionalis*, wird wie die Betelnuß zur Heilung von Erkältungen benutzt. So.387*a*.

58. *T.*1059,104*a*18-19, führt dieses Verbot für weibliche Drogistinnen noch weiter aus: "Die Medizin darf

nicht von Frauen zubereitet werden, da der Prozeß von jeglicher Verunreinigung frei sein muß. Von Frauen zubereitete Medizin hat keine Wirkung."

59. *Wu-hsin*, die den Mönchen wegen ihres die guten Geister vertreibenden unreinen Geruches verbotenen fünf starken Gewürze: Knoblauch, drei Arten von Zwiebeln und Lauch. So.128*a*.

60. Unschuld, *op. cit.*, S. 317, nennt anstelle von Ysop das *Aparmarga*-Kraut.

61. Die Version von *T.*1059.104*b*6 ist abweichend: "Wenn jemand an plötzlichen, unerträglichen Herzschmerzen leidet, dann ist es deswegen, weil er durch den Geist eines Toten, der am Wege liegt, besessen ist." Vgl. Unschuld, *op. cit.*, S. 317.

62. *Hsiao-tsai*, die Behebung von Katastrophen ist die erste der in *T.*1065 genannten fünf Methoden. Vgl. unten, Anm. 69.

63. *Tiao-fu*, die Unterwerfung von Dämonen (*tiao-fu*) ist die zweite der in *T.*1065 genannten fünf Methoden. Vgl. unten, Anm. 69.

64. *Ching-ai*, diese Methode von Liebe und Respekt ist die vierte der in *T.*1065 genannten fünf Methoden und wird in den japanischen Kommentaren zum Ritual

des tausendarmigen Avalokiteśvara genau beschrieben. Siehe dazu Anm. 69.

65. *Wu-kuo*, die fünf Früchte: Pfirsich, Birne, Aprikose, Kastanie, Dattel. Moro. 207.

66. *T'ai-tsang*, gleichbedeutend mit *Ju-lai-tsang* (*Tathāgatagarbha*). Mo.3024, zitiert zur Erklärung dieses Begriffes das *Ju-lai-tsang ching*, *T*.666.457*a*: "Ich betrachte mit dem Auge des Buddhas alle Lebewesen. In Gier, Haß und Verblendung ist die Weisheit des Tathāgata, das Auge des Tathāgata, der Leib des Tathāgata im Lotussitz, erhaben und unbeweglich. Guter Mann, obgleich alle Lebewesen in den Leidenskörpern der Existenzbereiche stecken, haben sie die ewige Unbeflecktheit des Tathāgatagarbha." Die Vorstellung des unbefleckten Leibes des Tathāgata als "Gebärmutter" alles Existierenden ist im esoterischen Buddhismus durch die Darstellung der Selbstentfaltung des universalen Buddha Mahāvairocana im Garbhadhātumaṇḍala (vgl. Kap. II.1) symbolisiert.

67. *Pu-t'ui* (*avaivartika*), "nie umkehren" ist das Epithet jeden Buddha. Das *pu-t'ui lun* wird als das nie umkehrende Buddha-Fahrzeug der universalen Erleuchtung erklärt. So.109*b*.

68. Zur Vorstellung der Buddhas der zehn Richtungen, die

eine Voraussage machen, siehe Kap. I.4, Anm. 59.

69. Von dieser Aufzählung der vierzig Hände findet sich die Abbildung unter Hinzufügung des Mantra, aber in einer anderen Reihenfolge, in *T.*1064. 117*a*-119*b*. Die entsprechende Zahl der Reihenfolge aus *T.*1060 ist zu jedem Bild als Kommentar hinzugefügt. *T.*1064 nennt als erste Hand die *Kan-lu shou*, die "Hand mit dem Ambrosia", die in *T.*1060 nicht vermerkt ist. Ihr Zweck ist folgendermaßen erklärt: "Dafür, daß alle hungrigen und durstigen Lebewesen und Hungergeister Erfrischung erhalten, ist die Hand mit dem Ambrosia" (117*a*). Mit dieser zusätzlichen Hand, die an erster Stelle dem chinesischen Bedürfnis der Speisung der leidenden Ahnenseelen Ausdruck verleiht, kommt die Zählung des *T.*1064 auf insgesamt 41 Hände.
Im *Ch'ien-kuang-yen ching*, *T.*1065, werden die 40 Hände auf die fünf Abteilungen des Vajradhātu-maṇḍala aufgeteilt und auf fünf Methoden angewendet: "Zu jener Zeit sprach der Bhagavat zu Ananda und sagte: 'Dieser Bodhisattva Avalokiteś-vara verfügt für alle Lebewesen über tausend Hände und ebensoviele Augen. Von den tausend von mir genannten (Händen) spreche ich heute in Kürze über die Methode der 40 Hände: Die 40 Hände werden in fünf (Abteilungen) unterteilt. Was sind diese fünf? Erstens die Tathāgata-Abteilung; zweitens die Diamant-(*Vajra-*)Abteilung; drittens die

Schatzjuwel-(*Cintāmaṇi-*)Abteilung; viertens die Lotus-Abteilung, fünftens die Karma-Abteilung. Auf jede Abteilung entfallen acht Hände. Bei den fünf Abteilungen gibt es wiederum fünf Methoden. Was sind diese fünf? Erstens die Methode des Aufhebens von Katastrophen (*hsiao-tsai*), für die die Gottheiten der Lotusabteilung benutzt werden; zweitens die Methode des Unterwerfens (*tiao-fu*), für die die Gottheiten der Diamant-Abteilung benützt werden; drittens die Methode des Vermehrens von Nutzen (*tseng-i*), für die die Gottheiten der Wunschjuwel-Abteilung benutzt werden; viertens die Methode von Respekt und Liebe (*ching-ai*), für die die Gottheiten der Lotus-Abteilung benutzt werden, fünftens die Methode des Herbeibeschwörens (*kou-chao*), für die die Gottheiten der Karma-Abteilung benutzt werden'" (120*a*7-18). Zur nun folgenden Verbindung der 40 Hände mit den 25 Existenzweisen (120*a*-*b*) siehe oben, Kap. I.5. Der Text gibt weiterhin Anweisungen für das auf die oben beschriebenen Methoden ausgerichtete Ritual der 40 Hände, das auf der in *T.*1060 angegebenen Reihenfolge der Hände, ihrer Attribute und Zwecke, basiert. Das Ritual ist in folgenden Schritten aufgebaut: Zuerst kommt die Beschreibung des Zweckes, z.B.: "Wenn jemand Überfluß an Gütern und Schätzen haben will, muß er die Methode des Wunschjuwels [als kleingedruckter Kommentar: d.h. die Hand mit dem Wunschjuwel] ausführen"(121*b*29). Dann folgen genaue Anweisungen für die Ausführung des Rituals, nämlich zunächst das reinigende Bad, dann die genaue Beschreibung eines Bildes von Avalokiteśvara, der in diesem Text von goldener Farbe ist, elf Gesichter hat, von 25 Bodhisattvas umgeben und mit dem entsprechenden Attribut ausgestattet ist. Schließlich werden zu jedem der 40 Attribute die entsprechenden Mudrās und Mantras erklärt. Das *Kakuzenshō*, *T.*3022, enthält die Abbildungen der 40 Attribute und gibt zu jedem Bild außer der auf *T.*1060 basierenden Beschreibung des Zweckes einen Kommentar zu den Attributen und zu dem in *T.*1065 beschriebenen Ritual (*T.*3022.413*a*-416*c*). Von den fünf in T.1065 genannten Methoden wurden in der Koya-Richtung der Shingon-Sekte hauptsächlich die Methoden zum Vermehren von Respekt und Liebe sowie zum Beseitigen von Katastrophen ausgeführt, da das *Kakuzenshō* diese beiden Methoden unter der Überschrift "Methode des tausendarmigen Avalokiteśvara" nennt und das dafür entsprechende Ritual beschreibt (403*a*-412*c*). Die Abbildungen der 40 Attribute und eine Sammlung von diesbezüglichen Kommentaren sind ebenfalls im *Byakuhōkushō*, *T.*3119.295-301, und im *Byakuhōshō*, *T.*3191.803-807, enthalten. *T.*3191 gibt für die Methode von Respekt und Liebe unter der Überschrift "Die Liebesmethode des Tausendhändigen", nach der Beschreibung des mit den in *T.*1060 genannten Entenfedern auszuführenden Rituals eine Reihe von Mudrās und Visualisierungsvorschriften an, so z.B. daß sich der Adept bei der Visualisierung des Wunschjuwels denken muß, daß der Mann für die Frau ein Schatz und die Frau für den Mann ein Schatz sei. Der Kommentar führt weiterhin aus, daß der tausendhändige Avalokiteśvara und der Gott Aizen identisch (*i-t'i ts'un*) seien und daher dieselben Attribute mit denselben Funktionen tragen (507*a*16,*a*21). Zu diesen Kommentarwerken vgl. Kap. I.5, Anm. 90.

70. Diese beiden Mantras des Sonnenlicht- und Mondlicht-Bodhisattva sind in keinem Dhāraṇī-Nachschlagewerk enthalten, und da aufgrund der nicht möglichen Sanskrit-Rekonstruktion auch eine Entschlüsselung ihres Sinnes nicht möglich ist, soll hier auch auf die Wiedergabe der chinesischen Umschrift verzichtet werden.

71. Der Sonnenlicht- und Mondlicht-Bodhisattva werden in den Sūtras des Heilenden Buddha Bhaiṣajyaguru (*T.*449, 450, 451) als Anführer der endlosen Scharen der Bodhisattvas in der Gefolgschaft des Heilenden Buddha beschrieben. Sie sind als Repräsentant und Behüter des Schatzes der Lehre des Heilenden Buddha offensichtlich das Gegenpaar zu Avalokiteśvara und Mahāstāmaprāpta, obgleich sie nie zum Gegenstand individueller Verehrung wurden. Daß sie in unserem Text zum ersten Mal als dem die Dhāraṇī Rezitierenden zum Zeugnis Erscheinende und dann noch einmal

im Anschluß an die Beschreibung der Heilmethoden genannt werden, unterstreicht die Wirksamkeit der Dhāraṇī als eines Allheilmittels, dessen Besitzer "Schatz des Medizinkönigs" genannt wird, und stellt die sichtbare Verbindung zu den Sūtras des Heilenden Buddha dar, deren wesentliches Thema die krankheitsheilende Allmacht des Medizinkönigs ist, eine Allmacht, die im *Lotus-Sūtra* im *P'u-men p'in* zwar als eines der geschickten Mittel von Avalokiteśvara in Kumārajīvas Übersetzung aufgezählt ist (*T*.262.52*a*), sich aber im Sanskritoriginal nicht finden läßt. Zu einer ausführlichen Studie über die Sūtras des Heilenden Buddha siehe R. Birnbaum, *The Healing Buddha* (London, 1980). Eine kurze Diskussion des *Bhaiṣajyaguru-sūtra* findet sich auch in M. Strickmanns Manuskript "The Consecration Sūtra - a Buddhist Book of Spells", da es das zwölfte Kapitel dieses Sūtra, des *Kuan-ting ching*, *T*.1331, dessen Übersetzung Śrimitra (310-340 in Nanking) zugeschrieben wird, ausmacht. Das *Bhaiṣajyaguru-sūtra* beschreibt die zwölf Gelübde des Heilenden Buddha Yao-shih; es erklärt, wie das bewußte Prinzip des Menschen durch Boten vor das Höllengericht des Gottes Yama gebracht und dort durch den Heilenden Buddha gerettet werden kann; es zählt eine Reihe von Katastrophen und von neun Bedrängnissen auf, aus denen die Verehrung des Buddha, Medizin und Mantras retten. Schließlich präsentiert es zwölf Yakṣa-Generäle, die den Rezitierenden des Namens und Sūtra von Bhaiṣajyaguru vor allem Unheil bewahren. Das *Bhaiṣyajyaguru-sūtra* und mehr noch das *Kuan-ting ching* sind in ihrer Verbindung von Geistern, die vor Gefahren beschützen, Dhāraṇīs und Mantras sowie Ritualen, die zur Heilung von Krankheiten angewendet werden, Vorläufer einer Tradition, deren spezifische Prägung sich hier im *Ch'ien-shou ching* zeigt. Um nochmals auf den Mondlicht-Bodhisattva zurückzukommen: als Yüeh-kuang t'ung-tzu (Candrabrabhā-kumāra), "Prince Moonlight", ist er in China in einem kurzen Sūtra bekannt, das in unterschiedlichen Versionen erhalten ist (*T.*534, 3. Jh.; *T.*535, *T.*536, 5. Jh.; *T.*545, 6. Jh.) Während der Kern der Geschichte in allen Sūtras der gleiche ist, nämlich, daß der sechzehnjährige Yüeh-kuang seinen Vater davon abhalten will, dem Buddha eine Falle zu stellen und damit eine tödliche Sünde zu begehen, enthält *T.*535 die Voraussage des Buddha, daß Yüeh-kuang eines Tages die Buddhaschaft erreichen und als Herrscher in China wiedergeboren wird. Die Rolle Yüeh-kuangs als eines messianischen Retters in der Periode des Verfalls (*mo-fa*), seine Verwicklung in religiöse Propaganda durch Sui Wen-ti und Kaiserin Wu und seine Assoziierung mit der Überbringung der Almosenschale des Buddha nach China ist Gegenstand von E. Zürchers Studie "Prince Moonlight - Messianism and Eschatology in Early Medieval

Buddhism", *T'oung Pao* 68 (1983), S. 1-75.

72. Der Jambudvīpa ist der südliche der vier Kontinente, dessen dreieckige Form den Blättern des Jambu-Baumes gleicht. Der Name rührt von einem Wald von Jambu-Bäumen, der sich auf dem Berg Meru befindet, her. So.452.

# IV.
# Die Glaubenspraxis der Dharani des Großen Erbarmens in China

Nach der Übersetzung des *Ch'ien-shou ching* ins Chinesische bildete sich die Praxis des als verdienstvoll betrachteten Abschreibens des Textes, der Rezitation der Dhāraṇī und ihrer Eingliederung in ein Bußritual schon sehr früh heraus. Die in Kapitel II betrachteten Tun-huang-Manuskripte dokumentieren diese Entwicklung ebenso wie die im folgenden zu behandelnden vielfältigen Quellen, die von der T'ang-Dynastie bis in die unmittelbare Gegenwart reichen. Die Rezitation der Dhāraṇī ist hierin nicht auf die religiöse Praxis der Mönche beschränkt, obgleich sowohl die Mönchsbiographien und viele Berichte über wunderbare Ereignisse, bewirkt durch die Dhāraṇī, den mit religiösem Charisma begabten frommen Mönch in den Mittelpunkt der Erzählung stellen. Doch Frömmigkeit und Vertrauen in die Kraft der Dhāraṇī ist nicht nur den Mönchen vorbehalten, sondern bringt auch bei den Laien ungeahnte Wirkungen hervor. Die Erzählungen, die anschaulich und teilweise auch spannend beschreiben, aus welch prekären Situationen die Rezitation der Dhāraṇī auch den gläubigen Laien retten kann, sind daher zum Ansporn und zur Propagierung des Buddhismus in immer weiteren Kreisen gedacht. Die Texte aus der Republik-Zeit und auch die Berichte über die Wirkungen der Dhāraṇī, die man heutzutage in taiwanesischen Publikationen finden kann, spiegeln diese unter den Laien verbreitete Popularität der Dhāraṇī als eines Heil-, Schutz- und Wundermittels wieder. In einigen Fällen legen die Erzählungen davon Zeugnis ab, daß ihre Autoren mit den im *Ch'ien-shou ching* beschriebenen Wirkungen der Dhāraṇī-Rezitation vertraut waren, obgleich die Praxis der Rezitation in jedem Falle wichtiger ist als die theoretische Kenntnis des Textes.

Im religiösen Bewußtsein eines jeden Chinesen hat die konfuzianische Forderung der kindlichen Pietät und Ahnenverehrung einen zentralen Stellenwert inne. Dieses Thema dominiert in einigen der im zweiten Teil dieses Kapitels zu behandelnden Erzählungen und findet sich auch im folgenden Teil über die Legende von Miao-shan, die ab der Sung-Zeit als große Heilige und weibliche Inkarnation des tausendhändigen Avalokiteśvara verehrt wurde, wieder. Sie ist einerseits das Vorbild einer pietätvollen Tochter, die ihren eigenen Körper zur Rettung des Vaters opfert, andererseits jedoch eine Herausforderung an die frauenfeindliche Strömung innerhalb des Buddhismus, die den Frauen nicht nur die Möglichkeit der Erlangung der Buddhaschaft sondern auch der Wiedergeburt im reinen Land absprach.

In den Klosterregeln der Sung- und Yüan-Zeit war die Rezitation der Dhāraṇī hauptsächlich bei Toten- und Gedenkfeiern vorgesehen, also auch in einem Zusammenhang ritueller Ahnenverehrung, in den sich auch das im letzten Teil übersetzte Bußritual des tausendhändigen Avalokiteśvara einfügen läßt. Die Klosterregeln wurden während der Yüan- und Ch'ing-Zeit nach Japan gebracht, wo sie den heute verwendeten Regeln eine entscheidende Prägung verliehen. Die Tatsache, daß die Dhāraṇī in China und Japan Bestandteil aller Beerdigungszeremonien und der Liturgie des *Yü-lan*-Festes zur Rettung der Ahnen aus der Hölle ist, unterstreicht das auch in den Erzählungen immer wieder auftauchende Motiv von Avalokiteśvara als eines Retters aus der Hölle. Es sind die vielen unterschiedlichen Komponenten, angefangen von Schutz und Erfüllung aller Wünsche in diesem Leben bis zur Gewähr von schuldbefreiter Glückseligkeit im kommenden Leben, die die Attraktivität des tausendarmigen Avalokiteśvara und seiner Dhāraṇī unvermindert erhalten haben.

## 1. Die Belege in den Mönchsbiographien

Das chinesische Kaiserreich erreichte unter der T'ang-Zeit den Höhepunkt seiner kulturellen Blüte. Es stand nicht nur den kulturellen Einflüssen der westlichen Nachbarländer in unvergleichlicher Weise offen, sondern diente gleichzeitig als Vermittler von aufgenommenem Kulturgut an Korea und Japan. Koreanische und japanische Mönche kamen nach China, um hier die neuen Lehren des Buddhismus zu studieren und in ihr Vaterland zurückzubringen. Chinesische Mönche wagten nicht nur die mühevolle Reise nach Indien, um dort Schriften zu sammeln und zur Übersetzung nach China zu bringen, sondern waren auch als Missionare in Korea und Japan tätig. Der berühmte Mönch Chien-chen (687-763), der den Hindernissen der chinesischen Bürokratie und den Gefahren des Meeres trotzend im Jahre 753 nach wiederholten Versuchen endlich Japan erreichte, war ein früher Pionier der Verehrung des tausendarmigen Avalokiteśvara. Er brachte außer den von den Japanern erbetenen Vināya-Regeln auch eine aus Sandelholz geschnitzte Statue und eine Seidenstickerei des tausendarmigen Avalokiteśvara nach Japan.[1]

Im Kondō des auf seine Veranlassung hin im Jahr 759 errichteten Toshōdaiji zu Nara wurden die Statuen eines tausendarmigen Avalokiteśvara und eines Bhaiṣajyarguru zu Seiten des Buddha Vairocana aufgestellt.[2] Die Kombination von Avalokiteśvara und Bhaiṣajyaguru hat zwar keine schriftliche Grundlage, liegt aber nahe, wenn man sich daran erinnert, daß im *Ch'ien-shou ching* an wiederholter Stelle der Mondlicht- und der Sonnenlicht-Bodhisattva als Gefolgschaft des Heilenden Buddha genannt werden. Vairocana schließlich ist der Verkünder des *Fan-wang ching*[3], des grundlegenden Textes für die Bodhisattvaregeln und Vināya-Vorschriften in China. Doch mag es mit Chien-chens Verehrung des tausendäugigen Avalokiteśvara eine besondere Bewandtnis haben, die sich aus seinem bis zu vollkommener Erblindung führenden Augenleiden erklären läßt. Abgesehen davon, daß das *Ch'ien-shou ching* unter den Heilmethoden auch eine für die Heilung von Augenleiden ausführt, ist die Hand mit dem Sonnenschatzjuwel ausdrücklich für "die glanzlose

Erloschenheit des Auges" bestimmt.

Der Glaube an die spezielle Wirksamkeit der Avalokiteśvara-Verehrung bei Augenkrankheiten verbreitete sich während der Nara-Zeit in Japan, wie die folgende Geschichte aus dem *Nihon ryōiki*, der frühesten buddhistischen Legendensammlung aus Japan, die in der Zeit zwischen A.D. 782 und 805 durch den Mönch Kyōkai kompiliert wurde, veranschaulicht: "In einem Dorf östlich des Yakushiji in Nara gab es einen blinden Mann, der geöffnete Augen hatte, aber nicht sehen konnte. Er verehrte Kannon und meditierte über die Hand mit dem Sonnenschatzjuwel, um sein Augenlicht wiederzugewinnen. Tagsüber saß er am Osttor des Yakushiji, breitete vor sich ein Taschentuch aus und rezitierte den Namen der Sonnenschatzjuwelhand. Passanten und Leute, die Mitleid mit ihm hatten, legten Geld, Reis und Getreide auf das Taschentuch .... Unter der Regierung der Kaiserin Abe kamen zwei Fremde und sagten zu ihm: 'Wir sind aus Mitleid mit dir gekommen, um deine Augen zu heilen.' Nachdem sie seine beiden Augen behandelt hatten, sagten sie: 'Wir werden ganz sicher in zwei Tagen hierhin zurückkommen. Vergiß nicht, auf uns zu warten.' Seine Augen wurden in Kürze licht, und er konnte wieder sehen. Er wartete auf sie am abgesprochenen Tag, aber sie kehrten nie mehr zurück."[4]

Die Verehrung des tausendhändigen Avalokiteśvara in Verbindung mit Augenkrankheiten fand nicht nur früh in Japan Eingang, sondern auch in Korea. Die im dreizehnten Jahrhundert durch den Mönch Ilyon verfaßte Legendensammlung der drei Königreiche Koreas, das *San-kuo i-shih*, enthält eine Episode aus der Mitte des achten Jahrhunderts, die die Heilung eines blinden Kindes wiedergibt: "Unter der Regierung des Königs Kyondok (742-765) gab es eine Hanriki-Frau namens Hui-myong. Sie hatte einen Sohn, der im Alter von fünf Jahren plötzlich erblindete. Eines Tages brachte die Mutter den Sohn zum Pu-huang Tempel und ließ ihn in der linken Halle vor dem Bild des tausendhändigen großen Erbarmenden an der nördlichen Wand ein Lied singen, um zu ihm zu beten. Er erhielt sein Augenlicht sofort wieder."[5]

Um nach diesem mit Chien-chen begonnenen kurzen Ausflug in die Nachbarländer wieder nach China zurückzukehren, so zeigt sich hier die Propagierung des Glaubens an den tausendarmigen Avalokiteśvara und der Praxis der Dhāraṇī in der zweiten Hälfte der T'ang-Zeit von den Aktivitäten von fünf Mönchen geprägt, deren Biographien einige Gemeinsamkeiten aufweisen. Obgleich das *Ch'ien-shou ching*, wie oben ausgeführt, unter die esoterischen Schriften des *Taishō shinshū daizōkyō* eingestuft ist, gehört keiner der betreffenden Mönche, nämlich Tzu-chüeh (737-797), Chih-hsüan (809-881), Shen-chih (819-886), Tseng-jen (?-797) und Tao-chou (?-906) zu der in China durch Amoghavajra begründeten Schule der geheimen Lehre (*mi-tsung*).[6] Sie haben auch nicht die ihr eigenen Schriften studiert, sondern folgten ihren Meistern in der traditionellen Ausbildung vom Vināya bis zu den Mahāyāna-Sūtras. Bei Tseng-jen und Tao-chou wird auch die konfuzianische Bildung erwähnt. Die Verehrung des tausendarmigen Avalokiteśvara und Rezitation der Dhāraṇī sind demnach nicht auf die Zugehörigkeit zu der esoterischen Strömung innerhalb des chinesischen Buddhismus begrenzt. Bis auf Chih-hsüan, der schon früh durch seine Vortragstätigkeit bekannt wurde, verbrachten alle Mönche einen Teil ihrer Ausbildung außerhalb der Städte in der Einsamkeit der Berge, bevor sich ihr Ruhm im Volk und auch am Hof verbreitete.

Kritiker werfen dem Buddhismus oft vor, daß er eine weltverneinende Lehre sei, die die Erlösung des Einzelnen aus dem leidvollen Kreis der Wiedergeburten anstrebe und daher anders als z.B. das Christentum, menschlichen und gesellschaftlichen Problemen indifferent und tatenlos gegenüberstehe.

Wer die hier übersetzten Mönchsbiographien als Beispiel für viele andere Biographien liest, wird verstehen, wie ungerechtfertigt ein solches Vorurteil ist. Die Mönche und ihre Aktivitäten sind Beispiele für die im *Ch'ien-shou ching* so eindringlich beschriebene Kraft des großen Erbarmens, die durch die Rezitation der Dhāraṇī und die Verehrung von Avalokiteśvara entfaltet wird. Die in den Biographien geschilderten besonderen Ereignisse im Leben dieser Mönche werden darin auf diese Kraft zurückgeführt.

Von Tzu-chüeh und Tao-chou wird berichtet, daß sie über die magischen Kräfte des Regenmachens verfügten und damit ihre Umwelt retteten. Diese Fähigkeit zur Regenbeschwörung war vielen Mönchen, die mit tantrischen Textübersetzungen und Praktiken zu tun hatten, eigen, und ein Mittel, sie in die Gunst der Kaiser zu bringen. Schon im vierten Jahrhundert waren solche Mönche wie Fo-t'u-teng (um A.D. 348) und She-kung (um A.D. 380) hierfür herausragende Beispiele und Vorläufer der drei großen tantrischen Meister Subhākarasiṃha, Vajrabodhi und Amoghavajra.[7]

Tzu-chüehs rettende Kunst des Regenmachens wird in seiner Biographie ganz in Verbindung mit seiner Verehrung des tausendhändigen Avalokiteśvara dargestellt. Vor der Statue, die er zum Dank für das Regenwunder herstellen ließ, hatte er nach der Dhāraṇī-Rezitation eine Erscheinung der Amitābha-Triade. Die Statue, als sichtbares Zeichen des Regenwunders berühmt und von der Bevölkerung verehrt, wurde nach ihrer von seltsamen Ereignissen begleiteten Zwangseinschmelzung in der Chou-Dynastie später unter Kaiser T'ai-tsu (reg. 960-976) der Sung restauriert. Da in einer Ming-zeitlichen Gedichtesammlung noch ein Gedicht auf sie überliefert ist[8], hat sich ihr Ruhm auch nach der Sung-Dynastie erhalten.

Chih-hsüan war hauptsächlich als Lehrer, Redner und Verfasser von Kommentaren aktiv. Die Übersetzung des Anfanges seiner über zwei Seiten umfassenden Biographie soll deshalb in die Reihe der anderen eingefügt werden, weil sie ausmalt, wie er durch die Rezitation der Dhāraṇī von seinem starken Landesdialekt befreit wurde, so daß er fortan mit seinen Vorträgen bei seinen Hörern noch effektiver durchdringen konnte.

Shen-chih, der den Titel "Mönch des großen Erbarmens" erhielt, besaß durch die Rezitation der

Dhāraṇī erworbene magische Heilfähigkeiten, durch die er dem in Scharen zu ihm strömenden Volk diente und auch Dämonen aus der Tochter eines Hofbeamten austreiben konnte.

Der therapeutische Aspekt des Buddhismus, sowohl im spirituellen als auch im materiellen Sinn, hatte den buddhistischen Mönchen von jeher die Achtung der Kaiser und den Zustrom des Volkes gesichert, für das der spirituelle Nutzen der Heilslehre des Buddha, der auch "Medizinkönig" genannt wird, weniger faßbar als der materiell sichtbare war. Mit dem Buddhismus gelangte die Tradition der indischen Medizin, die säkulare Elementenlehre mit Aspekten von Dämonologie, Mythologie und moralisch-makrokosmischen Elementen verband, nach China, um sich dort mit einer langen taoistischen Tradition von Heilverfahren und alchemistischen Methoden mit dem Ziel der Unsterblichkeit auseinanderzusetzen und zu verbinden.[9] Da für die Krankenheilung die materiellen Methoden allein nicht ausreichend waren, boten die indischen Texte Rituale und wirksame Mantras an, um durch sie alle Ressourcen des spirituellen Bereiches gegen die dämonische Bedrohung einzusetzen.

Als berühmter Vorgänger Shen-chihs sei wiederum Amoghavajra genannt, der den Kaiser Hsüan-tsung nicht nur durch seine Regenmacher- und Wahrsagekünste, sondern vor allem durch seine magischen Heilmethoden, die dem Kaiser bei seinem taoistisch inspirierten Drang nach Unsterblichkeit willkommen waren, für sich einnehmen konnte.[10]

Das Interessante an Shen-chihs Heilmethode ist jedoch seine Rezitation der Dhāraṇī über Wasser, das dann als Medizin verwendet wurde. Der Glaube an die Heilkraft des "Wassers des großen Erbarmens" (*ta-pei shui*) ist heute in Taiwan, wo man zahlreiche Berichte über wunderbare Krankheitsheilungen durch dieses Wasser finden kann, noch sehr lebendig.[11]

Tseng-jen gewann durch seine beharrliche Meditation die Unterstützung der Bergbevölkerung und setzte seine Energien in das als verdienstvoll betrachtete Abschreiben von Sūtras mit eigenem Blut um. Sein erbarmungsvolles Engagement bestand in der weniger spektakulären Aktivität des Unterrichtens, Schreibens und Malens. Wie bei Chih-t'ung, dem Übersetzer des *Ch'ien-pi ching*, wird auch bei Tseng-jen eine Erscheinung des tausendarmigen Avalokiteśvara berichtet, die seine Zweifel über den Text behob. Das mit dieser Erscheinung verbundene Blumenwunder trug zur Verbreitung des Kultes des tausendhändigen Avalokiteśvara und des Ruhmes Tseng-jens bei, dem nach seinem Tode das rote Gewand besonders verdienstvoller Mönche verliehen wurde.

Von Tao-chou wird zunächst die "orphische" Kraft seiner Hymnen und Lieder zur Verzauberung der Umwelt betont. Er ging in seinem Erbarmen so weit, daß er sich als Opfergabe an den tausendarmigen Avalokiteśvara verstümmelte, um die in Szu-ch'uan ausgebrochenen Rebellenunruhen zu beenden und um Regen zu bitten. Damit befolgte er eine Tradition religiös motivierter Selbstverstümmelung, die zum Schrecken jedes orthodoxen

Konfuzianers mit dem Bestreben, den von den Eltern bei der Geburt unversehrt erhaltenen Körper bis zum Tode so zu bewahren, auch in China auf Adepten stieß.[12] Doch verlieh Tao-chous Selbstverstümmelung, die vor dem Hintergrund seiner Devotion zu Avalokiteśvara, dem Retter aus den Höllenexistenzen, gesehen wird, ihm die körperliche Unsterblichkeit. Wie seine Biographie berichtet, verfiel sein Körper nach seinem Tode nicht und wurde daher von seinen Schülern mumifiziert.

**a) Biographie von Tzu-chüeh des Ta-pei ssu[13] der Provinz Chen-chou (Ho-pei) aus der T'ang-Dynastie[14]**

Der Mönch Tzu-chüeh stammte aus der Stadt Wang-tu des Distriktes Po-lu (Ho-pei). Bereits als Kind war er des weltlichen Lebens überdrüssig. Unversehens sagte er zu seinen alten Eltern: "Ich möchte weggehen, um dem Buddha zu folgen und zu erlernen, die Welt zu überwinden." Die Eltern stießen einen Schreckensruf aus, (aber) er ging, verneigte sich noch einmal ohne zu zögern und bat um Nachsicht. Dann diente er mit allen Kräften Chih-ch'in aus dem Hauptgebäude des Kai-yüan ssu. Ch'in erkannte, daß seine Entschlußkraft außergewöhnlich war. Er gab ihm den Namen Tzu-chüeh (Selbsterwachen), ermahnte ihn und sprach: "Höre den Namen und denke über seinen Sinn nach." Er antwortete: "Die Samen der Buddhaschaft gehen aus Bedingungen hervor. Ich habe zugehört und die Unterweisung verstanden." Daraufhin rezitierte er Sūtras und übte sich im

Ertragen des Überwindens (von Leidenschaften).

Im 2. Jahr der Periode Chih-te (757) wurde er volljährig und empfing die vollen Mönchsregeln. Und er begab sich in den Ch'an-fa ssu des Distriktes Ling-shou (Hopei). Dort studierte er die Vināya-Sūtras und Abhandlungen neun Jahre lang fleißig bis zur Erschöpfung. Er beherrschte sic alle bis ins kleinste Detail. Darauf sagte er: "Ich muß auf den T'ai-hsing Berg [erstreckt sich von Honan nach Hopei] gehen und auf einem Felsen eine Strohhütte bauen. Drei *mu* Land und ein kleiner Bach werden meine Einsiedelei. Ist das nicht glücklicher?"

Im 9. Monat des 1. Jahres der Ta-li Periode (766) ging er bei Nacht in den Distrikt P'ing-shan, wo er den Chung-lin-shan Tempel fand. Das entsprach endlich dem, was er gesucht hatte. Er lebte als Einsiedler und begnügte sich mit sich selbst. Im 5. Monat des 2. Jahres (767) brachte der Himmel eine Dürre. Da machte sich Chüeh barfuß auf den Weg. Im Winter hatte er ein Gewand, das die rechte Schulter frei ließ. Er folgte den Spuren der Wölfe und Tiger in Wäldern, Gräsern, Bergen und Tälern. Er pflückte nur Früchte, sammelte Gemüse und Eier und aß nur einmal (am Tag). Zu jener Zeit hörte der Gouverneur Chang aus Heng-yang (Hopei), das unter der Dürre litt, von den spirituellen Kasteiungen Chüehs, drang in die Berge vor und bat ihn, um Regen zu beten. Chang sprach zu ihm: "Ich habe keinerlei Regierungsmethode und mache mich dem Volk gegenüber äußerst schuldig. Durch das Leid von drei Jahren schlimmer Dürre ziehe ich Strafe auf mich. Ich kann aus eigener Verantwortung überhaupt nichts tun." Und er sprach weiterhin: "Die Drachenkönige hängen alle am Meister und hören die Lehre, wobei sie vergessen, es regnen zu lassen. Bitte, Meister, gewähre das Versprechen der Rettung aus der Dürre, damit es klares Wasser gebe und das Grün wie gewünscht sprieße. Bitte unterbreche die Meditation und komme in das Verwaltungsgebiet."

Chüeh ermahnte daraufhin die Drachengeister respektvoll und höflich. Es war noch kein Augenblick vergangen, daß ein großer Regen vom Himmel fiel. Nach zwei Stunden sagte (Chüeh), daß es reiche. Chang nahm ihn als Lehrer an und diente ihm so aufmerksam und respektvoll wie ein pietätvoller Sohn seinen Eltern.

Seit Chüeh in die Lehre eingetreten war, hatte er im Studium aller Voraussetzungen für die Buddhaschaft Gelübde abgelegt. Ihre Zahl betrug neunundvierzig. Eines dieser Gelübde war es, immer dem Bodhisattva des großen Erbarmens zu folgen. Danach gelobte er, einen Tempel mit einer aus Metall gegossenen Statue des Großen Erbarmenden zu bauen.

Kaum hatte er dies ausgesprochen, so spendete (Chang) die beste Menge Rotgoldes, die zur Fertigstellung des Gusses verwendet wurde. Seine Höhe betrug neunundvierzig Fuß. Die brahmanische Gestalt war prächtig, Augen und Arme vollzählig. Im Jahr nach der Herstellung wurde auch der Tempel vollendet. Es ist der große Tempel des westlichen Berges dieser Stadt.

(Chüeh) rezitierte dann vor dem Altar bis zur dritten Nachtwache und gewahrte zwei Strahlen eines geistigen Lichtes von goldener Farbe. Inmitten dieses geistigen Lichtes sah er Buddha Amitābha, dem Avalokiteśvara und Mahāstāmaprāpta zur Linken und Rechten folgten.[15] Der Buddha streckte ihm seinen goldenen Arm entgegen und rief: "Tzu-chüeh!" Dann kam er in einer Wolke allmählich herunter, berührte sein Haupt und sprach: "Wahre das Gelübde unbeirrt und gib es nicht aus Bequemlichkeit auf. Es ist von größter Wichtigkeit, den Dingen zum Nutzen zu gereichen. Wenn du gehst, folge ich und gewähre dir deinen Willen." Nachdem er seine Rede beendet hatte, nahm ihn die Wolke wieder auf, so daß seine Spur nicht mehr zu sehen war.

Chüeh kehrte mit einem voll erfüllten Gelübde in die Berge und Wälder zurück und suchte einen Ort, um dem Ende entgegenzugehen.

Im 2. Monat des 11. Jahres der Periode Chen-yüan (797) erschien ihm bei Einbruch der Nacht ein Unsterblicher mit halbem Körper und so stark wie Vaiśravaṇa.[16] Er sprach zu ihm und sagte: "Heute ist die Zeit, ins Nirvāṇa einzugehen." Er streckte die Hand aus, dankte dem Unsterblichen und sagte: "Der Übergang ist beschlossen, und ich höre auf das Geheiß." Am 14. Tag des 6. Monats jenes Jahres ging er plötzlich ins Nirvāṇa ein.

Seine Anhänger nahmen die Urne entgegen und wollten in den Bergtempel zurückkehren, aber die Bewohner der Provinz hielten sie mit allen Kräften davon ab.

Schließlich wurde sie in den Stūpa südlich des Ta-pei ssu verlegt. Dieser große Erbarmende hatte das Wunder Heng-yangs bewirkt. Seine Wunderwirkung (*kan-ying*)[17] war tief und durchdringend.

Zu Beginn der Späteren Chou-Dynastie mit der Regierungsperiode Hsien-te (954) erging ein Erlaß, die Währung für neun Provinzen zu prägen. Alle Bronzestatuen des Reiches wurden zerstört. Zu jener Zeit taten alle Bewohner der Gegend ihr Geld zusammen, um diese Statue zu kaufen. Es wurde nicht erlaubt. Sie wurde in den Feuerofen geworfen und geschmolzen. Es gab keinen der Bewohner Chen-tings, der nicht getrauert hätte. (Beim Verbrennen) gab es weder Asche, Funkenstieben, noch Rauch. Das flüssige Metall von Kopf und Rumpf wurde gesammelt. Der mit dieser Aufgabe beauftragte Schmied starb eines gewaltsamen Todes. Da wurde die Arbeit abgebrochen. Der Begründer der Sung-Dynastie, der Kaiser T'ai-tsu Shen-te (reg. 960-976) suchte die aus Metall gegossene Statue und ließ sie wieder vervollständigen. (Damit) drückte er seine Reue über den früheren Vorfall aus.[18]

**b) Biographie von Chih-hsüan des Chou-ching-Berges der Provinz P'eng (Szu-ch'uan) der T'ang-Dynastie[19]**

Der Mönch Chih-hsüan, mit Namen Hou-chüeh, stammte aus der Familie Ch'en. Er stammte aus Hung-ya der Provinz Mei (Szu-ch'uan) .... Hsüan wurde im Ching-chung ssu unter dem Vināyameister Pien-chen ordiniert. Er hörte etwas Vināya und studierte ausgiebig die Abhidharma (Lehre), die ihn der alte Vināya-Meister der zehn Berge lehrte. Danach kam er nach San-hsia herab und erreichte über Lieh-jang den Tzu-sheng ssu in Shen-ching (Ch'ang-an). Dieser Tempel war der Sammelpunkt der von überall kommenden Studierenden der drei Lehren. Hsüan hielt häufig Vorträge über die Sūtras und Śāstras. Mönche und Laien verehrten ihn. Er verbrachte viele Tage außerhalb (auf Vortragsreisen). Der Kaiser Wen-tsung (reg. 826-840) hörte von ihm und ließ ihn zur Unterredung in den Palast kommen. Er stellte den Kaiser äußerst zufrieden. Danach studierte er das *Vijñaptimātrasiddhi-śāstra*[20] unter dem parthischen Meister Hsin und erforschte nicht-buddhistische Schriften. Es gab keine Sūtras und Lehren der unterschiedlichen Denkschulen, die er nicht kannte.

Hsüan ärgerte es jedes Mal, daß er wegen seines Dialektes nicht mit seinem Vortrag [zu seinen Zuhörern] durchdringen konnte. Daher ging er zum Hsiang-erh-Berg[21], wo er die Dhāraṇī des großen Erbarmens rezitierte. Er träumte, daß ihm ein Geistermönch die Zunge herausschnitt und auswechselte. Am nächsten Tag sprach er plötzlich die Ch'in-Sprache.[22]

**c) Biographie von Shen-chih aus der Provinz Yüeh des Pao-shou ssu in Chu-chi (Che-chiang) der T'ang-Dynastie[23]**

Der Mönch Shen-chih stammte aus Yi-wu der Provinz Wu (Che-chiang). Sein Familienname war Li .... In seiner Jugend führte Chih einen sehr reinen Lebenswandel und hegte den ernsten Wunsch, in die Hauslosigkeit zu ziehen. Er ging zum Yün-men ssu und nahm Wei-hsiao zum Lehrer. Er fastete zwölf Jahre lang und rezitierte die Dhāraṇī des Großen Erbarmens. Er beherrschte die Vorschriften der Lehre gemäß. Er hatte eine hohe Motivation, war umsichtig und eifrig. Plötzlich traf ihn die Religionsverfolgung der Hui-chang-Zeit (843-845).[24] Er unterwarf sich pro forma, gelobte jedoch in Wirklichkeit, wieder Mönch zu werden. (Das Motto) "gemahlen aber nicht zerstampft, gefärbt aber nicht geschwärzt"[25] wurde (bei ihm) mit der Zeit offenkundig.

Im 1. Jahr der Periode Ta-chung (847) kehrte er ins religiöse Leben zurück, reiste nach Chi-yang (Che-chiang) und suchte einen Ort für die Meditation. Er sprach: "Die Fische, die den Palast beleben, sind in einem sumpfigen Fischteich versteckt. Das ist gut. Dieser Platz ist mein sumpfiger Fischteich." Er sprach beständig Dhāraṇīs über ein Glas Wasser, um dadurch alle Arten von Krankheiten zu heilen. Trank man das Wasser, so war man geheilt.[26] Das Volk kam in Scharen und schenkte ihm jeden Tag Unzähliges. Er erhielt den Namen "Mönch des großen Erbarmens".

In der Periode Ta-chung (847-860) betrat er Ching-tao (Ch'ang-an). Zu jener Friedenszeit sah der Premierminister P'ei Kung-hsiu[27] im Traum sein Kommen voraus und freute sich darauf, ihn zu treffen. Die Tochter des Ministers war von Geistern besessen. Chih rezitierte die Dhāraṇī sieben Tage lang, und sie war wiederhergestellt. (Der Minister) verfaßte einen Bericht an den Hof und bat um einen Tempelhof, genannt Ta-chung sheng-shou. Dazu erhielt Chih vom linken Heeresflügelleiter eine Glocke, eine Stickerei von der Kaiserin und fünftausend Sūtrarollen. Der Minister Pei überschrieb ihm den Tempel.

Chih verstarb im 12. Monat des Jahres Kuang-ch'i (886) mit der Konstellation Ping-wu auf dem Tung-pai-Berg im Alter von achtundsechzig Jahren. Sein religiöses Alter betrug achtundvierzig Jahre. Seine sterblichen Überreste wurden in eine Pagode des südlichen Berges von Chi-yang gebracht.

### d) Biographie von Tseng-jen aus dem Lung-hsing ssu aus Shuo-fang Ling-wu (Hsia-hsi, Che-chiang) der T'ang-Dynastie[28]

Der Mönch Tseng-jen, mit Familiennamen Shih, stammte aus Chen-liu im Land P'ei (Ho-nan). Im Jahr der Prüfungen reiste er zur Schule seines Landes. Er las die Schriften der hundert Meister genau und behielt sie. Er besaß sowohl in der Kunst als auch in der Literatur

Geschick. Er strebte die Laufbahn eines Verwaltungsbeamten an, hatte jedoch trotz mehrmaliger Versuche keinen Erfolg.

Zu Beginn der Hui-chang-Periode (841-846) reiste er nach Sai-tan (Kan-su) und suchte das alte Ho-lan-Gebirge (im Westen von Kan-su, Ning-hsia) auf. Darin fand er einen reinen Ort in einem Tal mit weißen Gräsern. Er entfaltete den Erleuchtungsgeist, legte kurzerhand seine konfuzianische Kappe ab und nahm geradewegs seine Zuflucht zum Buddhismus. Dann pflückte er Gräser und flocht die Binsen zu einer Hütte zusammen. Er verschärfte seine Konzentrationsübungen vielmals. Das Volk der Ch'iang-Barbaren eiferte darum, ihm Milch und Käse zu spenden. Nach fünf Jahren pries der Verwalter Li Chan-yu seinen Ruhm und seine Bescheidenheit: "Ich baue im Lung-hsing ssu einen zusätzlichen Hof, genannt 'weißes Gras'. Nehmt und eröffnet ihn als Zentrum für religiöse Praxis."

Jen schnitt sich und schrieb mit dem Blut alle Sūtras ab. Im siebten Jahr der Ta-chung-Periode (853) machte sich Li Sorgen um sein abgemagertes, bekümmertes (Aussehen), suchte ihn persönlich auf und sagte mit Nachdruck: "Meister, warum möchtet Ihr nur für Euch allein die Praxis des kleinen Fahrzeuges ausführen? Warum erweitert Ihr nicht Eure Anlagen und übernehmt das Lehren? Das Verdienst hieraus ist groß."

Jen faßte einen Entschluß und schrieb dann die Abhandlung über die Vernichtung und Verletzung (des eigenen Körpers) in den drei Lehren [Konfuzianismus,

Taoismus und Buddhismus], um seinen Willen kundzutun. Er las sie vor und vermehrte dadurch seinen Ruhm.

Als er im 9. Jahr das Sūtra des Großen Erbarmens las, erforschte er die zweiundvierzig Arme. Bei der Hand der Furchtlosigkeit[29] ankommend, hatte er Zweifel und errichtete einen Altar. Er verbrachte zehn Tage im Gebet. Dann erschien vom Himmel die richtige Mudrā. Man konnte beide Hände ganz klar und deutlich sehen. Darauf gab er einem Maler den Befehl, die Arme zu malen. Es gab einige, die sich darüber lustig machten. Jen rief sie in aufrichtiger Gesinnung wiederholt zu Respekt auf.

In dem Teller, in dem der Maler seinen Pinsel auswusch, erschien plötzlich eine Blume kostbarer Natur. Der Stengel und die üppigen Blätter waren alle ganz deutlich. Alle, die dies sahen, erschraken.

(Jen) starb im 12. Jahr der Kan-tung-Periode (871), am 10. Tag des 7. Monats im Hof des weißen Grases. Er war neunundfünfzig Jahre alt. Am 17. Tag des 10. Monats wurde sein Geist in einer südlich des Wasserturmes errichteten Pagode beigesetzt.

Von den anfangs von Jen mit eigenenem Blut geschriebenen Sūtras gibt es 283 *chüan*. Von den Gemälden des Buddha Vairocana ist dasjenige im Tempel fünfunddreißig Fuß (hoch), das am Eingangstor einen *chang* [entspricht zehn Fuß]) und sechs Fuß. Genauso gibt es drei Bildrollen des verdienstvollen großen Erbarmenden, dazu seine selbstverfaßte Abhandlung über das große Erbarmen in sechs *chüan*, dazu alle Sūtra-Rollen des *Tripiṭaka*. Der spätere Verwalter T'ang Heng-fu verehrte seine Überreste und bat den Hof um Bekanntmachung seiner Verdienste. Auf Erlaß hin war der posthume Name des großen Meisters "Kuang-hui" [Umfassende Weisheit] und derjenige seines Stupa "Nien-ting" [Konzentration]. Seine zahllosen Schüler waren weit und breit die Besten. Sie nahmen zwei *chüan* von seinen mit Blut geschriebenen Sūtras sowie den Teller mit der kostbaren Blume und reichten sie bei Hofe ein. Aufgrund eines Erlasses erhielten sie das purpurrote Gewand [besonders verdienstvoller und berühmter Mönche].

**e) Biographie von Tao-chou aus dem Yung-fu ssu in Shuo-fang Ling-wu (Hsia-hsi, Che-chiang) der Chin-Dynastie[30]**

Der Mönch Tao-chou, mit Familiennamen Kuan, stammte aus Hui-lo in Shuo-fang. In seiner Jugend war er intelligent, fein, gebildet und von guten Manieren. Obgleich er das Buch der Oden und der Geschichte rezitierte, hörte er gerne die buddhistischen Sūtras. Er faßte den Entschluß, im Pfauenkönighof des Lung-hsing ssu[31] in die Hauslosigkeit zu ziehen. Dann erhielt er die Perle der Gelübde, und allmählich wurde der Mond seines Geistes voll. Die Lieder und Hymnen, die er anstimmte, klangen voll, klar und schön. Er leitete die Gläubigen an, den Yung-hsing ssu zu bauen. Nach der Fertigstellung wurde er (jedoch) nicht der Abt. Er nahm seinen Abschied von

Ling-wu und folgte Han Kung-chun in das Tal des weißen Grases des Ho-lan Gebirges[32] (Kan-su). Er faßte den Entschluß, im Gebet zu verharren. Er brachte durch magische Kraft (*kan*) eine vertrocknete Quelle wieder zum Fließen. In ihr tummelten sich flinke Schlangen. Danach baute er eine Lehrbühne zum Predigen. Mönche und Laien versammelten sich in Scharen, und die Spenden häuften sich zu einem Berge an. Der Klang seiner Hymnen und Lieder konnte die ziehenden Wolken anhalten. Solch wüste und böse Menschen wie Schleiereulen [d.h. Menschen ohne kindliche Pietät] wurden durch sie verfeinert. Später schnitt sich (Chou) und malte mit dem Blut eine stehende Figur des großen Erbarmenden mit tausend Händen und tausend Augen. Als eine Dürre über ihnen ausbrach, gab er das Essen auf und meditierte. Zur rechten Zeit brachte der Regen vollständige Rettung. Wie erbeten durchtränkte er alles bis ins Innerste.

Im 2. Jahr der Chung-ho-Periode (882) hörte er, daß es in der der Nähe der Hauptstadt einen Aufruhr gab.[33] Da begab er sich an den Fuß der Pagode des Nien-ting Yüans [die Bergräbnisstätte Tseng-jens] im Süden der Stadt. Er schnitt sich den linken Unterarm ab und verbrannte ihn als Opfer an die Statue des großen Erbarmenden. Er bat um die Zersprengung von Schildern und Waffen. An der Grenze der mittleren Ebene (Ho-nan) kam es zu einem schnellen Waffenstillstand.

Als er zu Ende geprochen hatte, erhob sich ein rasender Gewittersturm und überflutete alles heftig. Dieses Mal schnitt er sich das linke Ohr ab und betete für das Volk um Regen. Ein anderes Mal fastete er sieben Tage lang und bat um Schnee. Alles ging nach Wunsch. Unter den Barbaren und Bewohnern in Ho-nan gab es keinen, der ihn nicht tief verehrte.

Am 6. Tag des 2. Monats, im 6. Jahr der T'ien-fu Periode (906) mit der Konstellation Hsin-ch'ou, setzte er sich, als die Nacht noch nicht fortgeschritten war, in die Lotusposition. Er versammelte seine Schüler. Sobald dies vollbracht war, verschied er im Alter von achtundsiebzig Jahren. Sein Skelett verfiel nicht, sondern blieb wie beim Eintritt in die Meditation. Da fügten sie Lack und Leinen [zur Mumifizierung] hinzu.

In der Mitte der Ch'ien-lung-Periode (960-963) flüchtete Kuo Chung-shu, der in allen Schriften belesen, von klein auf im Studium besonders hervorragend war und Talent in der Kalligraphie besaß, weil ihn viele Angelegenheiten bedrängten, in die nördlichen Grenzgebiete. Er forschte nach Chou und verfaßte vor (dessen Mumie) mit Inbrunst die Grabinschrift.

## 2. Die Thematik des tausendhändigen Avalokiteśvara und der Dhāraṇī in buddhistischen Wundergeschichtensammlungen

Die sich im Bereich des Religiösen vollziehende Verbindung von historischen Ereignissen mit Phantastischem und Wunderhaftem zeigt sich nicht nur in der buddhistischen Geschichtsschreibung, sondern ist auch aus christlichen Heiligenlegenden bekannt.[34] Tsan-ning, der Autor des *Kao-seng chuan*, trifft in seiner Darstellung der Ereignisse keine Unterscheidung zwischen dem rein Faktischen, was Herkunft, Beginn der religiösen Praxis, Wohnort und religiöse Aktivitäten der Mönche angeht, und dem Phantastischen der Erscheinungen von Bodhisattvas und wunderbaren Zeichen, die in den Sūtratexten vorausgesagt sind und demnach als Bestätigung für die Wahrheit der Lehre gelten. Die Methoden der Kommunikation mit der Welt des Übernatürlichen sind vielfältig und besonders im Bereich des esoterischen Buddhismus den Ritualspezialisten anheimgestellt. Die Mönchsbiographien zeigen zwei Methoden der Kommunikation mit den übernatürlichen Kräften und ihrer Verfügung über sie, die im *Ch'ien-shou ching* ebenso wie in zahlreichen anderen Mahāyāna-Sūtras beschrieben sind. Da ist zunächst die Rezitation der Dhāraṇīs, in sich schon ausreichend, um jeglichen irdischen und überirdischen Segen voll zu erlangen, und die Herstellung einer Statue oder eines Bildes von Avalokiteśvara, um die Wirkung der Dhāraṇīs zu erhöhen.

Im Buddhismus sind Statue und Bild nicht einfach ein Symbol für die in den Schriften beschriebenen Gottheiten, sondern können außer ihrer Funktion als Devotions-, Meditations- und Visualisierungsobjekte[35] auch selbst höchst lebendig in Aktion treten, wie es die Tradition der Erzählungen über die erste Buddhastatue, die König Uddayāna in Auftrag gab, den im Himmel seine Mutter bekehrenden Buddha auf Erden zu vertreten, beweist.[36] Wie in der Biographie Tzu-chüehs am Schluß berichtet wurde, war der Schmied, der die Statue des tausendhändigen Avalokiteśvara eingeschmolzen hatte, eines plötzlichen gewaltsamen Todes gestorben. Dies zeigt den Glauben an die den Statuen innewohnenden numinosen Kräfte, die sich entweder belohnend oder bestrafend, auf jeden Fall aber in das Geschick der Menschen eingreifend auswirken können.

Der erste Bericht über eine Erscheinung des tausendhändigen Avalokiteśvara ist in der Einleitung zu Chih-t'ungs Übersetzung des *Ch'ien-pi ching* enthalten. Er beschreibt, wie der mit Zweifeln an seiner Textübersetzung geplagte Chih-t'ung durch eine Erscheinung des Avalokiteśvara von der Exaktheit seiner Arbeit überzeugt wurde.[37]

In der Biographie Tseng-jens wurde überliefert, wie ihm wegen Zweifeln über die richtige Ausführung des Mudrā eine Erscheinung zuteil wurde, aufgrund derer er ein Bild des tausendhändigen Avalokiteśvara in Auftrag gab. Die Exaktheit der Textanweisungen für Ritual und Abbildung einer Gottheit sind daher von größter Wichtigkeit für die wirksame Auslösung der sie belebenden Kräfte.

Die Tun-huang-Texte haben Aufschluß über die in der T'ang-Zeit einsetzende religiöse Praxis der Abschrift des *Ch'ien-shou ching* und der Rezitation der Dhāraṇī gegeben. Weitere Evidenz für den Kult des tausendhändigen Avalokiteśvara läßt sich aus Aufzeichnungen über Bilder und Statuen in Tempeln, Tempelstelen und schließlich auch vor allem anhand der Tun-huang-Gemälde gewinnen. Für diese kunsthistorischen Aspekte des Themas, deren Ausarbeitung den Rahmen dieser Arbeit sprengen würde, müssen die Literaturhinweise genügen.[38] Statt dessen sollen hier die in buddhistischen Sammlungen enthaltenen Erzählungen über die wunderbaren Wirkungen der Dhāraṇī-Rezitation und der Verehrung des tausendhändigen Avalokiteśvara betrachtet werden, die in ihrer Eigenart zwei Zwecke erfüllen. Durch die Aufzeichnung der außergewöhnlichen Vorteile und Hilfen, die der Dhāraṇī-Rezitation entspringen, wird in buddhistischen Geschichtensammlungen die Propagierung des religiösen Glaubens und Kultes bezweckt. Dieser Zweck kann am besten erreicht werden, indem man das Interesse der Zuhörer fesselt. Daher ist in vielen Geschichten das Ziel der religiösen Bekehrung mit dem Mittel der guten Unterhaltung, der durch die spannungsgeladene Schilderung von Spuk, Gefahren, Krankheiten, Höllengerichten, Totenerweckungen, Geisteraustreibungen und Rettung von Ahnengeistern erzeugt wird, eng verquickt. Doch wer nur die Unterhaltung suchend den religiösen

Wert mit dem Hinweis, daß alles nur erfunden und nicht wahr sein könne, von der Hand zu weisen sucht, muß immer der im *Ch'ien-shou ching* ausgesprochenen Warnung gegen die Zweifel an der Lehre eingedenk bleiben:

"Wenn jemand Zweifel an dieser Dhāraṇī aufkommen läßt und nicht glaubt, muß er wissen, daß er damit für immer ein großes Verdienst verloren hat. Er wird in hunderttausend Kalpas von schlechten Wiedergeburten versinken, und es gibt keine Hoffnung auf Rettung. Er wird in Ewigkeit keinem Buddha begegnen, keine Lehre hören und keine Mönche sehen."[39] Dem Leser der nun folgenden Geschichten aus drei unterschiedlichen Sammlungen, die in der Sung- und Ch'ing-Zeit verfaßt wurden, aber frühere Quellen miteinbeziehen, wird im Sinne dieser Warnung Offenheit und Sensibilität für die religiöse Botschaft der Texte abverlangt.

### a) *Aufzeichnungen über die wichtigsten Wunderwirkungen der drei Juwelen*[40]

Der Autor Fei-chuo (?-1063) schickt im Vorwort über die Motivation seines Werkes voraus, daß er die Aufzeichnungen über die drei Juwelen als Vorbild für das Beenden des Bösen, das Tun des Guten und die Propagierung des Glaubens zusammengestellt habe. Diese Aufzeichnungen sind aus unterschiedlichen Werken gesammelt, die am Schluß jeweils in der Quellenangabe vermerkt sind. In der Einleitung erklärt Fei-chuo die in seinem Werk getroffene dreifache Unterteilung der "Wunderwirkungen" (*kan-ying*) folgendermaßen: "Die Wunderwirkungen der geistbeseelten Abbilder (*ling-hsiang*) sind das Buddha-Juwel. Die Wunderwirkungen der verehrten Sūtras sind das Dharma-Juwel. Die Wunderwirkungen der Bodhisattvas sind das Saṅghā-Juwel."[41]

Die Geschichten, die auch den indischen Raum miteinbeziehen, erstrecken sich in China über den Zeitraum von der ersten Erzählung über den Traum des Han-Kaisers Ming-ti im Jahre A.D. 61 (*chüan* 1, Nr. 3) bis bis zum Jahr A.D. 803 (*chüan* 2, Nr. 60).

Das erste *chüan* enthält fünfzig Geschichten über die Verehrung von Buddhastatuen, die mit der Geschichte der Herstellung der berühmten Sandelholzstatue des Buddha durch König Uddayāna eingeleitet werden. Das zweite *chüan* berichtet über zweiundsiebzig Wunder, die sich aufgrund des Lesens oder Abschreibens von Sūtras ereignet haben. Die in unserem Zusammenhang interessierenden vier Aufzeichnungen über Wunderwirkungen der Statue des tausendarmigen Avalokiteśvara finden sich im letzten *chüan*, der insgesamt zweiundvierzig Beispiele für die durch die Verehrung von Bodhisattvas bewirkte Wunder enthält. Die vier Erzählungen geben wichtige Anliegen seines Kultes, nämlich die Rettung aus der Unterwelt, Krankheitheilung und Dämonenvertreibung wieder. Während die beiden folgenden Sammlungen wunderbarer Geschichten über Avalokiteśvara diese Wirkungen zumeist der Dhāraṇī-Rezitation zuschreiben, werden sie in diesem

Text jedoch mit dem Ritual seiner Statue in Verbindung gebracht.

1. Die Wunderwirkung der Lebensverlängerung durch die Ausführung der Methode der Statue des tausendarmigen und tausendäugigen Avalokiteśvara[42]

Früher gab es im Land der Brahmanen (Indien) einen alten Mann, der nur einen Sohn hatte. Dessen Lebensspanne war auf sechzehn Jahre bemessen. In seinem fünfzehnten Lebensjahr kam ein Brahmane an die Haustür, um um Nahrung zu bitten. Er sah, daß der Alte kummervoll besorgt und unglücklich war. Seine Frau sah ganz erschöpft aus. Ihr Gesicht war ohne Glanz. Der Brahmane fragte den Alten: "Warum seid ihr so unglücklich?" Der Alte erklärte ihm das betreffende Karma. Der Brahmane antwortete jenem Alten: "Du brauchst dir keine Sorgen zu machen. Doch hole, was den Mönchen und Nonnen gebührt, und verteile es an sie. Das Leben deines Sohnes wird sehr lang sein." Dann übte der Brahmane die Methode dieser Statue aus[43], indem er die Dhāraṇī einen Tag und eine Nacht lang anwendete. Er erhielt die Botschaft des Höllenkönigs und sprach: "Die Lebensspanne des Sohnes des Alten war nur auf sechzehn Jahre bemessen. Jetzt ist er schon fünfzehn Jahre alt und hat nur noch ein Jahr (zu leben). Heute ist ihm eine gute Wirkung zuteil geworden. Er wird achtzig Jahre alt werden. Daher bin ich gekommen, euch dieses zu verkünden."

Da freuten sich der Alte und seine Frau und gaben

alle ihre Güter auf, um sie an die Mönchsgemeinde zu spenden. Man muß wissen, daß die Methode dieser Statue unglaublich wirksam ist.

2. Die Wunderwirkung der in Kaschmir ausgeübten Methode der Statue des tausendarmigen und tausendäugigen Avalokiteśvara[44]

Früher war in Kaschmir eine Seuche ausgebrochen. Wenn jemand diese Krankheit bekam, starb er nach nicht mehr als einem oder zwei Tagen. Der Brahmane Chen-ti[45] übte damals die Methode dieser Statue[46] aus. Sie half der Heilung und vernichtete sofort (die Krankheit). Der Dämonenkönig, der die Krankheit verbreitete, flüchtete aus dem Land.

3. Alle kleinen Kinder einer hohen Brahmanenfamilie erleben die Wunderwirkung der Statue des tausendhändigen und tausendäugigen Avalokiteśvara[47]

Früher gab es einen Mönch, der die große Methode praktizierte. Als er einmal auf Nahrungsbittgang war, kam er an das Haus eines hohen Brahmanen. Nachdem er in das Innere des Hauses eingetreten war, splitterte der Dachbalken, die Wasserflaschen und das Porzellangeschirr gingen in Scherben, Ochsen und Pferde rissen sich los und stürmten in alle vier Richtungen davon. Der Brahmane sagte: "Seit (du) unseliger Mensch in mein Haus gekommen bist, gibt es diese seltsamen Vorfälle." Als der Mönch das hörte, antwortete er dem Brahmanen: "Betrachte lieber den geblähten Bauch und die geschwollenen Gesichter der Kinder in deiner Familie. Ihr Körper ist schwer, und die Augen sind trüb. Sind sie nicht von einem Krankheitsdämon befallen?" Der Brahmane sagte: "Das habe ich schon früher bemerkt." Der Mönch sprach weiter: "In deiner Familie gibt es böse Geister und Yakṣas, die die Lebensenergie der Menschen aussaugen. Daher herrscht in deiner Familie diese Krankheit. Weil diese Geister mich aber fürchten, flüchten sie. (Aus diesem Grunde) gibt es diese Vorkommnisse." Die Befallenheit der Kinder war augenblicklich ausgetrieben. Der Brahmane fragte: "Welche Kraft hast du?" Der Mönch antwortete: "In Verwandtschaft mit der großen Lehre des Tathāgata verdanke ich die erhabene Geisteskraft der Statue des tausendhändigen (Avalokiteśvara)." Als der Brahmane und seine Frau dies gesehen hatte, brachten sie ihm voller Freude Opfer dar.

4. Die Wunderwirkung des Bildes von Avalokiteśvara, das Yao Hsü-ch'ü für seine verstorbenen Eltern malte[48]

Hsü-ch'ü aus Liang-chou (Kan-su) hieß mit Familiennamen Yao. Er verlor als Kind seine Eltern und wußte nichts über ihm erwiesene Güte. Als Erwachsener hörte er von dem Karma der Vergeltung von Güte. Aus seinen beiden Augen strömten die Tränen. So malte er ein Abbild des Avalokiteśvara mit tausend Händen und tausend Augen und die Abbilder der sechs Avalokiteśvaras. Er verehrte sie in seiner früheren Wohnung. Es vergingen eineinhalb Jahre ohne die geringste Wirkung. Am Abend des 14. Tages des 7. Monates[49] des folgenden Jahres rief etwas aus der Luft "Hsü-ch'ü!" Er wußte nicht, woher es kam und fragte: "Wer ist da?" Es antwortete: "Wir sind deine Eltern! Wir haben rückhaltlos böses Karma geschaffen, sind in die Hölle gefallen und schlucken heiße Eisenringe. Im vergangenen Jahr sind am 18. Tag des 2. Monates[50] sechs Mönche in einem erhabenen Licht strahlend in die Hölle gekommen. Die Grobiane der Hölle, die sie sahen, entwickelten Ehrfurcht. Sie trauten sich nicht, sie aufzuhalten. Nachdem sie in der Hölle waren, wurde alles von ihrem Glanz überflutet, und sie predigten uns die Lehre. Anfangs hatten wir kein Wissen und Verständnis. Allmählich zog uns die Lehre an. (Besser als) die hunderttausend Menschen, die nicht im Himmel wiedergeboren wurden, wurden wir im zweiten Himmel wiedergeboren. Dort haben wir zum ersten Mal von deiner Freundlichkeit erfahren. Und im Himmel erhalten wir ununterbrochene Seligkeit. Alles andere wird darüber leicht vergessen. Deshalb sind wir zu spät gekommen." Hsü-ch'ü sagte: "Was habt ihr als Beweis, damit ich weiß, daß ihr meine Eltern seid?" Sie antworteten: "Du glaubst unseren Worten nicht. Du wirst in einem Versteck einen gelben Kasten sehen. Er enthält hundert Goldtaler für dich." Nachdem sie zu Ende gesprochen hatten, war es still. Am nächsten Tag sah er die versteckte Kiste. Es war ganz genau so wie vorhergesagt. Er war außer sich vor Freude. Als er die

Bilder bei Tage sah, waren sie so, wie (die Eltern es) vorher beschrieben hatten.

### b) *Aufzeichnungen über die Wirkungen des Avalokiteśvara-Sūtra*[51]

Diese Ch'ing-zeitliche Sammlung von Aufzeichnungen über Mönche und Laien, denen aufgrund ihres Glaubens an Avalokiteśvara oder der Rezitation seiner Dhāraṇī wundersame Begebnisse widerfahren sind, steht in der Reihe der Werke Chou K'o-fus, die auch die *Aufzeichnungen über die Wirkungen des Avataṃsaka-Sūtra*, die *Aufzeichnungen über die Wirkungen des Lotus-Sūtra* und die *Aufzeichnungen über die Wirkungen des Diamant-Sūtra*[52] umschließt. Die sich von der Chin-Dynastie bis zur Ch'ing-Dynastie erstreckenden Berichte sind unterschiedlichen, häufig am Schluß vermerkten Werken entnommen.

Der Autor erwähnt in der Einleitung zunächst das Gelübde des Bodhisattva Avalokiteśvara, alle leidenden Lebewesen zu retten, und erklärt, daß er in seiner Erscheinung mit tausend Armen und Augen vollkommen ungehindert auf alle Arten von Lebewesen eingehen könne. An seine Ausführungen über das Erbarmen und die Gefahren der Wiedergeburt in der Hölle schließt sich der Hinweis auf den Verdienst der Dhāraṇī des großen Erbarmens, der in der Vertreibung des Bösen und Unwahren liegt, an. Am Schluß des Werkes wird schließlich der Text des Dhāraṇī-Sūtra in der Amoghavajra zugeschriebenen Version

(*T.*1064) angegeben, der dem Leser des Werkes die Möglichkeit geben soll, selbst die Dhāraṇī zu lernen und sich aus erster Hand über ihre in diesem Werk durch Beispiele illustrierten Wirkungen zu informieren.

Die insgesamt 117 geschilderten Begebnisse, die im Inhaltsverzeichnis nach Dynastie und Namen getrennt aufgeführt, aber im Text ohne Überschrift aneinandergereiht sind, haben ganz allgemein die Verehrung des Bodhisattva Avalokiteśvara aus dem *Lotus-Sūtra* zum Gegenstand und beziehen sich nur in den wenigen Fällen, deren Übersetzung sich hier anschließen soll, ausdrücklich auf die Rezitation der Dhāraṇī des großen Erbarmens. Die Tatsache, daß einige dieser Berichte in der neun Jahre später erschienenen *Sammlung vom liebenden Erbarmen des Avalokiteśvara*[53] wieder aufgenommen sind, deutet auf die ihnen beigemessene Wichtigkeit hin.

1. Der Mönch Chih-i der T'ang-Dynastie[54]

Der Mönch Chih-i der T'ang-Dynastie stammte aus Ch'ang-sha (Hu-nan) und hieß mit Familiennamen Wu ....[55] Er liebte den Fischfang und die Jagd. Eines Tages fing er eine weiße Schildkröte, kochte und verspeiste sie. Da wurde sein ganzer Leib von Geschwüren befallen. Alles entzündete sich - Augenbrauen, Bart, Fuß und Fingernägel. Er brach vollständig zusammen und stöhnte: "Ich werde letztendlich sterben." Er schleppte sich in die Stadt An-nan. Dort gab es einen Mönch, der ihn sah und Mitleid faßte. Er sprach: "Du kannst bereuen und die Dhāraṇī des großen Erbarmens des Bodhisattva Avalokiteśvara rezitieren. Ich werde sie dich mündlich lehren. Wenn du dich eifrig bemühst, wirst du sicher eine gute Vergeltung erhalten." Schließlich lernte er sie gemäß den Worten des Mönches und rezitierte sie aus vollem Herzen. Die Geschwüre verschwanden nach und nach von selbst, und die Fingernägel wuchsen wieder normal. Da schnitt er seinen Bart ab und wurde Mönch. Er baute im alten Haus des Generals Fu-po ein vihāra und wurde dort Abt.

2. Ou-yang Ts'an der T'ang-Dynastie[56]

Ou-yang Ts'an der T'ang-Dynastie stammte aus Hsü-chou (Chiang-su). Er rezitierte als Laiengläubiger[57] die Dhāraṇī des großen Erbarmens des Bodhisattva Avalokiteśvara. Er wohnte fünfzig Meilen von Chou-nan entfernt. Eines Sommermonats ging er nach Ch'eng-p'o und kehrte in der Dämmerung zurück. Am Abend verfinsterte sich der Himmel. Nachdem er ungefähr fünfzig Meilen gewandert war, kam ein Gewitter mit starken Regengüssen auf. Auf halber Strecke gab es einen Bergwald, der den Weg umsäumte. Das Tal überkam tiefe Dunkelheit. Er begegnete vielen wilden Tieren, und das Herz schlug ihm bis zum Halse. Als er die Bergstraße erreichte, regnete es in Strömen. Plötzlich sah er ein riesiges (Monster) vor sich auftauchen. Es war zehn Fuß lang, von weißer Farbe, und bewegte weder Kopf noch Füße. Es befand sich in einer Entfernung von ungefähr zehn Schritt und folgte ihm beharrlich. Ts'an fürchtete sich sehr und wollte die Dhāraṇī des großen Erbarmens sprechen, damit die Kraft des Bodhisattva (das Monster) abhalte. Sein Mund war jedoch wie gelähmt und konnte keinen Ton hervorbringen. Er rezitierte (die Dhāraṇī) nur mehrere Male still im Geist und konnte sie erst danach laut hersagen. Er sprach sie ohne Unterlaß. Plötzlich löste sich die Finsternis auf, und auch der Regen ließ nach. Und er kam sicher nach Hause.

### 3. Li Hsin der T'ang-Dynastie[58]

Li Hsin der T'ang-Dynastie rezitierte vortrefflich das Mantra des Avalokiteśvara mit tausend Händen und tausend Augen. Es gab einmal einen Besessenen, über den Hsin das Mantra sprach. Der Geist fuhr sichtbar aus ihm heraus und sprach: "Ich wollte dir ursprünglich großes Ungemach bereiten. Aber da ich mich vor Li Shih-ssu-lang fürchte, traue ich mich nicht, wiederzukommen." Shih-ssu-lang ist Li. Er wohnte in Tung-chun. Er machte einmal eine Besuchsreise nach Ho-nan. Seine Schwester wurde krank und starb. Nach einigen Tagen kehrte sie ins Leben zurück und sprach: "Zuerst wurde ich von einigen Leuten ins Grab gebracht. Einer von ihnen sagte: Das ist die Schwester von Li Shih-ssu-lang. Er wird heute von Ho-nan nach Hause zurückkehren. Er ist ein guter Mensch. Wenn er hört, daß wir seine Schwester fortgebracht haben, wird er uns sicherlich durch das Geistesmantra in Bedrängnis bringen. Es ist besser, sie schnell zurückzuschicken." Das Mädchen lebte, als Hsin nach Hause zurückkehrte.[59]

4. Tsun-shih der Sung-Dynastie[60]

Der dhyāna Meister Tsun-shih stammte aus der Familie Yeh in T'ai-chou (Che-chiang). Seine Mutter betete vor der alten (Statue) des Avalokiteśvara und brachte den Meister zur Welt. Mit achtzehn Jahren ließ er sich die Haare rasieren und ging erst in den Ch'an-lin ssu, um dort Vināya zu studieren. Dann trat er in den Kuo-ch'ing ssu ein, verbrannte vor der Statue von Samantabhadra einen Finger und schwor, die T'ien-t'ai-Lehre zu verbreiten. Er studierte viel und übte asketische Praktiken aus. Sein Name wurde in Che bekannt. Er studierte ausgiebig die Meditationslehre (Chih-is) und konzentrierte sich auf das Einhalten des Schweigens. Er führte einmal neunzehn Tage lang unter Einsatz all seiner Kräfte die Pan-chou-Meditation[61] aus. Wegen seiner Gewohnheit des asketischen Studiums spuckte er Blut, das den ganzen Ort der Lehre besudelte. Seine Beine versagten ihm. Der Meister glaubte zu sterben und legte einen Tag (lang) sein Gelübde ab. Plötzlich sah er wie im Traum Avalokiteśvara in einem weißen Gewand. Er steckte seinen Finger in Tsuns Mund und zog viele Würmer aus ihm heraus. Außerdem flößte er ihm aus der Fingerspitze süßen Ambrosia in seinen Mund und über seinen Körper. Tsuns Geist war frisch und belebt. Von diesem Tag an war seine Krankheit plötzlich geheilt.

Als er die Beichte beendete, war seine Gestalt bis zum Kopf um einen *ts'un* größer, seine Hände reichten bis unter die Knie, und seine Stimme war wie eine gewaltige Glocke. Er war ganz anders als früher, so daß die Leute, die ihn sahen, einen Laut der Verwunderung ausstießen. Er baute den T'ien-chu ssu und in einem Zeitraum von mehreren hundert (Tagen) die Kuang-ming-Beichthalle. Jedesmal, wenn er ein Brett und einen Ziegel hinzufügte, rezitierte er die Dhāraṇī des großen Erbarmens siebenmal.[62] Dreimal wurden sie von Schwierigkeiten und Feuer angegriffen, (doch) sie lösten sich von selbst auf. Durch die Kraft seines Gelübdes erreichte er alles mit Beharrlichkeit. Er ordinierte an die hundert Schüler und hatte tausende weitere Schüler. Er verehrte nur das reine Land und verfaßte zur Ermahnung der Menschen die beiden Lehren von der Auflösung der Zweifel und der Ausführung des Gelübdes des reinen Landes, dazu das Beichtritual des reinen Landes und des Bodhisattva Avalokiteśvara der Chin-kuang-ming (Beichthalle). Seine Kommentare zur Beichte waren in der Welt verbreitet. Im 10. Jahr T'ien-sheng (1032) verstarb er sitzend im Alter von neunundsechzig Jahren. Die Menge sah einen Stern um den Geistesgeiergipfel[63] kreisen. Da erhielt er den Titel Tz'u-yün Ch'an-chu (Beichtmeister Wolke des Erbarmens).

5. Li Chün-chün der Sung-Dynastie[64]

Li Chün-chün der Sung-Dynastie war für gewöhnlich weise und tugendhaft. Eines Tages kam zu ihm eine alte Frau, die Perlen bei sich hatte, und wollte sie ihm verkaufen. Als sie ging, blieben die Perlen auf dem Boden zurück. Chün-chün nahm sie an sich. Er wunderte sich, daß die alte Frau nicht (wieder) kam. Eines Tages erschien sie wieder. Ihre Gestalt war im großen Unterschied zu früher ganz abgemagert. Chün-chün fragte sie nach dem Grund. Sie sprach: "Die Perlen, mit denen ich bislang Handel getrieben hatte, habe ich auf dem Rückweg verloren. Ihr ursprünglicher Besitzer bedrängt mich unaufhörlich. Meine verarmte Familie kann sie nicht ersetzen. Aus Trauer bin ich so krank geworden, daß ich fast nicht mehr aufstehen kann." Chün-chün sagte: "Die Perlen hast du damals hier verloren." Und er nahm sie und gab sie ihr zurück. Die Alte freute sich und ging hinaus. Sie konnte sich vor Dank und Segenssprüchen kaum fassen.

Später fühlte sich Chün-chün krank und in unmittelbarer Gefahr. Er träumte, daß (ihn) ein Mann in blauem Gewande[65] mit einem Wagen in die Wildnis hinausfuhr. Sie kamen an einen großen Verwaltungshof. Er sah zwei hohe Herren, die majestätisch den Vorsitz führten und seinen Namen aufriefen. Da wußte Chün-chün, daß es das Gericht der Unterwelt war. Er rezitierte still die Dhāraṇī des großen Erbarmens, die er für gewöhnlich jeden Tag hielt. Da wankte und bebte die Halle ungeheuerlich. Alle zur Rechten und zur Linken hatten Angst und wollten sich zu Boden werfen. Der hohe Herr stand auf und sprach: "Höre mit der Rezitation auf. Wir lassen dich frei." Ein Diener brachte ein Buch und schlug die Akte auf. Der hohe Herr fragte: "Erinnerst du dich daran, wie du der alten Frau die Perlen zurückgegeben hast?" Chün sagte: "Ja."

Der andere hohe Herr ergriff den Pinsel und sagte: "Ich füge deinem Leben zwanzig Jahre hinzu." Der erste Herr sagte: "Gib nicht zuviel." Der Schreiber sagte: "Seine Frau liebt Perlen und Schätze nicht. Aus verblendetem Herzen nach Besitz zu geizen, ist eine üble Angelegenheit. Wieviel besser ist das Verdienst des Haltens der Sūtras!" Und er befahl dem Mann im blauen Gewand, ihn zurückzubringen.

Chün bestieg daraufhin den Wagen. Er kam bis zu seiner Tür und ging hinein. Er sah seine eigene Leiche im Bett. Seine Familienangehörigen umgaben ihn und weinten. Vor Schreck wachte er plötzlich auf. Die Krankheit war geheilt, und er lebte danach wie vorhergesagt noch zwanzig Jahre.

### 6. Seng Hui-kung der Yüan-Dynastie[66]

Seng Hui-kung aus P'ing-chiang (Chiang-su) der Yüan-Dynastie erkrankte an einem verdorbenen Magen. Er konnte weder essen noch trinken. Nachts träumte er, wie eine Katze in seinen Magen eindrang. Ab diesem Tag seiner Krankheit sehnte er sich danach, Fisch zu essen.

Kung wußte bei sich selbst, daß dies Karmavergeltung war. Er faßte den Entschluß, den Namen des Bodhisattva Avalokiteśvara einhunderttausendmal zu rezitieren und die Dhāraṇī des großen Erbarmens jeden Tag einhundertachtmal[67]. Danach träumte er, daß er in die Berge ging und dort einen Mann traf, der sagte: "Ich gebe dir Medizin." Plötzlich erschien vor ihm ein Knabe im blauen Gewand, der ein Huhn im Käfig hatte. Die Katze sprang aus dem Munde Sengs heraus, geradewegs in den Käfig hinein, und schnappte das Huhn. Er bekam einen Schrecken, und die Krankheit war augenblicklich geheilt.

## 7. Der Beamte Shu-lien aus der Ch'ing-Dynastie[68]

Die Familie des Beamten Shu-lien aus Chien-yü der Ch'ing-Dynastie war für Generationen loyal und pietätvoll. Alle verehrten den Buddha und führten für gewöhnlich als tägliche Pflicht das Bußritual des großen Erbarmenden[69] und die Rezitation des *Diamant-Sūtra* aus. Sie ließen oft das *Kuan-yin-Sūtra* drucken und verteilen. Sie ermahnten die Leute, es zu bewahren und zu rezitieren, um die Kalpas (von Wiedergeburten) zu vermeiden. Im Winter des Jahres Ting-hsi (1657) wurde Shu durch einen Rächer verleumdet, gefangengenommen und nach Chiang-ning gebracht. Nah und fern gab es niemanden, der ihn nicht für unschuldig gehalten hätte. Shu-lien jedoch rezitierte schweigend und unablässig die Sūtras und die Buße. Als er im Gefängnis Schmerzen ertragen mußte, war er ständig wie in der Meditationsversenkung. Die Wärter schlugen seine Hüften und sein Hinterteil mit äußerster Kraft, aber er hatte keinerlei Verletzungen, sondern nur mehrere Reihen von dunklen Striemen. Bis zu seinem Freispruch war sein Sohn Tzu-shan äußerst pietätvoll. Er betete jeden Abend mit nacktem Körper zum Polarstern und setzte auch im Winter nicht aus, bis die Angelegenheit zu Ende gebracht war. Wenn die Lehre des Buddha unverläßlich wäre, dann wäre Tzu-shan mit seinen nackten Füßen gestorben. Und wieviel mehr noch der Beamte Shu-lien!

### c) *Die Sammlung vom liebenden Erbarmen des Avalokiteśvara*[70]

Diese aus drei *chüan* bestehende Sammlung, die in der Ch'ing-Zeit durch Hung-tsan kompiliert wurde, enthält als Einleitung im ersten *chüan* eine Sammlung von relevanten Textstellen zu Avalokiteśvara, die unterschiedlichen Sūtras entnommen sind.[71] Vom *Ch'ien-shou ching* ist diesmal nicht die Dhāraṇī abgedruckt, sondern nur das Gelübde des Bodhisattva Avalokiteśvara, tausend Arme und Augen zur Rettung aller Lebewesen annehmen zu wollen. Diese Textstelle ist mit einem interessanten Kommentar versehen, der die in der Sung-Zeit entstandene populäre Legende über die Prinzessin Miao-shan als Inkarnation des tausendhändigen Avalokiteśvara verwirft.[72]

Die letzten zwei *chüan* enthalten ebenso wie die oben behandelte Sammlung Berichte über Mönche und Laien, denen aufgrund ihrer Verehrung des Avalokiteśvara wundersame Begebenheiten zugestoßen sind. Da Hung-tsan einige dieser Berichte fast wörtlich von der Sammlung Chou K'o-fus übernommen hat, muß sie ihm, auch was den Aufbau betrifft, als Vorlage gedient zu haben. Die Berichte und Mönchsbiographien, deren Übersetzungen oben schon gegeben sind, sollen hier nicht noch einmal aufgeführt werden. An den Text schließt sich ein unter Nummer 5 übersetztes autobiographisches Nachwort des Verfassers an, in dem er seine persönlichen Gründe für die Verehrung des tausendhändigen Avalokiteśvara und die Ausführung seines Bußrituals in zeugnishafter Form als einen Akt kindlicher Pietät gegenüber seinen verstorbenen Eltern beschreibt.

1. Der Gelehrte Chang-k'ang (der Sung-Dynastie)[73]

Chang-k'ang sammelte Verdienste an. Er legte vor dem Buddha das Gelübde ab, die Dhāraṇī des großen Erbarmens hunderttausendmal zu rezitieren und bat, im reinen Land wiedergeboren zu werden. Als er über sechzig Jahre alt war, lag er krank zu Bett. Er rief aus vollem Herzen den Namen des Buddha an, rief seine Familie (herbei) und sprach: "Das reine Land des Westens ist genau vor der Halle. Buddha Amitābha sitzt auf einem Lotus. Ein alter Mann und ein Knabe stehen auf goldener Erde und verehren den Buddha." Nachdem er ausgesprochen hatte, rief er nochmals den Namen des Buddha an und starb. Der Alte und der Knabe waren K'ang und sein Enkel, der im Alter von drei Jahren gestorben war.

2. Der Mönch Hung-chi (der Yüan-Dynastie)[74]

Der Mönch Hung-chi hieß mit angenommenen Namen Chou, hatte den Titel T'ien-an und stammte aus der Familie Yao in Yü-yao (Che-chiang). Er wurde im Kindesalter Mönch. Er übte das *Fa-hua*, *Chin-kuang-ming*[75] und dergleichen Bußrituale aus und hatte seltsame sprituelle Erfahrungen (*kan-i*).[76] Im ersten Jahr der T'ai-ting-Periode der Yüan-Dynastie (1324) wohnte er im Yüan-chüeh-Tempel und dem Wan-shou-Tempel. Im folgenden Jahr wurde die Küste in Yen-kuan überflutet. Die Bevölkerung war von morgens bis abends auf den Beinen. Sie hatten Angst, daß (sich das Land) in einen Ort für Fische und Wasserschildkröten verwandeln würde. Dem Premierminister war alle Freude vergangen, und er hatte große Sorgen. Er betete zum großen Herrn in Indien (Avalokiteśvara) und befahl Chi, an der Küste eine Fastenfeier für (die Lebewesen von) Wasser und Land auszuführen. Da trat Chi in die Meditation des liebenden Erbarmens ein, nahm Sand und rezitierte die Dhāraṇī des großen Erbarmens. Er leitete die Menge an, (den Sand) überall zu verstreuen. Die Küste wurde so weit, wie ihre Fußspuren reichten, wieder trockengelegt. Das Volk verehrte ihn wie einen Gott (*shen*).

3. Der Mönch Chih-sung (der Ch'ing-Dynastie)[77]

Der Mönch Chih-sung, mit Namen Ling-ch'iu, stammte aus T'o-yang (Kuang-tung). Er wohnte in der Provinz Juei-chou, Kreis Kao-yao, auf dem Berge Liang (Szu-ch'uan). Im Jahr Ting-hai (1647) griff die Armee den Berg Liang an. (Die Soldaten) ergriffen Sung und verschleppten ihn. Außerdem entrissen sie seinen Händen den Rosenkranz. Sung widersetzte sich ihnen. Daraufhin zogen sie das Messer und bedrohten Sung. Da rief Sung den Bodhisattva Avalokiteśvara an. Die Soldaten stießen zu. Weil die Messerklinge durch seinen Ärmel aufgehalten wurde, konnte sie nicht in ihn eindringen. Dadurch wurde Sungs Kopf gerettet. Da wußte er, daß die erhabene Geisteskraft des Mahāsattva (Avalokiteśvara) schneller ist als das Echo. Die Schüler Sungs hatten sich zur Zeit des Geschehens im Dickicht versteckt und rezitierten aus vollem Herzen die Dhāraṇī des großen Erbarmens. Die Menge der Soldaten packte und schüttelte die Bevölkerung des ganzen Berges, um sie zu veranlassen, das Dickicht zu durchforsten. Als sie im Begriff waren, damit anzufangen, wurde das Heer zurückgeworfen und fiel den Berg hinunter. Im Sūtra heißt es: "Alles kehrt auf den Urheber zurück." Dieser Glaube ist nicht umsonst.[78]

## 4. Ho Lung-chiang (der Ch'ing-Dynastie)[79]

Lung-chiang wurde in Kuang-chou, P'an-yü-hsiang geboren. Mit dem Verstreichen der Jahre begriff er, daß sein Leben ohne einen Erben war. Im Herzen hatte er schon jegliche Hoffnung aufgegeben. Im Jahr Yi-wei [1655] bat er darum, in einem Garten den Sommer zu verbringen, um die sechs Fastenzeiten einzuhalten und eine Figur des großen Erbarmenden mit tausend Händen und Augen zu malen. Und er errichtete einen weiteren Opferraum. Er führte seine Opferung morgens und abends voller Frömmigkeit aus. Jeden Morgen trank er nur Tee, nachdem er das Ritual beendet hatte. So äußerst fromm ergeben war er. Nach einigen Monaten träumte er, daß der Mahāsattva [Avalokiteśvara] ihm ein rotes Kind brachte. Er freute sich und sprach: "Ich habe ein Zeichen erhalten." Im folgenden Jahr wurde ihm wie erwartet ein Sohn geboren. Und in drei Jahren erhielt er der Reihe nach drei Söhne.

## 5. Bericht über die *Sammlung vom liebenden Erbarmen des Avalokiteśvara*[80]

Als ich, Tsan, gerade neunundzwanzig Jahre alt war, ging es mit meinen Eltern zu Ende. Jedes Mal, wenn ich das *Lu-o*-Lied[81] sang, (war ich wie) ein beschämtes Krähenjunges in der Leere. Ich hörte, daß man durch Fasten dem Geschick der Verstorbenen in der Unterwelt aufhelfen könne. Daher gab ich Fleisch, Fisch und die stark riechenden Pflanzen auf. Bis zum Ende der drei [Trauer-] Jahre[82] las ich das *T'an-ching*[83]. Dabei pflegte ich (ihrer) liebevoll zu gedenken.

Ich wußte, daß der Mensch zum Buddha werden kann. So verließ ich mein Haus und zog in die Hauslosigkeit. Ich wollte mich aufrichten und der religiösen Praxis hingeben, um den Ahnengeistern Nutzen zu bringen und für sie morgens und abends aufrichtig das Ritual auszuüben. Als dann das *Yü-lan*-Fest[84] kam, machte ich selbstverständlich Speiseopferungen. Dabei war mein Gefühl ruhelos. Meine Beschämung war (auch) durch aufrichtige Kraft nicht wegzuwaschen.

Im Frühjahr Ting-yu (1657) nahm ich ein Baumwolltuch aus dem Westen, um die heilige Statue des großen Erbarmenden mit tausend Händen und tausend Augen zu malen. Seine Höhe betrug sieben Fuß. Nach der Entfernung des äußeren Umrisses wurde ein Gemisch von Farben und duftendem Saft (zum Anmalen) benützt. Ich ließ den Maler täglich ein Bad nehmen und die Kleider wechseln. Als das Bild fertig war, brauchte ich Kleider, Schalen und Vorräte auf, um die Menge der Mönche einzuladen.

Zuerst erklärte ich ihnen den religiösen Sinn des Bußrituals des großen Erbarmens. Dann führten wir das Ritual einundzwanzig Tage lang durch. Dann bemerkte ich, daß der Körper des Mahāsattva ein goldenes Licht ausstrahlte. Die rote und die blaue Lotussblume, die er in der Hand hielt, strahlten ein weißes Licht aus[85]. Einige von den Mönchen und Laien sahen es und bezeugten die seltsame Erscheinung. Ich war im Grunde meines Herzens froh und getröstet. Ich vertraute fest darauf, daß seine erbarmende Kraft die Seelen der Ahnen in die obere Welt hinüberretten würde. Danach führten alle vor der Statue das Ritual aus. Das weiße Licht der Lotusblüten strömte ständig weiter hervor. Jeder, der es sah, war glücklich und entfaltete einen reinen Glauben.

Ich fühlte den quellenden Strom der Gnade. Selbst wenn ich mich zerteilen würde, könnte ich sie nicht vergelten. Daher durchsuchte ich den buddhistischen Kanon und überprüfte alle Überlieferungen. Aus allem, was ich sah und hörte, stellte ich diesen Band zusammen. Ich möchte ein Zehntausendstel dieses unermeßlichen Vorrates geben, so daß diejenigen, die es lesen und hören, das kostbare Floß zum Nirvāṇa besteigen, daß diejenigen, die ihre Zuflucht nehmen und Ehrfurcht haben, zusammen in den liebevollen Hain der Furchtlosigkeit eintreten, für immer den Bereich der leidvollen Wiedergeburten verlassen und geradewegs in das Reich der Freuden eingehen. Dafür habe ich es aufgezeichnet.

## * Abschließende Zusammenfassung zu den Themen der Dhāraṇī-Rezitation

Wie an den Erzählungen zum Thema der Krankenheilung (a2, a3, b1) deutlich wird, ist dieses Thema immer auf eine Exorzismusmethode mit der Dhāraṇī als mächtiges Mittel zur Vertreibung der Geister zurückgeführt. Nur in der Geschichte des erkrankten Mönches Chih-i (b1) wird der im *Ch'ien-shou ching* betonte Aspekt der Buße mit der Krankenheilung in Verbindung gebracht, um dem Leser auch eine Vorstellung von den moralischen Gründen für eine Erkrankung und ihre Heilung zu vermitteln.

Die durch die Heilung erfolgte Lebensverlängerung ist ein Thema, das die vom Ideal des langen Lebens geprägte chinesische Mentalität besonders ansprechen mußte. In den Erzählungen zum Thema der Lebensverlängerung (a1, b5) wirkt die Dhāraṇī nicht einfach nur wie ein *Deus ex machina*, der das Höllengericht zur Revision eines schon gefällten Urteiles zwingt, sondern wird wiederum in den moralischen Zusammenhang einer guten Tat gestellt. So wie der indische Hausvater durch die Spende seines Vermögens an die Mönchsgemeinde zur Verlängerung des Lebens seines Sohnes beigetragen hat (a1), ist auch Li Chün-chün dem Höllengericht nicht nur durch die Rezitation der Dhāraṇī entronnen, sondern auch durch sein ehrenhaftes Verhalten der alten Frau gegenüber, das in seinen Akten vermerkt war (b5).

In engem Zusammenhang mit der Geistervertreibung im Fall von Krankheiten steht auch der Schutz vor Dämonen und Erscheinungen. Anders als bei den phantastischen Spukgeschichten aus dem *I-chien-chih* (Anm. 66) zeigt die in unsere Sammlung aufgenommene Geschichte zur Spukvertreibung (b2) eine natürlich zu erklärende Funktion der Dhāraṇī, durch die in dem Rezitierenden ganz einfach Ängste beschwichtigt werden und die dadurch zur

Auflösung des Spukes beiträgt. Der Glaube an die rettende Wirkung der Dhāraṇī ist die Voraussetzung für ihre Auslösung.

Zwei Geschichten greifen ebenfalls das Thema des Schutzes, den die Dhāraṇī beim Angriff durch Feinde oder in der Gefangenschaft bietet, auf (c3, b7). Der Gang beider Erzählungen läßt wiederum keinen Zweifel daran, daß das buddhistische religiöse Leben der Dhāraṇī-Rezitierenden unabhängig davon, ob sie Mönche oder Laien sind, der Grund für die Wirksamkeit der Rezitation ist.

Die Wiedergeburt im reinen Land ist in drei Erzählungen thematisiert. Dabei ist das Verfahren aufschlußreich, mittels dessen die Geschichten diese Wiedergeburt darstellen. Im Falle von Chang-k'ang, der das Gelübde der Dhāraṇī-Rezitation mit dem Wunsch der Wiedergeburt gehalten hatte, wird dem Leser die Wiedergeburt in Form einer Vision des Sterbenden mitgeteilt. In dieser Vision tritt auch der verstorbene Enkel Chang-k'angs als Zeuge für die effektive Verdienstübertragung durch die Dhāraṇī-Rezitation mit auf.

Um das Thema der Verdienstübertragung drehen sich auch die beiden anderen Erzählungen, die die von Kaiser Yung-lo im Vorwort zum *Ch'ien-shou ching* angesprochene Tugend der kindlichen Pietät zum Gegenstand haben. Während in der Erzählung über Shu-lien die Pietät seines Sohnes in Verbindung mit der Macht der Dhāraṇī-Rezitation zur Befreiung aus dem irdischen Gefängnis beigetragen hat (c5), führt Hsü-ch'üs Akt der kindlichen Pietät gegenüber seinen verstorbenen Eltern, der sich in der Herstellung eines Gemäldes des tausendhändigen Avalokiteśvara sowie der Gruppe der sechs Avalokiteśvaras zeigt, zur eindrucksvollen Rettung aus dem Gefängnis der Hölle und zur Wiedergeburt im Himmel. Dieser Vorgang wird dem Sohn durch die Geister der geretteten Eltern selbst geschildert. Die Belohnung für die durch das Eingreifen der sechs Avalokiteśvaras ermöglichte Tat besteht in barem Geld und der freudigen Gewißheit des Sohnes, mit Hilfe der buddhistischen Lehre seine Pflicht gegenüber den Eltern erfüllt zu haben. Diese Erzählung ist insofern besonders interessant, als sie einen Beleg für einen Kult der sechs Avalokiteśvaras in China liefert.

Bei Hung-tsan wird die den Eltern geschuldete kindliche Pietät ebenso wie bei Hsü-ch'ü erst durch die Vermittlung des tausendhändigen Avalokiteśvara wirkkräftig. Ihm wird die durch die Ausführung des Bußrituals bewirkte Wiedergeburt der Eltern im reinen Land durch das Leuchten der symbolischen Lotusblüten in der Hand von Avalokiteśvara mitgeteilt (c5).

Schließlich sollen die in die beiden Ch'ing-zeitlichen Sammlungen aufgenommenen Mönchsbiographien, unter denen sich, mit Ausnahme derjenigen von Chih-hsüan, alle im vorigen Kapitel behandelten Biographien wiederfinden, für den Leser als zusätzlich überzeugender Beleg für die Praxis und Wirksamkeit der Mantra-Rezitation dienen.

In all diesen Erzählungen ist das Aussehen oder Geschlecht des Bodhisattva Avalokiteśvara nie ausdrücklich beschrieben worden. Seit der T'ang-Zeit wurde der Bodhisattva zunehmend als weiblich aufgefaßt. Doch die Vorstellungen, die sich mit dem tausendhändigen Avalokiteśvara verbanden, sind nicht klar. Es ist anzunehmen, daß der einfache chinesische Gläubige den Statuen oder Bildern des tausendhändigen Avalokiteśvara mit einer Ehrfurcht vor dem Majestätischen und esoterisch-fremdländisch Aussehenden gegenüberstand. So ist es mit großer Wahrscheinlichkeit erst die nun folgende Legende der Prinzessin Miao-shan, die aus dem tausendarmigen Avalokiteśvara eine eindeutig weibliche und rein chinesische Erlösergestalt machte, die heute allen bekannt und vertraut ist.

### 3. Die Miao-shan Thematik und Überlieferungen über die Dhāraṇī des großen Erbarmens aus der Min-kuo Zeit

Wie die Erzählungen über den tausendarmigen Avalokiteśvara als ein Retter aus der Hölle gezeigt haben, ist sein Kult durch ein wichtiges Motiv geprägt. Dieses Motiv ist die Kindespietät gegenüber den lebenden und vor allem auch verstorbenen Eltern, die sich u.a. in den vorgeschriebenen Opferungen für das Seelenheil der Ahnen manifestiert und das rettende Erbarmen des Avalokiteśvara bewirkt.

Als der Buddhismus in China eingeführt wurde, war eines der stärksten konfuzianischen Argumente gegen diese Religion die Beteuerung, daß sie sich ihrer Essenz nach der Kindespietät widersetze und die Sitte der Ahnenverehrung aufheben werde. Wenn die Söhne zur Kutte griffen und daher die Ahnenriten aufgäben, so würden nicht nur die Ahnengeister in der jenseitigen Welt unter dem Mangel an ritueller Aufmerksamkeit leiden, sondern auch die sozialen Beziehungen in der Gesellschaft aus der Ordnung geraten.[86]

Diese Befürchtungen wurden in der Geschichte des Buddhaschülers Maudgalyāyana, der in China unter dem Namen Mu-lien bekannt ist, gegenstandslos. Auf seine exemplarischen aber zwecklosen Versuche hin, seine Mutter aus der Hölle zu befreien, kam ihm der Buddha zu Hilfe, indem er ihm auftrug, eine Versammlung von Mönchen zu berufen, die die Sūtras rezitieren und das Verdienst auf die Ahnen übertragen sollten. Auf dieser Geschichte basierend entstand in der Sui-Dynastie das Avalambana *(Yü-lan p'en)*-Fest für die Rettung der Ahnenseelen und Speisung der Hungergeister[87], das das konfuzianische Pietätsdenken in eine durch die religiösen Orden ausgeführte buddhistische Ritualistik einbettete.

Die Assoziierung des tausendhändigen Avalokiteśvara mit der Rettung aus der Unterwelt trug zu einer Entwicklung bei, die in der Sung-Zeit in der legendären Gestalt der Prinzessin Miao-shan das weibliche Gegenstück zu Mulien hervorbrachte. Miao-shan zeichnet sich nicht nur durch ihr pietätvolles Verhalten gegenüber ihrem Vater aus, sondern besonders durch die Tatsache, daß sie trotz ihres Ungehorsams, nicht den Wünschen des Vaters entsprechend zu heiraten, sondern buddhistische Nonne zu werden, den Vater gerade durch diesen Schritt des Auszugs in die Hauslosigkeit zu retten vermag.

Die erste Erwähnung der Prinzessin Miao-shan als menschliche Manifestation des tausendhändigen Avalokiteśvara stammt von dem Staatsmann Chiang Chih-ch'i (1031-1104) der nördlichen Sung-Dynastie. Er soll diese Geschichte bei seinem Besuch der Ta-pei-Pagode des Hsiang-shan ssu, eines Pilgerortes im südlichen Ho-nan, von einem Mönch gehört haben.[88] Die Geschichte kam um das Jahr 1100 in Umlauf und erweiterte sich in Jahrhunderten mündlicher und schriftlicher Tradition.

Die früheste schriftliche Version des Mönchs Tsu-hsiu stammt aus dem Jahr 1164. Sie wird auf den Vināya-Meister Tao-hsüan (596-667) zurückgeführt, der sie durch die Offenbarung eines göttlichen Geistes erhalten haben soll. Der Kern der Geschichte ist folgender: Ein König namens Chuang-yen hat drei Töchter. Miao-shan, die Jüngste, weigert sich zu heiraten, da sie ein religiöses Leben führen will, und zieht durch diese Weigerung den Zorn des Vaters auf sich. Er befiehlt den Nonnen des Klosters, in das sie sich zurückgezogen hat, sie durch strenge Behandlung von ihrem Vorhaben abzubringen. Als sich alle Versuche als fruchtlos erweisen, befiehlt der erzürnte Vater seinen Soldaten, die Nonnen zu töten und den Kopf seiner Tochter zurückzubringen. Miao-shan wird jedoch von einem Geist gerettet und zum Hsiang-shan gebracht. Als der Vater später unheilbar an Gelbsucht erkrankt, erscheint ein Mönch und belehrt ihn, daß das einzige Heilmittel Arme und Augen eines zornfreien

Menschen seien. Man schickt einen Boten zum Bodhisattva vom Hsiang-shan, der seine Augen und Arme spendet. Als der geheilte König und die Königin den Bodhisattva aufsuchen, um sich zu bedanken, erkennt die Königin ihre Tochter wieder. Miao-shan empfängt sie als pietätvolle Tochter mit folgenden Worten: "Erinnert sich meine Dame an Miao-shan? Der Liebe meines Vaters gedenkend habe ich sie mit meinen Armen und Augen vergolten." Darauf erscheint sie in der Luft in der Form des Bodhisattva mit tausend Augen und tausend Armen. Ihre Reliquien werden später in einem Stūpa des Hsiang-shan Berges aufbewahrt.[89]

Die Legende Miao-shans wurde seit dem fünfzehnten Jahrhundert in der *Pao-chüan*-Literatur, einer Fassung populärer Texte in einer Mischung von Prosa und Vers, die sich zum mündlichen Vortrag eignet, tradiert.[90] Als das Drucken der *Pao-chüan* seit dem achtzehnten Jahrhundert bis hinein in das zwanzigste Jahrhundert auch auf populärem Niveau weit verbreitet wurde, kam eine große Anzahl von *Pao-chüan*-Werken zum Hsiang-shan-Thema in Umlauf, die heute in vielen unterschiedlichen Editionen erhalten sind.[91]

Das *Kuan-shih-yin p'u-sa pen-hsing ching*, mit dem Kurztitel *Hsiang-shan pao-chüan*[92], repräsentiert eine direkte Tradition aus dem dreizehnten oder vierzehnten Jahrhundert. In der Einleitung wird der Mönch P'u-ming vom oberen T'ien-chu ssu in Hang-chou genannt, der am 17. September des Jahres 1103, kurz vor der Ankunft Chiang Chih-chis am 31. Oktober, den Besuch eines

Mönches erhielt, der ihn anspornte, dem Werk der universalen Rettung durch die Verbreitung der Geschichte von Kuan-yin beizutragen. Die Geschichte unterscheidet sich von dem oben dargestellten Gehalt in dem Punkt, daß Miao-shan freiwillig den Tod akzeptiert und eine Reise durch die Unterwelt macht. Nach ihrer Auferstehung aus der Hölle meditiert sie erst neun Jahre auf dem Hsiang-shan, bevor sie den Namen 'Kuan-yin' erhält.[93]

Dudbridge kommt in seiner Behandlung der Miao-shan-Legende in der *Pao-chüan*-Literatur zu dem Schluß, daß sie als Dokument, in dem der schmerzvolle Konflikt zwischen religiösen Idealen und Familienloyalitäten eine authentische Lösung findet, auf erweitertes Interesse stoßen und sich zu einer von ihren lokalen Ursprüngen unabhängigen Devotionslegende entwickeln konnte, während Topley Miao-shan "ein herausragendes Beispiel, das das sozial unorthodoxe Leben religiösen Zölibats sanktioniert," nennt.[94]

Miao-shan ist nicht nur die tausendarmige Vermittlerin in dem Konflikt zwischen dem Diktat der Kindespietät und dem Freiheitsanspruch religiöser Selbstbestimmung, sondern darüberhinaus die provozierende Antwort auf die heikle Frage, ob auch eine Frau die Buddhaschaft erlangen könne. Diese in den *Sūtras des Reinen Landes* und dem *Ch'ien-shou ching* noch negativ beantwortete Frage findet im *Hsiang-shan pao-chüan* eine positive Lösung, die dem Leser am Schluß des Textes als "frohe Botschaft" der Miao-shan-Geschichte mit folgenden nachdrücklichen Worten nahegebracht wird: "Sage nicht (oder: es ist nicht gesagt), daß eine Frau nicht die Buddhaschaft erlangen kann (*mo-tao nü-shen pu-ch'eng-fo*)." Diese Erkenntnis wird mit der abschließenden Anrufung *Na-mo Kuan-shih-yin P'u-sa* und der Anweisung zur einmaligen Rezitation der Dhāraṇī der großen Erbarmens besiegelt.[95]

Während Miao-shan jedoch weder in den *Aufzeichnungen der wichtigsten Wunderwirkungen der drei Juwelen* noch in den *Aufzeichnungen über die Wirkungen des Avalokiteśvarasūtra* auch nur erwähnt ist, wehrt sich Hung-tsan in der *Sammlung vom liebenden Erbarmen des Avalokiteśvara* in seinem Kommentar zum *Ch'ien-shou ching* mit folgenden Argumenten betont gegen eine Assoziierung des tausendhändigen Avalokiteśvara mit der Prinzessin Miao-shan: "Im *Hsiang-shan pao-chüan* heißt es, daß Avalokiteśvara die Tochter des Königs Miao-chuang sei, in die Hauslosigkeit gezogen sei, die Erleuchtung gefunden und dann den Namen Avalokiteśvara erhalten habe. Das ist falsch. Avalokiteśvara nahm unter dem Buddha der Vergangenheit zweiunddreißig Verwandlungen an, (um) je nach der Art Lebewesen zu retten. Darunter ist auch eine weibliche Form. Dies bedeutet aber nicht, daß er zum ersten Mal als Frau die religiöse Praxis aufgenommen und die Erleuchtung gefunden habe. Was König Miao-chuang angeht, so wird auch nicht angegeben, von welcher Dynastie und welchem Lande er der König sei. Auch wenn (dieser Text) die Frauen anspornt und leitet, komme ich nicht umhin, diese kleinen Korrekturen zu machen. Auch, um den Glauben der Laien und Mönche zu erwecken, dieses wunderbare Sūtra [das *Ch'ien-shou ching*] in ihrer religiösen Praxis zu befolgen."[96]

Doch in einer Sammlung aus der Mitte des zwanzigsten Jahrhunderts, den *Aufzeichnungen der übernatürlichen Ereignisse im Zusammenhang mit Avalokiteśvara*[97] bringt der Verfasser Wan-chün im dritten Kapitel unter der Überschrift "Überprüfung der wahren Form (des Avalokiteśvara)" das Zitat aus dem *Ts'ung-jung lu*, in dem die Miao-shan-Legende mit Tao-hsüan assoziiert wird, als einen seiner Belege, daß Avalokiteśvara auch in weiblicher Gestalt auftritt. Die Sammlung enthält in der Einleitung eine Reihe von Abbildungen des Bodhisattva Avalokiteśvara, die ihn überwiegend in weiblicher Form mit langem weißen Umhang, Schleier und madonnenhaften Gesichtsausdruck darstellen. Tsukamoto Zenryū nennt sie als einen Beleg für seine These, daß im China der Ming- und Ch'ing-Dynastie der Volksglaube an Avalokiteśvara in weiblicher Gestalt am stärksten verbreitet gewesen sei.[98]

Im ersten Teil der Sammlung ist das *Ch'ien-shou ching* in der Version Amoghavajras abgedruckt. Im Zusammenhang mit der Dhāraṇī des großen Erbarmens finden wir drei Berichte, die der Autor von den vorigen beiden Ch'ing-zeitlichen Sammlungen übernommen hat, nämlich die Biographie Tsun-shihs aus der Sung-Dynastie (b4), die Geschichte Chang-k'angs (c1) und Hung-tsans Bericht über seine Verehrung des tausendhändigen Avalokiteśvara aus Kindespietät gegenüber seinen verstorbenen Eltern (c5).[99]

Eine auf das Jahr Min-kuo 11 (1922) datierte Eintragung berichtet von dem früheren Direktor der Shih-fan Universität in Nan-ching, Chiang I-yüan, in dessen Nachbarschaft am Abend des 14. Tages des 12. Monats (nach dem Mondkalender) ein Feuer ausbrach. Auf seine inbrünstige Rezitation der Dhāraṇī des großen Erbarmens hatte er eine Erscheinung des tausendhändigen Avalokiteśvara mit einem Weidenzweig und einer Vase in den Händen, der das Feuer mit dem Wasser des großen Erbarmens aus der Luft begoß und es damit löschte.[100]

Eine andere Eintragung, datiert auf den 18. Tag des 4. Monats des Jahres 1917, schildert einen Entführungsversuch, dem Ts'ai-jen, der Besitzer einer Glasfabrik in Nan-ching, durch die Rezitation der Dhāraṇī des großen Erbarmens entgehen konnte. Die Entführer, die seinen Wagen auf dem Weg zur Fabrik angehalten und Ts'ai vom Steuer gedrängt hatten, wurden durch eine plötzliche Explosion des Tankes gestoppt und in die Flucht geschlagen.[101] Aus Dankbarkeit über seine Rettung machte Ts'ai-jen eine Pilgerfahrt zum P'u-t'o shan, einer Insel in der Nähe von Ning-po, die sich durch die Miao-shan-Legende seit der Yüan-Zeit zu einem Kuan-yin-Pilgerzentrum entwickelte, da sie im Volksglauben für den Ort gehalten wurde, an dem Kuan-yin die Erleuchtung gefunden hatte.[102]

Die Miao-shan-Legende ist heute unter vielen Touristen und Pilgern, die den P'u-t'o shan besuchen, noch ebenso bekannt wie in Taiwan. Der Besucher des P'u-t'o shan kann mehrmals am Tag den Klang der Dhāraṇī aus den Tempelhallen hervordringen hören, da die Rezitation zur religiösen Praxis der Mönche und auch der Pilgergruppen gehört, die mit ihren Ersparnissen zum Wiederaufbau der Klöster auf der heiligen Insel des Bodhisattva Avalokiteśvara beitragen.[103]

Verbunden mit dieser Popularität der Dhāraṇī ist auch die Tatsache, daß die zahllosen Geschichten und Erzählungen, von denen oben einige in buddhistischen Quellen enthaltene Beispiele gegeben wurden, in ihrer Gesamtheit vor allem deswegen nicht zu erfassen sind, da ständig neue Geschichten erzählt, geschrieben und in Umlauf gebracht werden.

Als Beispiel hierfür sei das erste Kapitel des 1985 in Taipei veröffentlichten Bandes *Wahrer Bericht über die Ereignisse der geistigen Einwirkungen von Avalokiteśvara*[104] genannt, das unter der Überschrift "Wunderbare Ereignisse durch die Rezitation der Dhāraṇī des großen Erbarmens" insgesamt siebenundzwanzig Berichte über Krankenheilungen enthält, die in Taiwan entweder durch die Rezitation der Dhāraṇī oder durch die Anwendung des Wassers des großen Erbarmens bewirkt wurden.

Bei den 1986 ebenfalls in Taipei herausgegebenen *Aufzeichnungen über seltsame Begebenheiten aus der Überlieferung vom P'u-t'o shan des Südmeeres*[105] handelt es sich wiederum um eine Sammlung von wunderbaren Ereignissen, die mit der Verehrung von Avalokiteśvara des P'u-t'o shan im Zusammenhang stehen. In dieser Sammlung finden sich ebenfalls zwei Berichte über Wunderheilungen, die auf der Rezitation der Dhāraṇī des großen Erbarmens beruhen.[106]

Der Glaube an Krankenheilung und Abwendung von Unglück durch die Rezitation der Dhāraṇī ist weiterhin lebendig, wie man an der im April 1988 in Kao-hsiung herausgegebenen Broschüre *Tz'u-yin*[107] ersehen kann. Sie enthält den Bericht einer Frau Ts'ai Li-ch'ing, deren Adresse und Telephonnummer am Ende des Berichtes zur Verifizierung angegeben sind. Der Inhalt dieses wortreichen Berichtes, der hier als jüngstes mir bekanntes Beispiel für die wunderbare Wirkung der Dhāraṇī-Rezitation wiedergeben werden soll, ist folgender:

Die Frau beginnt ihren Bericht mit dem Bekenntnis, daß sie vor ihrem Übertritt zum buddhistischen Glauben zur Hilfe bei Lebensproblemen Wahrsager in taoistischen Tempeln aufzusuchen pflegte. Sie wage es nicht, sich vorzustellen, was ihrer Familie noch zugestoßen wäre, wenn sie nicht durch den buddhistischen Meister Ch'anglü in die Buddhalehre eingeführt worden wäre. Daher schreibe sie diesen Bericht für alle diejenigen auf, die, wie früher sie selbst, den Machenschaften der Wahrsager ausgeliefert seien, auf daß sie aus ihrer Verwirrung erwachen und sich zur buddhistischen Lehre bekehren.

Als im Jahre 1984 ihr kleiner Sohn krank wurde, befragte sie einen taoistischen Wahrsager, der ihr Anweisungen gab, im Haus ein Götterbild aufzustellen und es morgens und abends zu verehren. Als Ergebnis hiervon erkrankte ihr sonst immer gesunder Mann sehr schwer. In dieser Situation wendete sie sich an den Meister Ch'ang-lü, der ihr die Rezitation der Dhāraṇī des großen Erbarmens auftrug. Als sie eines Abends die Dhāraṇī rezitierte, bemerkte sie, daß aus dem Weihrauchständer vor dem Götterbild ein dämonisches Licht hervorquoll. Als sie am nächsten Tag in der Cheng-te Buddhahalle[108] den Bodhisattva (Kuan-yin) um Belehrung bat, begriff sie, daß es in ihrem Haus einen bösen Geist geben mußte. Sie trug das Götterbild auf einen Berg hinauf und verbrannte es dort. Von da an wurde ihre Familie in Frieden gelassen und hatte keine Probleme mehr. Daher weise sie alle Leser an, die Götterbilder in ihrem Haus durch Buddhabilder zu ersetzen und diese zu verehren.

Zu einem späteren Zeitpunkt fühlte sie sich nach der Teilnahme am Begräbnis eines Cousins plötzlich kraftlos und krank. Aus Angst, daß es sich um eine Reaktion auf die Leiche handele, bat sie den Meister Ch'ang-lü, die Dhāraṇī über Wasser zu sprechen. Sowohl sie selbst als ihr ältester Sohn, der an einer Erkältung erkrankt war, wurden durch das Wasser sofort geheilt.

Schließlich hatte sie wiederum Probleme mit dem jüngsten Sohn, der nachts unruhig schlief und um sich stieß. Eines Tages nahm sie ihn in die Cheng-te Buddhahalle mit und betete um den Schutz des Bodhisattva. Sie wurde belehrt, daß ihr Sohn an den Folgen von üblem Karma zu tragen habe und ein Beitritt zur Gesellschaft großes Verdienst für die Verbesserung seines Karma besitze. Außerdem solle sie ihren Sohn mit dem Wasser des großen Erbarmens waschen. Daraufhin fand der Sohn wieder einen ruhigen Schlaf.

Dieser Bericht hat stark sektiererhafte und gegen die taoistischen Praktiken gerichtete propapandaartige Züge, die die früheren Geschichten nicht aufweisen, obwohl sie ebenfalls zur Propagierung des buddhistischen Glaubens geschrieben wurden. Hier ist der Erfolg der Dhāraṇī-Rezitation mit der Anweisung durch den Meister Ch'ang-lü und schließlich auch den Beitritt zu seiner Gesellschaft in Beziehung gesetzt. Sie vertreibt die üblen Geister, die durch taoistische Wahrsager ins Haus gekommen sind, und garantiert Wohlbefinden und Frieden, der auf andere Weise nicht zu erreichen wäre.

Der Bekehrungseifer der Frau wird von vielen anderen Buddhisten in Taiwan geteilt, die die Dhāraṇī täglich rezitieren und ihre wunderbaren Wirkungen ebenso überzeugt propagieren wie sie. Die Dhāraṇī findet sich nicht nur in allen Arten von religiösen Heften und Broschüren, sondern auch in jeder Sammlung von Texten und Gebeten, die die chinesischen Mönche jeden Tag zu verrichten haben.[109] Eine Erklärung dieser Entwicklung, die die Dhāraṇī-Rezitation für die Mönche sozusagen obligat gemacht hat, geben die monastischen Regeln seit der Yüan-Dynastie, über die das folgende Kapitel einen Überblick geben soll.

## 4. Die Dhāraṇī des großen Erbarmens im *Ch'ih-hsiu pai-chang ch'ing-kuei*

Das *Ch'ih-hsiu pai-chang ch'ing-kuei* ist eine Sammlung von monastischen Regeln, die auf Erlaß des Kaisers Shun-ti (reg. 1333-1341) von dem Mönch Te-hui der Yüan-Dynastie im Jahre 1338 herausgegeben wurde. Mit den ersten nicht mehr erhaltenen Klosterregeln, die durch die Ch'an-Tradition dem Mönch Pai-chang Huai-hai (720-814) der T'ang-Dynastie zugeschrieben werden, hat sie nur noch den Namen gemein.[110]

Pai-changs angebliche Klosterregeln wurden für die Ch'an-Klöster erst zu Beginn der Ch'ing-te Periode der Sung-Dynastie maßgeblich. Die früheste, heute noch erhaltene Klosterregel ist das von Chang-lu Tsung-tse im Jahr 1103 verfaßte *Ch'an-yüan ch'ing-kuei*.[111] Obwohl der Autor behauptet, daß dieser Text eine Überarbeitung und Erweiterung der Regeln Pai-changs sei, ist es keinesfalls sicher, daß er diese Regeln wirklich kannte. Trotz Pai-changs Ruhmes als Schöpfer eines unabhängigen Ch'an-Klostersystemes, und trotz wiederholter literarischer Referenzen auf die "Reinen Regeln Pai-changs" (*Pai-chang ch'ing-kuei*) gibt es keinen Beweis dafür, daß diese Regeln wirklich je existierten und bis in Tsung-tses Zeit tradiert wurden.[112]

Das *Ch'an-yüan ch'ing-kuei* enthält noch keine Vorschrift über die Rezitation der Dhāraṇī des großen Erbarmens. Eine Anspielung auf den tausendhändigen Avalokiteśvara läßt sich in Form einer Frage im achten

Kapitel unter der Überschrift "120 Fragen", die zur Selbstüberprüfung gestellt werden, finden: "Habe ich tausend Hände und tausend Augen oder nicht?"[113]

Das *Ch'ih-hsiu pai-chang ch'ing-kuei*[114] entstand auf den Befehl des Kaisers, die Klosterregeln Pai-changs wieder neu herauszubringen. Da Te-hui, der Abt des Shou-sheng ssu auf dem Pai-shan[115] (Provinz Che-chiang, Nan-ch'ang fu) diese Regeln nicht besaß, legte er seinem Werk folgende vier Klosterregeln zugrunde: das *Ch'an-yüan ch'ing-kuei* von Tsung-tse, das im Jahr 1209 von Tsung-shou verfaßte *Ju-chung jih-yung ch'ing-kuei*[116], das von Wei-mien im Jahr 1274 verfaßte *Ts'ung-lin chiao-ting ch'ing-kuei tsung-yao*[117] und schließlich das im Jahr 1311 von I-huo verfaßte *Ch'an-lin pei-yung ch'ing-kuei*[118].

Zwei charakteristische Züge des *Ch'ih-hsiu ch'ing-kuei* geben Aufschluß über die Natur des Buddhismus unter der Yüan-Dynastie. Der erste Zug der Eingliederung von Dhāraṇīs in die Regeln für Ch'an-Klöster spiegelt den durch den Lamaismus verstärkten populären Glauben an die Wirksamkeit von magischen Formeln nun auch auf der Ebene des täglichen Klosterlebens wieder. Damit verbunden ist der zweite Zug der Rezitation der Dhāraṇīs zum Wohl der Dynastie und des Kaisers, mit der sich die Mönche für die Protektion ihrer religiösen Aktivitäten durch die Regenten der Yüan-Dynastie erkenntlich zeigen müssen.[119]

Die erste Anweisung zur Rezitation der Dhāraṇī des großen Erbarmens findet sich unter der Überschrift "Lobpreis in der Schatzhalle bei *Tan-wang*."[120] Bei dieser Zeremonie des Betens um ein gesegnetes Leben (*chu-shou*) umschreiten Mönche und Laien den Altar in der Haupthalle. Der Führer der Mönche (*wei-na*) stimmt die Dhāraṇī an, deren Verdienst (*hui-hsiang*) vor allem auf den Kaiser übertragen wird: "Die durch die Rezitation der vollkommenen Dhāraṇī des großen Erbarmens reichlich gewachsenen Ursachen (guten Karmas) gereichen (zur Erfüllung des) Wunsches nach der Verlängerung (des Lebens). Nun bieten wir sie dem Kaiser dar für ein heiliges langes Leben und zehntausendfachen Frieden."[121]

Diese Zeremonie wird heute noch in der japanischen Sōtō-Sekte am 1. und 15. Tag jedes Monats zum Wohl des Kaisers ausgeführt.[122]

Die nächste Eintragung findet sich unter der Überschrift "Beten". Hier ist die Dhāraṇī zusammen mit der Dhāraṇī zum Aufheben von Unglück (*hsiao-tsai chu*)[123] und der großen Wolken-Dhāraṇī (*ta-yün chu*)[124] aufgeführt. Bei dieser Zeremonie des Gebetes um gutes Wetter oder um Regen teilen sich zehn bis fünfunddreißig Mönche in mehrere einander abwechselnde Gruppen ein und rezitieren jede Dhāraṇī einundzwanzigmal ohne Unterlaß während drei, fünf oder sieben Tagen, bis das gewünschte Ergebnis eintritt.[125]

Die Anweisung für den Mönchsvorsteher, die Dhāraṇī während der Todesgedenkfeier für Bodhidharma, den traditionellen ersten Patriarchen der Ch'an-Schule in China, einmal zu rezitieren, findet sich schon im *Ch'an-lin ch'ing-kuei*, die Anweisung für die Rezitation bei der Todesgedenkfeier für alle Patriarchen darüberhinaus auch im *Ts'ung-lin ch'ing-kuei*.[126] Das *Ch'ih-hsiu ch'ing-kuei* schreibt die Rezitation der Dhāraṇī bei der Gedenkfeier für die Patriarchen zweimal vor. Nach der Rezitation durch den Mönchsvorsteher muß die Rezitation durch die teilnehmenden Laien folgen.[127] Diese Anordnung deutet darauf hin, daß die Kenntnis der Dhāraṇī nicht nur unter den Mönchen, sondern ebenso unter den Laien vorausgesetzt wurde.

Die von der Menge der Mönche und anwesenden Laien auszuführende Dhāraṇī-Rezitation während der Todesgedenkfeier für einen Meister in der Lehrtradition (*ssu-fa-shih chi*) ist wiederum übereinstimmend in allen drei Texten vorgesehen.[128]

Unter der Überschrift "Einsargen" (*ju-k'an*) folgt die Vorschrift der Dhāraṇī-Rezitation im *Ch'ih-hsiu ch'ing-kuei* wiederum dem *Ch'an-lin ch'ing-kuei*. In dieser Zeremonie für einen verstorbenen Abt wird sein Sarg zunächst in der Wohnung des Abtes (*ch'in-t'ang*) aufgestellt. Nach der Aufbahrung stimmt der Vorsteher die Dhāraṇī des großen Erbarmens und die *Leng-yen* Dhāraṇī[129] an. Das Verdienst der Rezitation wird auf den Toten übertragen.[130]

Nachdem der Sarg drei Tage lang in der Wohnung des Abtes aufbewahrt wurde, wird er in die Dharmahalle (*fa-t'ang*) gebracht, wo die Mönche von dem Beerdigungszeremonienmeister angeführt die Trauerklage anstimmen. Dieser Teil der Zeremonie wird mit der zweimaligen Rezitation der Dhāraṇī, ausgeführt durch den Mönchsvorsteher und den Gastvater (*chih-k'o*) abgeschlossen.[131] Nachdem die Mönche eine Nacht Totenwache gehalten haben, wird der Sarg am nächsten Tag in einer feierlichen Prozession zur Verbrennungsstätte, der "Empore des Erlöschens" (*nieh-p'an-t'ai*) überführt. Während der Zeremonie des Fackelhaltens ( *ping -chü*) rezitiert der Mönchsvorsteher die Dhāraṇī des großen Erbarmens, der Gastvater die *Leng-yen*-Dhāraṇī und die Mönche und Laien Sūtratexte. Der Verbrennungsakt wird nicht geschildert, sondern es wird nur darauf hingewiesen, daß die Mönche die Knochen einsammeln. Eine andere Variante ist die Überführung des unverbrannten Leichnams in den Stupa.[132] Nach der Beerdigung folgt eine Zeremonie zur öffentlichen Verlesung des Testamentes, zu deren Abschluß die Mönche und anwesenden Laien die Dhāraṇī des großen Erbarmens rezitieren.[133]

Die letzte Vorschrift der Dhāraṇī-Rezitation im Kapitel mit der Überschrift "Verstorbener Mönch" (*wang-seng*) steht wieder im Zusammenhang mit einer Bestattungszeremonie. Diesmal wird der Sarg mit der Leiche des Mönches im Krankenzimmer, genannt "Halle zur Verlängerung des Lebens" (*yen-shou t'ang*) aufgebahrt. Nach einer Weihrauchopferung rezitieren die Mönche die Dhāraṇī des großen Erbarmens. Am nächsten Tag werden die Mönche und die Laien vor den Sarg geführt. Diesmal stimmt der Mönchsvorsteher die Dhāraṇī an, die von der Menge wiederholt wird. Nach der Schließung des Sarges rezitiert der Mönchsvorsteher die Dhāraṇī, der Gastvater die *Leng-yen*-Dhāraṇī. Die Mönche und Laien bringen der Reihe nach ihre Opfergaben dar und sprechen zum Abschluß nochmals die Dhāraṇī des großen Erbarmens. Während der Zeremonie des Fackelhaltens rezitiert der Mönchsvorsteher wie bei der Beerdigung des Abtes die Dhāraṇī des großen Erbarmens, der Gastvater die *Leng-yen*-Dhāraṇī und die Mönche und Laien die Sūtras. Nach der Verbrennung sammeln die Mönche und Laien die Knochen auf, die in den Stūpa überführt werden. Die auf die Schließung des Stūpa folgende Dhāraṇī-Rezitation vollzieht sich noch einmal in derselben Reihenfolge.[134]

Das *Ch'ih-hsiu ch'ing-kuei* wurde seit der Yüan-Dynastie für alle Klöster zur verbindlichen Regel. Kaiser T'ai-tsu (Hung-wu, reg. 1368-1399) der Ming-Dynastie gab im Jahr 1382 einen Erlaß heraus, der den Mönchen bei Nichtbefolgung der Regeln die Gesetzesstrafe androhte. Kaiser Ch'eng-tzu (Yung-lo, reg. 1403-1425) erließ im Jahr 1417 eine Bestimmung, die alle Mönche zur Respektierung der Regeln ermahnte, und ließ sie im Jahre 1424 an alle Klöster des Landes verteilen.[135] Unter der Ch'ing-Dynastie verfaßte der Mönch I-jun im Jahr 1822 das *Pai-chang ch'ing-kuei cheng-i*, einen Kommentar zu den Regeln, der im Jahre 1871, mit einem Vorwort des Mönches Ch'ing-tao P'u-chao versehen, gedruckt wurde.[136]

Das *Ch'ih-hsiu ch'ing-kuei* wurde durch den Mönch Myōzen (?-1360) im Jahr 1356 nach Japan gebracht, gedruckt und verbreitet. In der Tokugawa-Zeit gab es der Mönch Mujaku Dōchū (1647-1838) wieder neu heraus.[137]

Das Werk diente auch dem chinesischen Mönch Yin-yüan Long-ch'i als eine der Vorlagen für seine im Jahr 1672 unter dem Titel *Huang-po ch'ing-kuei* erschienenen monastischen Regeln. Yin-yüan kam im Jahre 1654 nach Japan, wo er die chinesische Huang-po (Obaku) Richtung der Ch'an-Schule einführte. Das *Huang-po ch'ing-kuei* gibt die Rezitation der Dhāraṇī auch bei den Beerdigungs- und Gedenkzeremonien für Verstorbene an, sieht es aber auch bei den täglichen Aktivitäten wie den Gebetslesungen morgens und abends und der Verteilung des Reisbreis für die Mönche vor.[138] Die in der japanischen Rinzai-Zen-Schule gebräuchlichen Dhāraṇīs sind aus dem *Ch'an-yüan ch'ing-kuei* und diesen beiden Werken zusammengestellt und werden ebenso in den Sōtō-Zen-Klöstern benutzt.[139]

Die Texte und Rituale der Obaku-Sekte beruhen außer auf dem *Huang-po ch'ing-kuei* auch auf einer 1663 in China erschienenen Sammlung, dem *Ch'an-lin k'o-sung*. Das *Ch'an-lin k'o-sung* wurde im siebzehnten Jahrhundert im Wan-fu ssu, dem Haupttempel der Sekte in Fu-chien, benützt. Es ist darüberhinaus die Vorlage für den noch heute in allen chinesischen Tempeln Südostasiens verwendeten Text der täglichen Rezitation, das *Fo-chiao chao-mu k'o-sung*[140], das die Rezitation der Dhāraṇī ebenfalls bei den morgendlichen und abendlichen Zeremonien des Sūtralesens vorsieht.

Während die unter der Ch'ing-Dynastie entstandenen und verbreiteten monastischen Regeln die Rezitation der Dhāraṇī für den täglichen Gebrauch vorschreiben, fällt am *Ch'ih-hsiu ch'ing-kuei* wie auch an den Erzählungen über die wunderbaren Wirkungen der Dhāraṇī-Rezitation das Thema der Verbindung, die durch die Dhāraṇī-

Rezitation zwischen dem Reich der Lebenden und der Toten geschaffen wird, auf. Bis auf den Nutzen, den die Rezitation für den Kaiser und sein Land hat, indem sie ersterem ein langes Leben und dem zweiten günstiges Wetter beschert, bezieht sie sich im *Ch'ih-hsiu ch'ing-kuei* ansonsten ausschließlich auf die verstorbenen Mönche.

In diesem Zusammenhang zeigt sich das im *Ch'ien-shou ching* gegebene Versprechen der Rettung aus der Hölle und der Wiedergeburt im Reinen Land als das wohl wichtigste Motiv für die Dhāraṇī-Rezitation, deren Verdienst nicht nur den Rezitierenden, sondern ihren lebenden und vor allem auch toten Angehörigen, auf die es übertragen wird, zugute kommt. Aus diesem Grunde ist die Dhāraṇī Bestandteil jeder buddhistischen Toten- oder Ahnengedenkfeier.

Die in China in jedem größeren Tempel fast täglich abgehaltene Zeremonie der Speisung von Ahnengeistern, die "Befreiung der brennenden Münder" (*fang yen-k'ou*), beinhaltet als tantrisches Ritual eine große Anzahl von Dhāraṇīs, unter denen die Dhāraṇī des großen Erbarmens nicht fehlt. Diese Zeremonie wird, abgesehen von den speziellen Tagen, an denen sie private Sponsoren für das Seelenheil ihrer verstorbenen Angehörigen bei den Mönchen in Auftrag geben, sowohl in Japan als auch in China zusätzlich am 15. Tag des 7. Monats, dem Fest der Hungrigen Geister, als öffentlicher Gemeindedienst durchgeführt.[141]

Daß auch das Bußritual des tausendhändigen Avalokiteśvara als Verdiensterwerbs-Ritual für Verstorbene aufgefaßt wurde, zeigt die autobiographische Erzählung Hung-tsans, der das Bußritual für das Seelenheil seiner verstorbenen Eltern durchführte.[142] Dieses in seiner jetzigen Form während der Ch'ing-Dynastie entstandene Bußritual soll im folgenden Kapitel als letztes Beispiel für die Praxis der Dhāraṇī des großen Erbarmens in China behandelt werden.

## 5. Das Bußritual des großen Erbarmens

Während im Hīnayāna das Beichtritual eine von den Vināya-Regeln vorgeschriebene Zeremonie war, in der die Mönche öffentlich ihre seit unendlichen Kalpas begangenen Sünden und die Verstöße gegen die Gebote bekannten[143], vereinfachte sich mit der durch das Mahāyāna aufgekommenen Vorstellung des barmherzigen Rettungswirkens der Bodhisattvas das Beichtritual zunehmend, so daß die Anrufung der Namen von Buddhas und Bodhisattvas, an der auch die Laien teilnehmen konnten, allmählich die andere Form der Beichte ersetzte. Mit der Aufhebung des persönlichen Schuldbekenntnisses entsprach auch der chinesische Begriff *ch'an-hui*, der für die Wiedergabe des Sanskrit *pratideśanā*, "Sündenbekenntnis", verwendet wurde, nicht dem ursprünglichen Sinn des Sanskrit, sondern wurde im Sinn von "Büßen, Bereuen" gebraucht.[144] Diese Entwicklung setzte in China mit dem fünften Jahrhundert ein, in dem eine große Anzahl von Sūtras über die Namen von Buddhas und Bodhisattvas übersetzt und verfaßt wurden. Viele dieser Sūtras sind in den Tun-huang-Manuskripten enthalten.[145]

Die Mehrzahl von ihnen folgt in der Betonung der Kraft, die dem Namen der Buddhas innewohnt, der Aussage des *Reines Land-Sūtra*, daß der Name die Selbstnatur bedeute (*ming ch'üan tzu-hsing*), die Anrufung des Namens alle Sünden auslösche und das Hören des Namens der drei Juwelen eine Wiedergeburt im Paradies garantiere.[146] Viele enthalten die Anrufungsformel *Na-mo*, eine Transkription des Sanskrit-Wortes *namaḥ*, das "Ehre, Verehrung, Heil" bedeutet.

Die Anrufungsformel *Na-mo fo*, "Verehrung dem Buddha" und *Na-mo Kuan-shih-yin p'u-sa*, "Verehrung dem Bodhisattva Avalokiteśvara", hat schon die spezielle Gläubigkeit des *Lotus-Sūtra* geprägt.[147] Im *Ch'ien-shou ching* leitet die zehnfache Anrufung von Avalokiteśvara mit der Formel *Na-mo ta-pei Kuan-shih-yin p'u-sa* das zehnfache Bodhisattva Gelübde zur Erreichung der geschickten Mittel und der Weisheit, die zur Rettung der Lebewesen aus den sechsfachen Höllenexistenzen notwendig sind, ein. Diese zehnfache Gelübdeformel bildet zusammen mit der Dhāraṇī des großen Erbarmens den Inhalt eines mit *Ta-pei ch'i-ch'ing* titulierten Tun-huang-Manuskriptes.[148] Auch wenn die am Schluß verzeichnete Intention des Textes schlicht besagt: "Ich bitte, daß das Verdienst der Rezitation sich überall auf alle Lebewesen erstrecke, und daß wir zusammen mit allen Lebewesen die Buddhaschaft erlangen"[149], so ist die Annahme nicht auszuschließen, daß die Anrufung von Avalokiteśvara und die Rezitation der Dhāraṇī als der im *Ch'ien-shou ching* vorgeschriebene Akt der Reue und Buße begriffen und ausgeführt wurde, da die Erreichung der Buddhaschaft notwendig die Tilgung der Sünden voraussetzt. Diese das *Ta-pei ch'i-ching* konstituierende Kombination von Anrufung und Dhāraṇī-Rezitation ist zudem der zentrale Akt des durch Chih-li (960-1028) konzipierten Bußrituals des großen Erbarmens.

Der erste ausdrückliche Hinweis auf die Dhāraṇī-Rezitation als Bußakt findet sich in der Aufzeichnung über die religiöse Praxis des dritten Patriarchen der Fa-yen-Ch'an-Schule, des Ch'an-Meisters Chih-chüeh (904-976). Sie enthält ein Programm von 108 Punkten, die er als Vorschrift für seine tägliche Praxis aufstellte. Unter Punkt Nr. 9 und Nr. 70 finden sich folgende Eintragungen: "Sechsmal am Tag die Dhāraṇī des großen Erbarmens des tausendhändigen und tausendäugigen (Avalokiteśvara) mit Beständigkeit rezitieren, um die Sünden aller Lebewesen der Dharmawelt, die sie mit ihren sechs Sinnen begangen haben, zu büßen," und: "Für alle Lebewesen der zehn Richtungen abends an der Ofenglut Weihrauch entzünden, die Prajñā-Dhāraṇī[150] und die Dhāraṇī des großen Erbarmens rezitieren. Bitten, daß alle verstehen, daß der eigene Geist perfekt und klar wie die Prajñā ist."[151]

Die durch Chih-chüeh ausführlich erläuterte Buße der durch die sechs Sinne begangenen Sünden ist in Chih-is Abhandlung über die Stufen der Meditation behandelt.

Durch die Reinigung der Sinne kann dem Adepten ebenso wie durch die Anrufung der Buddha-Namen eine Vision der Buddhas zuteil werden, die Chih-i als "Buße durch das Betrachten der Form" (*kuan-hsiang ch'an-hui*) bezeichnet.[152] Diese Buße ist Bestandteil von Chih-is *Lotus*-Bußritual, das Chih-chüeh seiner Biographie zufolge im Haupttempel der T'ien-t'ai-Sekte, dem Kuo-ch'ing ssu, ausgeführt hat.[153]

Das *Lotus*-Bußritual und die zehn Stufen der Betrachtung aus Chih-is *Mo-ho chih-kuan* sind die Vorlage für Chih-lis Konzeption und Interpretation des Bußrituals des tausendarmigen Avalokiteśvara, das *Ch'ien-shou-yen ta-pei hsin-chu hsing-fa.*[154] Nach drei Eintragungen in seiner Biographie führte er das "Bußritual des großen Erbarmens (*Ta-pei ch'an*) einundzwanzig Tage lang aus, dann nochmals zusammen mit zehn Mönchen während dreier Jahre und ließ schließlich eine Statue des Bodhisattva des Großen Erbarmens herstellen.[155] Seine Grabinschrift fügt hinzu, daß seine Werke, darunter das Bußritual des großen Erbarmens, alle an die Öffentlichkeit gelangten.[156] Ein Vermerk im *Shih-shih chi-ku lüeh* gibt Aufschluß über das Ausmaß von Chih-lis Dhāraṇī-Frömmigkeit: "Er rezitierte jeden Tag die Dhāraṇī des großen Erbarmens unbedingt einhundertundachtmal und hörte erst dann damit auf."[157]

Das heutzutage gebräuchliche Bußritual des großen Erbarmens[158] basiert auf einer Überarbeitung von Chih-lis Sung-zeitlichem Ritual durch Hua-shan Lü-shih Tu-t'i (1600-1679). Der Ch'ing-zeitliche Text hat den Titel von Chih-lis Bußritual behalten, ist jedoch allgemein unter der Bezeichnung *Ta-pei ch'an-fa* bekannt. Der Vorspann des Textes enthält zuerst den Namen Chih-lis mit der Anmerkung "er begann, das Ritual zusammenzustellen". Dann folgt der Name Tu-t'is mit dem Hinweis "er korrigierte den Band und gab ihn neu heraus." Schließlich ist als dritter Name derjenige des Śramana Chia-ho Shu-hsiens genannt. Er "verbesserte die Präsentation und überprüfte den Druck."[159]

Dem von Shu-hsien verfaßten Nachspann des Textes entnehmen wir, daß er seine Korrekturarbeiten und den ersten Druck im Jahr 1795 durchgeführt und das Ritual nochmals im Jahr 1819 "nach Vergleich mehrerer Texte" neu veröffentlicht hat.[160] Es ist wahrscheinlich, daß die von Shu-hsien in seinem Anhang hinzugefügten Kommentare, die Mönche aus der Yüan-Dynastie über den tausendhändigen Avalokiteśvara verfaßt haben, sich auf diese "mehreren Texte" beziehen und das Bußritual in einer vereinfachten Form schon zu dieser Zeit verbreitet gewesen ist.[161]

Der Text des in Hongkong, Singapur und Taiwan praktizierten Rituals weicht von Shu-hsiens Text geringfügig ab, da er unter der Reihe der Lobpreisungen, die das Ritual einleiten, außer dem Namen Chih-lis unter seinem vollen Titel "T'ien-t'ai chiao-kuan ssu-ming tsun-che fa-chih ta-shih" auch die Gruppe der vier Himmelskönige, die acht Gruppen der Nāgas und alle im *Ch'ien-shou ching* als Versammlung genannten Himmels-, Wasser-, Feuergeister usw. hinzufügt.[162] Das Ritual hat folgenden

Aufbau und Inhalt:

Die einleitende dreimalige Anrufung "Na-mo Kuan-shih-yin p'u-sa", wird gefolgt von einer Verbeugung (*ting-li*)[163] vor den drei Juwelen. Der Leiter des Rituals verbrennt Weihrauch und verstreut Blumen, wobei er singt:
"Alle in dieser Versammlung beugen die Knie. Zum Schmuck bringen sie Weihrauch und Blumen und opfern sie der Lehre gemäß. Möge die Wolke von Weihrauch und Blumenduft alle Welten der zehn Richtungen erfüllen. Möge jedes einzelne aller Buddhaländer unendlich duftend und prächtig sein. Möge der vollkommene Weg des Bodhisattva vom Duft des Tathāgata erfüllt sein."

Danach denkt er still[164]:
"Dieser Weihrauch und dieser Blumenduft erfüllen die zehn Richtungen. Sie werden zu Emporen des wunderbaren Glanzes, zu all der himmlischen Musik und allem kostbaren himmlischen Weihrauch, zu allen erlesenen himmlischen Delikatessen und kostbaren himmlischen Gewändern, zu den unvorstellbaren Atomen des wunderbaren Dharma. Jedes einzelne Atom bringt alle Atome hervor, jedes einzelne Atom bringt alle Dharmas hervor. Sie kreisen ungehindert, schmücken sich gegenseitig und kommen alle vor die drei Juwelen der zehn Richtungen. Sie alle bringen meine Opferung vor die drei Juwelen der zehn Richtungen. Jedes von ihnen erfüllt die Dharmawelt. Sie alle vollbringen einfach und ungehindert das zukünftige Buddhawerk. Alle Lebewesen der befleckten Dharmawelt erwachen aus der Befleckung und entwickeln

den Geist der Weisheit. Sie treten zusammen in das Ungeborene ein und erlangen die Buddhaweisheit."[165]

Nach der Opferung singt der Leiter weiter:
"Na-mo Avalokiteśvara Bodhisattva, der in der Vergangenheit vor dem strahlenden Tathāgata der wahren Lehre erschienen ist. Er hat den wunderbaren Tugendverdienst vollbracht. Er hat großes Erbarmen. An seinem Körper und Geist erscheinen tausend Augen und Hände. Er erleuchtet die Dharmawelt, behütet alle Lebewesen und läßt sie den Geist des großen Weges entfalten. Er lehrt sie, das vollkommene Geistesmantra zu halten. Sie verlassen auf ewig die üblen Wiedergeburtsbahnen und werden vor dem Buddha wiedergeboren. Es gibt keine der den Körper immer wieder befallenden bösen Krankheiten, die er nicht heilen könnte. Er läßt sie alle verschwinden. Er bringt Meditation, Redegewandtheit und alles, um das sie im jetztigen Leben bitten, ohne jeden Zweifel zur Erfüllung. Er läßt sie geschwind die drei Fahrzeuge[166] erlangen und rasch das Buddhaland erreichen. Die Kraft seines erhabenen Geistes ist wahrlich unerschöpflich. Daher nehmen wir aus vollem Herzen unsere Zuflucht zu ihm und grüßen ihn."[167]

Bei der anschließenden Verneigung vor Buddha Śākyamuni betet der Leiter still:
"Die Natur all dessen, was man verehren kann, ist leer und still. Das Zusammentreffen von Bitten (*kan*) und Antwort (*ying*) ist unvorstellbar. Dieser mein Ort der Lehre ist wie die Perlen des Indra[168], in denen das Bild des Tathāgata Śākyamuni erscheint. Mein Bild erscheint

vor Śākyamuni. Zu Boden verneigt nehme ich meine Zuflucht und grüße ihn."[169]

Nun folgt eine Reihe von Verneigungen vor den im *Ch'ien-shou ching* genannten Buddhas: vor Buddha Amitābha, dem vor unzähligen Kalpas erschienenen Buddha Tausend Lichter König des ruhigen Verbleibens, allen unzähligen neunundneunzig Milliarden Buddhas der Vergangenheit, dem vor unzähligen Kalpas erschienenen Buddha Strahlender Tathāgata der wahren Lehre, allen Buddhas der zehn Richtungen, den tausend Buddhas der vergangenen Kalpas sowie allen Buddhas der drei Welten. Den Abschluß bildet eine dreifache Verneigung vor den Sätzen der Dhāraṇī des großen Erbarmens. Dazu wird wiederum still gebetet:
"Die Dharmanatur der wahren Leere ist wie der Äther. Das ewige Verbleiben des Dharmaschatzes ist unvorstellbar. Mein Bild erscheint vor den drei Juwelen. Aus vollem Herzen nehme ich der Lehre gemäß meine Zuflucht und verneige mich."[170]

Nach der Verehrung der Bodhisattvas Mahāsattva Mahastāmpaprāpta, Dhāraṇīkönig, Schatzkönig, Medizinkönig, höchster Medizinkönig, Schmuck, Großer Schmuck, wertvoller Schatz, Tugendschatz, Diamantschatz und Schatz der Lehre rezitiert der Leiter das *Ch'ien-shou ching* ab dem Paragraphen "Wenn es Mönche, Nonnen usw. gibt, die das Mantra rezitieren und allen Lebewesen gegenüber den Geist des Erbarmens entfalten möchten, müssen sie zuerst mir folgend dieses Gelübde ablegen: Na-mo Avalokiteśvara des großen Erbarmens ...." bis zum

Ende des zehnfachen Gelübdes "Wenn ich mich zu den Tieren wende, erlangen sie von selbst große Weisheit."[171]

Nach der im *Ch'ien-shou ching* empfohlenen Anrufung von Bodhisattva Avalokiteśvara und Buddha Amitābha fährt der Anführer mit der Rezitation des Textes fort, ab "Avalokiteśvara sprach zum Buddha und sagte: Wenn unter allen Lebewesen eines, das das Geistesmantra des großen Erbarmens bewahrt und rezitiert, in die drei schlechten Bahnen der Wiedergeburt fällt, gelobe ich, nicht die wahre Erleuchtung zu erreichen ....", bis zu "Wenn diejenigen, die das Geistesmantra des großen Erbarmens bewahren und rezitieren, in ihrem jetzigen Leben nicht all das erreichen, was sie sich wünschen, so liegt es nicht an der Dhāraṇī des großen Erbarmens."[172]

Die im Text abgedruckte Version der nun folgenden Dhāraṇī-Rezitation ist die kommentierte Version Amoghavajras. Die Dhāraṇī-Rezitation schließt mit folgendem Absatz aus dem *Ch'ien-shou ching*: "Nachdem Avalokiteśvara diese Dhāraṇī gesprochen hatte, bebten die Kontinente sechsfach .... und unzählige Lebewesen entfalteten den Geist der Erleuchtung."[173]

Danach stellen die Teilnehmer wiederum eine stille Meditation an:
"Wir und alle Lebewesen sehen wegen der Sünden der drei Aktivitäten und sechs Sinne[174] nicht alle Buddhas. Wir kennen die Notwendigkeit des Überwindens nicht, sondern folgen dem Samsāra und kennen nicht das wunderbare Prinzip. Da ich es heute aber kenne, möchte ich mit den

Lebewesen zusammen für alle Sünden und alle Lebewesen vor den Buddhas der zehn Richtungen meine Zuflucht zu Avalokiteśvara nehmen, bereuen, und um seinen Schutz bitten, damit die Sünden getilgt werden."[175]

Nun knien alle nieder und sagen laut:
"Wir nehmen für alle Lebewesen der vierfach begnadeten Dharmawelt[176] der drei Bereiche[177] unsere Zuflucht und bereuen für sie die drei Sündenbehinderungen."

Dann strecken sich alle in Verneigung auf dem Boden aus und beten still:
"Seit anfangloser Zeit vergleiche ich mich wie auch andere unzählige Lebewesen aufgrund von egozentrischer Sehweise innerlich berechnend mit anderen. Nach außen hin habe ich Umgang mit schlechten Freunden und kann mich nicht am geringsten Guten mitfreuen, das anderen widerfährt. Auch wenn die durch Körper, Mund und Geist ständig begangenen Sünden tatsächlich nicht immer offensichtlich sind, so ist unser böser Sinn doch stets vorhanden. Er ist bei Tag und bei Nacht beständig und wird nie aufgegeben. Er verdeckt die Fehler der Vergangenheit und läßt sie die Menschen nicht wissen. Sie fürchten nicht die Wege des Bösen, sind ohne Scham und Demut und propagieren, daß es das Gesetz von Ursache und Wirkung nicht gebe. Daher glauben wir heute fest an das Gesetz von Ursache und Wirkung. Wir bringen tiefe Scham, tiefe Demut und große Furcht auf. Wir bekennen unsere Reue und geben den beständigen Geist (des Bösen) auf. Wir entfalten den Weisheitsgeist, geben das Böse auf und tun das Gute. Eifrig strengen wir Körper, Mund

und Geist an und überdenken die alten schweren Sünden. Wir freuen uns mit allen Heiligen über das geringste Gute und rufen die Buddhas der zehn Richtungen an. Sie haben große glückbringende Weisheit und können uns und alle Lebewesen retten. Sie bringen uns vom Meer der zwei Tode[178] zum Ufer der drei Tugenden.[179] Seit anfangloser Zeit wissen wir nicht, daß die Natur aller Dharmas leer und still ist. Daher schaffen wir stets alles Böse. Nun (aber) wissen wir um die Leere und Stille. Daher erstreben wir Weisheit, wollen für alle Lebewesen jegliches Gute tun und jegliches Böse aufgeben. Daher bitten wir nur, daß uns Avalokiteśvara in seinem Erbarmen aufnehmen möge."[180]

Nach dieser Meditation singen alle laut:
"Wir bereuen aus vollem Herzen zusammen mit allen Lebewesen der Dharmawelt. Am Grunde jedes einzeln in die Existenz kommenden Geistes liegen tausend Dharmas. Jedes hat die geistige Kraft, durch die Klarheit der Erkenntnis den höchsten Buddhageist zu erreichen. Die anfanglosen finsteren Regungen des unteren Speicherbewußtseins haben diese ruhige Klarheit (des Geistes) verstellt. Alles dadurch Betroffene geriet in dämmerige Verwirrung. Der ganze Geist wurde gebunden. Und aus dem Dharma der Gleichheit kam der Gedanke vom Selbst und vom Anderen auf. Der Grund ist die Ich-verhaftete Sehweise, die Bedingung sind Körper und Mund. In allen Existenzbereichen gab es keine Sünde, die nicht begangen worden wäre: die zehn Übel und die fünf Verstöße, nämlich das Verleumden von Menschen und der Lehre, das

Brechen der Gelübde und des Fastens, das Zerstören von Stupas und Tempeln, das Stehlen des Eigentums der Mönche, das Beschmutzen des reinen Brahmanenwandels, das Rauben von lebensnotwendigen Nahrungsmitteln und Gütern. Wenn die tausend Buddhas in der Welt erscheinen und alle diese Sünden nicht bereut werden, werden Unzählige bei Aufgabe ihrer jetzigen Lebensform (bei ihrem Tod) in die drei (schlechten) Wiedergeburtsbahnen fallen. Die Form, die sie dort erhalten, ist die von tausend Qualen. Wiederum werden sie in der jetzigen Welt durch alle zusammenkommenden Probleme gepeinigt. Sie werden durch böse Krankheiten gebunden und durch die Bedingungen aus einer anderen (früheren Existenz) bedrängt. Die Lehre des Weges ist für sie verstellt. Sie können die Praxis (zur Aufhebung) der Befleckung nicht erlangen. Heute haben wir sie gefunden (eine Verbeugung):

Das vollkommene Geistesmantra des großen Erbarmens kann geschwind alle diese Sündenbehinderungen aufheben. Daher rezitieren und bewahren wir es heute aus ganzem Herzen und nehmen unsere Zuflucht (eine Verbeugung) zu Avalokiteśvara und den Buddhas der zehn Richtungen. Wir entfalten den Weisheitsgeist und führen die Mantra-Lehre aus. Wir bekennen vor allen Wesen unsere Sünden. Wir bitten und erstreben nur, daß die Reue sie letztlich vollkommen tilgen möge (eine Verbeugung).

Avalokiteśvara Bodhisattva Mahāsattva behütet uns mit tausend Händen und bestrahlt uns mit tausend Augen. Er bringt die äußeren und inneren Bedingungen für unsere Behinderungen zum ruhigen Erlöschen. Sein Gelübde der

Praxis für sich selbst und für andere ist vollkommen. Er eröffnet den Grund und schaut das Wissen. Er hält alle bösen Dämonen ab. Wir streben eifrig mit Körper, Mund und Geist und erwerben die Voraussetzung für das Reine Land. Wenn wir dann diesen Körper aufgeben, gibt es keine andere Wiedergeburt mehr. Mit Sicherheit erwerben wir die Geburt im Paradies des Buddha Amitābha (eine Verbeugung). Wir selbst bringen Avalokiteśvara des großen Erbarmens unser Opfer dar. Er besitzt alle Dhāraṇīṣ und rettet überall alle Arten von Wesen. Sie verlassen das Rad der Leiden und gelangen zusammen auf die Ebene der Weisheit."[181]

Die Menge erhebt sich und nimmt unter einer nochmaligen Verbeugung ihre Zuflucht zu den drei Juwelen. Dann ruft sie gemeinsam mit der Anrufungsformel "Na-mo" die Buddhas, die Lehre und die Mönche der zehn Richtungen, Buddha Śākyamuni, Buddha Amitābha, den Buddha Tausend Lichter König des ruhigen Verbleibens, die große, vollkommen ungehinderte Dhāraṇī des großen Erbarmensgeistes, Bodhisattva Avalokiteśvara mit tausend Händen und Augen, Bodhisattva Mahāsthāmaprāpta und den Bodhisattva 'Dhāraṇīkönig' an. Das Ritual endet mit der nochmaligen Zufluchtnahme zu den drei Juwelen: "Wir nehmen unsere Zuflucht zum Buddha. Dabei bitten wir, daß alle Lebewesen den großen Weg begreifen und den unübertroffenen Geist entfalten mögen. Wir nehmen unsere Zuflucht zum Dharma. Dabei bitten wir, daß alle Lebewesen tief in den Schatz der Sūtras eindringen mögen und ihre Weisheit wie das Meer sei. Wir nehmen unsere

Zuflucht zum *saṅghā*. Dabei bitten wir, daß alle Lebewesen zusammen eine große Versammlung bilden, in der alles ohne Hindernisse sei."[182]

In den in Taiwan und Hongkong publizierten Ausgaben des Textes[183] bildet die dreifache Anrufung "Na-mo Avalokiteśvara des großen Erbarmens" den Abschluß.

Das Bußritual des großen Erbarmens ist ebenso wie die Dhāraṇī im *Ch'an-men jih-sung*, einer im Jahre 1834 publizierten Textsammlung für die Ch'an-Schule, enthalten.[184] In Taiwan, Singapur und Hongkong findet die feierliche öffentliche Ausführung des Rituals unter der Beteiligung von Mönchen und Laien am 19. Tag des zweiten, sechsten oder neunten Monats nach dem Mondkalender statt. Diese Daten werden in China durch den Einfluß der Miao-shan-Legende für den Geburtstag, die Erleuchtung und den Eintritt in die religiöse Praxis des Bodhisattva Avalokiteśvara genannt.[185] An diesen Tagen ist für buddhistische Gläubige auch besonders die Rezitation der Dhāraṇī des großen Erbarmens vorgeschrieben, wie man aus dem in Hongkong und Taiwan verbreiteten Band *Feier des heiligen Geburtstages des Bodhisattva Avalokiteśvara*[186] ersehen kann.

In Japan beruht das Bußritual des Bodhisattva Avalokiteśvara, genannt *Kannon zembō*, nicht auf dem *Ta-pei ch'an-fa*, sondern auf dem durch Tsun-shih verfaßten *Meditationsritual der Dhāraṇī zum Einladen von Avalokiteśvara, Gift auszutreiben.*[187] Auch wenn dieser Text nur die Rezitation der Dhāraṇī der sechs Silben vorsieht, wird im *Kannon zembō* zur Einleitung des

Rituals die Rezitation der Dhāraṇī des großen Erbarmens durch alle Teilnehmer vorgeschrieben.[188]

Im Shōkokuji in Kyōto wurde das *Kannon zembō* seit der Tempelgründung durch das Muromachi-Bakufu im Jahre 1392 regelmäßig am 17. Tag jeden Monats als "monatliches Bußritual" (*tsukinami zembō*) abgehalten. Weil es am 17. Tag des sechsten Monates auf dem nach Avalokiteśvara benannten Turm des Tempeleingangstores (*sanmon-entsūkaku*) stattfand, wurde es als "Turmbußritual" (*kakuzembō*) bezeichnet. Heutzutage wird es der Tradition folgend immer noch am 17. Juni jedes Jahres in der Dharmahalle (*hōdō*) ausgeführt.[189] Es kann ebenso wie das *Ta-pei ch'an-fa* auch einen Bestandteil von Beerdigungszeremonien bilden.[190]

Die Rezitation der Dhāraṇī, die, wie am *Ch'ih-hsiu ch'ing-kuei* deutlich sichtbar, stets den Übergang von der hiesigen in die jenseitige Welt begleitet und auch in allen Zeremonien für das Seelenheil der Ahnen ein Mittel der rituellen Kommunikation zwischen den Lebenden und den Toten bildet, zeigt nun die Funktion des Bußrituals als eines Gemeinschaftaktes, der mit den Sünden der Lebenden auch die Sünden der Toten tilgen soll, so daß die Harmonie zwischen beiden Welten immer wieder neu hergestellt wird. Die für dieses Geschehen zentrale Vermittlerfunktion von Avalokiteśvara ergibt sich aus seinen im *Śuraṅgama-Sūtra* prägnant formulierten "unübertroffenen Verdiensten": "Das erste ist in Übereinstimmung mit dem fundamental tiefen Erleuchtungsgeist aller Buddhas dort oben in den zehn Richtungen und besitzt dieselbe Kraft des Erbarmens, wie sie der Tathāgata besitzt. Das zweite ist in Übereinstimmung mit allen Lebewesen der sechs Existenzbereiche in den zehn Richtungen hier unten und teilt mit ihnen dieselbe Bitte um Erbarmen."[191] So vereinigt die Gestalt des Bodhisattva Avalokiteśvara in sich die phänomenale Dimension der Lebewesen "hier unten" und die vertikale Dimension der Buddhas "dort oben". Dieses Bild der horizontalen und vertikalen Wirkungsweise des Avalokiteśvara ist im *Ts'ung-jung lu* gebraucht, wo es heißt: "Die große Wirkungsweise (des tausendarmigen Avalokiteśvara) ist vertikal und horizontal. Warum sollte man das ablehnen?"[192]

Die Anrufung von Avalokiteśvara, sei es durch die Formel "Na-mo Kuan-shih-yin p'u-sa" oder durch die Rezitation der Dhāraṇī erzeugt als meditative Technik die bei der Buße verlangte "Visualisierung" des Bodhisattva in einem ganz bestimmten Sinn, den Chih-li in seinem Kommentar zum Bußritual des tausendhändigen Avalokiteśvara folgendermaßen beschreibt: "Wir müssen nämlich wissen, daß Avalokiteśvara des großen Erbarmens unsere ursprüngliche Natur ist. Da wir zu unserem Ursprung zurückkehren wollen, rufen wir den Ursprung an und stellen das (zehnfache) Gelübde auf."[193] Das *Ch'ien-shou ching* enthält in der Glorifizierung des Dhāraṇī-Rezitierenden dieselbe Aussage: "Ihr müßt wissen, daß dieser Mensch der Schatz des Buddhaleibes ist, da er von allen neunundneunzig Milliarden von Buddhas, so zahlreich wie die Sandkörner im Ganges, geliebt und gehegt wird. Ihr müßt wissen, daß dieser Mensch der Körper strahlenden Lichtes ist, da ihn das strahlende Licht aller Tathāgatas bescheint. Ihr müßt wissen, daß dieser Mensch der Schatz des Erbarmens ist, da er durch die Dhāraṇī ewiglich alle Lebewesen rettet .... Ihr müßt wissen, daß er der Schatz der Leere ist, da er die Wesen aus der Weisheit der Leere betrachtet, etc."

Daß die Vorstellung der absoluten Leere alles Existierenden als Ausgangsbasis des mahāyānistischen Denkens auch in der Theorie und Praxis der Buße übernommen wurde, ist eine wichtige Neuerung des Mahāyāna. Chih-li hat diese von seinem Vorgänger und Meister Chih-i im Zusammenhang mit der Buße ausführlich erläuterte Vorstellung[194] im Bußritual des tausendhändigen Avalokiteśvara ebenfalls zum Ausdruck gebracht: "Die Natur all dessen, was man verehren kann, ist leer und still," und "seit anfangloser Zeit wissen wir nicht, daß die ursprüngliche Natur aller Dharmas leer und still ist. Daher bringen wir weit und breit alles Böse hervor."[195]

Aus der Natur der Leere aller Dharmas folgt außer der Natur der Leere aller zu bereuenden Sünden auch die Natur der Leere der in der Unterwelt in Form von Hungergeistern leidenden Ahnen, die aber ebenso wie ihre die Dhāraṇī rezitierenden Angehörigen dennoch unter das Gesetz der Vergeltung fallen. Doch die an der Basis des buddhistischen Volksglaubens wirkende Furcht vor diesem Gesetz und der Rache von nicht vorschriftsmäßig versorgten Ahnenseelen ist für die Ausführung des

Bußrituals eine stärkere Motivation als die intellektuelle Anschauung des philosophischen Prinzips der Leere, wie es in den berühmten Sätzen des *Herz-Sūtra*, das ebenfalls als Mantra des Avalokiteśvara rezitiert wird, zum Ausdruck kommt: "Wenn der Bodhisattva Avalokiteśvara die tiefe Praxis der höchsten Weisheit ausführt, durchblickt er die fünf Daseinsfaktoren[196] alle als leer und rettet aus allem Leid und aller Gefahr. Śāriputra, Form ist nichts anderes als Leere. Leere ist nichts anderes als Form. Leere ist Form, und Form ist Leere."[197]

## Anmerkungen zu Kapitel IV

1. Diese beiden Objekte sind auf der Liste der religiösen Geräte und Schriften, die er in Japan einführte, verzeichnet. Siehe seine Biographie *T'ang-tai ho-shang tung-cheng chuan*, *T.*2089.993*a*7.

2. Der Kondō sowie die Holzstatuen sollen noch zu Lebzeiten Chien-chens unter seiner Leitung angefertigt worden sein. Siehe hierzu Kobayashi Taichirō, "Narachō no Senjukannon", *Bukkyō geijutsu* 25 (1965), S. 80, Anm. 33. Dieser Artikel gibt einen Überblick über die Skulptur des tausendarmigen Avalokiteśvara und über die Propagierung seines Kultes in der Nara-Zeit. In der Heian-Zeit tat sich besonders auch Dengyō Daishi (Saichō) durch seine Verehrung Senju Kannons hervor. Er ließ nach seiner Rückkehr aus China eine Statue Senju Kannons im Enryakuji aufstellen und hegte das religiöse Ideal der Transformierung aller Japaner in einen Verwandlungskörper (*keshin*) Senju Kannons. Vergleiche hierzu die Darstellung in Shioiri, *Kannon shinkō no michi* (Tōkyō 1940), S. 214-219.

3. *T.*21.

4. Das *Nihon ryōiki* enthält außer dieser Geschichte noch

zwei andere Geschichten, die sich auf die Wunder des tausendarmigen Avalokiteśvara beziehen. Meine Übersetzung basiert auf der Übersetzung ins Englische von Nakamura Kyōko, *Miraculous Stories from the Japanese Buddhist Tradition. The Nihon Ryōiki of the Monk Kyōkai* (Cambridge, Mass. 1973), S. 237-238. Die anderen Geschichten berichten von einer armen Frau, der Kannon Geld für ihre neun Kinder schenkt (*op. cit.*, S. 215-216) und von einem Beamten, der zur Bestrafung dafür, daß er einen Rezitierenden der Dhāraṇī des großen Erbarmens geschlagen hat, einen grausamen Tod findet (*op. cit.*, S. 239-241).

5. *San-kuo i-shih*, *T.*2039.996*b*. Dieses Werk wurde ins Englische übersetzt von Ha Tae-Hung, Grafton K. Mintz, *Samguk Yusa. Legends and History of the Three Kingdoms of Ancient Korea* (Seoul 1972). Die Übersetzung dieser Stelle befindet sich auf S. 243. Zum Thema des Heilens von Augenleiden durch die Dhāraṇī-Rezitation in China vgl. Anm. 66, unten. Der tausendhändige Avalokiteśvara wird im *Yen-k'o ta-ch'üan*, einem Ming-zeitlichen ophthalmologischen Kompendium, nochmals als Schutzpatron des Patienten erwähnt, der ihn während der Operation anrufen muß. In diesem Text wird er allerdings als "Nāgarāja (Drachenkönig) mit tausend Augen und tausend Händen" beschrieben, der von Manjuśri und Samantabhadra umgeben ist. Siehe die Übersetzung bei

Unschuld, *op. cit.*, S. 148.

6. Der Begründer des Shingon-Buddhismus in Japan, Kūkai (774-835), wurde durch Amoghavajras Schüler Hui-kuo (746-805) in die Lehre der tantrischen Schule eingeführt. Der Tradition seiner Patriarchenliste zufolge wird Amoghavajra als sechster Patriarch und Begründer der "Schule der geheimen Lehre" (*mi-tsung*) oder "Schule des wahren Wortes" (*chen-yen tsung*) in China angesehen. Siehe hierzu v. Gulik, *Siddham* (Delhi 1980), S. 50. Kūkais Liste der Patriarchen ist enthalten in *Kōbō daishi chōsaku zenshū* (Tōkyo 1973), Bd. 1, S. 566, Bd. 2, S. 38. Siehe auch die Beschreibung der Shingon-Schule mit geschichtlichem Abriß und Angabe der Patriarchenliste bei J. Takakusu, *The Essentials of Buddhist Philosophy* (Honolulu 1947), Kap. X: "The Shingon School", S. 142-153.

7. Zu ihren Aktivitäten und denen ihrer Vorläufer in China siehe Chou Yi-liang, *op. cit.*

8. Vgl. hierzu Anm. 18, unten.

9. Zur Einführung und Verarbeitung indischer Medizinkonzepte und Verfahren in China siehe Unschuld, *op. cit.*, Kapitel 6: "Buddhism and Indian Medicine", S. 148-153; ebenfalls *Hōbōgirin* III, Artikel "Byō", S. 224-265; und Filiozat, "La médecine indienne et

l'expansion bouddhique en Extrême Orient", *Journal Asiatique* 224 (1934), S. 301-307. Zu den taoistischen Unsterblichkeitstheorien und -verfahren siehe Joseph Needham, *Science and Civilisation in China*, Vol. 5:2 (Cambridge 1974), S. 71-154.

10. Zur Aufnahme der indischen Mönche am T'ang-Hof und den Beweggründen, die die Kaiser zur Unterstützung des Buddhismus der esoterischen Schule veranlaßten, siehe Tsukamoto, "Chūgoku ni okeru mikkyō juyō ni tsuite", *Bukkyō bunka kenkyū* (Tōkyō 1952), S. 90-92.

11. Vgl. Anm. 26, unten.

12. In den *Jātaka*-Erzählungen wird das Konzept des Erbarmens dadurch veranschaulicht, daß sich der Buddha in seinen früheren Geburten als Bodhisattva hungrigen Tigern zum Fraß anbot oder als Hase selbst ins Feuer sprang, um verzehrt zu werden. Siehe Edouard Chavannes, *Cinq cents contes et apologues extraits du Tripiṭaka chinois* (Paris 1962), tome 1, Nr. 2,4,5; außerdem tome 4, S. 85-89. Zur Opferung des eigenen Körpers, um andere Wesen zu ernähren oder zu heilen und zur Zerstörung des eigenen Körpers im religiös motivierten Selbstmord siehe *Hōbōgirin* VI, Artikel "Dabi", S. 573-585. Das 27. Kapitel des *Hsü Kao-seng chuan*, *T.*2060, mit der Überschrift "Kapitel des Aufgebens

des Körpers""I-shen-p'ien"enthält eine Sammlung der Biographien von zwölf Mönchen, die sich aus altruistischen oder demonstrativen Gründen selbst verstümmelten oder verbrannten. Zu der hinter diesen Aktionen stehenden Vorstellung des Verdienstgewinnes siehe Michibata Ryōshū, *Chūgoku bukkyōshi no kenkyū* (Kyōto, 1970), Kap. IV, S. 381-440.

13. Dieser Tempel befand sich im Westen der Hauptstadt Chen-ting. Siehe Kobayashi Taichirō, "Tōdai no daihi Kannon", in Hayami Tasuku (Hrsg.), *Kannon shinkō* (Tōkyō 1983), S. 75.

14. Diese Biographie ist im *Sung Kao-seng chuan*, *T.*2061.873*c*-874*b* enthalten. Japanische Übersetzung in *Kyik.*13.183-185, *shiden bu.* Sie befindet sich noch einmal im *Kuan-yin ching ch'ih-yen chi*, *Z.*134.484*a*.

15. Zu dieser Triade vgl. oben, Kap. I.3.

16. P'i-sha men (Vaiśravaṇa), der nördliche der vier Himmelskönige. So.306*a*.

17. *Kan-ying*, dieser Ausdruck setzt sich aus zwei Elementen mit der Bedeutung "bewegen, erregen, beeinflussen" und "reagieren, antworten", zusammen und findet sich schon in einem der Appendices des

*I-ching* (Hexagramm XXXI, siehe Legge, Sacred Books of the East, XVI, *The Yi-ching* [Oxford 1882], S. 123-124, und *Appendix* I, section 2, S. 238). Im Buddhismus wird er häufig im Sinn von "erhörend" (d.h. wunderbar, magisch) oder einfach von "erbauliche Geschichte" gebraucht. Siehe dazu die Ausführungen bei Bernard Frank, "Vacuité et corps actualisé," in *Le temps de réflexion VII, Corps des dieux* (Paris 1986), S. 149. Paul Demiéville hat den Vorschlag gemacht, den Ausdruck mit "Antwort" (*ying*) [des Buddha oder einer Gottheit] auf die Impulse (*kan*) [der Wesen] zu übersetzen (siehe Frank, *ebd.*). Auch im Zusammenhang der späteren Texte scheint mir der Ausdruck "Wunderwirkung" am besten geeignet.

18. Der von Liang Ch'iao verfaßte Ming-zeitliche Text *Yung-ch'uan shih-shih*, *chüan* 2, enthält ein Gedicht des militärischen Oberbefehlshabers Ch'ien Wei-chih, der nach dem Sieg der Khitan über Kaiser T'ai-tsu im Jahr 986 nach Chen-ting kam. Seine Überschrift lautet "Erinnerung an die Besteigung des Turmes des großen Erbarmenden an einem Frühlingstag". Ch'iens Beschreibung der Statue des tausendarmigen Avalokiteśvara beweist, daß sie wieder restauriert war. Eine Eintragung im *Chin-shih ts'ui-pien*, *chüan* 123, bestätigt, daß die Statue Avalokiteśvaras auf Befehl des Kaisers T'ai-tsu im vierten Jahr der Periode K'ai-pao (971) res-

tauriert wurde. Diese Quellenangaben entstammen Kobayashi, *Tōdai no daihi Kannon*, S. 72, 73. Eine Ch'ing-zeitliche Sammlung von Gebeten und Texten für den täglichen Gebrauch in der Ch'an-Schule, das *Ch'an-men jih-sung*, enthält auch eine "Hymne auf den Turm des großen Erbarmenden" (*Tsan ta-pei lou*). Die Hymne ist zwar nur ein Lob auf das Erbarmen des alle Dhāraṇīs verkündenden tausendarmigen Avalokiteśvara, dennoch verleitet die Überschrift zu der Annahme, daß es sich bei diesem Turm ebenfalls um den Ta-pei ssu in Chen-ting handeln könnte. Das BKD nennt für den Druck des *Ch'an-men jih-sung* das Jahr Tao-kuang 14 (1834). Der Text ist vollständig abgedruckt in Kamata Shigeo, *Chūgoku no bukkyō girei* (Tōkyō 1986), S. 337-442. Die Hymne befindet sich auf S. 376 dieser Ausgabe.

19. Diese Biographie ist enthalten in *T.*2061.743*b*-744*c*. Japanische Übersetzung in *Kyik.*12.111-121, *shiden bu*. Chih-hsüan ist Verfasser des *Tz'u-pei-shui ch'an-fa* *T.*1910. Seine in der Biographie genannten Kommentare zum *Sūkhāvatīvyūha* (*T.*360), *Srīmala-Sūtra* (*T.*353) und *Prajñāpāramitāhṛdaya-Sūtra* (*T.*251) sind nicht mehr erhalten.

20. *Wei-shih lun*, *T.*1588, verfaßt von Vasubandhu.

21. Hsiang-erh-shan, dieser Berg befindet sich im Distrikt Mei, hinter der Gebirgskette des E-mei

shan. Im *Hsüan-ho hua-p'u, chüan* 3, findet sich eine Eintragung über ein "Gemälde des großen Erbarmenden des Hsiang-erh Berges", ausgeführt von dem Maler Li-sheng der späten T'ang-Zeit. Als Chih-hsüan im Jahre 854 nach Szu-ch'uan zurückkehrte und dort im Sheng-shou ssu lebte, war der Künstler Li-sheng sein langjähriger Freund und Nachbar. Siehe hierzu Kobayashi, *op. cit.* (1984), S. 86.

22. Ch'in, die Hauptstadt der Ch'in-Dynastie befand sich in Hsien-yang, in der Nähe von Ch'ang-an. Chih-hsüan wurde durch die Rezitation des Mantra von seinem Landesdialekt befreit und beherrschte nun den Dialekt der Hauptstadt. Vergleiche *T.*1060.111*b*1-2: "für die Redegewandtheit und Geschicklichkeit ist die Hand mit dem Schatzsiegel."

23. Seine Biographie befindet sich außer in *T.*2061.869*c*-870*a*, noch einmal im *Kuan-yin tz'u-lin chi*, *Z.*134.314. Japanische Übersetzung *Kyik.* 13.171-172, *shiden bu.*

24. Zu dieser Religionsverfolgung unter Kaiser Wu-tsung (840-846), der auch der Manichäismus zum Opfer fiel, und die die vollständige Unterdrückung des Buddhismus zum Ziel hatte, siehe die ausführliche Darstellung von Stanley Weinstein, "The Suppression of Buddhism under Wu-tsung", in *Buddhism under the T'ang* (Cambridge, Mass. 1987), S. 114-136.

25. *Mo-erh pu-lien nieh-erh pu-tzu*, Zitat aus *Lun-yü*, Buch 17 (*Yang-ho*), von Legge in seiner vollen Länge folgendermaßen übersetzt: "But is it not said, that, if a thing be really hard, it may be ground without being made thin? Is it not said, that if a thing be really white, it may be steeped in a dark fluid without being made black?" (Legge, *The Chinese Classics*, vol. 1, Ausgabe Taipei 1971, S. 321).

26. In der in Taiwan publizierten Ausgabe des *Ch'ien-shou ching* ist die Methode des Wassers des großen Erbarmens von Avalokiteśvara *Ta-pei shui-fa* abgedruckt, die in Taiwan noch heute zur Krankheitsheilung ausgeführt wird. Sie ist in den folgenden Schritten aufgebaut:
1) Aufstellen eines Gefäßes mit reinem Wasser vor der Buddhastatue, Weihrauchopferung. Anrufung der drei Juwelen, des Buddha Śākyamuni, des Buddha Amitābha, des im *Ch'ien-shou ching* genannten Buddha Tausend-Lichter König, der Dhāraṇī und des tausendhändigen Avalokiteśvara.
2) Angabe von acht Dhāraṇīs, die unter Verneigung auf den Boden je 21mal rezitiert werden müssen. Visualisierung von Avalokiteśvara, der auf einem Lotus stehend ein großes Licht ausstrahlt und das Wasser in süßen Nektar verwandelt.
3) Ausführung von zwei Mudrās, Zeichnen der Siddhaṃzeichen der acht angegebenen Dhāraṇīs über das

Wasser, dabei ihre Rezitation; in *Ch'ien-shou ching* (Taipei 1988), S. 140-141.

27. P'ei Kung-hsiu ist erwähnt in *Chiu T'ang-shu* 177; *Hsin T'ang-shu* 1811.

28. *T.*2061.877*a-b*. Japanische Ubersetzung in *Kyik.*13.193-194, *shiden bu*.

29. Diese Hand wird in *T.*1060.111*a*10, folgendermaßen erklärt: "Für jegliche Furcht und Angst ist die Hand der Furchtlosigkeit." Es fällt nicht schwer, sich vorzustellen, daß es Tseng-jen in seiner Bergeseinsamkeit, von Bergstämmen und wilden Tieren umgeben, auf die genaue Kenntnis dieser Hand ankam.

30. Diese Biographie ist außer in *T.*2061.859*a-b*, nochmals im *Kuan-yin tz'u-lin chi*, *Z.*149.303 aufgenommen. Japanische Ubersetzung *Kyik.*13.193-194, *shiden bu*.

31. Lung-hsing ssu, in Ling-wu (Che-chiang), der Tempel, in dem auch Tseng-jen gelebt hatte.

32. Ho-lan shan pai-ts'ao ku, dasselbe Tal des weißen Grases im Ho-lan Gebirge, in das sich auch Tseng-jen zurückgezogen hatte.

33. Durch die Ubernahme Ch'ang-ans durch das Rebellen-

regime Huang-ch'aos im Jahre 820 war der Kaiser Hsi-tsung gezwungen, nach Szu-ch'uan zu fliehen. Im Jahre 822 brach dort die Revolte des Offiziers Ch'ien-neng aus, dem sich die Banditenführer der Region anschlossen. Die Rebellion wurde am Jahresende mit der Exekution der Hauptbeteiligten unterdrückt. Ende des Jahres 822 brach jedoch im nördlichen Kuei-chou ein neuer Aufstand aus, der auf Szu-ch'uan übergriff. Dieser Aufstand wurde durch Wei Chün-ching, der im südlichen Szu-ch'uan eine Verteidigungsmiliz organisiert hatte, unterdrückt. Zu den genauen Umständen dieser Rebellionen siehe Denis Twitchett (ed.), *The Cambridge History of China* (Cambridge/ London/ New York/ Melbourne 1979), vol. 3, S. 745ff.

34. Als Beispiel für andere Mönchsbiographien im Stil des *Kao-seng chuan* siehe die Biographien der drei chinesischen tantrischen Meister bei Chou Yi-liang, *op. cit.*, S. 251ff. Zur christlichen Hagiographie siehe die Studie von Stephen Wilson, *Saints and their Cults* (Cambridge 1983).

35. Den mystisch-kontemplativen Aspekt der buddhistischen Statuen und Ikonographie betont A.K. Coomaraswamy in *Elements of Buddhist Iconography* (Cambridge, Mass. 1935). Zum Problem der Entstehung der buddhistischen Ikonographie siehe besonders A. Foucher, *The Beginnings of Buddhist*

*Art* (Paris/ London 1917). Zu den textlichen Grundlagen der frühen buddhisti-schen Kunst in China siehe A. Soper, *op. cit.* Zur Funktion und Ikonographie des esoterischen Buddhismus siehe De Mallmann, *op. cit.* (1975) und Sawa Takaaki, *Art in Japanese Esoteric Buddhism* (New York/ Tōkyō 1972).

36. Diese Erzähltraditionen werden in *Hōbōgirin* III, Artikel "Butsuzō", S. 210-215 analysiert. Zur Funktion der Buddhastatuen, die im Mahayāna-Buddhismus als Ersatzkörper (Jap. *migawari*) von Buddhas, Bodhisattvas und Mönchen aktiv werden sowie zum Verhältnis des philosophischen Konzepts der Leere und ihrer in den Statuen aktualisierten Form siehe den Artikel von Bernard Frank, "Vacuité et corps actualisé", in *op. cit.*, S. 141-170.

37. Vergleiche Kap. IV.2.

38. Die grundlegende Arbeit zu Skulptur und Malerei des Tausendhändigen Avalokiteśvara in der Kunst der T'ang-Zeit ist der Artikel von Kobayashi, "Tōdai no daihi Kannon", in *op. cit.* (1983). Zu den Tunhuang-Gemälden des tausendarmigen Avalokiteśvara siehe Matsumoto Eiichi, *op. cit.*, Bd. 1, Kap. 3 "Senjū Kannonzu", S. 650-700. Die Abbildungen befinden sich in Bd. 2, Pl. 167-176b. Ueno Teruo's Artikel "Tonkōga Kannonzu shiryō", *op. cit.* (1950) gibt bei der Beschreibung jeden Bildes die

entsprechende Numerierung in folgenden Werken an: 1) M. Pelliot, *Les grottes de Touen-huang*, 6 vols. (Paris 1920); 2) A. Stein, *Serindia*, 5 vols. (Oxford 1921); 3) ders., *The Thousand Buddhas* (Oxford 1921); 4) A. Waley, *A Catalogue of Paintings recovered from Tun-huang by Sir Aurel Stein* (London 1931). M. Petrucci's Beschreibung der Tun-huang-Maṇḍalas von Avalokiteśvara findet sich in A. Stein, *Serindia*, Vol. 2, Appendix E VIII, S. 1411-1421. Das von Petrucci beschriebene Maṇḍala des tausendarmigen Avalokiteśvara, datiert auf das Jahr 980, ist abgebildet in A. Stein, *The Thousand Buddhas*, pl. XVII (Beschreibung *ebd.*, S. 31). Siehe ebenfalls pl. XLII (Beschreibung S. 57). Die Tun-huang-Wandgemälde des tausendarmigen Avalokiteśvara sind abgebildet bei Pelliot, *op. cit.*: vol. 1, pl. 13 (8-9. Jh.); vol. 2, pl. 128 (10. Jh.); vol. 3, pl. 72; vol. 6, pl. 342, 343. Die neuesten Reproduktionen der Tun-huang-Gemälde sind enthalten in *Saiiki geijutsu (The Art of Central Asia), Tonkō kaiga*, 3 vols. (Tōkyō 1982): vol. 1, pl. 18 (9. Jh.); vol. 2, pl. 6 (8.-9. Jh.), pl. 40 (8.-9. Jh.), pl. 70 (10. Jh.), pl. 71 (10. Jh.).

39. *T.*1060.111*c*13-14. Vgl. auch *T.*1060.107*a*18: "Die in ihrem Herzen auch nur kleine Zweifel aufkommen lassen, werden es (hier: die Umwandlung von einem weiblichen in einen männlichen Körper) auf keinen Fall erreichen"; ebenfalls 107*a*26: "... mit Aus-

nahme einer Tatsache, nämlich Zweifel an dem Mantra aufkommen zu lassen - dann werden sogar die kleinen Sünden leichten Vergehens nicht getilgt."

40. *San-pao kan-ying yao-lüeh lu*, 3 *chüan*, *T.*2084. Der gesamte Text ist nochmals enthalten in *Z.*149.186-217. Das Werk wird auf die Zeit von 1060 bis 1063 datiert. Siehe die Einleitung zur japanischen Übersetzung in *Kyik.* 473-562, *shiden bu* XIII.

41. *T.*2084.826*a*15-16.

42. *T.*2084.852*c*, entnommen aus *Ch'ien-pi ching*, *T.*1057.87*a*10-20. Die Numerierung dieser Geschichte im Text ist Nr.24 des *chüan* 3; da es jedoch die erste Geschichte über den tausendarmigen Avalokiteśvara ist, ist sie hier in der Übersetzung unter Nr.1 eingetragen. Die Numerierung in den anderen Sammlungen entspricht ebenfalls diesem Prinzip.

43. In *T.*1057.86*b* beschreibt Chih-t'ung die Maṇḍala-Methode einer Statue des tausendhändigen Avalokiteśvara, deren textliche Grundlage unklar ist. Chih-t'ung schreibt lediglich, daß er sie einem Sanskrittext zufolge erläutere und daß es im Land der Brahmanen eine Methode zur Auswahl des für die Methode geeigneten Ortes gebe, er diese aber nicht ausführlich erklären könne (86*b*9-11). Der

Aufbau des Maṇḍala ist folgender: Avalokiteśvara in der Mitte wird von den vier Himmelskönigen, die die vier Eingänge des Maṇḍala hüten, umgeben. Nun folgt eine Vorschrift für die Opferung von Weihrauch, Lebensmitteln und Blumen. Der Adept muß täglich dreimal baden, morgens, mittags und abends Opferungen ausführen und dabei aus vollem Herzen das Mantra rezitieren. Nach 21 Tagen dieser Praxis wird Avalokiteśvara kommen, um den "Mantra-Meister" zu sehen. Außerdem kann er alle Gottheiten des Maṇḍala herbeirufen. Chih-t'ung räumt jedoch wiederum ein, daß diese Methode nicht im Sanskrittext vermerkt sei (86.*c*3). Weiterhin führt er aus, daß bei Ausführung der im Text genannten zwölf Mūdras (84b-86c) und der 1080maligen Rezitation des "großen Körpermantra" (in 94 Silben unterteilt, 84*c*-*b*) Avalokiteśvara in der Gestalt von Ananda erscheinen und den Adepten nach seinen Wünschen fragen werde. Nun folgt eine Beschreibung von Methoden für spezifische Zwecke wie Dämonenaustreibung, Krankenheilung etc. Die Methode, die der Brahmane ausführte, ist im Text *T*.1057.87*a*8-10, folgendermaßen beschrieben: "Wenn durch die Karmavergeltung die Lebenswurzeln der Lebewesen erschöpft sind, forme man die (oben beschriebene 11.) Mūdra der Nirvāṇaruhe und opfere jeden Tag. Man verbrenne Weihrauch, versprenge Wasser und rezitiere das Mantra volle 1080mal. Dann wird man die Karmabehinderungen abwenden."

44. *T.*2084.853*a* (Nr.25), entnommen dem *T.*1057.87*a*3-6.

45. Chen-ti, Paramārtha (500-669), dem die chinesische Übersetzung des *Ta-ch'eng ch'i-hsin lun* *T.*1666 zugeschrieben wird. Er ist auch in Chih-t'ungs Vorwort zum *Ch'ien-pi ching* erwähnt. Er war ab 564 in China als Übersetzer tätig. Zur langen Liste seiner insgesamt über 300 *chüan* umfassenden Werke siehe *Hōbōgirin*, Fasciscule Annexe, S. 276 (Shindai), zu seiner Biographie und der Bedeutung seiner Werke für den chinesischen Buddhismus P. Demiéville, *Choix d'études bouddhiques*, S. 15-21. Paramārtha trug durch seine Übersetzungen dazu bei, die idealistischen Lehren von Asanga und Vasubandhu in China einzuführen und bahnte damit den Weg für die Entwicklung der idealistischen Fa-hsiang-Schule in der T'ang-Dynastie. Außer in Chih-t'ungs Vorwort lassen sich für seine Assoziierung mit der Ausführung eines tantrischen Rituals in seiner Biographie oder seinen Übersetzungen keine Anhaltspunkte finden.

46. Die Methode wird in *T.*1057.86*c*29-87*a*3 so beschrieben: "Wenn eine Epidemie ausgebrochen ist, muß man ein Wasser-Maṇḍala in der Größe von vier Ellbogenlängen machen. Man nehme gute Kuhbutter, spreche das Mantra 108mal und verbrenne sie im Feuer. Alle Katastrophen und Epidemien werden vollständig behoben. Weiter nehme man etwas von

der Butter und gebe sie dem Kranken zu essen. Er wird sofort geheilt sein."

47. *T.*2084.853*a* (Nr. 26). Als Quelle wird ein unter dem Titel *Wai-kuo chi* nicht identifizierbarer Text angegeben.

48. *T.*2084.853*b*, ohne Quellenangabe. Der Vermerk im Text ist "neu aufgenommen".

49. Der Vorabend des *Yü-lan p'en*-Festes für die verstorbenen Ahnen. Vgl. unten, Anm. 84.

50. Der Tag vor dem Geburtstag von Avalokiteśvara.

51. *Kuan-yin ching ch'ih-yen chi*, *Z.*134.477-495, im Jahr 1659 durch Chou K'o-fu zusammengestellt. *Kuan-yin ching* ist die Bezeichnung für das *P'u-men p'in* aus dem *Lotus-Sūtra*.

52. *Hua-yen ching ch'ih-yen chi*, *Z.*134.299-306.
*Fa-hua ching ch'ih-yen chi*, *Z.*134.449-477.
*Chin-kang ching ch'ih-yen chi*, *Z.*149.114-143.

53. Vgl. unten, Anm. 70.

54. *Z.*134.484, entnommen aus dem *T'ai-p'ing kuang-chi*, 500 *chüan*, verfaßt von Li Fang (925-996). Noch einmal enthalten in *Z.*149.315*a*.

55. Die folgende Textstelle ergibt übersetzt keinen Sinn. In *Z.*149.315*a* ist *Pien-tsu* als Name verstanden und als solcher in die Überschrift gesetzt.

56. *Z.*134.485*a-b.* Entnommen aus dem *Yü-tang hsien-hua*, T'ang-Dynastie, Name des Verfassers verloren. Nochmals enthalten in *Z.*149.315*b*.

57. Nach *Z.*149.315.

58. *Z.*134.485, entnommen dem *Kuang-i chi*, Verfasser Tai-fu, T'ang-Dynastie.

59. Diese Geschichte ist bei Kobayashi, *op. cit.* (1983), S. 103-104, zitiert und ins Japanische übersetzt. Er interpretiert sie als Beleg für den Charakter des Avalokiteśvara als "Auferstehungsgottheit" (*kaiseishin*), den er auch in dem Symbol des Weidenzweiges, eines in China von alters her bekannten Fruchtbarkeitsfetisches, bestätigt sieht. Vgl. dazu Kobayashi, *op. cit.* (1950), S. 32.

60. *Z.*134.486., und *Z.*149.316-317. Seine Biographie ist enthalten in *T.*2035.207*a*-209*a*, und *T.*1937.933*a*. Er ist unter dem Titel Tz'u-yün ch'an-chu (946-1032) bekannt, gehörte zur T'ien-t'ai-Schule, ist Zeitgenosse von Chih-li (960-1028) und Verfasser einer Reihe von Kommentaren zu Bußritualen, nämlich *T.*1945, 1948, 1949, 1951, 1968, 1984.

61. Diese Meditation beruht auf dem *Pan-chou san-mei ching*, *T.*417, 418.

62. Die Rezitation der Dhāraṇī ist genauso in seinen anderen Biographien vermerkt. Vgl. *Z.*149.317, *T.*2035, 208*c*25, wo als Kommentar hinzugefügt ist: "...um auszudrücken, daß (der Bau) durch die heilige Lehre geschützt nicht aufgehalten oder zerstört werden kann." In *T.*1937.933*a*5 ist nicht die Dhāraṇī erwähnt, dafür aber eine Sandelholzstatue des großen Erbarmenden, die er bei einem Künstler in Auftrag gab.

63. Ling-chiu feng, der Ort der Verkündigung des *Lotus-Sūtra*, dessen Name oft für buddhistische religiöse Orte übernommen wird.

64. *Z.*134.487*b*.

65. In der Erzählung Nr. 6 wird ein Knabe in blauem Gewand genannt. Sollte dies eine Anspielung auf Nīlakaṇṭha Avalokiteśvara sein, der in der Dhāraṇī genannt wird (vgl. Kap. II, Anm. 38)? Im *Amoghapaśa-Sūtra*, *T.*1092. 388*c*, wird Ch'ing-shen Kuan-shih-yin, Avalokiteśvara mit dem blauen Körper, als Gottheit für das Ritual der Regenbeschwörung beschrieben.

66. *Z.*134.487*b*, enthalten in *I-chien-chih*, 400 *chüan*,

Verfasser Hung Mai (1123-1202), Kap. *Chia-chih* 10 (S. 72a). Die Seitenangaben beziehen sich auf die Textausgabe der Chūbun shuppan sha (Kyōto 1975). Das *I-chien chih* enthält weitere Geschichten über wundersame Ereignisse im Zusammenhang mit der Dhāraṇī-Rezitation. Alle Geschichten wurden von Hung Mai und Hung Han-lin in der Bevölkerung gesammelt und haben keine schriftlichen Quellen. Sie mögen Chou K'o-fu zu phantastisch erschienen sein, um sie in seine Sammlung aufzunehmen, da sie hauptsächlich Vorkommnisse mit Geistern, Gespenstern und Totenerscheinungen schildern und auch nicht in der Absicht geschrieben sind, zur Propagierung der buddhistischen Lehre beizutragen. Diese Geschichten sind in Sawada Mizuho, *Chūgoku no juhō* (Tōkyō 1984), S. 461-464, als Beispiel für den Dhāraṇī-Glauben der Sung-Zeit inhaltlich wiedergegeben. Zur kurzen inhaltlichen Charakterisierung: *Chia-chih chüan* 6 (S. 56a): Vertreibung eines die Bevölkerung in Schrecken haltenden Affengeistes durch die Rezitation der Dhāraṇī.

*Ya-chih chüan* 11 (S. 74a): Die Traumerscheinungen eines verstorbenen Freundes werden durch die Rezitation der Dhāraṇī beendet.

*Chia-chih chüan* 14 (S. 85a): Ein Reisender wird von Banditen überfallen und in einen Tempel gesperrt, dessen Schlangengottheit er lebendigen Leibes geopfert werden soll. Durch die Rezitation der Dhāraṇī wird er vor der Schlange geschützt und am nächsten

Tag freigelassen.

*I-chih chüan* 14 (S. 153a): Ein Reisender wird nachts zusammen mit seinen Dienern vom Pestdämon angegriffen. Er kommt wegen der Rezitation der Dhāraṇī mit einem Jahr Krankheit davon, die Diener und viele der Ortsbewohner sterben.

*I-chih chüan* 19 (S. 170a): Ein Mönch übernachtet in einer Herberge und wird nachts von der Erscheinung eines im selben Zimmer verstorbenen Mönches heimgesucht. Er rezitiert die Dhāraṇī und wird von dem Geist des Verstorbenen mit Blut bespuckt. Am nächsten Morgen ist von den Blutflecken nichts mehr zu sehen.

*Chih-pu chüan* 14 (S. 680a) Ein Mann kauft eine Jungfrau und hält sie als Konkubine in seinem Zimmer eingesperrt. Der Mann hat einen mit einem Schloß verschlossenen Käfig, den er jeden Abend öffnet und dabei Wein und Weihrauch opfert. Das Mädchen fürchtet sich und rezitiert dabei in seinem Zimmer die Dhāraṇī. Eines Nachts wird der Käfig aufgebrochen, und eine Schlange entweicht ihm. Das Mädchen entdeckt, daß der Käfig voll von Papiergeldscheinen ist. Es bricht aus und erzählt alles den Dorfbewohnern, die den Mann ins Gefängnis werfen. Er wird als Täter, der dem Schlangendämon Menschen lebendig opfert, entlarvt und zum Tode verurteilt.

*Chih-pu chüan* 14 (S. 679 - fehlt bei Sawada): Wegen des Themas der Heilung von Augenleiden durch die

Rezitation der Dhāraṇī soll die Übersetzung dieser Eintragung folgen: "Der Mönch Ch'u-yao aus T'ai-chou bekam im mittleren Alter eine Augenerkrankung. Er rezitierte ständig die Dhāraṇī des großen Erbarmens. Er träumte, daß Avalokiteśvara ihm die Lehre übermittelte und mit einem Spruch auftrug, jeden Tag die Dhāraṇī 7mal oder 49mal über Wasser zu sprechen. Wenn er damit die Augen bade, würden alle seit Jahren angehäuften Behinderungen und die roten Schwellungen, an denen er seit kurzem leide, vollständig geheilt werden. Ch'u-yao kniete nieder und nahm (die Belehrung) entgegen. Als er aufwachte, konnte er sich an alles erinnern. Er rezitierte die Dhāraṇī wie es ihn gelehrt worden war und war in kürzester Zeit wiederhergestellt. Er erreichte ein Alter von 48 Jahren."

67. In *T.*1060.110*a*19-23, wird die Wirkung der Dhāraṇī bei der Besessenheit von einer Katze beschrieben.

68. *Z.*134.492*a*, ohne Quellenangabe.

69. Zu dem Bußritual vergleiche Kapitel IV.5.

70. *Kuan-yin tz'u-lin chi*, 3 *chüan*, *Z.*149.291-323. Der Verfasser ist Hung-tsan (1610-1680), das Werk datiert um 1668. Vgl. BKD, Bd. 2, S. 130.

71. Diese Sammlung besteht aus Chih-is Kommentar zum

*P'u-men p'in* (*T.*1726), dem *Karuṇapuṇḍarikā-Sūtra*, *Sūtra über die Vorhersage an die Bodhisattvas Avalokiteśvara und Mahāsthāmaprāpta* (*T.*371), *Ch'ien-shou ching*, *P'u-men p'in*, *Śurangama-Sūtra*, *Avataṃsaka-Sūtra* (*T.*279), *Kontemplation über das Amitābha-Sūtra*, *Dhāraṇīsūtra des elfköpfigen Avalokiteśvara* (*T.*1071), *Karaṇḍavyūha* und *Ch'ing Kuan-yin ching*. Anhand dieser Auswahl wird ersichtlich, welche Werke für die Verehrung des Avalokiteśvara als grundlegend empfunden wurden. Zu den Titeln, hinter denen die Nummer des *Taishō* nicht vermerkt ist, siehe die Diskussion in Kapitel I.

72. Zu dieser Legende siehe Kap. IV.3.

73. *Z.*149.316*a-b*. An diesen Bericht schließt sich keine Quellenangabe an, sondern das Zitat aus dem *Ch'ien-shou ching*, *T.*1060, 107*a*7-9, nach dem die Rezitierenden der Dhāraṇī des großen Erbarmens bei ihrem Tod von den Buddhas der zehn Richtungen bei der Hand genommen und in einem Buddhaland ihrer Wahl wiedergeboren werden.

74. *Z.*149.319*b*. Seine Biographie ist entnommen aus *T.*2026.905*b*.

75. Dies sind Bußrituale der T'ien-t'ai-Schule. Das *Fa-hua san-mei ch'an-i*, *T.*1941, ist verfaßt von Chih-

i; das *Chin-kuang-ming tsui-sheng ch'an-i*, *T.*1946, von Chih-li.

76. Seiner Biographie (*T.*2026.904*b*) zufolge erschien ihm während der Meditation der T'ien-t'ai-Meister Chih-li.

77. *Z.*134.320*b*, ohne Quellenangabe. Diese Erzählung illustriert die Kraft der Dhāraṇī, den Rezitierenden aus der Umzingelung durch Armeen oder Räuber zu befreien, wie es in *T.*1060,108*c*11 versprochen ist.

78. Dieses Zitat über das karmische Gesetz von Ursache und Vergeltung findet sich in dieser Form nicht im *Ch'ien-shou ching*. Die Quelle ist unklar.

79. *Z.*149.322*a*, ohne Quellenangabe.

80. *Z.*149.322*b*-323*a*. Dieses Nachwort des Verfassers ist noch einmal enthalten im *Kuan-yin ling-i chi*.

81. *Lu-o*, Gesang aus dem 5. Buch des *Shih-ching*. Es besingt die Trauer eines Sohnes, der seinen Eltern nicht bis zu ihrem Tode mit Kindespietät dienen konnte, da er durch den Dienst für seinen Prinzen davon abgehalten wurde. Zur Übersetzung dieses Liedes siehe S. Couvreur, *Cheu-king* [der chinesische Text mit einer zweifachen Übersetzung ins Französische und Lateinische] (Taichung 1967),

S. 261-263.

82. Hung-tsan folgt in seinem Verhalten ganz dem Vorbild Mu-liens, des chinesischen Helden der Kindespietät, der nach der vorgeschriebenen dreijährigen Trauerperiode für die verstorbenen Eltern buddhistischer Mönch wurde und das *Yü-lan p'en*-Fest für das Seelenheil seiner verstorbenen Mutter inaugurierte. Seine Geschichte berichtet folgendes: "From the time his parents passed away, Turnip completed the three-year mourning period of ritual sorrow: listening to music did not make him happy - his appearance became emanciated; eating fine foods gave him no pleasure - he wasted away to skin and bones." Dieses Zitat ist entnommen aus Stephen Teiser, *The Ghost Festival in Medieval China*, (Princeton, N.J. 1988), S. 198. Zu *Yü-lan p'en* siehe unten, Anm. 84.

83. Mit vollem Titel *Liu-tsu ta-shih fa-pao t'an-ching*, das Sūtra des sechsten Patriarchen der Ch'an-Schule, Hui-neng (683-713), *T.*2008. Zu der Übersetzung und Studie dieses Werkes siehe Wing-tsit Chan, *The Platform Scripture* (New York 1963); P. Yampolski, *The Platform Sūtra of the Sixth Patriarch* (New York 1967).

84. *Yü-lan p'en*-Fest, das "Geisterfest" in China, das am 15. Tag des 7. Mondmonats zur Rettung der Ahnen-

der Ahnenseelen aus der Hölle begangen wird. In Japan wurde es schon im Jahre 606 zu einem Teil des Hofrituales und hat sich als *Urabon, Obon* oder Bon-Fest als wichtigstes Fest für das Seelenheil der Verstorbenen bis in die Gegenwart erhalten. *Yü-lan p'en* bedeutet die Schale, in denen den Mönchen in der Absicht, die Ahnen von dem Los des "Kopfüber in der Hölle-Hängens" (*Yü-lan*) zu erlösen, Gaben gespendet werden. Dieses Fest beruht auf dem *Yü-lan p'en Sūtra*, *T.*685, Dharmrakṣa (265-313) zugeschrieben, und dem *Sūtra über das Opfern von Schalen, um Freundlichkeit zu vergelten*, *T.*686, anonym. Diese Sūtras enthalten die Anfangsversionen der Geschichte des Bodhisattva Mu-lien, der seine Mutter als pietätvoller Sohn aus der Hölle retten will. Die Sūtra-Erzählung konzentriert sich auf die Gründung des Festes durch den Buddha, seine Instruktionen zur Ausführung des Rituals und die Rolle der Mönche darin. Die Geschichte Mu-liens wurde seit der T'ang-Dynastie zum Gegenstand der wohl populärsten Erzählung, die als "Verwandlungsgeschichte" (*pien-wen*) unter dem Titel *Der Verwandlungstext über Mu-lien, der seine Mutter aus den dunklen Regionen rettet* von professionellen Geschichtenerzählern im Volk verbreitet wurde. Diese Erzählung beschreibt Mu-liens Reise in die Unterwelt, deren Schrecken detailliert ausgemalt werden. Dort trifft er seine Mutter als Hungergeist, der die auf gewöhnliche Weise vom Ahnenaltar gesandte Nahrung wegen seines engen Halses nicht aufnehmen kann. Der Buddha kommt Mu-lien zu Hilfe, indem er ihm die Ausführung des *Yü-lan p'en* Festes am 15. Tag des 7. Monats, wenn die Mönche aus ihrer Sommerklausur zurückkommen, aufträgt. Der Text endet mit dem Aufstieg der Mutter in den Himmel. Die umfassendste und neueste Studie über das Geisterfest ist das Buch von Stephen Teiser, *op. cit.*

85. Vergleiche die in *T.*1060.111*a*20-22 beschriebene Funktion dieser Hände: "Für den Wunsch der Wiedergeburt im Reinen Land der zehn Richtungen ist die Hand mit der blauen Lotusblume .... Für das Zusammentreffen mit allen Buddhas ist die Hand mit der purpurnen Lotusblume."

86. Zur Ahnenverehrung in China siehe A. Wolf, "Gods, Ghosts and Ancestors", *Religion and Ritual in Chinese Society* (Stanford 1974), S. 131-182; dazu Helen Hardacre, "Ancestor Worship", *The Encyclopedia of Religion*, vol. 1 (New York 1987), S. 263-267. Kenneth Ch'en vertritt die Meinung, daß die Lung-men-Inschriften mit ihren häufigen Bezügen auf Kindespietät auf die Veränderung, die der Buddhismus nach seiner Einführung in China erfahren habe, hinweise: "Buddhism started as a religion renouncing all family and social ties; yet in the inscriptions one meets again and again with prayers for the well-being of deceased ancestors, uttered

even by monks and nuns. These expressions of piety indicate that although the monks and nuns had joined the monastic order, their ties to family and ancestors still remained strong and enduring. This is a specific example of how Buddhism had adapted itself to contemporary social conditions in China" (*Buddhism in China*, S. 179). Dieser Meinung widerspricht Gregory Schopen anhand des Nachweises, daß indische Inschriften, die einige Jahrhunderte früher entstanden sind als die Lung-men-Inschriften, als Intention des Spenders schon ausdrücklich das Wohl von lebenden und verstorbenen Eltern und Ahnen angeben. Siehe dazu seinen Artikel "Filial Piety and the Monk in the Practice of Indian Buddhism: A Question of 'Sinicization viewed from the other Side'", *TP* LXX (1984), S. 110-126.

87. Zum *Yü-lan p'en*-Fest siehe Anmerkung 84. Der erste Beleg für die Ausführung des Festes in China stammt aus dem Jahr 561. Siehe dazu Teiser, *op. cit.*, S. 56ff.

88. Zur Entstehung, Verbreitung und Entwicklung der Miao-shan-Legende siehe die ausgezeichnete Studie von Glen Dudbridge, *The Legend of Miao-shan* (London 1978). Der Kult des Hsiang-shan ssu, der der Geburtsort der Legende war, wird darin im zweiten Kapitel, S. 10-19, behandelt.

89. Diese Version findet sich im *Lung-hsing fo-chiao pien-nien t'ung-lun*, einer Sammlung über die buddhistische Tradition in China zwischen A.D. 64 und A.D. 957. In *Z.*13, 277*b*-278*b*, Dudbridge, *op. cit.*, S. 25-34. Die Assoziierung der Miao-shan-Geschichte mit Tao-hsüan ist auch im *Ts'ung-jung lu*, *T.*2004 enthalten, in dem Hsing-hsiu (1156-1236) die Aussprüche und Thesen eines Vorgängers in der Ch'an-Tradition, Cheng-chüehs (1091-1157) kommentiert und erweitert. In einem Abschnitt über Avalokiteśvara mit den tausend Augen und Händen findet sich die kurze Bemerkung: "Ich habe die Behauptung gehört, daß der große Erbarmende einstmals Prinzessin Miao-shan war. Das wurde dem Vināya Meister Tao-hsüan von einem himmlischen Wesen erzählt." Das Argument geht weiter dahin, daß sich der Bodhisattva in unzähligen Formen manifestieren könne, wobei diese Erscheinungsform nur eine von unendlich vielen Möglichkeiten sei (261*c*).

90. Chinesische und japanische Studien zur *Pao-chüan*-Literatur haben gezeigt, daß diese Literatur in Beziehung zu den Lehren und sozialen Werten eines zwar lockeren aber beständigen Systems von religiösen Minderheits-Sekten in China stand, die von den Vertretern der etablierten Schule als heterodox verurteilt wurden. Die Legende Miao-shans und ihre Verbreitung muß vor dem Hintergrund des organisierten religiösen Kultes am Hsiang-shan gesehen wer-

den, von wo sie ihren Ausgang nahm. Zur Entstehung und Thematik der *Pao-chüan*-Literatur siehe Sawada Mizuho, *Hōken no kenkyū* (Nagoya 1963).

91. Siehe zu dieser Entwicklung Dudbridge, *op. cit.*, S. 44-73.

92. Die auf 1773 datierte Ausgabe des Textes ist bei Yoshioka Yoshitoyo, "Kenryūban *Kōzan hōken* kaisetsu", in *Dōkyō kenkyū* 4 (1971), S. 115-95 abgedruckt. Die mir vorliegende Ausgabe mit dem Titel *Ch'ung-k'o Kuan-shih-yin p'u-sa pen-hsing ching chien-chi*, 2 *chüan*, ist auf das Jahr T'ung-chih 10 (1872) datiert. Sie befindet sich in der Bibliothek des Instituts der Wissenschaften der Kyōto-Universität (Kyōto daigaku jinbun kagaku kenkyūshō).

93. Vgl. Dudbridge, *op. cit.*, S. 48-49.

94. Dudbridge, *op. cit.*, S. 50; Marjorie Topley, "Chinese Women's Vegetarian Houses in Singapore", in *Journal of the Malayan Branch of the Royal Asiatic Society* 27 (1954), S. 54.

95. *Ch'ung-k'o chien-chi*, S. 517, 518.

96. *Z.*149.293*b*.

97. *Kuan-yin ling-i chi*, Als Verfasser ist Wan-chün genannt, das Werk erschien 1924 und wurde bis 1927 in 18 Auflagen mit insgesamt 330.000 Bänden in Umlauf gebracht. Dieses Angabe stammt aus Tsukamoto Zenryū "Kinsei Shina taishū no joshin Kannon shinkō", in *Yamaguchi hakushi kanreki kinen Indogaku bukkyōgaku ronshū* (Kyōto 1955), S. 278. Das Werk ist nicht datiert und enthält auch keine Ortsangabe. Die mir vorliegende Ausgabe ist 1983 in Taipei, Hsin-wen-feng ch'u-pan-she erschienen.

98. Tsukamoto, *op. cit.*, S. 265. Der Verfasser weist auf eine andere Broschüre hin, die Wan-chün, einem Gelübde folgend, in einer Million Kopien in Umlauf brachte, nämlich das "Geistesmantra des Mahāsattva Avalokiteśvara im weißen Gewand (Pai-i Kuan-yin)". Auch diese Broschüre soll mit schönen Abbildungen von Avalokiteśvara in weiblicher Gestalt ausgestattet sein (S. 278). Broschüren dieser Art sind noch heute in Taiwan und Hongkong weit verbreitet. In vielen Heften mit der Dhāraṇī des großen Erbarmens ist ebenfalls die Dhāraṇī dieser Form von Avalokiteśvara im weißen Gewand abgedruckt. Zum Problem der Verwandlung des Bodhisattva Avalokiteśvara von einer männlichen in eine weibliche "Gottheit" siehe R. Stein, "Les transformations d'Avalokiteśvara", *op. cit.* (1986).

99. *Kuan-yin ling-i chi*, S. 128, S. 150, S. 184.

100. *Ebd.*, S. 195.

101. *Ebd.*, S. 202.

102. Siehe Tsukamoto, *op. cit.*, S. 272.

103. Von diesem Tatbestand konnte ich mich bei einem zweitägigen Aufenthalt auf P'u-t'o shan im Juni 1988 selbst überzeugen.

104. *Kuan-shih-yin p'u-sa ling-ying shih-chi shih-lu*, verfaßt von dem Laien Chih-ch'eng (Taipei 1985).

105. *Nan-hai p'u-t'o shan ch'uan-ch'i i-wen lu*, von dem Mönch Hsing-yün verfaßt.

106. *Ebd.*, S. 106, 117.

107. Als Herausgeber ist die Gesellschaft der rechten Tugend und liebevollen Güte (Cheng-te tz'u-shan hui) mit ihrem Hauptsitz in Kao-hsiung (Taiwan) genannt. Diese Gesellschaft hat in allen größeren taiwanesischen Städten Zweigstellen. Als Führer der Gesellschaft wird der im Bericht auch genannte Mönch Ch'ang-lü angegeben. Der Bericht befindet sich auf S. 7.

108. Diese Buddhahalle ist der Hauptsitz der Cheng-te tz'u-shan hui in Kao-hsiung.

109. Die Grundlage für diese Texte ist *Fo-chiao chao-mu k'o-sung*, das alle Texte für die morgens und abends anzustimmenden Sūtras und Gebete enthält. Die Ritualanweisungen in dieser heutzutage in allen chinesischen Tempeln benützten Textsammlung gehen auf die Mitte des 17. Jh. zurück. Vgl. dazu Kamata, *op. cit.*, S. 279. Die Dhāraṇī des großen Erbarmens ist auf der Liste für die Morgenrezitation als Punkt 3), und auf der Liste für die Abendrezitation als Punkt 6) aufgeführt. Vgl. *ebd.*, S. 15, 17.

110. Siehe die Studie von Yi T'ao-t'ien, "Records of the Life of Ch'an Master Pai-chang Huai-hai", in *Eastern Buddhist* VI, 1 (1975), S. 42-73, S. 42, Anm. 4.

111. *Z.*111.438-471, ins Japanische übersetzt und kommentiert in Kagamishima Genryū, *Zen'en shingi* (Tōkyō 1972).

112. Zu Tsung-tses Hinweis auf die Pai-chang-Regeln siehe Komagishima, *op. cit.*, S. 3. Die früheste Quelle zu Pai-chang, seine durch Ch'en-hsü im Jahre 818 verfaßte Grabschrift, enthält keinen Hinweis auf das *Pai-chang ch'ing-kuei* ("T'ang Hung-chou Po-chang shan ku Huai-hai ch'an-shih t'a-ming", *Ch'üan T'ang-wen*, fasc. 446, pp. 4b-7a). Uber Pai-chang's berühmte Regeln gibt es nur sehr kurze Notizen, die

seiner Biographie im *Sung kao-seng chuan*, *T.*2061.770*c*-771*a* und im *Ching-te ch'uan-teng lu*, *T.*2076.250*c*-251*b*, angehängt sind. Tsung-tse schloß die Information aus diesen Quellen am Schluß seiner eigenen Regeln unter dem Titel "Pai-chang-kuei sheng-sung" mit ein. Enthalten in Kagamishima, *op. cit.*, S. 340-352. Diese Quellenangaben entstammen dem Artikel von Carl Bielefeld, "Ch'ang-lu Tsung-tse and Zen meditation", in *Traditions of Meditation in Chinese Buddhism.* Studies in East Asian Buddhism No.4, Kuroda Institute (Honolulu 1986), S. 131, 154, Anm. 6.

113. *Z.*111.461*c*, Kagamishima, *op. cit.*, S. 286. Bei dieser Frage muß es sich um eine Anspielung auf Fall 89 aus dem *Pi-yen lu*, *T.*2003.213*c*19-26, handeln: "Yün-yen (782-841) fragte Tao-wu (769-840): 'Welchen Gebrauch macht der Bodhisattva des großen Erbarmens von seinen vielen Händen und Augen?' Tao-wu antwortete: 'Wie jemand, der in der Nacht die Hand ausstreckt, um sein Kissen zu glätten.' Yün-yen sagte: 'Ich habe verstanden.' Tao-wu sagte: 'Was hast du verstanden?' Yün-yen sagte: 'Auf dem ganzen Körper (*pien-shen*) sind Hände und Augen.' Tao-wu sagte: 'Du hast es ganz zutreffend gesagt. Aber du triffst nur achtzig Prozent der Wahrheit.' Yün-yen sagte: 'Mitbruder, wie würdest Du es sagen?' Tao-wu sagte: 'Der ganze Körper (*t'ung-shen*) ist Hände und Augen.'" Dieser

Fall ist auch im *Ts'ung-jung lu*, *T.*2004.261*b*2-*c*4, aufgenommen.
Siehe die englische Übersetzung des Falles und des sich anschließenden Kommentares bei Thomas Cleary, *The Blue Cliff Record*, vol. 3 (London 1977), S. 571-577. Der Fall inspirierte Dōgen (1200-1253), den Begründer der japanischen Sōtō-Schule, so sehr, daß er ihm unter der Überschrift "Kannon" einen ausführlichen Kommentar im *Shōbōgenzō* widmete. Siehe D. Ōkubō, *Dōgen zenji zenshū* (Tōkyō 1969), vol. 1, S. 169-174; übersetzt bei John Stevens und Nishiyama Kōsen, *A Complete English Translation of Dōgen Zenji's Shōbōgenzō* (Tōkyō 1975), vol. 1, S. 64-67.

114. *T.*2025, nochmals enthalten in *Z.*111.236-289. Ins Japanische übersetzt in *Kyik.*, *Shoshūbu* 9. Im folgenden abgekürzt als *Ch'ih-hsiu ch'ing-kuei*. Zur Diskussion von Entstehung und Aufbau des Werkes siehe die Einleitung in *Kyik.*, *Shoshūbu* 9, S. 196-204, dazu Sato Tatsugen, *Chūgoku bukkyō ni okeru kairitsu no kenkyū* (Tōkyō 1986), S. 533-539.

115. Dieser Berg heißt auch Ta-hsiung shan. Pai-chang errichtete auf ihm im Jahre 784 den Pai-chang ssu, in dem er die Klosterregeln verfaßt haben soll. Siehe hierzu Sato, *op. cit.*, S. 534.

116. *Z.*112.472-474.

117. *Z*.112.1-28. Im Folgenden abgekürzt als *Ts'ung-lin ch'ing-kuei*.

118. *Z*.111.28-75. Im Folgenden abgekürzt als *Ch'an-lin ch'ing-kuei*.

119. Vergleiche Sato, *op. cit.*, S. 534-536.

120. *Tan-wang*, Bezeichnung für den ersten und 15. Tag jeden Monats, also für Neumond und Vollmond. Mo.2707.

121. *T*.2025.1114*b*22-26.

122. Vgl. Sakauchi Tatsuo, *Darani no hanashi* (Yokohama 1975), S. 15.

123. Die Dhāraṇī ist dem *Shih-sheng kuang-ta wei-te hsiao-tsai chi-hsiang t'o-lo-ni ching*, *T*.963, entnommen. Zu seiner Übersetzung siehe Kimura, Takenaka, *op. cit.*, S. 147-152.

124. Die Dhāraṇī aus dem *Mahamegha-Sūtra*, *T*.989.

125. *T*.2025.1115*a*8-17.

126. Siehe *T*.2025.1118*a*9, 1118*c*28. Vergleiche *Z*.112.33*a*11, 33*b*13, und *Z*.112.23*b*12.

127. *T.*2025.1118*c*28, 1119*a*1.

128. Vergleiche *T.*2025.1119*a*11, *Z.*112.34*a*13, *Z.*112.23*b*12.

129. Die Dhāraṇī aus dem *Śūramgama-Sūtra*, *T.*945.

130. *Z.*112. 61*a*7-15, *T.*2025.1127*b*23-c18.

131. *T.*2025.1128*a-c*. In *Z.*112.62*a* ist nur die abschließende Rezitation durch den Vorsteher genannt.

132. Die Dhāraṇī-Rezitation während der Abschluß-zeremonie wird genannt in *Z.*112.62*a*8, *T.*2025. 1129*a*4. Die Überführung in den Stūpa in *Z.*112.62*c*12-63*a*5; *T.*2025.1129*a*6-26. Zu einer Beschreibung der gesamten Bestattungszeremonie des Abts siehe *Hōbōgirin* VI, Artikel "Dabi", S. 581-582.

133. *Z.*112.64*b*10, *T.*2025.1130*a*22.

134. *T.*2025.1147*c*6-1149*a*29. Zur Nennung der Dhāraṇī in dieser Zeremonie: 1147*c*26, 1148*a*1, *b*12, *b*16, *c*15, 1149*a*25.

135. Siehe die Einleitung in *Kyik.*, *Shōshūbu* 9, S. 202.

136. *Z.*111.290-399.

137. Nach *Kyik.*, *Shoshūbu* 9, S. 203.

138. Vgl. *Huang-po ch'ing-kuei*, *T.*2607. Es nennt die Dhāraṇī bei folgenden Gelegenheiten: bei der täglichen Morgen- und Abendrezitation (*T.*2607.772*a*4, a8), bei der Opferung von Speisen (772*a*16), bei der Zeremonie des Freilassens von Tieren (*fang-sheng*, 772*a*27), bei der Rezitation vor der Ahnentafel (772*b*27, 779*a*2), beim Aufstellen der Ahnentafel in der Ahnenhalle (779*b*9), bei der Überführung der Asche in den Stupa (780*a*12) und beim Servieren der täglichen Reisbreimahlzeit (781*a*28).

139. Vgl. Kimura und Takenaka, *op. cit*, S. 2-3. Sie geben die Dhāraṇīs im *Ch'ih-hsiu ch'ing-kuei* als Quelle für die gegenwärtig in der Rinzai-Schule gebrauchten Dhāraṇīs an. Sakauchi betont in seiner Studie der Dhāraṇīs in der Zen-Schule die Tatsache, daß die Dhāraṇī des großen Erbarmens in beiden Schulen verwendet werde. Siehe dazu seinen Artikel "Zenka no shingon", in *Mikkyō kenkyū* 11 (1979), S. 62-78, bes. S. 63; ebenfalls ders., "Sōtōshū ni okeru mikkyō no juyō" in *Mikkyō kenkyū* 7 (1975), S. 146-159, bes. S. 146. Die Regeln der Sōtō-Zenklöster basieren hauptsächlich auf den von Dōgen Zenji im dreizehnten Jahrhundert aufgestellten Zen-

Regeln, dem *Eihei dai shingi*, *T.*2584, in dem die Rezitation der Dhāraṇī nur für den Küchenmönch beim Zubereiten von Reis und Gemüse vorgeschrieben ist. Siehe die Ausgabe von Ando Bunei, *Eihei dai shingi tsūge* (Tōkyō 1936[1], 1972[2]), S. 447.

140. Das *Ch'an-lin k'o-sung* ist abgedruckt bei Kamata, *op. cit.*, S. 642-721, das *Fo-chiao chao-mu k'o-sung*, *ebd.*, S. 443-446. Zur Diskussion dieser Texte siehe Kamata, *op. cit.*, S. 277-279.

141. Der Ursprung dieser Zeremonie geht auf das von Amoghavajra verfaßte Ritual *Yü-chia chi-yao yen-k'ou shih-shih i*, *T.*1320, zurück. Die heutige Form des Rituals stammt nach der Vermutung Kamatas erst aus der K'ang-hsi-Periode (1662-1723) der Ch'ing-Dynastie. Vgl. *op. cit.*, S. 22. Nach De Visser propagierte Amoghavajra die *Fang yen-k'ou*-Zeremonie als Teil des *Yü-lan p'en*-Festes. Seine Beschreibung des *Yü-lan p'en* in China beruht auf den Arbeiten von de Groot (*Les fêtes annuellement célébrées à Emoui* und "Buddhist masses for the dead") . Vgl. De Visser, *Ancient Buddhism in Japan*, vol. 1 (Leiden 1935), S. 84-88. Zum Bon-Fest in Japan vgl. *ebd.*, S. 88-91. Holmes Welch gibt in *The Practice of Chinese Buddhism, 1900-1950* (Cambridge, Mass. 1967), eine Beschreibung des Rituals in China und betont dabei auch den finanziellen Aspekt der zeremoniellen Ahnenverehrung.

Vgl. *op. cit.*, S. 185-204. Daß die Einnahmen für die Tempel ein wichtiger Nebeneffekt der Zeremonien sind, konnte ich bei meinem dreitägigen Aufenthalt im Juni 1986 auf P'u-t'o shan feststellen. Dort wurde im Haupttempel jeden Abend die *Fang yen-k'ou*-Zeremonie ausgeführt. Nach den Erklärungen der Mönche kommen viele ihrer Spender aus Taiwan, Hongkong oder Singapur. Das aus den Zeremonien eingenommene Geld wird zum großen Teil für den Wiederaufbau der in der Kulturrevolution (1966-1976) zerstörten Tempel verwendet. Im Yü-fo ssu in Shanghai erfuhr ich, daß sich die Einnahmen aus den Ahnenseelenfeiern auf 40.000 *Yüan* wöchentlich belaufen.

142. Siehe oben, Kap. IV.2.

143. Zu der Beschreibung eines solchen Beichtritus (sanskrit *pravāraṇā*), der das Ende der dreimonatigen Klausur der Mönche während der Regenzeit markiert, siehe Jean Przyluski, *Le concile de Rājagṛha. Introduction à l'histoire des canons et des sectes bouddhiques*. Buddhica, Mémoires, tome 2, Paris 1926, S. 268-259. Die Dissertation von Rhi Ki-yong, "Aux origines du 'Tch'an-houei'. Aspects bouddhiques de la pratique pénitentielle" (Louvain 1960), behandelt die indischen Grundlagen der Beichte und ihre Einführung in China.

144. Die Entwicklung der Beichte in Form einer Anrufung der Buddha-Namen, die die meditative Visualisierung der angerufenen Buddhas und Bodhisattvas ermöglicht, wird von Kuo Li-ying in ihrer Dissertation "La confession et les actes de contrition dans le bouddhisme chinois du Ve au Xe siècle" (Paris 1988) aufgezeigt. Zur Diskussion der Begriffe *hui-kuo*, "Bereuen von Überschreitungen" und *ch'an-hui*, "Um Vergebung bitten und bereuen", siehe De Visser, *op. cit.*, S. 249-256. Der Begriff *ch'an-hui* begann ab dem 5. Jahrhundert vorzuherrschen. Wie *hui-kuo* bedeutet er Buße, nicht aber Beichte (*ebd.*, S. 393). Zu Ritual und Geschichte der "Buße anhand von Buddha-Namen" (*Butsumyōzange*) in Japan siehe *ebd.*, S. 377-393.

145. Die Titel dieser Sūtras sind in den beiden ältesten buddhistischen Katalogen, dem *Ch'u san-tsang chi-chi*, *T.*2145 (Anfang 6. Jh.), und dem *Chung-ching mu-lu*, *T.*2146 (Ende 6. Jh.) verzeichnet. Zur inhaltlichen Beschreibung siehe Kuo, *op. cit.*, S. 202ff. Eine Analyse und Rekonstruktion der Tun-huang-Manuskripte findet sich bei Inokuchi Taijun, "Tonkōbon Butsumyōkyō no sho keitō", in *Tōhōgakuhō* 35 (1964), S. 397-437.

146. Siehe *Hōbōgirin* III, Artikel "Butsumyō", S. 209*b*. Zu Chih-lis Interpretation der zehnfachen Anrufungsformel siehe Kap. III, Anm. 23. Sie bringt

eben dieses Verständis zum Ausdruck, daß das Anrufen des Bodhisattva Avalokiteśvara das Anrufen der Selbstnatur sei.

147. Siehe *T.*262.9*a*.56*c*. Die Anrufungsformel ist in folgenden Sūtras der Buddhanamen zu finden: *T.*440, *T.*443, *T.*444, *T.*447.

148. *T.*2844. Siehe Kap. II.6.

149. *T.*2844.1296*b*3-4.

150. Das ebenfalls als Dhāraṇī rezitierte *Herz-Sūtra*, *T.*251. Hier zeigt sich, daß die in den taiwanesischen Ausgaben des *Ch'ien-shou ching* enthaltene Kombination dieser beiden Texte sehr frühen Datums ist. Vgl. Kap. I.6, S. 29.

151. *Chih-chüeh ch'an-shih tzu-hsing lu*, *Z.*111.78*b*2-3, 81*a*1-3. Als Autor des Textes ist Wen Chung aus der Sung-Dynastie genannt. Zur Erklärung der Buße der sechs Sinne siehe *ebd.*, S. 81*c*4-82*a*1. Die Biographie von Chih-chüeh, mit Mönchsnamen Yen-shou, findet sich im *Sung Kao-seng chuan*, *T.*2061.887*b*, und im *Fo-tsu t'ung-chi*, *T.*2035.264*b*27-265*a*7. Ihr zufolge hat er die 108 Punkte der täglichen Praxis im Jahre 961 verfaßt.

152. *T.*1916.485*c*2, siehe Kuo, *op. cit.*, S. 100.

153. *Fo-tsu t'ung-chi*, *T.*2035.264*c*7. Zur Beschreibung des *Lotus*-Bußrituals, *Fa-hua ch'an-fa*, *T.*46.949*b*-955*c*, siehe Stevenson, *op. cit.*, S. 64-72.

154. *T.*1950. Es ist unter dem Verzeichnis seiner Schriften in *T.*1937.919*c*18 aufgeführt. Zur Übersetzung der in diesem Ritualtext enthaltenen Kommentare zum *Ch'ien-shou ching* siehe Kapitel II.

155. *Ssu-ming tsun-che chiao-hsing lu*, *T.*1937.919*c*22, 29, 920*a*4 ebenfalls in *T.*2035.193*c*25-27.

156. *T.*2035.*c*24.

157. *T.*2037.*c*19.

158. *Z.*129.27-31.

159. *Z.*129.27*a*2-4.

160. *Z.*129.30*a*18-*b*1.

161. Nach Kamata, *op. cit.*, S. 21. Von den insgesamt sieben Eintragungen enthalten drei Datierungen. In der ersten Eintragung von Ming-pen (1263-1323) wird das Jahr 1310 genannt (*Z.*129.30*a*2), in der dritten Eintragung von Te-hai (1256-1372) das Jahr 1319 (30*b*4) und schließlich in der vierten Eintragung von Pu-jung (1251-1320) das Jahr 1320 (30*b*8).

162. Siehe Kamata, *op. cit.*, S. 22, dazu Anm. 36.

163. *Ting-li*, abgekürzte Form von *ting-li fo-tsu*, "mit der Stirn die Füße des Buddha verehren". Dies ist eine Verbeugung, in der mit der Stirn der Boden berührt wird, um allerhöchsten Respekt auszudrücken. Siehe *Hōbōgirin* IV, Artikel "Chōrai", S. 371-379.

164. Die stillen Meditationen und Gebete sind in allen Ausgaben des chinesischen Textes wie Kommentare kleingedruckt. Sie stimmen mit Chih-lis Ritualanweisungen überein.

165. *Z*.129.27*a*9-b3, entspricht *T*.1950.973*c*5-12.

166. *San-ch'eng* (*triyāna*), die drei Fahrzeuge zur Überquerung des Saṁsāra, die den drei Klassen der Śrāvakas, Pratyekabuddhas und Bodhisattvas, d.h. den drei Richtungen innerhalb des Buddhismus, nämlich Hīnayāna, Madhyamayāna, Mahāyāna, entsprechen. So.78a.

167. *Z*.129.72b5-11, *T*.1950.974*b*6-17.

168. Die Perlen aus dem Netz des Indra, das über seinem Palast hängt, sind ein Bild aus dem *Avataṃsaka-Sūtra*, *T*.278, *T*.279, anhand dessen die vollkommene gegenseitige Durchdringung von Absolutem und

Phänomenalem, sowie aller Phänomene untereinander veranschaulicht wird: "Alle Perlen hängen zusammen. In jeder Perle spiegeln sich die anderen. Wenn man eine Perle greift, greift man alle, wenn man eine Perle schaut, schaut man alle." Zitiert nach H. Dumoulin, *Geschichte des Zen-Buddhismus* (Bern 1985), Bd. 1, S. 52. Zu einer Darstellung von Lehre und Geschichte des auf dem *Avatamsaka-Sūtra* beruhenden Hua-yen-Buddhismus siehe Francis H. Cook, *Hua-yen Buddhism. The Jewel Net of Indra* (University Park and London 1977).

169. *Z.*129.72*b*16-18, *T.*1950.974*b*21-24.

170. *Z.*129.28*a*9-10, *T.*1950.973*c*28.

171. *Z.*129.28b8-a8, *T.*1950.975*c*28-976*a*14 (der Text setzt ohne den Vorspann direkt mit "Na-mo Avalokiteśvara ..." ein).

172. *Z.*129.28*a*13-b2, *T.*1950.976.*a*18-23.

173. *Z.*129.29*b*13-17, *T.*1950.976*c*1-6.

174. *San-yeh*, die drei Aktivitäten sind diejenigen von Körper, Mund und Geist, So.68b; *liu-ken*, die sechs Sinne, sind Auge, Ohr, Nase, Zunge, Körper und Geist, So.135*b*.

175. *Z.*129.29*c*18-*a*4, *T.*1950.976*c*15-17.

176. *Ssu-en*, die vierfache Gnade durch die Eltern, Lehrer, den König und die Stifter, Moro.4682.69.

177. *San-yü*, die Bereiche der Begierden, der Form und der Formlosigkeit, So.68*a*.

178. *Erh-szu*, die beiden Todesarten, sind natürlicher Tod und gewaltsamer Tod, So.28a.

179. *San-te*, die drei Tugenden eines Buddha sind a) sein universaler Körper der Lehre (*dharmakāya*), b) seine Weisheit (*prajñā*), c) seine Freiheit von allen Fesseln (*vimukti*), So.64b.

180. *Z.*129.29*a*6-15, *T.*1950.976*c*21-25.

181. *Z.*129.29*a*16-*b*15, *T.*1950.976*c*26-977*a*17.

182. *Z.*129.30*a*, *T.*1950.977*a*29-*b*2.

183. Die mir vorliegende Ausgabe aus Hongkong enthält unter dem Titel des *Ch'ien-shou ching* den *Taishō*-text *T.*1060, die Abbildungen der 84 Formen von Avalokiteśvara, die mit den Silben der Dhāraṇī assoziiert werden, die Abbildung der 42 Hände mit ihren Attributen und Dhāraṇīs, das Bußritual Chih-lis (*T.*1950) und das *Ta-pei ch'an-fa* mit den

geringfügigen Abweichungen von dem Text in *Z*.129. Sie ist publiziert von Hongkong Buddhist Book Distributor, am 19. Tag des 2. Monates (mit der Anmerkung: "am Geburtstag von Avalokiteśvara") 1984. Meine aus einem Tempel in Fu-lung stammende Ausgabe des *Ta-pei ch'an-fa* stimmt mit dem Hongkonger Text überein. Sie ist als "not for sale" gekennzeichnet und in Fu-lung gedruckt. Als Herausgeber werden die Namen der zahlreichen Spender genannt, die den Druck ermöglicht haben. Die Angabe der Jahreszahl fehlt.

184. Nach dem BKD. VI.406, stammen zwei weitere Drucke, die in der Bibliothek der Universität Kyōto zugänglich sind, aus den Jahren 1916 und 1917. Der gesamte Text ist abgedruckt bei Kamata, *op. cit.*, S. 337-443. Das Bußritual findet sich auf S. 384-387.

185. Siehe Tsukamoto, *op. cit.*, S. 263.

186. *Kuan-shih-yin p'u-sa sheng-tan chu-i*. Dieser Text ist abgedruckt bei Kamata, *op. cit.*, S. 43-44, außerdem auch in einer der in Taiwan veröffentlichten Ausgaben des *Ch'ien-shou ching* (Taipei 1988) als Anhang abgedruckt.

187. *Ch'ing Kuan-yin hsiao-fu tu-hai t'o-lo-ni san-mei i*, *T*.1949. Zum *Ch'ing Kuan-yin ching*, *T*.1043,

siehe Kap. I.5, zur Biographie Tsun-shih's Kap. IV.2.

188. *Kannon zembō*, veröffentlicht von Sōtō-shu shumuchō (Tōkyō 1966[1], 1981[2]). Eine Beschreibung des Rituals findet sich in Gotō, *op. cit.*, S. 263-273.

189. Arima Raitei, "Kannon zembō" in *Shōmyōtaikei*, Bd. 6 (Kyōto 1984), S.22. Der Autor gibt die Geschichte der Einführung und Ausbreitung des Rituals in Japan sowie eine ausführliche Beschreibung seiner Vorbereitung und Ausführung in *Koji junrei, Kyōto, Shōkokuji*, Bd. 2 (Tōkyō 1976), S. 99-111.

190. Ein Beerdigungsritual, das im Jahre 1921 in dem kleinen Dorf Otani, Provinz Nagano abgehalten wurde, ist von Matsumoto Sōjun in "Taishō irai no Kotani mura no butsuji (tokuni sōshiki) ni tsuite", *Sōtō shū jissen sō sho*, Bd. 9 (Shizuoka 1985), S. 285-301, beschrieben.

191. *T.*945.128*b*22-24.

192. *T.*2004, 262*a*10. Der Zusammenhang bezieht sich auf den Fall Nr. 89 aus dem *Wu-men kuan*. Siehe dazu Kap. IV.4, Anm. 113.

193. *T.*1950,974c14-15, Vgl. Kap. II, Anm. 23.

194. Chih-i unterscheidet in seinem Werk über den Zugang zu den Stadien der Meditation (*T.*1916) zwischen drei Formen von Buße, nämlich die Buße 1) durch die Handlungen (*tso-fa ch'an-hui*), 2) durch die Betrachtung von Zeichen (*kuan-hsiang ch'an-hui*) und 3) durch die Betrachtung des Ungeborenen (*kuan wu-sheng ch'an-hui*). Zur Erklärung der Leere der Sünde zitiert er folgende Stelle aus dem *Sūtra der Betrachtung*, *T.*277.393*b*10-13: "Das Meer aller Karmabehinderungen ist ein Produkt der Illusion. Diejenigen, die bereuen wollen, müssen sich richtig setzen und die wahre Natur der Dharmas betrachten. Alle Sünden sind wie Reif und Morgentau, die die Sonne der Weisheit schmelzen lassen kann. Daher muß man aus ganzem Herzen die Wurzeln der sechs Sinne bereuen." Chih-i nennt diese Form der Buße "die Buße der Abwesenheit des Zeichens von Sünde (*wu-tsui-hsiang ch'an-fa*)", die durch die Meditation über die Leere erlangt wird und unter seine dritte Kategorie der Buße fällt. Um die Leere der Sünde zu verstehen, muß der Praktikant großes Erbarmen gegenüber der Welt entwickeln und die tiefen Quellen für alle Sünden, nämlich die durch Seinsverhaftung entstehenden drei Gifte von Gier, Haß und Verblendung erkennen. Der Praktikant kommt schließlich durch die Erkenntnis der Leere aller Gedanken, damit der Leere der Verhaftung, zur Erkenntnis der Leere der Sünden. Es ist diese dritte Form der Buße, die die Sünden der Unwissen-

heit und Seinsverhaftung durch die Erkenntnis der wahren Natur aller Dharmas tilgen kann. *T.*1916.486*a-c*, zusammengefaßt in Kuo, *op. cit.*, S. 104-108.

195. Vgl. oben.

196. *Wu-yün*, die fünf Daseinsfaktoren (Sanskr. *skandha*) sind 1) Materie, Form (*rūpa*), 2) Empfinden (*vedanā*), 3) Geistiges Unterscheiden (*sañjñā*), 4) Willensregungen (*saṁskāra*), 5) Bewußtsein (*vijñāna*). So.126.

197. *T.*251*c*6-8.

# Konklusion

Die Antwort auf die Frage, warum das *Ch'ien-shou ching* und die Dhāraṇī des großen Erbarmens im chinesischen Buddhismus solch eine herausragende Bedeutung gewonnen haben, ist so vielschichtig wie die in dieser Arbeit beschriebenen Vorstellungen, die mit dem Bodhisattva Avalokiteśvara und der Kraft seiner Dhāraṇī verbunden sind. Das Fundament all dieser Vorstellungen ist das Gelübde des Bodhisattva, so lange auf die mit dem endgültigen Eintritt ins Nirvāṇa gleichbedeutende höchste Erleuchtung zu verzichten, bis er alle Lebewesen aus ihrer leidvollen Existenz im karmischen Kreis von endlosen Wiedergeburten gerettet hat. Diese grundlegende Vorstellung der Erleuchtung im Verzicht auf die Erleuchtung ist die Essenz des Bodhisattvagelübdes und ebenso in den geschickten Mitteln (*upāya*), die dem Bodhisattva zur Rettung der Lebewesen zur Verfügung stehen, enthalten. Die klassische Formulierung des Gelübdes, das in dieser Form am weitesten verbreitet ist und täglich in den Tempeln der Ch'an-Sekte rezitiert wird, stammt von dem T'ien-t'ai-Meister Chih-i:

"Lebewesen sind unzählbar.
Ich gelobe, sie (aus dem Ozean des Leidens) zu retten.

Verwirrung ist unerschöplich.
Ich gelobe, sie ganz zu beheben.
Die Tore des Dharma sind endlos.
Ich gelobe, sie alle zu kennen.
Der Weg des Buddha ist unübertroffen.
Ich gelobe, ihn voll zu realisieren."[1]

Chih-li hat in seinem Kommentar zu den zehn Bodhisattvagelübden im *Ch'ien-shou ching* die Tatsache herausgestellt, daß sie wie alle Gelübde auf diesen vier Gelübden beruhen. Wie der Vergleich des *Ch'ien-shou ching* mit Chih-t'ungs Übersetzung des *Ch'ien-pi ching* gezeigt hat, kommt das Gelübde ausschließlich im *Ch'ien-shou ching* vor, in dem auch die Verwandlung von Avalokiteśvara in seine Gestalt mit tausend Händen und Augen als das Ergebnis seines Gelübdes, allen Lebewesen "Nutzen, Frieden und Freude" zu spenden, erklärt wird. Das *Ch'ien-pi ching* beschreibt diese Verwandlung jedoch lediglich als die furchterregende dämonenunterwerfende Gestalt von Avalokiteśvara. Das Gelübde des *Ch'ien-shou ching*, dessen Bedeutung zusätzlich durch seinen Einschluß in das von Chih-li verfaßte Bußritual des tausendhändigen Avalokiteśvara und in das mit *Ta-pei ch'i-ch'ing* betitelte Tun-huang-Manuskript erhellt wird, ist demnach ein erster und wichtiger Aspekt zur Erklärung der Popularität des *Ch'ien-shou ching*.

Verbunden mit dem Gelübde ist die Einsicht, daß zur Erlösung der Lebewesen die Umwandlung ihrer Gesinnung notwendig ist. Diese Umwandlung vollzieht sich im

Bereuen von Sünden und der Buße, wozu sowohl im *Ch'ien-shou ching* als auch im *Ch'ien-pi ching* immer wieder aufgerufen wird. Dabei ist der Dhāraṇī die unbegrenzte Kraft zugesprochen, sowohl die eigenen Sünden als auch diejenigen aller anderen Lebewesen aller Zeiten zu tilgen. Da das Bußritual heute noch in den der Tradition des chinesischen Buddhismus angehörenden Tempeln Südostasiens ausgeführt wird und die Dhāraṇī auch weiterhin Bestandteil des japanischen *Kannon zembō* ist, zeigt sich die mit der Funktion der Dhāraṇī verbundene Vorstellung der Sündenauslöschung als ein weiteres wichtiges Element des *Ch'ien-shou ching*.

Wenn wir auch annehmen können, daß die Mönche, deren Biographien im vierten Teil der Arbeit vorgestellt wurden, das *Ch'ien-shou ching* lasen und mit seinem Inhalt vertraut waren, so wird dies bei den Laiengläubigen selten der Fall gewesen sein. Während man heutzutage in Taiwan und in Hongkong vielerlei kleine Hefte und Broschüren findet, in denen hinter der Dhāraṇī das Verdienst der Rezitation, nämlich die fünfzehn Arten der guten Wiedergeburten, das Vermeiden der fünfzehn Arten von schlechtem Tod, der zehnfache Geist des großen Erbarmens und die Wiedergeburt im Reinen Land abgedruckt ist, müssen diese Vorteile den buddhistischen Laiengläubigen ab der T'ang-Zeit mündlich von den Meistern erklärt worden sein, wie es auch noch heute in Taiwan geschieht.

Die im *Ch'ien-shou ching* beschriebenen Verdienste der Dhāraṇī sind die Summierung all der Vorstellungen, die in den vorangehenden Texten mit der Gestalt des Bodhisattva Avalokiteśvara verbunden worden sind.

Im *P'u-men p'in* des *Lotus-Sūtra* zeichnet sich die Gestalt des Bodhisattva Avalokiteśvara durch zwei distinkte Züge aus. Als Wunderwirkender, der seine aus Weisheit und Erbarmen gewonnenen geschickten Mittel zur Rettung aller Lebewesen in Not und Gefahr einsetzt, ist Avalokiteśvara Gegenstand einer Verehrung, deren Anliegen in erster Linie das Erlangen von materiellen Vorteilen im hiesigen Leben ist, sei es die Geburt eines gesunden Sohnes oder der Schutz vor allerlei Gefahren und Krankheiten.

Obgleich der Bodhisattva unter seinen dreiunddreißig Verwandlungsformen auch die Gestalt eines Buddha oder Pratyekabuddha annehmen kann, ist sein Wirken dennoch auf die Vollendung der Buddhaschaft hingeordnet, so wie es in der symbolischen Übergabe des kostbaren Halsbandes an den Buddha zum Ausdruck kommt. Da das Anrufen von Avalokiteśvara außer den weltlichen Vorteilen auch den spirituellen Vorteil der Freiheit von den Leidenschaften verspricht, hat Avalokiteśvara selbstverständlich selbst an diesem höchsten spirituellen Status der Buddhaschaft Anteil. Sein Wirken erstreckt sich ebenso auf den Bereich des Materiellen und Profanen als auch auf denjenigen des Spirituellen und Sakralen, wobei die Entdeckung des Sakralen im Profanen, oder anders ausgedrückt, des Transzendenten im Immanenten, Nirvāṇa im Samsāra, ihm in beiden Bereichen die vollkommene Bewegungsfreiheit verleiht, die im *Herz-*

*Sūtra* durch die Formel "Form (das Materielle) ist Leere (das Absolute)" als unzertrennliche Einheit erklärt ist.

Zur Erfüllung der materiellen und spirituellen Wünsche bietet das *Ch'ien-shou ching* die Verbindung der im *Lotus-Sūtra* gelehrten Anrufung von Avalokiteśvara mit der Rezitation der Dhāraṇī an. Auch wenn der Name von Buddhas und Bodhisattvas im *Reines-Land-Sūtra* als Selbstnatur erläutert und die zehnfache Anrufung von Avalokiteśvara im *Ch'ien-shou ching* von Chih-li als Rückkehr zu unserer ursprünglichen Avalokiteśvara-Natur erklärt wird, so ist das Verständnis dieser spirituellen Dimension der Namensanrufung bei der Mehrzahl der Gläubigen, die Avalokiteśvara aus Frömmigkeit oder um Hilfe in speziellen Sorgen anrufen, nicht vorauszusetzen.

Dasselbe läßt sich für die Dhāraṇī-Rezitation, deren Motivation und Praxis in Kapitel IV untersucht wurden, feststellen. Besonders die jüngsten Berichte über die Wunderwirkungen der Rezitation propagieren vorwiegend ihren profanen Nutzen, der z.B. in der Krankenheilung durch das Wasser des großen Erbarmens oder der Austreibung von schädlichen, durch konkurrierende taoistische Gottheiten ausgelösten Kräften besteht. In diesem Zusammenhang ist festzuhalten, daß weder die Mönche noch die Laien, die die Dhāraṇī täglich rezitieren, den Sinn der Silben verstehen oder zu verstehen suchen. Dieses Verständnis ist für die Auslösung der magischen Wirkungen ganz unwesentlich; es könnte sie im Gegenteil geradezu hemmen, wenn der

Rezitierende, anstatt sich in voller Konzentration in den Lauten der Dhāraṇī selbst zu vergessen, in bewußter Weise über ihren Sinn nachdenken würde.

Die Dhāraṇī-Rezitation hat demnach, je nach dem Bewußtseinsstand desjenigen, der sie ausführt, zwei angestrebte Ziele. Das erste ist die Erfüllung der weltlichen Wünsche, zu der durch die Dhāraṇī die helfenden und beschützenden Kräfte einer nach außen projizierten, barmherzigen Rettergestalt, nämlich des Bodhisattva Avalokiteśvara als eines Wunderwirkenden, beschworen werden. Die mit den Silben der Dhāraṇī assoziierten vierundachtzig Erscheinungsformen von Avalokiteśvara geben dieser Vorstellung seiner unbegrenzten magischen Verwandlungsmöglichkeiten zum Schutz des Dhāraṇī-Rezitierenden Ausdruck.

Die auch in der Symbolik der vierzig Hände versprochene Erfüllung der weltlichen Wünsche ist jedoch wiederum nur ein geschicktes Mittel zur Erreichung des spirituellen Zieles der Buddhaschaft in dem Bewußtseinszustand, zu dem Fan-ch'i (1296-1370) mit folgenden Worten ermahnt: "Kuan-yin ist nicht außerhalb zu suchen, sondern ist das plötzliche Erwachen der Selbstnatur. Kuan-yin bist Du. Du bist Kuan-yin."[2]

Der Bodhisattva wird als religiöses Ideal dann mißverstanden, wenn man ihn vor dem Hintergrund einer dualistischen Trennung zwischen Übernatürlichem und Natürlichem, Transzendentem und Immanentem, idealem Wesen und gewöhnlichem Wesen zu begreifen sucht. Das Transzendente und Übernatürliche enthüllt sich dem menschlichen Bewußtsein vor allem im Unvollkommenen, so wie es der Abstieg von Avalokiteśvara in die unteren Existenzbereiche der Tiere, Hungergeister und Höllen und seine vollkommene Identifizierung mit ihnen anzeigt.

Die Vorstellung, daß Avalokiteśvara sogar als Prostituierte junge Männer, die ihre Dienste in Anspruch nehmen, von ihren weltlichen Leidenschaften befreit, beruht auf eben derselben mahāyānistischen Grundvoraussetzung von der im Lotus symbolisierten ursprünglichen Reinheit der allen Lebewesen eigenen Buddhanatur, die durch den Schlamm der Leidenschaften ebenso wenig verunstaltet werden kann wie der Lotus, der in ihm seinen Nährboden findet.

Da das chinesische Denken die Hölle jedoch als einen sehr konkreten und nach weltlich-bürokratischen Gesetzen verwalteten Ort auffaßt, an dem den Verstorbenen ihren menschlichen Vergehen entsprechend die gerechte Strafe zugeteilt wird, beinhaltet der Kult von Avalokiteśvara als des Retters aus der Hölle weniger das spirituelle Anliegen der eigenen geistigen Befreiung aus der Hölle der Unwissenheit und Leidenschaft, sondern vielmehr einen Akt der Kindespietät gegenüber den verstorbenen Ahnen. In diesem Sinne bezeichnete der Kaiser Yung-lo die im *Ch'ien-shou ching* enthaltene Lehre des Tathāgata als die Lehre der "Loyalität gegenüber den Vorgesetzten und der Kindespietät gegenüber den Eltern."

Dieses ethische Postulat der Kindespietät gegenüber den Eltern findet in der legendären Gestalt der Prinzessin Miao-shan als Inkarnation des tausendhändigen

Avalokiteśvara gerade dadurch eine spirituelle Lösung, daß es zunächst nicht befolgt wird. Erst die Tatsache, daß Miao-shan gegen den Befehl des Vaters ein den gesellschaftlichen und familiären Zwängen entzogenes religiös autonomes Leben führt, gibt ihr die Voraussetzung für die Rettung des Vaters aus seiner Hölle von Zorn und Krankheit. Miao-shan ist der Ausdruck dafür, daß der Bodhisattva Avalokiteśvara nicht nur ein transzendent-zeitloses Wesen ist, sondern auch daß er seine religiöse Laufbahn als normaler Mensch, und dazu noch als Frau, beginnen und vollenden kann. Die drei Etappen im Leben Miao-shans, nämlich Geburt, der Beginn der religiösen Praxis und die Erleuchtung, werden in China immer noch durch die Rezitation der Dhāraṇī oder die Ausführung des Bußrituals in Erinnerung gehalten und geehrt.

Wie die Einbeziehung des Bußrituals in Beerdigungs- und Totengedenkfeiern zeigt, wird es als ein Akt der Kindespietät ausgeführt, der durch die Tilgung der Sünden der Verstorbenen und der Lebenden die Harmonie zwischen dem Reich der Toten und der Lebenden etabliert.

Doch das Gebot der Kindespietät und seine Befolgung basieren nicht auf dem Bewußtsein, daß Avalokiteśvara nichts anderes ist als unsere ursprüngliche Natur. In den Geschichten über die Wirkungen der Dhāraṇī-Rezitation ist das tugendhafte und pietätvolle Verhalten des Rezitierenden oft ausdrücklich herausgestellt. Die Kindespietät gegenüber den Ahnen ist ein ethischer und religiöser Akt, der durch die Mittlerfunktion des Bodhisattva Avalokiteśvara zur Rettung der Ahnen aus einer bildlich vorgestellten Höllensituation führt. In diesem Zusammenhang ist die Vorstellung von der durch die Dhāraṇī-Rezitation bewirkten Verdienstübertragung ein weiterer Anhaltspunkt zur Enträtselung der Wichtigkeit gerade dieser Dhāraṇī.

An dieser Stelle ist es angebracht, bei der Funktion der Dhāraṇī in allen Bußfeiern, Beerdigungsriten und Totengedenkfeiern wiederum zwischen dem Verständnis der Mönche, die die diesbezüglichen monastischen Regeln des *Ch'ih-hsiu ch'ing-kuei* befolgen, und den Vorstellungen der für ihre verstorbenen Angehörigen betenden Laien, die die Dhāraṇī-Rezitation entweder in Auftrag geben oder selbst ausführen, einen Unterschied zu machen. Während Avalokiteśvara für die letzteren ebenso von außen zur Rettung der Ahnen eingreift wie Miao-shan zur Heilung ihres Vaters, müssen sich die Mönche der Ch'an-Tradition bei der Vorstellung von einer wunderbaren Erscheinung des Bodhisattva mit tausend Armen und Augen mit zwei Fragen auseinandersetzen. Die im *Ch'an-yüan ch'ing-kuei* enthaltene Frage zur täglichen Selbstüberprüfung lautet "Habe ich tausend Arme oder nicht"?[3] Diese Frage ist die Essenz des Kōan Nr. 89 aus dem *Pi-yen lu*, der dem Rinzai-Zenschüler auch heute noch vorgelegt wird:

"Yün-yen fragte Tao-wu: 'Welchen Gebrauch macht der Bodhisattva des großen Erbarmens von seinen vielen

Händen und Augen?' Tao-wu antwortete: 'Wie jemand, der in der Nacht die Hand ausstreckt, um sein Kissen zu glätten.' Yün-yen sagte: 'Ich habe verstanden.' Tao-wu sagte: 'Was hast du verstanden?' Yün-yen sagte: 'Auf dem ganzen Körper sind Hände und Augen.' Tao-wu sagte: 'Du hast es ganz zutreffend gesagt. Aber du triffst nur achtzig Prozent der Wahrheit.' Yün-yen sagte: 'Mitbruder, wie würdest du es sagen?' Tao-wu sagte: 'Der ganze Körper ist Hände und Augen.'"[4]

Dieser Kōan fordert dazu auf, alles Wissen und alle Spekulation über das Wirken des Bodhisattava aufzugeben und statt dessen seinen eigenen Leib in tausend Augen und Hände zu verwandeln, selbst unbegrenztes Erbarmen zu entfalten. Er lädt zu einer religiösen Erfahrung ein, in der das hohe Ideal der Freiheit von Sein und Nichtsein, der transzendente Symbolismus eines übernatürlichen Wesens und der immanente Bereich des gewöhnlichen sterblichen Menschen miteinander verschmolzen sind. Diese Verschmelzung ist nichts anderes als die persönliche Realisierung der Erlösungslehre des Mahāyāna, deren Essenz Conze folgendermaßen faßt: "... Es ist wirklich der Buddha in uns, der die Suche (nach dem Nirvāṇa) ausführt, und die Buddhanatur in uns, die die Buddhaschaft sucht."[5]

Nach den grundlegenden philosophischen Kategorien des Buddhismus steht "Buddha" im allgemeinen für "Weisheit", während "Bodhisattva" für "Erbarmen" steht.

Doch im Bodhisattva Avalokiteśvara bilden diese beiden Aspekte eine unzertrennbare Einheit. Im *Herz-Sūtra* durchschaut er die Leere des Seins, während er im *Lotus-Sutra* und *Ch'ien-shou ching* sein auf der Weisheit der Erkenntnis beruhendes Erbarmen allen Lebewesen zuwendet. Dieses Erbarmen realisiert sich in seinem unbeschränkten Wirken durch tausend Hände. Während der gewöhnliche Mensch aufgrund seiner Egozentrik oft noch nicht einmal seine zwei Hände richtig zu gebrauchen weiß, liegt das Geheimnis des spontanen und immer angemessenen Wirkens der tausend Hände von Avalokiteśvara darin, daß er in seinem Geist keine Unterscheidung zwischen "Ich" und "Du" macht. Das ist die Erklärung des Dichters Su Tung-p'o (1036-1101), die hier abschließend angeführt wird:

> "Wenn ich von jemandem verlange, in seiner linken Hand eine Axt und in seiner rechten ein Messer zu halten, die fliegenden Gänse mit seinen Augen zu zählen und den Donner der Trommeln mit seinen Ohren zu messen, Umstehenden mit seinem Kopf zuzunicken und dabei die Treppenstufen mit seinen Füßen zu erklimmen, dann wird sogar ein Zauberer am Ende seiner Weisheit sein. Wie sollte er dann erst mit tausend Händen unterschiedliche Objekte halten und mit tausend Augen unterschiedliche Dinge sehen können?
>
> Aber wenn ich in der Meditation sitze, in der alle Gedanken zum Schweigen gebracht sind, in einem Bewußtseinszustand mit der Klarheit eines großen

hellen Spiegels, dann erscheint mir eine Vielfalt von Menschen, Geistern, Vögeln und Tieren, und in mir eine Mischung von Formen, Tönen, Gerüchen und Geschmäcken. Ohne daß auch nur ein Gedanke entsteht, reagiere ich auf alles, wobei alle Reaktionen angemessen sind. Die Wahrheit ist die gleiche, auch ohne daß ich wirklich tausend Hände ausstrecke und tausend Augen bewege."[6]

## Anmerkungen zur Konklusion

1. *Mo-ho chih-kuan*, *T.*1911.56*a*11 ff.

2. "Kuan-yin ta-shih tsan", in *Ch'u-shih Fan-ch'i ch'an-shih yü-lu*, *Z.*124.106*b*9-10. Vgl. hierzu auch Kamata, *Kannonkyō kōwa* (Tōkyō 1977[1], 1980[2]), S. 1ff. Er interpretiert den Inhalt des *P'u-men p'in* als Lehre, die jedem einzelnen Menschen den Weg zeigt, selbst Kannon zu werden. In *Kannon no michi* (Tōkyō 1980), S. 114-115, beschreibt er als den ersten Schritt zur Realisierung unserer Identität mit Kannon die Rezitation des Kannon-Sūtra vor einer Statue dieses Bodhisattva. Die Betrachtung der Statue und Rezitation des Sūtra sind der notwendige Läuterungsprozeß.

3. Vgl. Kap. IV.4.

4. Vgl. Kap. IV.4, Anm. 113. Zur Übersetzung und Interpretation des Falls s. Louis Gomez, "From the Extraordinary to the Ordinary: Images of the Bodhisattva in East Asia", in D. Lopez und S. Rockefeller (eds.), *The Christ and the Bodhisattva* (New York 1987), S. 141-193, S. 158-159.

5. E. Conze, *Buddhism: Its Essence and Development* (New York 1959), S. 149.

6. "Ta-pei ko-chi", in *Su Tung-p'o chi*, *chüan* 40, Wan-yu wen-k'u 6:111. Zitiert in Tay, *op. cit.* (1987), S. 100.

# Bibliographie

BIBLIOGRAPHIE

## Abkürzungen

Die in der Arbeit verwendeten Abkürzungen von Sūtra-Titeln und Nachschlagewerken sind in der Bibliographie mit einem Asteriskus (*) gekennzeichnet. Ebenfalls mit einem Asteriskus versehen sind die Sanskrit-Titel der entsprechenden Sūtras.

| | |
|---|---|
| An. | Anonymus |
| BKD | *Busshō kaisetsu daijiten* |
| DNBZ | *Dai Nihon Bukkyō Zensho* |
| HJAS | *Harvard Journal of Asiatic Studies* |
| K. | *Kao-li ta-tsang ching* |
| Kamata | ders., *Chūgoku bukkyō no girei* |
| Kyik. | *Kokuyaku issai kyō* |
| Mik.D. | *Mikkyō daijiten* |
| Mo. | *Mochizuki Shinkō, Bukkyō daijiten* |
| Moro. | *Morohashi Tetsuji, Dai kanwa jiten* |
| P. | Pelliot-Manuskripte in Lionel Giles, *Descriptive Catalogue of the Chinese Manuscripts from Tunhuang in the British Museum* |
| Pt. | *Pei-ching t'u-shu-kuan ts'ang Tun-huang i-shu mu-lu* |
| S. | Stein-Manuskripte in Lionel Giles, *ibid.* |
| So. | Soothill, *A Dictionary of Chinese Buddhist Terms* |
| T. | *Taishō shinshū daizōkyō* |
| TP | *T'oung Pao* |
| Z. | *Zokuzōkyō* |

## Quellen


*A-mi-t'o ching* 阿彌陀經, Kumārajīva 鳩摩羅什 (Chiu-mo-lo-shih, 350-402), *T.*366, **Sukhāvatīvyūha.*

*A-mi-t'o san-yeh san-fo sa-lou-fo-t'an kuo-tu-jen-tao ching* 阿彌陀三耶三佛薩樓佛檀過度人道經, Chih-ch'ien 支謙 (um 168-257), *T.*362, **Sukhāvatīvyūha.*

*Asabashō* 阿娑縛抄, Shōchō 承澄, (1205-1282), DNBZ.35-41.

*Byakuhōkushō* 白寶口抄, Ryōson 亮尊 (um 1287), *T.*3119.

*Byakuhōshō* 白寶抄, Chōen 澄圓 (geb. 1218), *T.*3191.

*Ch'an-lin k'o-sung* 禪林課誦, Edition von 1893, Kamata, S. 642-721.

*Ch'an-lin pei-yung ch'ing-kuei* 禪林備用清規, I-huo 弌咸 (verf. 1311), *Z.*111.28-75, ****Ch'an-lin ch'ing-kuei.***

*Ch'an-men jih-sung* 禪門日誦, Edition von 1834, Kamata, S. 337-443.

*Ch'an-yüan ch'ing-kuei* 禪苑清規, Ch'ang-lu Tsung-tse 長蘆宗賾 (verf. 1103), *Z.*111.438-471, ****Ch'an-yüan ch'ing-kuei.***

*Ch'i-fo pa-p'u-sa so-shuo ta t'o-lo-ni shen-chu ching* 七佛八菩薩所說大陀羅尼神呪經, An., (317-420) *T.*1332.

*Ch'ien-kuang-yen Kuan-tzu-tsai p'u-sa pi-mi fa ching* 千光眼觀自在菩薩祕密法經, Svara 蘇嚩羅 (Su-fo-lo, T'ang), T.1065, ****Ch'ien-kuang-yen ching.***

*Ch'ien-shou ch'ien-yen Kuan-shih-yin p'u-sa kuang-ta yüan-man wu-ai ta-pei-hsin t'o-lo-ni ching* 千手千眼觀世音菩薩廣大圓滿無礙大悲心陀羅尼經, Bhagavad-dharma 伽梵達摩 (Ch'ieh-fan ta-mo, um 650), *T.*1060,

***Ch'ien-shou ching.***

*Ch'ien-shou ch'ien-yen Kuan-shih-yin p'u-sa chih-ping ho-yao ching* 千手千眼觀世音菩薩治病合藥經, Bhagavaddharma, *T.*1059, ***Ch'ien-shou ho-yao ching.***

*Ch'ien-shou ch'ien-yen Kuan-shih-yin p'u-sa lao t'o-lo-ni shen ching* 千手千眼觀世音菩薩姥陀羅尼身經, Bodhiruci 菩提流志 (P'u-ti liu-chih, -727), *T.*1058, ***Ch'ien-shou lao t'o-lo-ni ching.***

*Ch'ien-shou ch'ien-yen Kuan-shih-yin p'u-sa ta-pei-hsin t'o-lo-ni* 千手千眼觀世音菩薩大悲心陀羅尼, Amoghavajra 不空 (Pu-k'ung, 705-744), *T.*1064.

*Ch'ien-shou ch'ien-yen Kuan-tzu-tsai p'u-sa kuang-ta yüan-man wu-ai ta-pei hsin t'o-lo-ni chu pen* 千手千眼觀自在菩薩廣大圓滿無礙大悲心陀羅尼呪本, Vajrabodhi 金剛智 (Chin-kang-chih, 669-741), *T.*1061.

*Ch'ien-shou ching erh-shih-pa-pu chung shih* 千手經二十八部衆釋, Jōjin 定深 (um 1108), *T.*2243.

*Ch'ien-shou Kuan-yin tsao tz'u-ti-fa i-kuei* 千手觀音造次第法儀軌, Śubhākarasiṁha 善無畏 (Shan-wu-wei, 637-753), *T.*1068, ***Ch'ien-shou i-kuei.***

*Ch'ien-shou-yen ta-pei-hsin-chu hsing-fa* 千手眼大悲心呪行法, Chih-li 智禮 (960-1028), *T.*1950.

*Ch'ien-shou-yen ta-pei-hsin-chu hsing-fa* 千手眼大悲心呪行法, Tu-t'i 讀體 (1600-1679), *Z.*129.27-31, ***Ta-pei ch'an-fa.***

*Ch'ien-yen ch'ien-pi Kuan-shih-yin p'u-sa t'o-lo-ni shen-chu ching* 千眼千臂觀世音菩薩陀羅尼神呪經, Chih-t'ung 智通 (605-653), *T.*1057[a+b], ***Ch'ien-pi ching.***

*Chih-chüeh ch'an-shih tzu-hsing lu* 知覺禪師自行録，Wen Ch'ung 文冲 (Sung), *Z.*111.77-84.

*Ch'ih-hsiu pai-chang ch'ing-kuei* 勅修百丈清規，Te-hui 德輝 (verf. 1338), *T.*2025, **Pai-chang ch'ing-kuei*.

*Chin-kuang-ming ching* 金光明經，T'an Wu-ch'an 曇無讖 (385-453), *T.*663, **Suvarṇaprabhāsa-Sūtra*.

*Chin-kang-ting yü-chia ch'ien-shou ch'ien-yen Kuan-tzu tsai p'u-sa hsiu-hsing i-kuei ching* 金剛頂瑜伽千手千眼觀自在菩薩修行儀軌經，Amoghavajra 不空 (Pu-k'ung), *T.*1056.

*Chin-shih ts'ui-pien* 金石萃編，Wang Ch'ang 王昶 (Ch'ing), Edition von 1893, Shanghai.

*Ch'ing-ching Kuan-tzu-tsai p'u-sa-hsin t'o-lo-ni ching* 青頸觀自在菩薩心陀羅尼經，Amoghavajra 不空 (Pu-k'ung), *T.*1111.

*Ch'ing Kuan-shih-yin p'u-sa hsiao-fu tu-hai t'o-lo-ni chou ching* 請觀世音菩薩消伏毒害陀羅尼呪經，Nan-ti 難提 (317-420 in China), *T.*1043, **Ch'ing Kuan-yin ching*.

*Ch'u san-tsang chi-chi* 出三藏記集，Seng-yu 僧佑 (445-518), *T.*2145.

*Ch'u shih Fan-ch'i ch'an-shih yü-lu* 楚石梵琦禪師語録，*Z.*124.36-108.

*Chu wei-mo-chieh ching* 注維摩詰經，Seng-chao 僧肇 (384-414), *T.*1775.

*Ch'ung k'o Kuan-shih-yin p'u-sa pen-hsing ching chien-chi* 重刻觀世音菩薩本行經簡集，An., Edition von 1871, Shih-chia t'ang, **Hsiang shan pao chüan*.

*Dai Nihon bukkyō zensho* 大日本佛教全書，100 Bde.,

Tōkyō, 1970-73, **DNBZ*.

*Dai Nihon zokuzōkyō* 大日本續藏經, 150 Bde., Taipei, 1968-70, **Z*.

*Eihei dai shingi* 永平大清規, Dōgen 道元 (1200-1253), *T.*2584.

*Fa-hua san-mei ch'an-i* 法華三昧懺儀, Chih-i 智顗 (538-579), *T.*1941.

*Fan-yin ta-pei chou* 梵音大悲咒, Hang-chou 1828.

*Fo-chiao chao-mu k'o-sung* 佛教朝暮課誦, Kamata, S. 443-463.

*Fo-kuo Yüan-wu ch'an-shih pi-yen lu* 佛果圜悟禪師碧巖録, Ch'ung-hsien 重顯 (980-1052), K'o-ch'in 克勤 (1063-1135), *T.*2003, **Pi-yen lu.*

*Fo-tsu t'ung chi* 佛祖統紀, Chih-p'an 志磐 (verf. 1258-1269), *T.*2035.

*Hishōmondō* 祕鈔問答, Raiyu 頼瑜 (1226-1304), *T.*2536.

*Huang-po ch'ing-kuei* 黃檗清規, Yin-yüan Long-ch'i 隠元隆琦 (1592-1673), *T.*2607.

*I-chien chih* 夷堅志, Hung-mai 洪邁 (1123-1202), Chūbun shuppan sha 中文出版社, Kyōto, 1975.

*Ju chung jih-yung ch'ing-kuei* 入衆日用清規, Tsung-shou 宗寿 (verf. 1209), *Z.*112.472-474.

*K'ai-yüan shih-chiao lu* 開元釋教録, Chih-sheng 智昇 (669-740), *T.*2154, **K'ai-yüan-lu.*

*Kakuzenshō* 覺禪鈔, Kakuzen 覺禪 (1143-1218), *T.*3022.

*Kannon zembō* 観音懺法, Hrsg. *Sōtōshū Shūmuchō* 曹洞宗宗務庁, Tōkyō, 1966, Neuauflage 1981.

*Kao-li ta-tsang ching* 高麗大藏經, 49 Bde., Seoul, 1976, **K*.

*Kokuyaku Issaikyō, Wakansenjutsubu* 國譯一切經和漢撰述部, 101 Bde., Tōkyō, 1936-, **Kyik*.

*Kuan wu-liang-shou fo-ching* 觀無量壽佛經, Kālayaśas 畺良耶舍 (Chiang-liang-yeh-shih, um 424), *T.*365.

*Kuan-shih-yin p'u-sa ling-ying shih-chi shih-lu* 觀世音菩薩靈應事跡實録, Chih-ch'eng 智成, Taipei, 1985.

*Kuan-shih-yin p'u-sa sheng-tan chu-i* 觀世音菩薩聖誕祝儀, Kamata, S. 43-44.

*Kuan-yin ching ch'ih-yen chi* 觀音經持驗記, Chou K'o-fu 周克復 (verf. 1659), *Z.*134.477-495.

*Kuan-yin ling-i chi* 觀音靈異紀, Wan-chün 萬鈞, Taipei, 1983.

*Kuan-yin tz'u-lin chi* 觀音慈林集, Hung-tsan 弘贊 (verf. 1668), *Z.*149.291-323.

*Kuo-ch'ing pai lu* 國清百録, Kuan-ting 灌頂 (561-632), *T.*1934.

*Miao-fa lien-hua ching* 妙法蓮華經, Kumārajīva, *T.*262, **Saddharmapuṇḍarīka*.

*Mo-ho chih-kuan* 摩訶止觀, Chih-i 智顗, *T.*1911.

*Nan-hai p'u-t'o shan ch'uan-ch'i i-wen lu* 南海普陀山傳奇異聞録, Chu-yün Fa-shih 煮雲法師, Taipei, 1985.

*Pan-jo p'o-lo-mi-to hsin-ching* 般若波羅蜜多心經, Hsüan-tsang 玄奘, *T.*251, *Prajñāpāramitāhṛdaya.

*P'u-sa ti-ch'ih ching* 菩薩地持經, T'an Wu-ch'an 曇無讖, *T.*1581, **Bodhisattvabhūmi*.

*Pei-hua ching* 悲華經, T'an Wu-ch'an 曇無讖, *T.*157, **Karuṇāpuṇḍarīka-Sūtra*.

*San-pao kan-ying yao-lüeh lu* 三寶感應要略録, Fei-chuo 非濁 (1032-1063), *T.*2084.

*San-kuo i-shih* 三國遺事, Ilyon 一然 (I-jan, 1206-1289), *T.*2039.

*Shih-i-mien Kuan-shih-yin shen-chu ching* 十一面觀世音神呪經, Yaśogupta 耶舍崛多 (Yeh-she-chüeh-to, um 561), *T.*1070.

*Shih-shih chi-ku lüeh* 釋氏稽古略, Chüeh-an 覺岸 (1266-1355), *T.*2037.

*Ssu chiao i* 四教義, Chih-i 智顗, *T.*1929.

*Ssu-ming tsun-che chiao-hsing lu* 四明尊者教行録, Tsung-hsiao 宗曉 (1151-1214), *T.*1937.

*Su Tung-p'o chi* 蘇東坡集, Wan-yu wen-k'u 萬有文庫 6.

*Sung kao-seng chuan* 宋高僧傳, Tsan-ning 贊寧 (919-1001), *T.*2061.

*Ta-ch'eng chuang-yen pao-wang ching* 大乘莊嚴寶王經, T'ien Hsi-tsai 天息災 (?-1000), *T.*1050, **Kāraṇḍavyūha-Sūtra.*

*Ta-ch'eng pei-fen-t'o-li ching* 大乘悲分陀利經, An. (zw. 350-431), *T.*158, **Karuṇāpuṇḍarīka-Sūtra.*

*Ta-chih-tu lun* 大智度論, Nāgārjuna 龍樹 (Lung-shu, 3. Jh.), Kumārajīva, *T.*1509, *Mahāprajñāpāramitā-śāstra.

*Ta fo-ting ju-lai mi-yin hsiu-cheng liao-i chu-p'u-sa wan-hsing shou leng-yen ching* 大佛頂如來密因修證了義諸菩薩萬行首楞嚴經, Pāramiti 般剌蜜帝 (P'an-la-mi-ti, um 705), *T.*945, **Suramgamasūtra.*

*Ta nieh-p'an ching* 大涅槃經, T'an Wu-ch'an 曇無讖, *T.*374, **Mahāparinirvānasūtra.*

*Ta-pei ch'i-ch'ing* 大悲啓請, St.2566, *T.*2843.

*Ta-pei-chou chi-chieh* 大悲咒集解, San-ch'ung, 1983.

*Ta-pei-hsin-chou hsiang-chieh* 大悲心咒像解, Hang-chou, 1985.

*Ta-t'ang hsi-yü chi* 大唐西域記, Pien-chi 辯機 (um 645), Hsüan-tsang 玄奘 (602-664), *T.*2087.

*T'ai-p'ing kuang-chi* 太平廣記, Li Fang 李昉 (925-996), Peking 1959.

*Taishō shinshū daizōkyō* 大正新修大藏經, 100 Bde., *Tōkyō*, 1924-34, **T.*

*T'ang ta-ho-shang tung-cheng chuan* 唐大和尚東征傳, Genkai 元開 (1093-1156), *T.*2089.

*T'ien-p'in miao-fa lien-hua ching* 添品妙法蓮華經, Jñānagupta 闍那崛多 (She-na-chüeh-to, 523-600), *T.*264, **Saddharmapuṇḍarīka.*

*Tsa a-han ching* 雜阿含經, Guṇabhadra 求那跋陀羅 (Ch'iu-na-pa-t'o-lo, 367-431), *T.*99.

*Ts'ung-lin chiao-ting ch'ing-kuei tsung-yao* 叢林校定清規總要, Wei-mien 惟勉 (verf. 1274), *Z.*112.1-28, * *Ts'ung-lin ch'ing-kuei.*

*Tsung-shih t'o-lo-ni i-tsan* 總釋陀羅尼義讃, Amoghavajra (Pu-k'ung) 不空, *T.*902.

*Tz'u-yin* 慈音, Cheng-te tz'u-shan hui 正德慈善會, Kao-hsiung, April 1988.

*Wan-sung lao-jen p'ing-ch'ang t'ien-t'ung-chüeh ho-shang sung-ku tsung-jung an lu* 萬松老人評唱天童覺和尚頌古從容庵録, Hsing-hsiu 行秀 (1156-1236), *T.*2004, **Tsung-jung lu.*

*Wu-liang ch'ing-ching p'ing-teng-chüeh ching* 無量清淨平等覺經, Lokakṣema 支婁迦讖 (Chih-lou-chia-ch'an, um 167-186), *T.*361, **Sukhāvatīvyūha.*

*Wu-liang-shou ching* 無量壽經, Saṃghavarman 康僧鎧 (K'ang Seng-kai, um 252), *T.*360, **Sukhāvatīvyūha*.

*Yung-ch'uan shih-shih* 永川詩式, Liang Ch'iao 梁橋 (Ming), jap. Edition von 1659, Kyōto.

*Yü-chia chi-yao yen-k'ou shih-shih i* 瑜伽集要焰口施食儀, Amoghavajra (Pu-k'ung) 不空, *T.*1320.

*Yü-lan-p'en ching* 盂蘭盆經, Dharmarakṣa 竺法護 (Chu Fa-hu, 265-313), *T.*685.

## Sekundärliteratur

Abegg, Ernst.

*Der Messiasglaube in Indien und Iran*. Berlin/Leipzig, 1928.

Andō, Bun'ei 安藤文英.

*Eihei dai shingi tsūge* 永平大清規通解. Tōkyō, 1972.

Arima, Raitei 有馬頼底.

"Kannon Zembō" 観音懺法. *Shōmyōtaikei* 聲明大系, Bd. 6 (Kyōto 1984), S. 22-47.

---- *Koji junrei, Kyōto, Shōkokuji* 古寺巡礼，京都，相国寺. Tōkyō, 1976.

Astley-Kristensen, Ian.

"The Five Mysteries of Vajrasattva: A Buddhist Tantric View of Enlightenment". *Temenos* 24 (1983), S. 7-27.

Auboyer, Janine.
"Moudra et hasta ou le langage par les signes". *Oriental Art*. London, 1951. S. 153-161.

Bakshi, Dwjendra Nath.
*Hindu Divinities in Japanese Buddhist Pantheon*. Calcutta, 1979.

Beal, Samuel.
*Si-Yu-ki: Buddhist Records of the Western World*. London, 1884.

Bhattacharrya, Benoyotosh.
*The Indian Buddhist Iconography*. Calcutta, 1958.

Bielefeld, Carl.
"Ch'ang-lu Tsung-tse and Zen meditation". *Traditions of Meditation in Chinese Buddhism* (Studies in East Asian Buddhism No. 4, Kuroda Institute). Honolulu, University of Hawaii Press, 1986. S. 129-163.

Birnbaum, Raoul.
"Avalokiteśvara". *The Encyclopedia of Religion*, vol. 2. New York, 1987, S. 11-14.

---- *Studies on the Mysteries of Mañjuśrī. A group of East Asian maṇḍalas and their traditional symbolism*. (Society of Chinese Religions Monograph No. 2). 1983.

---- "Thought on T'ang Buddhist Mountain Traditions and their Context". *T'ang Studies* 2 (1984), S. 5-23.

---- *The Healing Buddha*. London, 1980. (Vgl. die Besprechung von C. N. Tay in *History of Religions* 21:2 [1978], S. 191-93.)

*Bussho kaisetsu daijiten* 佛書解說大辞典. 13 Bde. Hrsg. Ono Gemmyō 小野 玄明. Tōkyō, 1933-36. * BKD.

*Catalogue des manuscrits chinois de Touen-huang (Fonds Pelliot Chinois)*. Tome 1 (Nr. 2001-2500), tome 2 (Nr. 3000-3500). Paris, 1970- . * P.

Ch'an, Wing Tsit.

*The Platform Scripture*. New York, 1963.

Chandra, Lokesh.

"The origin of Avalokita-Svara/Avalokiteśvara" (Ein unveröffentlichtes Manuskript). New Delhi, 1986.

Chavannes, Edouard.

*Cinq cents contes et apologues extraits du Tripīṭaka chinois*. Paris, 1962.

Ch'en, Kenneth.

*Buddhism in China*. Princeton, N.J., 1964.

---- "Filial Piety in Chinese Buddhism". *HJAS* 28 (1968), S. 81-97.

---- *The Chinese Transformation of Buddhism*. Princeton, N.J., 1973.

Chou, Yi-liang 周一良.

"Tantrism in China". *HJAS* 8 (1944-1945), S. 241-332.

Cleary, Thomas.

*The Blue Cliff Record*. London, 1977.

Conze, Edward.

*Buddhism: Its Essence and Development*. Oxford, 1951 (Neuauflage New York, 1959).

Cook, Francis, H.

*Hua-yen Buddhism. The Jewel Net of Indra*. University Park/London, 1977.

Cooraswamy, A.K.

*Elements of Buddhist Iconography*. Cambridge, Mass., 1935.

Couvreur, Séraphin.

*Cheu-king*. Ho kien fou, 1896 (Repr. Taichung, 1967)

*Ta Pei Chou* 大悲咒, *The Great Compassion Mantra*. Huang Chin-i 黃金儀 (Hrsg). Taipei (ohne Datum).

Davidson, J.L.

*The Lotus Sutra in Chinese Art*. New Haven, 1954.

Demiéville, Paul.

*Choix d'études bouddhiques*. Leiden, 1973.

Dudbridge, Glen.

*The Legend of Miao-shan*. Oxford, 1978. (Vgl. die Besprechung von Anna Seidel in *The Journal of Asian Studies* 38:4 [August 1979], S. 770-771).

Dumoulin, Heinrich.

*Geschichte des Zen Buddhismus*, 2 Bde. Bern, 1985.

Duquenne, Robert.

"Darani". *Hōbōgirin* VII (im Druck).

Dykstra, Yoshiko K.

*Miraculous Tales of the Lotus Sutra from Ancient Japan*. Tōkyō, 1983.

Edgerton, F.

*A Buddhist Hybrid Sanskrit Dictionary*. New Haven, 1953.

Eliot, Sir Charles.

*Japanese Buddhism*. London, 1953

Filiozat, Jean.

"La medecine indienne et l'expansion bouddhique en

Extrême Orient". *Journal Asiatique* 224 (1934), S. 301-307.

Forte, Antonino.

"The Activities in China of the Tantric Master Manicintana (Pao-ssu-wei 寶思惟: ? - 721 A.D.) from Kaschmir and his Northern Indian Collaborators". *East and West*, N.S., Vol. 34:1-3 (Sept. 84), S. 301-345.

Foucher, Alfred.

*The Beginnings of Buddhist Art*. Paris/London, 1917.

Frank, Bernard.

"Vacuité et corps actualisé". *Le temps de reflexion VII, Corps des dieux*. Charles Malamond, Jean Pierre Vernant (eds.). Paris, 1986. S. 141-171.

Fujita, Kōtatsu 藤田宏達.

*Genshi jōdō shisō no kenkyū* 源始浄土思想の研究. Tōkyō, 1970.

Gage, R.L.

*Art in Japanese Esoteric Buddhism*, New York/Tōkyō, 1972.

Gernet, Jacques.

"Les suicides par le feu chez les bouddhistes chinois de V[e] au Xe siècle". *Mélanges publiés par l'Institut des Hautes Etudes Chinois*, II. Paris, 1960. S. 527-558.

Getty, Alice.

*The Gods of Northern Buddhism: Their History, Iconography, and Progressive Evolution through the*

*Northern Buddhist Countries*. London, 1928 (Neuaufl. 1962).

Giles, Lionel.

*Descriptive Catalogue of the Chinese Manuscripts from Tunhuang in the British Museum*. London, 1952.

Gomez, Luis O.

"From the Extraordinary to the Ordinary: Images of the Bodhisattva in East Asia". Donald S. Lopez, Steven C. Rockefeller (eds.), *The Christ and the Bodhisattva*. New York, 1987. S. 141-193.

Gotō, Daiyō 後藤大用.

*Kannon bosatsu no kenkyū* 観音菩薩の研究. Tōkyō, 1958.

Govinda, Anagarika.

*Grundlagen tibetischer Mystik*. Zürich, 1956.

De Groot, J.J.M.

*The Religious System of China*. Leiden, 1892-1910.

---- *Les fêtes annuellement célébrées à Emoui (Amoy), étude concernant la religion populaire des Chinois*. (Annales du Musée Guimet, vol. XI und XII). Paris, 1986.

---- "Buddhist masses for the dead". *Actes du sixième congrès international des orientalistes*, Part 4, Sec. 4. Leiden, 1885.

Gulik, R.H. van.

*Hāyagrīva: The Mantrayānic Aspect of Horse Cult in China and Japan*. Leiden, 1935.

---- *Siddham*. Nagpur, 1956.

Ha Tae-Hung, Grafton K. Mintz.
*Samguk Yusa. Legends and History of the Three Kingdoms of Ancient Korea.* Seoul, 1972.

Haar, Eric.
"Contributions to the Study of Maṇḍala and Mudrā". *Acta Orientalia* 23 (1958), S. 57-91.

Hardacre, Helen.
"Ancestors". *The Encyclopedia of Religion*, vol. 1 (New York, 1987), S. 263-268.

Hatta Yukio 八田幸雄.
*Shingon jiten* 真言辞典. Tōkyō, 1985.

Hauer, J.W.
"Die Dhāraṇī im nördlichen Buddhismus". *Beiträge zur indischen Sprachwissenschaft und Religionsgeschichte.* Stuttgart, 1922, S. 1-25.

Hayami, Tasuku 速水侑.
"Narachō no Kannon shinkō ni tsuite" 奈良朝の観音信仰について. In ders. (Hrsg.), *Kannon shinkō* 観音信仰. Tōkyō, 1983, S. 139-158.

---- "Heian jidai ni okeru Kannon shinkō no henshitsu" 平安時代における観音信仰の変質. *ebd.*, S. 167-200.

Heinemann, Robert.
*Chinese-Sanskrit/Sanskrit-Chinese Dictionary of Words and Phrases as used in Buddhist Dhāraṇī.* Tōkyō, 1985.

Hirai Yūkei 平井宥慶.
"Senjusengen daranikyō" 千手千眼陀羅尼經. *Kōza Tonkō* 講座敦煌 7 (1984), S. 131-151.

*Hōbōgirin. Dictionnaire Encyclopédique du Bouddhisme d'après les Sources Chinoises et Japonaises.* Fasc. I (1929), II (1930), III (1974), IV (1967), V (1979), VI (1983). Paris/Tōkyō.

*Hōbōgirin, Répertoire du Canon Bouddhique Sino-Japonais (édition du Taishō), Fasciscule Annexe du Hōbōgirin.* Compilé par P. Demiéville, H. Durt et A. Seidel. Paris/Tōkyō, 1978 (Zweite überarbeitete und erweiterte Ausgabe).

*Hsien-tai fo-chiao hsüeh-shu ts'ung-k'an* 現代佛教學術叢刊. Taipei, 1979.

Hurvitz, Leon.

"Chih-I. An Introduction to the Life and Ideas of a Chinese Buddhist Monk". *Mélanges Chinois et Bouddhiques*, vol. XII. Bruges, 1963.

---- *Scripture of the Lotus Blossom of the Fine Dharma.* New York, 1976. (Vgl. die Besprechung von C. N. Tay, in *History of Religions* 19:4 [1980], S. 372-377.)

Inokuchi, Taijun 井口泰淳.

"Tonkōbon Butsumyō no sho keitō" 敦煌本佛名の諸系統. *Tōhōgakuhō* 東方学報 35 (1904), S. 397-437.

Iwamoto, Yutaka 岩本裕.

"Kanzeon". *Young East* 8:2 (1982), S. 14-34.

Iyanaga, Nobumi 彌永信美.

"Récits de la soumission de Maheśvara par Trailokyavijaya - d'après les sources chinoises et japonaises". *Tantric and Taoist Studies* III. Bruxelles, 1985, S. 633-745.

Kamata, Shigeo 鎌田茂雄.

*Chūgoku no bukkyō girei* 中国の佛教儀礼. Tōkyō, 1986.

---- *Kannonkyō kōwa* 観音經講話. Tōkyō, 1980.

---- *Kannon no michi* 観音の道. Tōkyō, 1980.

Kern, Hendrik.

"The Saddharma-Pundarīka or the Lotus of the True Law". Max Müller (ed.), *The Sacred Books of the East*. Vol. XXI. Oxford, 1884.

Kiyota, Minoru 清田實.

"Shingon Mikkyō Maṇḍala". *History of Religions* 8 (1968), S. 31-58.

---- *Shingon Buddhism, Its Theory and Practice*. Los Angeles, 1978.

Kobayashi, Taichirō 小林太市郎.

"Shin Tō no Kannon" 晉唐の觀音. *Bukkyō geijutsu* 佛教藝術 10 (1950), S. 3-47.

---- "Narachō no Senjukannon" 奈良朝の千手觀音. *Bukkyō geijutsu* 25 (1955), S. 55-80.

---- "Tōdai no daihi Kannon" 唐代の大悲觀音, in Hayami Tasuku 速水侑 (Hrsg.), *Kannon shinkō* 観音信仰. Tōkyō, 1983.

Kagamishima Genryū 鏡島元隆.

*Zen'en shingi* 禪苑清規. Tōkyō, 1972.

Kuo, Li-ying.

"La confession et les actes de contrition dans le bouddhisme chinois du Ve au Xe siècle". Phil. diss., Universität Paris VII, 1988.

Lai, Whalen.

"Why the Lotus Sūtra". *Japanese Journal of Religious Studies* 14:2-3 (1987), S. 88-99.

Lamotte, Etienne.

*Le traité de la grande vertu de sagesse de Nāgārjuna (Mahāprajñā-pāramitāsāstra)*, tome 1 (1944, Neuaufl. 1966), tome 2 (1949, Neuaufl. 1967), tome 3 (1970), tome 4 (1976), tome 5 (1980). Louvain.

---- "Prophéties relatives à la disparition de la bonne loi". René de Berval (ed.), *Présence du Bouddhisme*. Saigon, 1959; Neuauflage Paris, 1967. S. 405-417.

---- *La concentration de la marche héroique* (*Śūraṃgamasamādhisūtra*). Mélanges Chinois et Bouddhiques, vol XIII. Bruxelles, 1965.

Lancaster, Lewis.

*The Korean Buddhist Canon. A Descriptive Catalogue*. Berkeley/Los Angeles/London, 1979.

Le Coq, Alfred von.

*Chotscho*. Berlin, 1913.

Legge, James.

*The Chinese Classics*. Oxford, 1882. Neuauflage in fünf Bänden, Taipei, 1971.

Lubac, Henri de.

*Amida*. Paris, 1955.

Majumder, P.

"The Karaṇḍavyūha: Its metrical version". *Indian Historical Quarterly* 24 (1948), S. 239-299.

Makita, Tairyō 牧田諦亮.

*Rikuchō koitsu Kanzeon ōgenki no kenkyū* 六朝古逸觀

世音應験記の研究. Kyōto, 1970.

De Mallmann, Marie Thérèse.
*Introduction à l'étude d'Avalokiteśvara.* Paris, 1948, Neuauflage, 1967.

---- *Introduction à l'iconographie du tantrisme bouddhique.* Paris, 1975.

Mathews, R.H.
*Chinese - English Dictionary.* Shanghai, 1931. 13. Aufl. Taipei, 1975.

Matsumoto, Eiichi 松本栄一.
*Tonkōga no kenkyū* 敦煌畫の研究. 2 Bde. Tōkyō, 1937.

Matsumoto, Sōjun 松本宗順.
"Taishō irai no Kotani mura no butsuji (tokuni sōshiki) ni tsuite" 大正以来の小谷村の佛事（特に葬式）について. *Sōtō shū jissen sōsho* 曹洞宗実践叢書, Bd. 9. Shizuoka, 1985, S. 282-300.

Matsunaga, Shōdo 松永昇道.
*Mikkyo daijiten* 密教大辞典. 3 Bde. Kyōto, 1933.

Matsunaga, Daigan und Alicia.
"The Concept of Upāya in Mahāyāna Buddhist Philosophy". *Japanese Journal of Religious Studies* 1 (1974), S. 51-72.

Matsunaga, Yūkei 松長有慶.
"Indian Esoteric Buddhism as studied in Japan". *Studies of Esoteric Buddhism and Tantrism.* (Kōyasan, 1965), S. 229-181.

---- "Zōbumikkyō no tokushitsu to sono genryū" 雑部密教の特質とその源流, in *Henge Kannon no seiritsu to tenkan* 變化観音の成立と源流. [Bukkyōgeijutsu kenkyū

Ueno kinen zaidan josei kenkyūkai hōkokusho] 仏教藝術研究上野記念財団助成研究會報告書 (The Ueno Memorial Foundation for the Study of Buddhist Art), Nr. 6. Kyōto, 1979.

---- *Mikkyō kyōten seiritsushi ron* 密教經典成立史論. Kyōto, 1980.

---- *Mikkyō no rekishi* 密教の歴史. Kyōto, 1971.

Matsusaki, Esui 松崎恵水.

"Zōmikkyō no Kannonkei sho kyōki ni tsuite" 雜密教の観音系諸經軌について. *Taishō Daigaku kenkyū kiyō* 大正大学研究紀要 11 (1978), S. 1-12.

Michibata, Ryōshū 道端良秀.

*Chūgoku bukkyōshi no kenkyū* 中國仏教史の研究. Kyōto, 1970.

Mintz, Grafton K. und Ha, Tae-hung.

*Legends and History of the Three Kingdoms of Ancient Korea*. Seoul, 1972.

Mizuno, Seiichi 水野清一.

"Jūichimen Kanzeonzō" 十一面観世音像. *Bukkyō geijutsu* 10 (1950), S. 89-91.

Mochizuki, Shinkyō 望月信享.

*Bukkyō daijiten* 仏教大辞典. 10 Bde. Kyōto, 1933. Neuauflagen, 1958, 1973. * Mo.

Morohashi, Tetsuji 諸橋轍次.

*Dai kanwa jiten* 大漢和辞典. 13 Bde. Tōkyō, 1957-60. * Moro.

Murase, Miyeko.

"Kuan-yin as Saviour of Men". *Artibus Asiae* 33 (1971), S. 39-74.

Müller, Max
"Buddhist Mahāyāna Sūtras". *Sacred Books of the East*, vol. 49. Oxford, 1894.

Nakamura, Kyōko.
*Miraculous Stories from the Japanese Buddhist Tradition. The Nihon Ryōiki of the Monk Kyōkai.* Cambridge, Mass., 1973.

Nishu, Utsuki.
*Buddhabhāsita-Amitayuḥ Sūtra.* Kyōtō, 1929.

Needham, Joseph.
*Science and Civilisation in China*, 7 vols. Cambridge, 1954 - .

Nobel, J.
*Suvarṇabhāsottamasūtra.* Leipzig, 1937.

Ōkubō, Dōshū 大久保道舟.
*Dōgen zenji zenshū* 道源禅師全集. Tōkyō, 1969.

Ōmura, Seigai 大村西崖.
*Mikkyō hattatsu shi* 密教發達史. Tōkyō, 1918. Neuauflage, 1972.

Orlando, R.
*A Study of Chinese Documents Concerning the Life of the Tantric Buddhist Patriarch Amoghavajra.* Princeton, N.J., 1981.

Osabe, Kazuo 長部和雄.
"Tōdai no kōki mikkyō" 唐代の後期密教. *Bukkyō shigaku* 仏教史学 10:2 (1962), S. 65-89.

---- "Tōdai mikkyō to Nihon bukkyō" 唐代密教と日本仏教. *Rekishi kyōiku* 歴史教育 11:4 (1963), S. 30-37.

---- *Ichigyō zenji no kenkyū* 一行禅師の研究. Kōbe, 1963.

---- *Tōdai mikkyō shi no zakkō* 唐代密教史の雑考. Kōbe, 1971.

---- *Tō Sō mikkyōshi ronkō* 唐宋密教史論稿. Kōbe, 1963.

*Pei-ching t'u-shu-kuan ts'ang Tun-huang i-shu mu-lu* 北京圖書館藏敦煌遺書目録. Peking, 1963.

Pelliot, Paul.

*Les grottes de Touen-huang*, 6 vols. Paris, 1920.

Pfand, Peter.

*Mahāyāna Texts translated into Western Languages.* Köln, 1986.

Petrucci, M.

"Les Maṇḍalas de Kouan-yin". In A. Stein, *Serindia* (Oxford, 1921), vol. 2, Appendix E, S. 1411-1421.

Przyluski, Jean.

*Le concile de Rājagṛha. Introduction à l'histoire des canons et des sectes bouddhiques.* (Buddhica: Mémoires, tome 2). Paris, 1926.

Pye, Michael.

*Skillful Means. A Concept in Mahayana Buddhism.* London, 1978.

Radhakrishnan, S.

*Indian Philosophy.* 2 vols. London, 1951.

Rémusat, André.

*Histoire de la ville de Khotan.* Paris, 1980.

Rhi Ki-yong 李基用

"Aux origines du 'Ch'an Houei'. Aspects bouddhiques de la pratique pénitentielle". Phil. diss., Université Catholique Louvain, 1960.

*Saiiki geijutsu, Tonkō kaiga* 西域美術敦煌絵画. 3 Bde.

Tōkyō, 1982.

Sakauchi, Tatsuo 坂内龍雄.

*Darani no hanashi* ダラニのはなし. Yokohama, 1975.

---- "Zenka no shingon" 禅家の真言. *Mikkyō kenkyū* 密教研究 11 (1979), S. 62-78.

---- "Sōtōshū ni okeru mikkyō no juyō" 曹洞宗における密教の受容. *Mikkyō kenkyū* 7 (1975), S. 146-159.

---- *Shingon Darani* 真言陀羅尼. Tōkyō, 1981.

Satō, Taishun 佐藤泰舜.

"Rikuchō jidai no Kannon shinkō" 六朝時代の観世音信仰. Hayami Tasuku (Hrsg.), *Kannon shinkō*. Tōkyō, 1983, S. 17-35.

Satō, Tatsugen 佐藤達玄.

*Chūgoku bukkyō ni okeru kairitsu no kenkyū* 中国仏教における戒律の研究. Kyōto, 1986.

Saunders, Ernst D.

*Mudrā*. London, 1960.

Sawa Ryūken 佐和隆研.

"Kanzeon Bosatsu no tenkai" 観世音菩薩の展開. *Bukkyō geijutsu* 10 (1950), S. 47-78.

---- *Mikkyō geijutsu o yomu* 密教芸術を読む. Kyōto, 1984.

---- *Mikkyō no bijutsu* 密教の美術. Tōkyō, 1964. Neuauflage, 1969. (Ins Englische übersetzt von R.L. Gage).

Sawada, Mizuho 澤田瑞穂.

*Chūgoku no juhō* 中国の呪法. Tōkyō, 1984. Neuauflage, 1985.

---- *Hōken no kenkyū* 寶券の研究. Nagoya, 1963.

Sen Satiranjan.

"Two Medical Texts in Chinese Translation". *Visva Bharati Annals* I (1945), S. 70-95.

Shih, Robert.

*Biographie des moines éminents*. Louvain, 1968.

Shioiri Ryōdō 鹽入良道.

*Kannon shinkō no michi* 観音信仰の道. Tōkyō, 1940.

Schopen, Gregory.

"Filial Piety and the Monk in the Practice of Indian Buddhism: A Question of 'Sinicization viewed from the other Side'". *TP* LXX (1984), S. 110-126.

Somers, Robert.

"The End of T'ang". Denis Twichett, John K. Fairbank (eds.), *The Cambridge History of China*, vol. 3. Cambridge/London/New York/Melbourne, 1979, S. 682-762.

Soothill, William E.

*A Dictionary of Chinese Buddhist Terms*. London, 1930. Repr. Taipei, 1982.

Soper, Alexander Coburn.

*Literary Evidence for Early Buddhist Art in China*. Ascona, 1959.

Soymié, Michel.

"Notes d'iconographie chinoise: les acolytes de Ti-tsang". *Arts Asiatiques* XIV (1966), S. 45-78; XVI (1967), S. 141-170.

---- "Notes d'iconographie bouddhique des Vidyārāja et Vajradhara de Touen-huang". *Cahiers d'Extrême-Asie* 3 (1987), S. 9-27.

Stein, Aurel Sir.
*Serindia.* 5 vols. Oxford, 1921.
---- *Ancient Khotan.* New York, 1975.
Stein, Rolf A.
"Avalokiteśvara/Kouan-yin, un exemple de transformation d'un dieu en déesse". *Cahiers d'Extrême-Asie* 2 (1986), S. 17-78.
---- "Les deux grands maṇḍalas du tantrisme sino-japonais". *Annuaire du College de France* 1976, S. 481-488.
Stevens, John und Nishiyama Kōsen.
*A Complete English Translation of Dōgen Zenji's Shōbōgenzō.* 3 Bde. Tōkyō, 1975.
Stevenson, Daniel.
"The Four Sāmadhi in Early T'ien-t'ai Buddhism". In Peter N. Gregory (ed.), *Traditions of Meditation in Chinese Buddhism* (Studies of East Asian Buddhism No. 4, Kuroda Institute). Honolulu, 1986, S. 72-75.
Strickmann, Michael.
"The Consecration Sūtra, a Buddhist Book of Spells". Manuskript.
Suzuki, Daisetsu.
*A Manual of Zen Buddhism.* London, 1950.
Tajima, Ryūjun.
*Étude sur le Mahāvairocana-Sūtra.* Paris, 1936.
---- *Les deux grands maṇḍalas et la doctrine de l'ésoterisme Shingon* (Bulletin de la Maison Franco-Japonaise). Tōkyō, 1959.

Takakusu, Junjirō 高楠順次郎.

"The Amitayur-Dhyāna Sūtra". *Jōdō sanbukyō* 浄土三部經. Kyōto, 1931, S. 462-502.

---- *The Essentials of Buddhist Philosophy*. Honolulu, 1947.

Takenaka, Tomoyasu 竹中智泰 und Kimura, Toshihiko 木村俊彦.

*Rinzaishū no darani* 臨濟宗の陀羅尼. Ōsaka, 1982.

Takubo, Shūyo 田久保周誉.

*Shingon daranizō no kaisetsu* 真言陀羅尼藏の解說. Tōkyō, 1960.

Tay, C.N. 鄭僧一.

"Kuan-yin: The Cult of Half Asia". *History of Religions* 16:2 (1976), S. 147-177.

--- *Kuan-yin: The Cult of Half Asia*. [Buchausgabe in Englisch und Chinesisch mit zusätzlichen Artikeln Tays]. Taipei, 1987.

Teiser, Stephen.

*The Ghost Festival in Medieval China*. Princeton, N.J., 1988.

Terakawa, Shunsho.

"The Karuṇāpuṇḍarīka: Chapters V And VI". Phil. diss., Pennsylvania University, 1969.

Toganoo, Shōun 栂尾祥雲.

*Himitsu bukkyō shi* 秘密仏教史. Toganoo zenshū, Bd. 1. Kōyasan, 1959.

---- *Mandara no kenkyū* 曼荼羅の研究. Toganoo zenshū, Bd. 4. Kōyasan, 1959.

---- *Jōyō sho kyōten wakai* 常用諸經典和解. Kyōto,

Rokudai shinpōsha, 1983.

*The Dharani Sutra.* San Francisco: Buddhist Text Translation Society, 1976.

Topley, Marjorie.

"Chinese Woman's Vegetarian Houses in Singapore". *Journal of the Malayan Branch of the Royal Asiatic Society* 27 (1954), S. 51-67.

Tsukamoto, Shunkyō 塚本俊教.

"Chūgoku ni okeru mikkyō juyō ni tsuite". 中国における密教受容について. *Bukkyō bunka kenkyū* 仏教文化研究 (1952), S. 89-98.

Tsukamoto, Zenryū 塚本善隆.

"Kinsei Shina taishū no joshin Kannon shinkō" 近世シナ大衆の女身観音信仰. *Yamaguchi hakushi kanreki kinen Indogaku bukkyōgaku ronshū* 山口博士還暦記念印度学仏教学論集 (Kyōto, 1955), S. 262-80.

Tucci, Guiseppe.

"A propos Avalokiteśvara". *Mélanges chinois et bouddhiques* 9 (1951), S. 173-220.

---- *Das Geheimnis des Mandala.* Weilheim, 1972.

Ueno, Teruo 上野照夫.

"Tonkōga Kannonzu shiryō" 敦煌画観音圖資料. *Bukkyō geijutsu* 10 (1950), S. 78-88.

Unschuld, Paul.

*Medicine in China. A History of Ideas.* Berkeley/Los Angeles/London, 1985.

De Visser, M.W.

*Ancient Buddhism in Japan.* 2 vols. Leiden, 1935.

Waddell, Laurence A.

"The Dhāraṇī Cult in Buddhism, Its Origin, Deified Literature and Images". *Ostasiatische Zeitschrift*, Berlin (1912-13), S. 155-195.

Waley, Arthur D.

*A Catalogue of paintings recovered from Tun-huang by Sir Aurel Stein*. London, 1931.

---- "Avalokiteśvara and the Legend of Miao-shan". *Artibus Asiae* 1 (1925), S. 130-132.

Weinstein, Stanley.

*Buddhism under the T'ang*. Cambridge, 1987.

Welch, Holmes.

*The Practice of Chinese Buddhism, 1900-1950* (Harvard East Asian Studies 26). Cambridge, Mass., 1967.

Willemen, Charles.

"The Chinese Hevajra-Tantra" (*Orientalia Gandensa* VII). Leuven, 1983.

Wilson, Stephen.

*Saints and their Cults*. Cambridge, 1983.

Winternitz, Maurice.

*A History of Indian Literature*. 2 vols. Calcutta, 1933.

Wolf, Arthur.

"Gods, Ghosts and Ancestors". *Religion and Ritual in Chinese Society*. Stanford, Calif., 1974, S. 131-182.

Yabuki, Keiki 矢吹慶輝.

*Sangaikyō no kenkyū*. 三階教の研究. Tōkyō, 1927.

Neuauflage, 1973.

Yamada, Meiji 山田明爾.
"Senjukannon nijūhachi bushū no keifu", 千手觀音二十八部衆の系譜. *Ryūkoku Daigaku ronshū* 龍谷大学論集 399 (Kyōto, 1972), S. 48-65.

Yamada, Isshi.
*Karuṇāpuṇḍarīka*. 2 vols. London, 1968.

Yampolski, P.
*The Platform Sūtra of the Sixth Patriarch*. New York, 1967.

Yi T'ao-t'ien.
"Records of the Life of Ch'an Master Pai-chang Huai-hai". *Eastern Buddhist* VI:1 (1975), S. 42-73.

Yoritomi, Honkō 頼富本宏.
*Chūgoku mikkyō no kenkyū*. 中国密教の研究. Tōkyō, 1979.

---- *Shomin no hotoke* 庶民のほとけ. Tōkyō, 1985.

Yoshioka, Yoshitoyo 吉岡義豊.
"Kenryūban Kōzan hōken kaisetsu" 乾隆版香山寶巻解説. *Dōkyō kenkyū* 道教研究 4 (1971), S. 115-95.

Zürcher, Erik.
"Prince Moonlight - Messianism and Eschatology in Early Medieval Buddhism". *TP* 68 (1983), S. 1-75.

# Index

Erstellt und bearbeitet von
Barbara Hoster und Roman Malek

A-mi-t´o-ching 阿彌陀經 75, 405

A-mi-t´o san-yeh-san-fo-sa-lou-fo-t´an kuo-tu jen-tao
-ching 阿彌陀三也三佛薩樓佛檀過度人道經 75, 405

Abe 251

abhimukhĭ 216

Abstinenz 185, s. auch Fasten, Enthaltsamkeit

acală 216

Acvaghoṣaḥ 222f.

Aizen 愛染 241

Akṣayamati (Wu-chin-i 無盡意) 28, 30, 31, 213

Amală 194

Amităbha (O-mi-t´o) 17, 33, 34, 35, 36, 37, 38f., 40f.,
43, 44, 45, 51, 62, 65, 75, 76, 77, 78, 167, 174, 192,
225, 254, 260, 289, 325, 326, 330, 344, 358

Amităyurdyăna-Sŭtra 40-44, 49, 52

Amităyus (Wu-liang-shou 無量壽) 34, 36, 37, 39, 40-44,
49, 76, 78

Amoghapăśa (Pu-k´ung chŭan-so 不空羂索) 171, 235

Amoghavajra (Pu-k´ung 不空) 18, 69, 87, 90, 118-121, 135,
140, 145, 157, 158, 159, 160, 207, 209, 221, 222, 224,
252, 254, 255, 279, 304, 326, 338, 374, 406, 407, 411,
412

An 171

An hsi-tien-tu 唵悉殿都 176

An wo-p´o-lu-hsi 唵阿婆盧醯 172

An-yang 安陽 124, s. auch Tsu-chŭ ching-sheng

anăgămin 225

Ānanda 27, 50, 115, 174, 189, 191, 199, 203, 238, 350

Aranemi 78

arciṣmatĭ 216

Arha-guṇa 180

Arhat(s)/Arhatschaft 34, 158, 161, 178, 226

arŭpadhătu 89

Ārya 59, s. auch Shŏ Kannon

Asabashŏ 阿娑縛抄 83f., 405

Asanga 351

*asaṅgadhăraṇĭ* s. *Wu-ai t´o-lo-ni*

Aṣṭamakabhŭmi 213

Aṣṭăvĭṁśti-mahăyakṣa-senăpati 230

Asura(s) 51, 52, 56, 59, 161, 166, 181, 220, 233

*aśŭnya* 74f.

Atharvaveda 101, 137

Atikuta 135

*avaivartika* 237, s. *pu-t´ui* (不退)

*avalokana* 66, 76

Avalokitesvara s. *Na-mo* (*Kuan-shih-yin p´u-sa*) und *passim*

*Avataṃsaka-Sŭtra* 126, 279, 358, 379, 380


Battŏ (Hayagrĭva) 馬頭 59

Beerdigungs-/Totenzeremonien 17, 20, 312-315, 316, 317,
    372, 383, 396, 397

Beichte 284, 318, 375, 376, s. auch *pravăraṇă*

Bhadanta (*Ta-te* 大德) 141

Bhagavaddharma (Ch´ieh-fan ta-mo 伽梵達磨) 16, 18, 69,
    97, 101, 103, 108, 109, 110-117, 120, 122, 123, 124,
    125, 126, 127, 129, 131, 139, 159, 160, 210, 221,
    405f.

Bhagavat 39, 111, 163, 164, 167, 169, 191, 238

Bhaiṣajyaguru/-*Sŭtra* 241, 243, 250 / 242

Bhŭta 180

Bodhidharma 312

Bodhiruci (P´u-t´i-liu-chih 菩提流志) 69, 107, 109, 115,
    116, 139, 141, 221, 229, 406

Bodhisattvabhŭmi 207, 213, 409, s. auch *P´u-sa ti-ch´ih
    ching*

Brahma 30, 35, 46, 56, 61, 161, 163, 172, 178, 179, 184,
    185, 192, 201, 204, 226

Brahma-sampara 180

*brahman* 35, 67

*Buddhabhŭmi* 213

Bußritual/Buße/Bußakt 16, 17, 20, 21, 26, 44, 45, 47, 49,
    52, 53, 88, 98, 117, 121, 130, 132, 157, 209, 248,
    287, 289, 290, 293, 295, 317f., 318-335, 353, 357,

358, 376, 377, 378, 381, 382, 384, 390, 391, 396, s. auch *ch´an-hui*
*Butsumyŏzange* 佛名懺悔 376
*Byakuhŏkushŏ* 白寶口抄 89, 405
*Byakuhŏshŏ* 白寶抄 89, 240, 405

Cakra 43
Cakravartin 212
Candrabrabhă-kumăra s. Yüeh-kuang t´ung-tzu
Caturmukha 35
*ch´a* 差 235
Chan-jan 湛然 85
Ch´an 禪 149, 310, 311, 312, 316, 320, 331, 342, 360, 364, 389, 397, s. auch Zen
*ch´an-hui (tsui-kuo)* 懺悔(罪過) 144, 318, 321, 375, 376, 384, s. auch Bußritual
*Ch´an-lin k´o-sung* 禪林課誦 316, 374, 405
*Ch´an-lin (pei-yung) ch´ing-kuei* 禪林(備用)清規 311, 312, 313, 371, 405
*Ch´an-men jih-sung* 禪門日誦 331, 342, 405
*Ch´an-yüan ch´ing-kuei* 禪苑清規 310, 311, 316, 397, 405
Chandra, Lokesh 35, 66, 68, 76, 414
Chang-k´ang 張抗 289f., 296, 304
Chang-lu Tsung-tse 長蘆宗賾 310, 405
*ch´ang* 常 220
*Ch´ang-a-han-ching* 長阿含經 223
Ch´ang-an 長安 135, 262, 264, 343, 354f.
Ch´ang-chou 常州 105
Ch´ang-lü 常律 307, 308, 309, 367
*Che-la che-la* 遮羅遮羅 173f.
Chen-ti (Paramărtha) 真帝 106, 141, 276, 351
*chen-yen (tsung)* 真言 (宗) 207, 338
Ch´en-hsü 陳詡 368
Cheng-ch´in ssu 正勤寺 105
Cheng-chüeh 正覺 364
*cheng-chüeh (samyak saṃbodhi)* 正覺 37
*Cheng fa-hua ching* 正法華經 70

Cheng-te tz´u-shan hui 正德慈善會 367
*ch´eng-ming* 稱名 28, 71
*Ch´i-fo pa-p´u-sa shen-chu ching* 七佛八菩薩神咒經 55
*Ch´i-fo pa-p´u-sa so-shuo ta t´o-lo-ni shen-chu ching* 七佛八菩薩所說大陀羅尼神咒經 87f., 405
Chia-ho Shu-hsien 322
*Chia-luo-ti* 迦羅帝 173
"Chia-chih chüan" 甲志卷 355f.
Chia-ch´ih shih-chi 捆遲實際 105
Chiang Chih-ch´i 將之奇 300, 301
Chiang I-yüan 江易園 305
Chiang-ling fu 江陵府 127
*chieh* 劫 208
*chieh-chieh (sĭmă-bandha)* 結界 234
Ch´ieh-fan ta-mo 伽梵達磨 s. Bhagavaddharma
*chien* 見 208
Chien-chen 鑒真 250, 252, 336
*Ch´ien-chuan ching* 千轉經 102
*Ch´ien-kuang-yen ching* 千光眼經 57, 238, 405, s. auch *Ch´ien kuang-yen Kuan-tzu-tsai ...*
*Ch´ien-kuang-yen Kuan-tzu-tsai p´u-sa pi-mi fa ching* 千光眼觀自在菩薩祕密法經 88, 160, 405, s. auch *Ch´ien -kuang-yen ching*
Ch´ien-neng 阡能 346
*Ch´ien-pi ch´ien-yen ching* 千臂千眼經 102
*Ch´ien-pi ch´ien-yen t´o-lo-ni ching* 千臂千眼陀羅尼經 104
*Ch´ien-pi ching* 千臂經 18, 97, 101-110, 117, 122, 123, 130, 131, 132, 147, 215, 256, 271, 349, 351, 390, 406, s. auch *Ch´ien-yen ch´ien-pi ...*
*Ch´ien-shou ch´ien-yen Kuan-shih-yin p´u-sa chih-ping he -yao ching* 千手千眼觀世音菩薩治病合藥經 146, 159f., 406, s. auch *Ch´ien-shou he-yao ching*
*Ch´ien-shou ch´ien-yen Kuan-shih-yin p´u-sa kuang-ta yüan -man wu-ai t´o-lo-ni ching ( = Ch´ien-shou ching)* 千手千眼觀世音菩薩廣大圓滿無礙陀羅尼經 16, 17, 18, 20, 25, 27, 29, 31, 32, 33, 37, 38, 39, 40, 42, 43, 44, 46, 47, 48, 50, 52, 53f., 57, 58, 60, 63, 64, 69, 78,

80, 97-244, 247-249, 250, 252, 253, 270, 272, 273, 288, 295, 296, 302, 303, 304, 317, 319, 320, 322, 324, 326, 333, 344, 345, 358, 359, 377, 378, 381, 382, 389 -392, 393, 395, 399, 405f.

*Ch'ien-shou ch'ien-yen Kuan-shih-yin p'u-sa lao t'o-lo-ni ching* 千手千眼觀世音菩薩姥陀羅尼經 142, 406, s. auch *Ch'ien-shou lao t'o-lo-ni ching*

*Ch'ien-shou ch'ien-yen Kuan-shih-yin p'u-sa ta-pei-hsin t'o-lo-ni* 千手千眼觀世音菩薩大悲心陀羅尼 144, 157, 406

*Ch'ien-shou ch'ien-yen ta-pei-hsin ching* 千手千眼大悲心經 108

*Ch'ien-shou ch'ien-yen ta-pei-hsin t'o-lo-ni ching* 千手千眼大悲陀羅尼經 93

*Ch'ien-shou ching er-shih-pa-pu-chung shih* 千手經二十八部衆釋 159, 406

*Ch'ien-shou he-yao ching* 千手合藥經 120, 406

*Ch'ien-shou i-kuei* 千手儀軌 120, 406

*Ch'ien-shou Kuan-yin tsao tz'u-ti-fa i-kuei* 千手觀音造次第法儀軌 146, 159, 227, 406, s. auch *Ch'ien-shou i-kuei*

*Ch'ien-shou lao t'o-lo-ni ching* 千手姥陀羅尼經 109, 406

*Ch'ien-shou ta-pei hsin t'o-lo-ni* 千手大悲心陀羅尼 118

*Ch'ien-shou-yen ta-pei-hsin-chu hsing-fa* 千手眼大悲心呪行法 157, 321, 406, s. auch *Ta-pei ch'an(-fa)*

Ch'ien Wei-chih 錢惟治 341

*Ch'ien-yen ch'ien-pi Kuan-shih-yin p'u-sa t'o-lo-ni shen-chu ching* 千眼千臂觀世音菩薩陀羅尼神呪經 18, 140, 406, s. auch *Ch'ien-pi ching*

*Ch'ien-yen t'o-lo-ni ching* 千眼陀羅尼經 123

Chigen 74

Chih-ch'eng 智成 367, 409

*Chih-chi-la wo-hsi-to-yeh* 者吉囉阿悉陀夜 176

Chih-ch'ien 支謙 36, 66, 75, 405

Chih-chüeh 知覺 320, 321, 377, s. auch Yen-shou

*Chih-chüeh ch'an-shih tzu-hsing lu* 知覺禪師自行録 377, 407

Chih-hsüan 知玄 252, 253, 254, 261-262, 342, 343

Chih-i 智顗 17, 43, 49, 55, 56, 58, 59, 60, 67, 83, 85, 88, 99, 219, 280f., 283, 295, 320, 321, 334, 357f., 358f., 384, 408, 409, 410
*chih-k´o* 知客 313
Chih-li 知禮 17, 18, 20f., 44, 47, 53, 58, 90, 98, 130, 157, 216, 217, 219, 220, 225, 320, 321, 322, 333, 334, 353, 359, 376, 379, 381, 390, 393, 406
Chih-p´an 志磐 408, s. auch *Fo-tsu t´ung-chi*
*Chih-pu chüan* 支補卷 356f.
Chih-sheng 智升 109, 110, 114, 123, 125, 140, 408
Chih-sung 智嵩 291
Chih-t´ung 智通 18, 69, 101-117, 131, 139, 142, 221, 229, 256, 271, 349, 350, 351, 406
Chih-yen 智嚴 126
*Ch´ih-hsiu (pai-chang) ch´ing-kuei* 敕修(百丈)清規 310-318, 332, 370, 373, 397, 407, s. auch *Pai-chang ch´ing-kuei (cheng-i)*
*chin-kang* 金剛 231
*Chin-kang-chih* 金剛智 s. Vajrabodhi
*Chin-kang ching ch´ih-yen chi* 金剛經持驗記 279, 352
*Chin-kang-ting ching* 金剛頂經 136
*Chin-kang-ting ch´ien-shou i-kuei ching* 金剛頂千手儀軌經 118
*Chin-kang-ting yü-chia ch´ien-shou ch´ien-yen Kuan-tzu -tsai p´u-sa hsiu-hsing i-kuei ching* 金剛頂瑜伽千手千眼觀自在菩薩修行儀軌經 145, 406
*Chin-kuang-ming (ching)* 金光明(經) 230,290, 407, s. auch T´an Wu-ch´an
*Chin-kuang-ming tsui-sheng ch´an-i* 金光明最勝懺儀 359
*Chin-shih ts´ui-pien* 金石萃編 341, 407
Chin-Zeit/-Dynastie 晉 72, 267, 279
*ch´in-t´ang* 寢堂 313
*ching* (Reinheit) 淨 220
*ching* (Sūtra) 經 *passim*
*ching-ai* 敬愛 84, 119, 236, 239
*Ching-te ch´uan-teng lu* 景德傳燈錄 369
*ch´ing-ching* 青頸 224, s. auch Nīlakaṇṭha
*Ch´ing-ching Kuan-tzu-tsai p´u-sa-hsin t´o-lo-ni ching*

青頸觀自在菩薩心陀羅尼經 224, 407
Ch´ing-ching Kuan-yin 青頸觀音 224
*Ch´ing Kuan-shih-yin p´u-sa hsiao-fu tu-hai t´o-lo-ni chou ching* 請觀世音菩薩消伏毒害陀羅尼呪經 83, 407, s. auch *Ch´ing Kuan-yin ching*
*Ch´ing Kuan-shih-yin ch´an-fa* 請觀世音懺法 83
*Ch´ing Kuan-yin ching* 請觀音經 43, 52, 53, 55, 85, 87, 101, 358, 382, 407, s. auch *Ch´ing Kuan-shih-yin p´u-sa ...*
*Ch´ing Kuan-yin ching shu* 請觀音經疏 84
*Ch´ing Kuan-yin hsiao-fu tu-hai t´o-lo-ni san-mei i* 請觀世音消伏毒害陀羅尼三昧儀 382
Ch´ing-shen Kuan-shih-yin 青身觀世音 354
Ch´ing-tao P´u-chao 清道普照 315
Ch´ing-Zeit/-Dynastie 清 19, 21, 31, 130, 158, 248, 273, 279, 287, 288, 291, 297, 304, 315, 316, 318, 321, 342, 374
Chiu-mo-lo-shih 鳩摩羅什 s. Kumārajīva
Ch´iu-na-pa-t´o-lo 求那跋陀羅 s. Guṇabhadra
Chŏen 澄圓 89, 405
chou 咒 207
Chou K´o-fu 周克復 279, 289, 302, 355, 409
Christentum 253
chu 呪 206f., s. auch Mantra
Chu Fa-hu 竺法護 s. Dharmarakṣa
*chu-pen* 呪本 120
*chu-shou* 祝壽 312
*Chu wei-mo-chieh ching* 注維摩詰經 68, 407
*ch´u-chia* 出家 209
*Ch´u san-tsang chi-chi* 出三藏記集 80, 376, 407
*Ch´u-shih Fan-ch´i sh´an-shih* 楚石梵琦禪師語錄 401, 407
*Chü-lu chü-lu chieh-meng* 俱盧俱盧羯懞 173
*Ch´ü-to-t´i-p´o* 瞿多提婆 103, 111
Chüeh-an 覺岸 410
*Ch´üan T´ang-wen* 全唐文 368
*Chung-ching mu-lu* 衆經目錄 376
*Chung-k´an chen-yen chi* 重刊真言集 210
*chung pu-tso fo* 終不作佛 78

*chung-sheng* 衆生 208

Ch´ung-hsien 重顯 408, s. auch *Pi-yen lu*

Ch´ung-k´o Kuan-shih-yin p´u-sa pen-hsing ching chien-chi
重刻觀世音菩薩本行經簡集 365, 407, s. auch *Hsiang-shan
(pao-)chüan*

Cindra 180

Cintamăṇicakra 59, 171, 222, s. auch Nyŏirin

Cundĭ 59, s. auch Juntei


*dăna* 82, 233

*daraśana* 65

*Darśanabhŭmi* 213

*Daśabhŭmika-Sŭtra* 215

Dengyŏ Daishi (Saichŏ) 傳教大師 (最澄) 336

Deva(s) 161, 204, 213f., 220, 230, 231

Devaprajñă 126

Devaśănti 92

Dhăraṇĭ s. *t´o-lo-ni*

*Dhăraṇĭ Mantra-Sŭtra* 48-60, 155-204, s. *Tsung-ch´ih
ching-chu*

Dharma/Dharmawelt 30, 45, 46, 47, 82f., 90, 161, 164,
207, 218, 219, 220, 221, 274, 320, 323, 327, 328, 330,
334, 384f.

Dharmacakravartin 112

Dharmăkara 37, 39, 78

Dharmakăya 74, 166, 172, 218, 381

Dharmakṣema 78, 81, 147

*dharmameghă* 216

Dharmarakṣa (Chu Fa-hu 竺法護) 70, 230, 361, 412

Dharmaruci 141

Dharmodgata 124, 148

Dhṛtarăṣṭra-răja 181, 233

*dhyăna* 82, 233, 283, s. auch Meditation und *samădhi*

Dŏgen 道元 370, 373

Drtarăstra 161

*dŭraṃgamă* 216

*Eihei dai shingi (tsŭge)* 永平大清規(通解) 374, 408
Ekadăśamukha 59, 99 s. auch Juichimen
Elăpattra 181
Enryakujĭ Tempel 58
Enthaltsamkeit 189, s. auch Fasten, Abstinenz
*Erh-shih-pa-pu chu kuei-shen* 二十八部諸鬼神 230
*erh-ssu* 二死 381, s. auch Tod
Erleuchtung 27, 35, 37, 38, 46, 55, 56, 78, 87, 115, 167, 168, 178, 179, 184, 188, 198, 202, 215, 226, 265, 305, 326, 332, 389, 396
Erlösung 25, 55, 71, 77, 91, 187, 218, 390, 398

Fa-hsiang(-Schule) 法相 351
Fa-hsien 法顯 124
*Fa-hua* 法華 290
*Fa-hua ch´an-fa* 法華懺法 378
*Fa-hua ching ch´ih-yen chi* 法華經持驗集 279, 352
*Fa-hua san-mei ch´an-i* 法華三昧懺儀 358, 408
*Fa-sha fa-seng* 罰沙罰嗲 174
*fa-t´ang* 法堂 313
Fạn-ch´i 梵琦 394
*fan-nao* 煩惱 208
*Fan-wang ching* 梵王經 250
*Fan-yin ta-pei chou* 梵音大悲咒 208f., 408
*fang-pien* 方便 s. *upăya*
*fang-sheng* 放生 373
*fang yen-k´ou* 放焰口 317, 374f.
Fasten 168, 173, 179, 292, 329, s. auch Abstinenz, Enthaltsamkeit
Fei-chuo 非濁 273, 409
*Fo-chiao chao-mu k´o-sung* 佛教朝暮課誦 316, 368, 374, 408
Fo-la-she-yeh 佛羅舍耶 174
Fo-shou-chi ssu 佛授記寺 106, 141
*Fo-shuo wu-liang ch´ing-ching p´ing-teng-chüeh ching* 佛說無量清淨平等覺經 75
*Fo-ting-tsun-sheng t´o-lo-ni ching* 佛頂尊勝陀羅尼經 149

*Fo-tsu t´ung-chi* 佛祖統紀 377, 378, 408, s. auch Chih-p´an
Fo-t´u-teng 佛圖澄 254
Frau(en) 79, 86, 142, 168, 179, 183, 195, 196, 236, 241, 248, 252, 285, 302f., 307, 309, 396
Fujiwara no Michinaga 藤原道長 58, 59
Fukŭkenjaku Kannon 不空羂索觀音 59
Fu-lung (Taiwan) 福隆 14, 382
Fünf Dynastien 128

Gandharva(s) 161, 181, 233
Ganges 47, 184, 186, 203, 204, 333
Garbhadhătumaṇḍala 119, 145, 237
Garuda 181, 233
Găthă 162, 180, 182
Geistesmantra s. Mantra
Gembŏ 玄 133,
Giles, Lionel 122, 146, 417
Gopikă 161
Goshirakawa 后白河 89
Gnosis 77
*Gotrabhŭmi* 213
Guṇabhadra (Ch´iu-na-pa-t´o-lo 求那跋陀羅) 53, 87, 411
*guṇ(as)* 74f.

*Hai-lu ts´ui-shih chi* 海録碎事記 86
Han-Zeit/-Dynastie 漢 154, 274
Hărĭtaki 194, 235
Hăritĭ 181, 233
Hayagrĭva 135, s. auch Battŏ
Hayagrĭvăkṣa 180
Heian-Zeit 平安 58, 74, 91, 99, 336
*Herz-Sŭtra* (*Hṛidaya-sŭtra*) 14, 63, 64, 335
Hiei-Berg 58
Hirai Yukei 平井宥慶 121, 125, 418
Hishŏmondŏ 祕鈔問答 59, 408

Ho-lan-shan/-Gebirge 河蘭山 265, 268, 345
Ho Lung-chiang 何隆將 292
Ho-t´ien 和田 124
*hōdō* 法堂 332
*Hokkekyō* 法華經 s. *Lotus-Sūtra*
Homa(-Ritual) 131, 132
*Honzon* 本尊 84
Hölle/Höllenvorstellungen 17, 20, 21, 48, 51, 55, 59, 63, 153f., 157, 166, 205, 219, 220, 242, 249, 257, 272, 275, 278, 279, 295, 297, 298, 299, 302, 317, 319, 361, 395, 396, 397
*Hṛidya-sūtra* 63, s. *Herz-Sūtra*
Hṛih 119
*Hsi-la-seng wo-mu-ch´ieh-yeh* 悉囉僧阿穆佉耶 175
*Hsi-li hsi-li* 悉利悉利 174
*Hsi-li-mo-hu-po-to-sha-mieh* 醯唎摩訶皤哆沙咩 172
Hsi-liang fu 西涼府 129
*Hsi-to-yeh* 悉陀夜 175
*Hsi-to-yü-i* 悉陀喻藝 175
Hsi-tsung 僖宗 346
*Hsi-yü-chi* 西域記 69
hsiang 像 173
hsiang 向 220
Hsiang-erh-shan/-Berg 象耳山 262, 342f.
*hsiang-mao* 相貌 45, 46
*hsing-mao chuan-hsiang* 形貌壯相 46
*Hsiang-shan (pao-)chüan* 香山(寶)卷 301, 302, 303, 407, s. auch *Ch´ung-k´o Kuan-shih-yin* ...
*hsiao-tsai* 消災 100, 119, 236, 239, 312
Hsin-chiang 新疆 124
Hsing-hsiu 行秀 364, 411
*Hsü Kao-seng chuan* 續高僧傳 339, s. auch *Kao-seng chuan*, *Sung Kao-seng chuan*
*Hsüan-ho hua-p´u* 宣和畫譜 343
Hsüan-mu 玄謩 104, 140
Hsüan-tsang 玄奘 26f., 67, 68, 69, 93, 124, 135, 140, 409, 411
Hsüan-tsung 玄宗 255

*Hu-lu hu-lu mo-la* 呼嚧呼嚧摩囉 174
Hua-shan Lü-shih Tu-t'i 華山律師讀體 321
Hua-yen(-Buddhismus) 華嚴 380
*Hua-yen ching ch'ih-yen chi* 華嚴經持驗記 279, 352
*Huang-po ch'ing-kuei* 黄檗清規 315, 316, 373, 408
Hui-chih 慧智 68
hui-hsiang 回向 312
*hui-kuo* 悔過 376
Hui-kuo 惠果 338
Hui-lan 惠鑾 127, 128
Hui-lin 慧琳 105, 106, 107, 141
Hui-neng 慧能 360
Hung-chi 弘濟 290
Hung Han-lin 洪翰林 355
Hung-mai 洪邁 355, 408
Hung-tsan 弘贊 288, 289, 297, 304, 318, 357, 360, 409
Hungergeister 17, 51, 52, 56, 59, 166, 220, 238, 299, 317, 334, 361, 395

*I-ch'ieh ching yin-i* 一切經音義 141
*I-ch'ieh yeh-chang hsi-chieh hsiao-mieh* 一切業障悉皆消滅 144
*I-chien-chih* 夷堅志 295, 354f., 408
"I-chih chüan" 已志卷 356
I-ching 一淨 122, 131, 146, 230
*I-ching* 易經 341
*I-hsi I-hsi* 伊醯移醯 174
*I-hsi-li* 夷醯唎 173
I-hsing 一行 136
I-huo 弌或 311, 405
I-jun 義潤 315
"I-shen-p'ien" 遺身篇 340
Ilyon (I-jan) 一然 251f., 410
Indra 142, 143, 163, 173, 185, 192, 204, 223, 324, 379
Indraya-deva 180
Iśvara/*iśvara* 30, 67, 163, 192

Jambudvīpa 203, 244
*Jātaka* 339
Jñanagupta (She-na-chüeh-to 闍那崛多) 70, 411
Jōjin 定深 159, 228, 232, 406
*Ju-chung jih-yung ch'ing-kuei* 入衆日用清規 311, 408
*ju-k'an* 入龕 313
*Ju-lai-tsang ching* 如來藏經 237
Juichimen (Ekadāśamukha) 十一面 59, 89, 99, 135
*junmitsu* 純密 97, 99, 101, 117, 139
Juntei (Cundī) 准提 59
Jurchen 125

K'ai-fu-hua shih 開敷華勢 145
*K'ai-yüan lu* 開元録 102, 103, 107, 109, 114, 123, 125, 142, 149, 408
*K'ai-yüan shih-chiao lu* 開元釋教録 140, 408, s. auch *K'ai-yüan lu*
*kaiseishin* 回生神 353
*kajī* 加持 84
*kakuzembō* 閣懺法 332
Kakuzen 覺禪 89, 408
*Kakuzenshō* 覺禪鈔 89, 240, 408
Kālanusārin-Weihrauch, -Baum 192, 193, 195, 235
Kālayaśas 80, 409
Kalpa(s) 44, 111, 163, 164, 165, 167, 187, 188, 189, 192, 203, 204, 208, 215, 273, 287, 318, 325, s. auch Wiedergeburt
*kāmadhātu* 88
Kamakura-Zeit 58, 89
*kan* ("Bitten", "Impulse") 感 324, 341
*kan* ("magische Kraft") 感 268
*kan-i* 感異 238, 290
*Kan-lu shou* 甘露手 238
Kan-su 甘肅 129, 265, 268, 277
*kan-ying* 感應 261, 274, 340, s. auch *kan*, *ying*
K'ang-hsi(-Periode) 康熙 374

K´ang Seng-k´ai 康僧鎧 s. Saṃghavarman

Kannon 觀音 30, 251, 331, 332, 337, 370, 383, 391, 401, 408

Kanzeon s. Kannon

Kao-ch´ang 高昌 124, 229

Kao-seng chuan 高僧傳 270, 346, s. auch Sung Kao-seng chuan, Hsü Kao-seng chuan

Kao-tsu 高祖 103

Kapila 180

Kǎraṇḍavyǔha-Sǔtra 60-64, 92, 93, 358, 410

Karma 48, 50, 55, 144, 163, 185, 186, 188, 191, 220, 239, 275, 277, 308, 312, 350

karuṇǎ 119

Karuṇǎpuṇḍarǐka-Sǔtra 36, 44-48, 82, 358, 409, 410

Kaṣǎya 208

Kaschmir 114, 124, 148, 276

Kashgar 141

keshin 化身 336

Khotan 125f., 131, 147, 148, s. Yü-t´ien 于闐

Kiṃnara(s) 161, 233

Kinnara 181

K´o-ch´in 克勤 408, s. auch Pi-yen-lu

K´o-lou-hsüan 盧樓亘 76

kǒhon 廣本 222

Kǒkei 康慶 89

Kondǒ 金堂 250

Konfuzianismus 153, 248, 252, 257, 265, 288

kou-chao 鉤召 239

Krankheiten 84, 100, 159, 163, 169, 175, 183, 187, 190, 191, 193, 194, 195, 196, 197, 198, 199, 200, 203, 235, 251, 255, 256, 272, 274, 276, 277, 283, 285, 286f., 289, 294, 295, 306f., 308, 329, 337, 344, 350, 351f., 356, 357, 392, 393, 396

Kṛtavibhǔmi 213

kṣǎnti 82, 233

kuan-hsiang ch´an-hui 觀相懺悔 321, 384

Kuan mi-lo ching 觀彌勒經 124

Kuan-shih-yin 觀世音 26f., 30, 34, 66f., 68, 69, 86

*Kuan-shih-yin ching* 觀世音經 124
*Kuan-shih-yin mieh-tsui t´o-lo-ni* 觀世音滅罪陀羅尼 124
*Kuan-shih-yin p´u-sa fu-yin* 觀世音普薩苻印 130
*Kuan-shih-yin p´u-sa ling-ying shih-chi shih-lu* 觀世音普薩靈應事迹實録 93, 367, 409
*Kuan-shih-yin p´u-sa mi-mi-tsang shen-chu ching* 觀世音普薩秘密藏神呪經 126
*Kuan-shih-yin p´u-sa pen-hsing ching* 觀世音普薩本行經 301
*Kuan-shih-yin p´u-sa sheng-tan chu-i* 觀世音普薩聖誕祝儀 382, 409
*Kuan-shih-yin shou-chi ching* 觀世音受記經 124
*Kuan-shih-yin tzu-tsai* 觀世音自在 27, 234f.
Kuan-ting/*-ching* 灌頂/經 83f., 85, 409 / 242, 243
Kuan-tzu-tsai 觀自在 27, 67, 68, 69
*Kuan wu-liang-shou fo-ching* 觀無量壽佛經 80, 409
*kuan wu-sheng ch´an-hui* 觀無生懺悔 384
Kuan-yin 觀音 67, 128, 302, 305, 308, 394
*Kuan-yin ching (ch´ih-yen chi)* 觀音經持験記 32, 279-288, 302, 340, 409
*Kuan-yin ling-i chi* 觀音靈異紀 359, 366, 409
*Kuan-yin tz´u-lin chi* 觀音慈林集 288-294, 343, 345, 357, 409
*Kuang-i chi* 廣異記 353
*K´uei-yin* 闕音 66
Kŭkai 空海 232, 338, 408
Kumărajĭva (Chiu-mo-lo-shih 鳩摩羅什) 27, 34, 38, 39, 67, 68, 69, 70, 71, 75, 79, 80, 124, 242, 405, 409, 410
Kumbhăṇḍa-răja 181
Kumbhira 180, 233
Kundali 172, 180
Kundura-Weihrauch 196
*kung-yang* 供養 115
*Kuo-ch´ing pai-lu* 國清百録 83, 409
Kurantaṇṭa 180
Kutcha 79f.
Kyŏkai 景戒 251
Kyondok 252

INDEX

Lamaismus 311
Lamotte, Etienne 15, 71, 81, 90, 206, 207, 212, 216, 421
*le* (Freude) 樂 220
*Leng-yen (ching)* 楞嚴經 81, 313, 314, 315
*li* 理 88, 220
*Li-ch'ü ching* 理趣經 86f.
Li Chün-chün 李郡君 285f., 295
Li Fang 李昉 352, 411
Li Hsin 李昕 282f.
Li-sheng 李升 343
Li T'ai-i 李太一 106, 116
Liang Ch'iao 梁橋 341, 412
Liang-chou (Kan-su) 涼州 129
*ling-hsiang* 靈像 274
*liu-ken* 六根 380
*Liu men t'o-lo-ni ching* 六門陀羅尼經 141
*liu po-lo-mi-to* 六波羅密多 82
*Liu-tsu ta-shih fa-pao t'an-ching* 六祖大師法寶壇經 360
*liu-tu* 六度 233
Logos 77
*loka* 66
Lokakṣema 76, 411f.
Lokarakṣa 36, 75
Lotusgarbha 119
*Lotus-Sŭtra (Hokkekyŏ)* 13f., 16, 26-33, 35, 36, 67, 69, 70, 72, 73f., 75, 78, 98, 124, 128, 231, 242, 279, 280, 319, 352, 392, 393, 399
Lotustathăgata 62
Loyalität 153, 154, 156, 190, 287, 395
Loyang 洛陽 34, 36, 102, 107, 126
*Lu-chia-ti* 盧迦帝 172
*Lu-o* 蓼莪 292
*Lun-yü* 論語 344
*Lung-hsing fo-chiao pien-nien t'ung-lun* 隆興佛教編年通論 364
Lung-hsing ssu 龍興寺 264, 265, 267, 345

Lung-men-Inschriften 龍門 362f.
Lü Kuang 呂光 79

Ma-ming 馬鳴 171
Mahăbalasenapti 180
Mahăbodhisattva 176
Mahăbrahma 172f.
Mahacintana (Pao-ssu-wei 寶思惟) 141
Mahăkăśyapa 161
Mahămayŭri-răja 181, 223, 233
*Mahamegha-Sŭtra* 371
Mahăsattva(s) 61, 62, 92, 160, 163, 173, 176, 191, 192, 204, 291, 292, 293, 329, 366
Mahăśriyă-devĭ 181
Mahăstămaprăpta 34, 35, 36, 40, 41, 43, 49, 78, 161, 241, 260, 325, 330, 358
Mahăvairocana (Buddha) 100, 237
*Mahăvairocana-Sŭtra* 99, 119, 136
Maheśvara 30, 61, 143, 173, 174, 180, 233
Mahoraga(s) 161, 181
Maitreya 148, 161
*maitrĭ* 119
Mallmann, M. Th., de 65, 69, 70, 77, 81, 92, 148, 214, 224, 347, 422
*Man-to-la* 曼哆囉 176
Maṇḍala(s) 100, 110, 116, 117, 118, 135, 136f., 230, 348, 349, 350, 351
Maṇi-bhadra 181, 233
Manichäismus 77, 343
Mañjuśrĭ 89, 161, 337
Mantra(s)/Geistesmantra 15, 35, 37, 43, 44, 50, 51, 53, 84, 87, 110, 112, 113, 118, 120, 129, 130, 132, 135, 138, 158, 159, 160, 163, 164, 165, 167, 168, 169, 171, 174, 176, 177, 179, 180, 181, 182, 183, 184, 188, 190, 191, 192, 193, 194, 195, 196, 197, 198, 199, 203, 206f., 208, 209, 214, 215, 221, 228, 230, 234, 238, 240, 241, 242, 243, 255, 282, 324, 325, 329, 335, 343, 349, 350, s. auch *chu*

*mappŏ (mo-fa)* 末法 59, 90
Măra 163, 206, 215
Maudgalyăyana 299, s. auch Mu-lien
Meditation 15, 42, 47, 54, 55, 57, 100, 105, 119, 143, 166, 187, 207, 208, 212, 219, 233, 256, 259, 263, 269, 271, 283, 290, 302, 320, 324, 326, 328, 354, 376, 379, 384, 399, s. auch *dhyăna* und *samădhi*
Medizin 235, 242, 255, 256, 287, 325, 338f., s. auch Krankheiten
*men* 門 27
Meru 244
*mi-chiao pu* 密教部 97
*Mi-ti-li-yeh* 彌帝利夜 174
*mi-tsung* 密宗 252, 338
*mi-yü* 密語 228
*Miao-fa lien-hua ching* 妙法蓮華經 70, 409
Miao-shan 妙善 20, 63, 93, 248, 288, 298-309, 331, 363, 364, 395f., 397
*migawari* 身代り 347
*ming* 命 208
*ming ch´üan tzu-hsing* 名詮自性 319
Ming-pen 明本 378
Ming-ti 明帝 274
*ming-wang* 明王 223, 231
Ming-Zeit/-Dynastie 明 110, 254, 304, 315, 337, 341
Mithra 77, 148
*mo-fa* 末法 243, s. auch *mappŏ*
*Mo-fa-t´e-tou* 摩罰特豆 172
*Mo-ho-fa-she-yeh-ti* 摩訶罰闍耶帝 173
*Mo-ho chih-kuan* 摩訶止觀 88, 226, 321, 401, 409
*Mo-hsi mo-hsi li-t´o-yun* 摩醯摩醯唎馱孕 173
*Mo-hu-chia-lu-ni-chia-yeh* 摩訶迦盧尼迦哪 171
*Mo-hu hsi-t´o-yeh* 摩訶悉陀夜 175
*Mo-hu-p´u-ti-sa-to* 摩訶菩提薩埵 173
*Mo-hu-sa-to-p´o-yeh* 摩訶薩路婆哪 171
Mo-kao 莫高 128
*Mo-la mo-la* 摩羅摩羅 173
*Mo-la-nu-la* 摩羅那羅 175

*Mo-mo fa-mo-la* 摩摩罰摩囉 174
*Mo-po-li sheng-chieh-la-yeh* 摩婆利勝羯囉夜 176
*mo-tao nü-shen pu-ch´eng-fo* 莫道女身不成佛 303
Mu-lien (Maudgalyăyana) 目蓮 299, 360, 361f.
*Mu-ti-li* 穆帝囉 174
*muditǎ* 119
Mudrǎ(s) 43, 50, 100, 103, 104, 105, 107, 110, 113, 114, 115, 116, 117, 137, 229f., 234, 240, 266, 271, 344, 350
Mujaku Dǒchū 無着道忠 315
Myǒzen 明千 315

*Na-mo (Kuan-shih-yin p´u-sa) (Avalokiteśvara)* 南無觀世音菩薩 28, 29, 118, 127, 165f., 216f., 221, 303, 319, 323, 324, 325, 330, 331, 333, 380
*Na-mo ho-la-ta-nu to-la-yeh-yeh* 南無喝囉怛那哆囉夜哪 171, 176
*Na-mo hsi-chi-li-to yi-meng wo-li-yeh* 南無悉吉利埵伊蒙阿唎哪 171
*Na-mo nu-la-chin-ch´ih* 南無那囉謹墀 172
*Na-mo wo-li-yeh* 南無阿唎哪 171, 176
Nǎga(s) 161, 204, 213f., 230, 231, 322
Nǎgarǎja 337
Nǎgǎrjuna 72, 172, 174
Nǎlanda 136
*namaḥ* 319
Nan-ching 南京 124
*Nan-hai p´u-t´o shan ch´uan-ch´i i-wen-lu* 南海普陀山傳奇異聞録 367, 409
Nan-ti 難提 48, 407
Nanda 181
Nara 奈良 250, 251
Nara-Zeit 99, 251, 336
Nǎrǎyana 61, 180, 233
*neng-ch´ih* 能持 205
*neng-shu* 能庶 205
*Ni-ju-hachi bushǒ* 二十八部衆 214

*nieh-p´an-t´ai* 涅槃台 314
*nien-ming* 念名 29, 71
*nien-so* 撚索 235
*Nihon ryŏiki* 日本靈異記 251
*Nĭlakaṇṭha (ch´ing-ching)* 青頸 224, 225, 354
Ningai 仁海 59, 99
*nirguṇa* 74
Nirvăṇa 36, 45, 46, 54, 62, 71, 138, 166, 218, 220, 225, 233, 260, 294, 350, 389, 392, 398
*Nirvăṇa-Sŭtra* 57, 220
*Nu-la-chin-che po-ch´ieh-la-yeh* 那囉謹墀皤伽囉啣 176
*Nu-la-chin-ch´ih* 那囉謹墀 174, 175
Nyŏirin (Cintamăṇicakra) 如意輪 59

O-mi-t´o 阿彌陀 s. Amităbha
Oṃ 176, 208
*Om maṇi padme hŭṁ* 60, 62, 93
Opfer/Opferung/Opfergaben 31, 32, 190, 192, 223, 298, 314, 330, 339, 350, 361
Osabe 119, 120, 144, 145, 211, 227f., 424f
Ou-yang Ts´an 歐陽璨 281f.

Pa-cha-na-luo 拔吒那羅 113
*Pa-pu chung* 八部衆 213
*Padmă* 45
Padottama 62
*Pai-chang ch´ing-kuei (cheng-i)* 百丈清規(正義) 310, 315, 368f., s. auch *Ch´ih-hsiu (pai-chang) ...*
Pai-chang Huai-hai 百丈懷海 310, 368, 370
Pai-i Kuan-yin 白衣觀音 366
Pan-chih-lo 半祇羅 180
Pan-chou-Meditation 般舟 283, 354
*Pan-chou san-mei ching* 般舟三昧經 354
*Pan-jo p´o-lo-mi-to hsin-ching* 般若波羅密多心經 93, 409
*Pao-chou chu* 寶咒注 158
*pao-chüan* 寶卷 301, 302, 364f.

*Pao-p´u-tzu* 抱朴子 154, 205
Pao-ssu-wei 寶思惟 s. Mahacintana
Paramărtha 141, 351, s. auch Chen-ti
Parămită(s) 45, 184
Păramiti 81, 410
Parsismus 77
*Pei-hua ching* 悲華經 78, 81, 409
P´ei Kung-hsiu 裴公休 264, 345
Pelliot, Paul 122, 125, 146, 348, 425
*pen-shen* 本身 171
*pen-shih* 本師 44
P´i-sha-men 毘沙門 s. Vaiśravaṇa
*Pi-yen lu* 碧岩録 369, 397, 408, s. auch Ch´ung-hsien; K´o-ch´in
*pien-shen* 遍身 369
*pien-wen* 駢文 361
Pietät 20, 153, 154, 156, 190, 248, 259, 268, 287, 296f., 298f., 302, 304, 359, 360, 361, 362f., 395, 396
Pilger/Pilgerschaft 30f., 73, 305
*ping-chü* 秉炬 314
Piśăca 181
Po-lun 波崙 103, 106
*Po-t´o-mo chieh-hsi-to-yeh* 波陀摩羯悉哆夜 176
*Po-mo-yeh* 鉢默耶 176
*Po-yeh-mo-nu* 波夜摩那 175
P´o-chia 婆伽 114
*P´o-lu-chi-ti* 婆嚧吉帝 176
*P´o-lu-chi-ti she-fo-la-leng-to-po* 婆盧吉帝室佛囉楞馱婆 171
*P´o-lu-chieh-ti shuo-po-la-yeh* 婆盧羯帝爍鉢囉啷 171
P´o-t´an-na 婆担那 181
Potala 160, 215
*prabhăkarĭ* 215
Prabhutarătua 31
*prajña* 82, 218, 233, 320, 381
*Prajnăpăramită-Sŭtra* 138
*pramudită* 215
*praṇidhăna* 82

*pratideśană* 318

Pratyekabuddha 30, 212, 379, 392

Pratyekabuddhabhŭmi 213

*pravărană* 375, s. auch Beichte

Prüfungen 154

Przyluski, Jean 92, 375, 425

*pu-ch´ü cheng-chüeh* 不取正覺 78

*Pu-jung* 378

Pu-k´ung 不空 s. Amoghavajra

Pu-k´ung chüan-so 不空羂索 s. Amoghapăśa

*pu-t´ui (avaivartika)* 不退 237

*pu-t´ui-lun* 不退論 237

*p´u* 普 27

*P´u-men p´in* 普門品 27, 31, 33, 37, 213, 234, 242, 352,
358, 392, 401

*P´u-ming* 普明 301

*P´u-sa ti-ch´ih ching* 菩薩地持經 207, 409, s. auch
Bodhisattvabhŭmi

*P´u-t´i-liu-chih* 菩提流志 s. Bodhiruci

*P´u-t´i-sa-to-p´o-yeh* 菩提薩跢婆呵 171

*P´u-t´i-yeh p´u-t´i-yeh* 菩提夜菩提夜 174

*P´u-to-yeh p´u-to-yeh* 菩駄夜菩駄夜 174

Pŭrna-bhadra 181, 233

Pŭrnaka 180


Raiyu 賴瑜 59, 408

Răksa(s) 113

Ratnavairocana 45

Reines Land/-Schule/-Sŭtra 16, 17, 20, 33-40, 41, 43, 51,
52, 61, 78, 80, 111, 186, 296, 302, 317, 319, 330,
362, 391, 393

Rhi Ki-yong 李基用 21, 425

Rinzai(-Zen-Schule) 臨濟 316, 373, 397

Roku Kannon 六觀音 58, 59

*rŭpa* 385

*rŭpadhătu* 88

*ryakuhon* 略本 222

Ryŏson 亮尊 89, 405
Ryŏzen 亮禪 89

Sa-ho-lo 薩和羅 180
*Sa-po-la-fa-i* 薩皤囉罰曳 171
*Sa-p´o sa-p´o* 薩婆薩婆 173
*Sa-p´o-sa-to na-mo p´o-sa-to na-mo p´o-ch´ieh* 薩婆薩哆那摩婆伽 172
*Sa-po-wo-t´o tou-sha-p´eng* 薩婆阿他豆輸朋 172
*Saddharmapuṇḍarĭka* 69, 70, 409, 411
*sădhumatĭ* 216
Săgara 181, 233
Sahasrabhuja 59, s. auch Senju
*Sai-li-ni* 地利尼 173
Saichŏ s. Dengyŏ Daishi
*Sakṛdăgămin* 225
Samădhi(s), 57, 83, 84, 88, 100, 167, 211f., 218, s. auch Meditation und *dhyăna*
Samantabhadra 161, 337
*Samanthamukha* 27, 35
Samboghakăya Vairocana 172
Saṃghavarman (K´ang Seng-k´ai 康僧鎧) 34, 39, 75, 412
Saṃkusumitarăja 119
Saṃsăra 44, 54, 103, 187, 326, 379, 392
*saṁskăra* 385
*samyak sambodhi* s. *cheng-chüeh*
*san-ch´eng* (*triyăna*) 三乘 379
San-chieh ssu 三界寺 128
*san-ch´ien ta-ch´ien shih-chieh* 三千大千世界 214
*San-kuo i-shih* 三國遺事 252, 337, 410
*san mi* 三密 100
*San-pao kan-ying yao-lüeh lu* 三寶感應要略録 90, 273-279, 349, 409
*san-shih-erh hsiang* 三十二相 234
*san-te* 三德 381
*san-t´u* 三途 234
*sanghă* 45, 274, 331

sañjñă 385

sanmon-entsŭkaku 三門圓通閣 332

san-yeh 三業 380

san-yü 三欲 381

sanghărăma 105

Sañjaya 181

Sanjusangendŏ 58, 232f.

Sarasvatĭ 61, 180

Sattva 173

Segen s. tseng-i 增益

Seidel, Anna 5

Seng Hui-kung 僧惠恭 286f.

Seng-chao 僧肇 68, 407

Seng-yu 僧佑 407

Senju (Sahasrabhujă) 千手 59, 60, 89, 89, 336, 347

Sha-chou 沙州 128

Shan-cha 善咤 161

Shan-wu-wei 善無畏 s. Subhăkarasiṃha

She-kung 涉公 254

She-na-chüeh-to 闍那崛多 s. Jñanagupta

She-ti 闍提 114

Shen-chih 神智 252, 254, 255, 256, 263-264

shen-chu 身呪 105

Shen-huang 神皇 106

shen-yen 神驗 207

shih 世 66

shih 事 88

Shih-chi 史記 124, 147

Shih-ching 詩經 359

Shih-fo-la-yeh 室佛囉夜 173

Shih-i-mien Kuan-shih-yin shen-chu ching 十一面觀世音
神呪經 134f., 410

Shih-nu shih-nu 室那室那 174

Shih-p´o-la-yeh 室皤囉耶 175

Shih-sheng kuang-ta wei-te hsiao-tsai chi-hsiang t´o-lo
-ni ching 熾盛光大威德消災吉祥陀羅尼經 371

Shih-shih chi-ku lüeh 釋氏稽古略 321, 410

Shih-shih-mi 奢奢彌 198

*shih-ti* 十地 213
Shingon 真言 17, 58, 59, 89, 91, 99, 121, 222, 240, 338
Shŏ Kannon (Ārya) 聖觀音 59
*sho zai* 消災 139
Shŏchŏ 承澄 83f., 405
Shŏmu Tenno 聖武天皇 74
Shŏtoku Taishi 聖德太子 73
*shou-chi* (*vyăkaraṇṇa*) 受記 82,
Shu-lien 庶顔 287f., 296
*Shu-ta-nu-ta-hsia* 數怛那怛寫 171
*Shuo-po-la-yeh* 爍皤囉夜 176
Siddhaṃ(-zeichen) 222, 232, 344
*sĭmă-bandha* s. *chieh-chieh*
*skandha* 385
*So-la so-la* 娑囉娑囉 174
*So-p´o-hu* 娑婆訶 175, 176
*So-p´o mo-hu wo-hsi-t´o-yeh* 娑婆摩訶阿悉陀夜 175
Soper, A.C. 68, 214, 427
Sŏtŏ(-Sekte)/(-Schule) 曹洞 312, 316, 370, 373
*Ssu-chiao i* 四教義 88, 410
*ssu-en* 四恩 381
*ssu-fa shih-chi* 嗣法師忌 313
*Ssu-ming tsun-che chiao-hsing lu* 四明尊者教行録 378, 410
Stein, Aurel Sir 122, 125, 143, 146, 147, 348, 428
Stupa(s) 31, 168, 261, 314, 315, 301, 329
Su-chia-shih 蘇伽施 105
Su-fo-lo 蘇嚩羅 s. Svara
*Su-lu-su-lu* 蘇嚧蘇嚧 174
Su Tung-p´o 蘇東坡 399
Subhăkarasiṃha (Shan-wu-wei 善無畏) 69, 145, 254
Sucimă 180
*sudurjayă* 216
Sui-Dynastie 隋 102
Sukhăra 78f.
*Sukhăvatĭyŭha-Sŭtra* 33, 98, 342, 405, 412
*Sukhăvati* 33, 66, s. Reines Land
Sumeru 103, 129, 162, 185, 206, 214, 223

*Sung Kao-seng chuan* 宋高僧傳 102, 108, 109, 142, 148, 340, 369, 377, 410, s. auch *Kao-seng chuan, Hsü Kao -seng chuan*
Sung-Zeit/-Dynastie 宋 20, 129, 130, 248, 254, 273, 283, 285, 288, 289, 299, 304, 310, 321, 355, 377
*Suvarṇaprabhăsa-Sŭtra* 407
Suzuki, Daisetsu 鈴木大拙 210, 428
Sünde(n) 20f., 43, 44, 52, 53, 54, 116, 117, 144, 163, 167, 168, 169, 185, 186, 188, 189, 192, 203, 320, 326, 327, 328, 329, 384, 391, 396
*Svăhă* 208
Svara (Su-fo-lo 蘇嚩羅) 88, 140, 405
Śakra 30, 35
Śăkyamuni 13, 28, 31, 32, 35, 48, 50, 61, 100, 160, 324, 325, 330, 344
*Śăriputra* 335
Śastra(s) 102, 262
Śikṣănanda 67, 126
*śĭla* 82, 218, 233
Śiva 143, 224
Śramana 108, 129, 160, 185, 189
Śrăvaka 30, 41, 161, 163, 184, 185, 212, 213, 225, 379
Śrimitra 242
Śrota-ăpanna 225
Śubhăkarasiṁha 118-121, 136, 140, 144f., 227
*Śuklavidarśanăbhŭmi* 213
*śŭnya* 74
Śunyată 64
*Śŭrangama-Sŭtra* 42, 54, 81, 332, 358, 372, 410

*Ta-ch'eng ch'i-hsin lun* 大乘起信論 351
*Ta-ch'eng chuang-yen pao-wang ching* 大乘莊嚴寶王經 92, 410
*Ta-ch'eng pei-fen-t'o-li ching* 大乘悲分陀利經 81, 410
*Ta-chih-to* 怛姪他 172
*Ta-chih-tu lun* 大智度論 71, 205, 211, 213, 410
Ta-hsiung-shan ssu 大雄山寺 141

*Ta-jih-ching* 大日經 136
Ta-mo-chan-t´o 達摩戰陀 106
*Ta-pan nieh-p´an ching* 大般涅槃經 88
*Ta-pei ch´an(-fa)* 大悲懺法 321, 322, 331, 332, 381f., 406, s. auch *Ch´ien-shou-yen ta-pei ...*
*Ta-pei ch´i-ch´ing* 大悲啓請 127, 129, 131, 149, 319, 320, 390, 410
*Ta-pei ching* 大悲經 120
*Ta-pei chou* 大悲咒 207, 209, 415
*Ta-pei-chou chi-chieh* 大悲咒集解 93, 411
*Ta-pei-hsin* 大悲心 127
*Ta-pei-hsin chou ch´an* 大悲心咒懺 209
*Ta-pei-hsin chu hsiang-chieh* 大悲心咒像解 209, 411
*Ta-pei-hsin t´o-lo-ni* 大悲心陀羅尼 207
*Ta-pei shen-chu* 大悲神咒 209
Ta-pei-ssu 大悲寺 127, 257, 261, 342
*Ta-pei t´an-fa pieh-hsing pen* 大悲壇法別行本 131
*ta-pei shui* 大悲水 256
*Ta-pei shui-fa* 大悲水法 344
*Ta-shih-chih* 大勢至 34
*Ta-te* 大德 s. Bhadanta
Ta-tsung-ch´ih ssu 大總持寺 102, 104
*ta-yün-chu* 大雲呪 312
Taganoŏ (Shŏun) 梅尾祥雲 176, 177, 209, 210, 222
Tai-fu 戴孚 353
*T´ai-p´ing kuang-chi* 太平廣記 352, 411
*t´ai-tsang* 胎藏 237
T´ai-tsu 太祖 254, 261, 315, 341
T´ai-tsung 太宗 102, 104
Takenaka Tomoyasu 竹中智泰 159, 429
*Tan-wang* 旦望 311, 371
*T´an-ching* 壇經 293
T´an Wu-ch´an 曇無讖 407, 409, 410, s. auch *Chin-kuang -ming ching*
T´ang-Zeit/-Dynastie 唐 19, 27, 72, 90f., 99, 100, 103, 108, 120, 126, 128, 130, 132, 145, 160, 211, 228, 249, 252, 257, 261, 263, 264, 272, 280, 281, 282, 310, 339, 343, 347, 351, 353, 361, 391

Tankei 湛慶 89
Tanŭbhumi 213
Tao-chou 道舟 252, 253, 256f., 267-269
Tao-hsüan 道宣 300, 304, 364
Tao-wu 道吾 369, 398
Taoismus 154, 255, 266
Tathăgata 44, 55, 111, 153, 154, 156, 160, 164, 167, 186, 192, 204, 215, 237, 238, 277, 323, 324, 333, 334, 395
Te-hai 德海 378
Te-hui 德輝 310, 311, 407
Tendai 天台 17, 58, 59, 84, 91, 99, 121, 222
*Ti-li-se-ni-lu* 地唎瑟尼那 175
*tiao-fu* 調服 119, 143, 236, 239
T´ien Hsi-tsai 天息災 410
*T´ien-lung pa-pu* 天龍八部 213
*T´ien-p´in miao-fa lien-hua ching* 添品妙法蓮華經 70, 411
T´ien-t´ai 天台 17, 47, 53, 67, 83, 130, 227, 283, 321, 322, 353, 358, 359, 389
*ting-li (fo-tsu)* 頂禮(佛足) 323, 379
*T´o-la t´o-la* 陀羅陀羅 173
*t´o-lo-ni* (Dhăraṇĭ) 陀羅尼 88, *passim*
*T´o-lo-ni-chi ching* 陀羅尼集經 135
Tod 169f., 218, 257, 312, 328, 329, 337, 381, s. auch *erh-ssu*
Toshŏdaiji 唐招提寺 250
Totenzeremonien s. Beerdigungszeremonien
Tripiṭaka 109, 122, 139, 267
*Tsa a-han ching* 雜阿含經 143, 411
Ts´ai-jen 蔡仁 305
Tsan-ning 贊寧 142, 270, 410
*Tsan ta-pei lou* 讚大悲樓 342
*tseng-i* 增益 100, 119, 239
Tseng-jen 增忍 252, 256, 264-267, 268, 271, 345
*tso-fa ch´an-hui* 作法懺悔 384
Tsu-chü ching-sheng (An-yang) 沮渠京聲 147
Tsu-hsiu 祖琇 300
Tsukamoto Zenryŭ 塚本善隆 304, 339, 366, 367, 382, 430
*tsukinami zembŏ* 月次懺法 332

Tsun-fa 尊法 109
*Tsun-sheng t´o-lo-ni* 尊勝陀羅尼 127, 131
Tsun-shih 遵式 283f., 304, 331, 383
*tsung-ch´ih* 總持 80, 205
*Tsung-ch´ih ching-chu (= Dhăraṇi Măñtra-Sŭtra)* 總持經呪 205
Tsung-hsiao 宗曉 410
*Tsung-shih t´o-lo-ni i-tsan* 總釋陀羅尼義讚 207, 411
Tsung-shou 宗壽 311, 408
Tsung-tse 宗賾 311, 369
*Ts´ung-jung lu* 從容録 304, 333, 364, 370, 411
*Ts´ung-lin (chiao-ting) ch´ing-kuei (tsung-yao)* 叢林校定清規總要 311, 313, 371, 411
*Tu-lu tu-lui fa-she-yeh-ti* 度盧度盧罰闍耶帝 173
Tu-t´i 讀體 322, 406
Tucci, G. 65, 430
Tun-huang 敦煌 18, 28, 29, 39, 72, 97, 98, 121-132, 146, 148, 228, 231, 247, 272, 319, 347f., 376, 390
*t´ung-shen* 通身 369
Turfan 229
Tuṣita 66
*Tzu-chüeh* 自覺 252, 253, 254, 257-261
*tzu-tsai* 自在 43, 67
*tz´u-pei* 慈悲 86
*Tz´u-pei-shui ch´an-fa* 慈悲水懺法 342
*Tz´u-yin* 慈音 307, 411

Uddayăna 271, 274
Unglück s. *hsiao-tsai*
Unkei 運慶 89
Unschuld, P. 160, 211, 235, 236, 431
*upăya (fang-pien* 方便) 30, 73, 23
*upekṣă* 119
*uṣṇiṣa* 41

Vairocana 250, 266
Vaiśāli 48, 49, 50
Vaiśravaṇa (P'i-sha men 毘沙門) 181, 233, 260, 340
Vajra 35, 180, 231
Vajrabodhi (Chin-kang-chih 金剛智) 69, 90, 118-121, 140, 145, 221, 222, 224, 254, 406
Vajadhātumaṇḍala 119, 145, 223, 238
Vajrapaṇi 204
Vajra-Śaṅkara 180
Vajrasattva 87
*Vajraśekhara-Sūtra* 99
Varuna 180
Vasubandhu 351
Veda 100
*vedanā* 385
*Vibhītaka* 194
*vihāra* (Tempel) 125, 281
*vijñāna* 385
*Vijñaptimātrasiddhi-śāstra* 262
*vimalā* 215
*Vimalakīrti-nirdeśa* 66
*vimukti* 71, 381
Vināya 102, 106, 250, 252, 258, 262, 283
Vināyakas 107
Vipaśin (Buddha) 112, 142
Vipaśyin 61
Virūḍhaka 181, 233
Virūpakṣa 181, 233
*vīrya* 82, 233
*Vitarāgabhūmi* 213
Vivaka-rāja 180
*vyākaraṇṇa* s. *shou-chi* 受記

*Wai-kuo chi* 外國記 352
Wan-chün 萬鈞 304, 366, 409
Wang Ch'ang 王昶 407
Wang Ch'ung-i 123

*wang-seng* 亡僧 314
Wei Chün-ching 韋君靖 346
Wei-mien 惟勉 311, 411
*wei-na* 維那 312
Weihrauch s. Kălanusărin; Kundura
Wen Chung 文衝 377, 407
Wen Huan 80
Wen-tsung 262
Wiedergeburt 13, 17, 20, 33, 37f., 39f., 42, 51, 52, 55, 59, 61, 110, 165, 167, 185, 186, 188, 191, 192, 201, 203, 204, 225, 253, 273, 278, 287, 294, 296, 297, 317, 319, 324, 329, 330, 362, 389, 391, s. auch Kalpa(s)
*wo* (ich) 我 220
*Wo-la-seng fo-la-she-li* 阿囉嵾佛囉舍利 174
*wo pu-tso fo* 我不作佛 78
*wo shih pu ch'eng cheng-chüeh* 我誓不成正覺 78
*Wo-shih-yün* 阿逝孕 172
*Wu-ai t'o-lo-ni (asaṅgadhăraṇĭ)* 無礙陀羅尼 211
Wu-chin-i 無盡意 s. Akṣayamati
*wu-cho* 五濁 208
*wu-hsin* 五辛 236
*wu-kuo* 五果 237
Wu-liang-shou 無量壽 s. Amităyus
*Wu-liang-shou-ching* 無量壽經 75, 412
*Wu-men-kuan* 無門關 383
Wu-pu-ching-chü 五部淨居 180, 233
*wu-t'i t'ou-ti* 五體投地 83
*wu-tsui-hsiang ch'an-fa* 無罪相懺法 384
Wu-tsung 武宗 343
*wu-yün* 五蘊 385
Wunderwirkungen/-berichte 19, 28, 30, 392, 393, 394

Yakṣa(s) 113, 161, 181, 230, 231, 233, 243, 277
Yakushiji 251
Yama-răja 180
Yamada Meijĭ 山田明爾 159, 228, 232, 432
*yăna* 乘 25, 65

Yao Hsü-ch´ü 姚徐曲 277-279
Yao-shih 藥師 242
Yaśogupta (Yeh-she-chüeh-to 耶舍崛多) 135, 410
*Yen-k´o ta-ch´üan* 眼科大全 337
Yen-shou 延壽 377, s. auch Chih-chüeh
*yen-shou t´ang* 延壽堂 314
Yin Chih-yung 129
Yin-yüan Long-ch´i 隱元隆琦 315f., 408
*ying* 應 324, 341, s. auch *kan*
Yoga 177
*Yogavajraśekhara-Sūtra* 118
Yojana(s) 41
*Yung-ch´uan shih-shih* 永川詩式 341, 412
Yung-lo 永樂 18, 153, 155-157, 296, 315, 395
*Yü-chia chi-yao yen-k´ou shih-shih i* 瑜伽集要焰口施食儀 374, 412
Yü-chih 于寘 124, s. auch Yü-t´ien
*Yü-lan p´en-Fest* 盂蘭盆 249, 293, 299, 352, 360f., 362, 374
*Yü-t´ang hsien-hua* 玉堂閑話 353
Yü-t´ien 于闐 124, s. auch Khotan; Yü-chih
Yüan-chou 源州 114
Yüan-Zeit/-Dynastie 元 248, 286, 290, 305, 310, 311, 315, 322
Yüeh-kuang 月光 243
Yüeh-kuang t´ung-tzu (Candrabrabhă-kumăra) 月光童子 243
Yün-yen 雲岩 369, 397f.

Zen 禪 14f., 20, 60, 373, s. auch Ch´an
Zervanismus 77
*zŏmitsu* 雜密 97, 99, 100, 101, 117, 135, 139
Zoroastrismus 77

# Anhang

# I.
# Einleitung und Text des *Ch'ien-shou ching*, *T.* 1060

No. 1057 [No. 1038]

# ⑨千眼千臂觀世音菩薩陀羅尼神呪經序

惟夫聖力難准靈心罕究。六神通之妙業。八自在之玄功。持碁貫而納祟山。析毫端而容大海。豈止分身百億。現影三千而已也。千手千眼菩薩者。即觀世音之變現。伏魔怨之神迹也。自唐武德之歲。中天竺婆羅門僧瞿多提婆。於細氎上圖畫形質。及結壇手印經本至京進上。太武見而不珍。其僧悒而旋轡。至貞觀年中。復有北天竺僧。齎千臂千眼陀羅尼梵本奉進。　文武聖帝勅令大總持寺法師智通。共梵僧翻出呪經并手印等。智通法師三覆既了。即祈心懇切佇流徵應。於是感慶聖尊者之俯降形儀。通悲喜驚嗟投身頂禮。蒙存慰喻問欲何求。通曰搖昧庸心輒此詳譯。不審情詣稍符聖旨以否。默而印許。竊表深衷。便錄本進上。帝委問由緒。通具以事述感愜帝心。於是齋藏本出內將示。弘福大德玄暮法師。一見此文嗟稱不已。有人云勅未流行何因忽茲漏洩。其本遂寢不復弘揚。又有西來梵僧。持一經夾以示智通。通還翻出。諸餘不殊舊本。唯闕身呪一科。有常州正勤寺主慧琳法師。功德爲務定慧是崇。深入總持周窮藝術。歷遊京邑捿遲實際伽藍。思廣異聞希誠脫簡。爰有北天竺婆羅門僧名蘇伽施。常持此法結壇手印朝夕虔祈。琳磬折諮詢每致款曲。後同之洛下漸示津途。即請一清信士李太一。其人博學梵書玄儒亦究。紆令筆削潤色成章。備書梵音身呪具至。神功年中有一仁者自京都至。將通師所翻後本。有上下兩卷惟闕身呪。琳參入其中。事若一家婉而備足。　又佛授記寺有婆羅門僧達摩戰陀。烏伐那國人也。善明悉陀羅尼呪句。常每奉　制翻譯。　於妙氎上畫一千臂菩薩像并本經呪進上　神皇令宮女繡成 或使匠 人畫出。流布天下不墜靈姿。波崙又於婆羅門。眞諦律師。問此僧由來。云有大力鬼神毘那夜迦。能障一切善法不使成就。一切惡業必令增長。雖有妙力通心無能制伏。觀音菩薩現作千臂千眼之形以伏彼神。　及有呪印用光不朽。將來好事者佇無惑焉

No. 1060 [cf. Nos 1056-1058, 1061-1064]

# ⑩御製大悲總持經呪序

朕聞觀自在菩薩誓願。入微塵國土。拯拔一切有情。離諸苦趣。故說是無量功德總持經呪。世間善男子。善女人。一切衆生秉心至誠持誦。佩服此經呪者。種種惡趣。種種苦害。咸相遠離。咸得圓融。超登妙道。若此海波翻涌。下風吹觸。業釋障消。獲是勝果。非但耳之所聞。實目之所覩。明効大驗者也。若智慧福德之士。根器深厚。堅持佩誦。勤行不輟。又能廣爲演說是經呪。功德不可思議。若薄福不信者。亦心生信解。亦得同超佛境。眞實不虛。夫觀世音誓願弘深。發大悲心。以濟度群生。朕君臨天下。閔衆情之昏昏墮五濁。而不知以此經呪。用是方便。覺悟提撕。俾一切庶類皆超佛域。又況如來化導。首重忠孝凡忠臣孝子。能盡心以事君。竭力以事親。所作所爲。無私智陂行。廣積陰功。濟人利物。又能持誦是經呪。則跬步之間即見如來。若彼不忠不孝不知敬畏。則鬼神所錄陰加譴罰。轉眄之間。即成地獄。蓋善惡兩途。由人所趨。凡我衆庶。宜愼取舍。特此以爲勸

永樂九年六月　日

# 千手千眼觀世音菩薩廣大圓滿無礙大悲心陀羅尼經

唐西天竺沙門伽梵達摩譯

如是我聞。一時釋迦牟尼佛。在補陀落迦山觀世音宮殿寶莊嚴道場中。坐寶師子座。其座純以無量雜摩尼寶而用莊嚴。百寶幢旛周匝懸列。爾時如來於彼座上。將欲演說總持陀羅尼故。與無央數菩薩摩訶薩俱。其名曰總持王菩薩。寶王菩薩。藥王菩薩。藥上菩薩。觀世音菩薩。大勢至菩薩。華嚴菩薩。大莊嚴菩薩。寶藏菩薩。德藏菩薩。金剛藏菩薩。虛空藏菩薩。彌勒菩薩。普賢菩薩。文殊師利菩薩。如是等菩薩摩訶薩。皆是灌頂大法王子。又與無量無數大聲聞僧。皆行阿羅漢。十地摩訶迦葉而爲上首。又與無量梵摩羅天。善吒梵摩而爲上首。又與無量欲界諸天子俱。瞿婆伽天子而爲上首。又與無量護世四王俱。提頭賴吒而爲上首。又與無量天龍夜叉乾闥婆阿修羅迦樓羅緊那羅摩睺羅伽人非人等俱。天德大龍王而爲上首。又與無量欲界諸天女俱。童目天女而爲上首。又與無量虛空神。江海神泉源神河沼神。藥草神樹林神舍宅神。水神火神地神風神。土神山神石神。宮殿等神皆來集會。時觀世音菩薩。於大會中密放神通。光明照曜十方剎土。及此三千大千世界。皆作金色。天宮龍宮諸尊神宮皆悉震動。江河大海鐵圍山須彌山。土山黑山亦皆大動。日月珠火星宿之光皆悉不現。於是總持王菩薩、見此希有之相怪未曾有。即從座起叉手合掌。以偈問佛。如此神通之相是誰所放、以偈問曰

誰於今日成正覺　普放如是大光明
十方剎土皆金色　三千世界亦復然
誰於今日得自在　演放希有大神力
無邊佛國皆震動　龍神宮殿悉不安
今此大衆咸有疑　不測因緣是誰力
爲佛菩薩大聲聞　爲梵魔天諸釋等
唯願世尊大慈悲　說此神通所由以

佛告總持王菩薩言。善男子汝等當知。今此會中有一菩薩摩訶薩。名曰觀世音自在。從無量劫來成就大慈大悲。善能修習無量陀羅尼門。爲欲安樂諸衆生故、密放如是大神通力、佛說是語已。爾時觀世音菩薩從座而起整理衣服向佛合掌。白佛言世尊。我有大悲心陀羅尼呪今當欲說。爲諸衆生得安樂故。除一切病故。得壽命故得富饒故。滅除一切惡業重罪故。離障難故。增長一切白法諸功德故。成就一切諸善根故。遠離一切諸怖畏故。速能滿足一切諸希求故。惟願世尊慈哀聽許。佛言善男子。汝大慈悲安樂衆生欲說神呪。今正是時宜應速說。如來隨喜諸佛亦然。觀世音菩薩重白佛言。世尊我念過去無量億劫、有佛出世、名曰千光王靜住如來。彼佛世尊憐念我故。及爲一切諸衆生故。說此廣大圓滿無礙大悲心陀羅尼。以金色手摩我頂上作如是言。善男子汝當持此心呪。普爲未來惡世一切衆生作大利樂。我於是時始住初地、一聞此呪故超第八地、我時心歡喜故即發誓言。若我當來堪能利益安樂一切衆生者。令我即時身生千手千眼具足。發是願已。應時身上千手千眼悉皆具足。十方大地六種震動。十方千佛悉放光明照觸我身、及照十方無邊世界。從是已後。復於無量佛所無量會中。重更得聞。親承受持是陀羅尼。復生歡喜踊躍無量、便得超越無數億劫微細生死。從是已來常所誦持未曾廢忘。由持此呪故、所生之處恒在佛前。蓮華化生不受胎藏之身。若有比丘比丘尼優婆塞優婆夷童男童女欲誦持者。於諸衆生起慈悲心。先當從我發如是願

無南大悲觀世音　願我速知一切法
南無大悲觀世音　願我早得智慧眼
南無大悲觀世音　願我速度一切衆
南無大悲觀世音　願我早得善方便
南無大悲觀世音　願我速乘般若船
南無大悲觀世音　願我早得越苦海
南無大悲觀世音　願我速得戒定道
南無大悲觀世音　願我早登涅槃山
南無大悲觀世音　願我速會無爲舍
南無大悲觀世音　願我早同法性身
我若向刀山　刀山自摧折
我若向火湯　火湯自消滅
我若向地獄　地獄自枯竭

我若向餓鬼　餓鬼自飽滿
我若向修羅　惡心自調伏
我若向畜生　自得大智慧

發是願已。至心稱念我之名字。亦應專念我本師阿彌陀如來。然後即當誦此陀羅尼神呪。一宿誦滿五遍。除滅身中百千萬億劫生死重罪。觀世音菩薩復白佛言。世尊若諸人天。誦持大悲章句者。臨命終時十方諸佛皆來授手。欲生何等佛❶上。隨願皆得往生。復白佛言。世尊若諸衆生。誦持大悲神呪墮三惡道者。我誓不成正覺。誦持大悲神呪者。若不生諸佛國者。我誓不成正覺。誦持大悲神呪者。若不得無量三昧辯才者。我誓不成正覺。誦持大悲神呪者。於現在生中一切所求若不果遂者。不得爲大悲心陀羅尼也。唯除不善除不至誠。若諸女人厭賤女身欲成男子身。誦持大悲陀羅尼章句。若不轉女身成男子身者。我誓不成正覺。生少疑心者必不果遂也。若諸衆生侵損常住飲食財物。千佛出世不通懺悔。縱懺亦不除滅。今誦大悲神呪即得除滅。若侵損食用常住飲食財物。要對十方師懺謝然始除滅。今誦大悲陀羅尼時。十方師即來爲作證明。一切罪障悉皆消滅。一切十惡五逆。謗人謗法破齋破戒。破塔壞寺偸僧祇物汚淨梵行。如是等一切惡業重罪悉皆滅盡。唯除一事於呪生疑者。乃至小罪輕業亦不得滅。何況重罪。雖不即滅重罪。猶能遠作菩提之因。復白佛言世尊。若諸人天誦持大悲心呪者。得十五種善生。不受十五種惡死也。其惡死者。一切不令其飢餓困苦死。二者不爲枷禁杖楚死。三者不爲怨家讐對死。四者不爲軍陣相殺死。五者不爲豺狼惡獸殘害死。六者不爲毒蛇蚖蠍所中死。七者不爲水火焚漂死。八者不爲毒藥所中死。九者不爲蠱毒害死。十者不爲狂亂失念死。十一者不爲山樹崖岸墜落死。十二者不爲惡人厭魅死。十三者不爲邪神惡鬼得便死。十四者不爲惡病纏身死。十五者不爲非分自害死。誦持大悲神呪者。不被如是十五種惡死也。得十五種善生者。一者所生之處常逢善王。二者常生善國。三者常値好時。四者常逢善友。五者身根常得具足。六者道心純熟。七者不犯禁戒。八者所有眷屬恩義和順。九者資具財食常得豐足。十者恒得他人恭敬扶接。十一者所有財寶無他劫奪。十二者意欲所求皆悉稱遂。十三者龍天善神恒常擁衞。十四者所生之處見佛聞法。十五者所聞正法悟甚深義。若有誦持大悲心陀羅尼者。得如是等十五種善生也。一切天人應當誦持勿生懈怠。觀世音菩薩說是語已。於衆會前合掌正住。於諸衆生起大悲心開顏含笑。即說如是廣大圓滿無礙大悲心大陀羅尼神妙章句陀羅尼曰

南無喝囉怛那哆囉夜㖿一 南無阿唎㖿二 婆盧羯帝爍鉢囉㖿三 菩提薩跢婆㖿四 摩訶薩跢婆㖿五 摩訶迦盧尼迦㖿六 唵七上聲 薩皤囉罰曳八 數怛那怛寫九 南無悉吉利埵伊蒙阿唎㖿十 婆盧吉帝 室佛囉楞馱婆十一 南無那囉謹墀十二 醯唎摩訶皤哆沙咩羊鳴音十三 薩婆阿他豆輸朋十四 阿逝孕十五 薩婆薩哆那摩婆伽十六 摩罰特豆十七 怛姪他十八 唵阿婆盧醯十九 盧迦帝二十 迦羅帝二十一 夷醯唎二十二 摩訶菩提薩埵二十三 薩婆薩婆二十四 摩羅摩羅二十五 摩醯摩醯唎馱孕二十六 俱盧俱盧羯懞二十七 度盧度盧罰闍耶帝二十八 摩訶罰闍耶帝二十九 陀羅陀羅三十 地利尼三十一 室佛囉耶三十二 遮羅遮羅三十三 摩摩罰摩囉三十四 穆帝嚟三十五 伊醯移醯三十六 室那室那三十七 阿囉嵾佛囉舍利三十八 罰沙罰嵾三十九 佛囉舍耶四十 呼嚧呼嚧摩囉四十一 呼嚧呼嚧醯利四十二 娑囉娑囉四十三 悉利悉利四十四 蘇嚧蘇嚧四十五 菩提夜菩提夜四十六 菩馱夜菩馱夜四十七 彌帝利夜四十八 那囉謹墀四十九 地唎瑟尼那五十 波夜摩那五十一 娑婆訶五十二 悉陀夜五十三 娑婆訶五十四 摩訶悉陀夜五十五 娑婆訶五十六 悉陀喩藝五十七 室皤囉耶五十八 娑婆訶五十九 那囉謹墀六十 娑婆訶六十一 摩囉那囉六十二 娑婆訶六十三 悉囉僧阿穆佉耶六十四 娑婆訶六十五 娑婆摩訶阿悉陀夜六十六 娑婆訶六十七 者吉囉阿悉陀夜六十八 娑婆訶六十九 波陀摩羯悉陀夜七十 娑婆訶七十一 那囉謹墀皤伽囉㖿七十二 娑婆訶七十三 摩婆利勝羯囉夜七十四 娑婆訶七十五 南無喝囉怛那哆囉夜耶七十六 南無阿唎㖿七十七 婆嚧吉帝七十八 爍皤囉夜七十九 娑婆訶八十 唵悉殿都曼哆囉鉢馱耶八十一 娑婆訶八十二」

觀世音菩薩說此呪已。大地六變震動。天雨寶華繽紛而下。十方諸佛悉皆歡喜。天魔外道恐怖毛竪。一切衆會皆獲果證。或得須陀



❶上＝土？

洹果。或得斯陀含果。或得阿那含果。或得阿羅漢果者。或得一地二地三地四地五地。乃至十地者。無量衆生發菩提心

爾時大梵天王從座而起。整理衣服合掌恭敬。白觀世音菩薩言。善哉大士我從昔來經無量佛會。聞種種法種種陀羅尼。未曾聞說如此無礙大悲心大悲陀羅尼神妙章句。唯願大士爲我。說此陀羅尼形貌狀相。我等大衆願樂欲聞。觀世音菩薩告梵王言。汝爲方便利益一切衆生故。作如是問。汝今善聽吾爲汝等略說少耳。觀世音菩薩言。大慈悲心是平等心。是無爲心是無染著心。是空觀心是恭敬心。是卑下心是無雜亂心無見取心。是無上菩提心。是當知如是等心卽是陀羅尼相貌。汝當依此而修行之。大梵王言。我等大衆今始識此陀羅尼相貌。從今受持不敢忘失。觀世音言。若善男子善女人。誦持此神呪者。發廣大菩提心。誓度一切衆生身持齋戒。於諸衆生起平等心。常誦此呪莫令斷絕。住於淨室澡浴淸淨著淨衣服。懸旛然燈香華百味飮食以用供養。制心一處更莫異緣。如法誦持。是時當有日光菩薩月光菩薩。與無量神仙。來爲作證益其効驗。我時當以千眼照見千手護持。從是以往所有世間經書悉能受持。一切外道法術韋陀典籍亦能通達。誦持此神呪者。世間八萬四千種病。悉皆治之無不差者。亦能使令一切鬼神。降諸天魔制諸外道。若在山野誦經坐禪。有諸山精雜魅魍魎鬼神。橫相惱亂心不安定者。誦此呪一遍是。諸鬼神悉皆被縛也。若能如法誦持。於諸衆生起慈悲心者。我時當勅一切善神龍王金剛密迹。常隨衛護不離其側。如護眼睛如護己命。說偈勅曰

我遣密跡金剛士　烏芻君荼鴦俱尸
八部力士賞迦羅　常當擁護受持者
我遣摩醯那羅延　金剛羅陀迦毘羅
常當擁護受持者　我遣婆馺婆樓羅
滿善車鉢眞陀羅　常當擁護受持者
我遣薩遮摩和羅　鳩闌單吒半祇羅
常當擁護受持者　我遣畢婆伽羅王
應德毘多薩和羅　常當擁護受持者
我遣梵摩三鉢羅　五部淨居炎摩羅
常當擁護受持者　我遣釋王三十三
大辯功德婆怛那　常當擁護受持者
我遣提頭賴吒王　神母女等大力衆
常當擁護受持者　我遣毘樓勒叉王
毘樓博叉毘沙門　常當擁護受持者
我遣金色孔雀王　二十八部大仙衆
常當擁護受持者　我遣摩尼跋陀羅
散支大將弗羅婆　常當擁護受持者
我遣難陀跋難陀　婆伽羅龍伊鉢羅
常當擁護受持者　我遣脩羅乾闥婆
迦樓緊那摩睺羅　常當擁護受持者
我遣水火雷電神　鳩槃茶王毘舍闍
常當擁護受持者

是諸善神及神龍王神母女等。各有五百眷屬。大力夜叉常隨擁護。誦持大悲神呪者。其人若在空山曠野獨宿孤眠。是諸善神番代宿衛辟除災障。若在深山迷失道路。誦此呪故善神龍王。化作善人示其正道。若在山林曠野乏少水火。龍王護故化出水火。觀世音菩薩復爲誦持者。說消除災禍淸涼之偈

若行曠野山澤中　逢値虎狼諸惡獸
蛇蚖精魅魍魎鬼　聞誦此呪莫能害
若行江湖滄海間　毒龍蛟龍摩竭獸
夜叉羅剎魚黿鼈　聞誦此呪自藏隱
若逢軍陣賊圍繞　或被惡人奪財寶
至誠稱誦大悲呪　彼起慈心復道歸
若爲王官收錄身　囹圄禁閉杻械鎖
至誠稱誦大悲呪　官自開恩釋放還
若入野道蠱毒家　飮食有藥欲相害
至誠稱誦大悲呪　毒藥變成甘露漿
女人臨難生產時　邪魔遮障苦難忍
至誠稱誦大悲呪　鬼神退散安樂生
惡龍疫鬼行毒氣　熱病侵陵命欲終
至心稱誦大悲呪　疫病消除壽命長
龍鬼流行諸毒腫　癰瘡膿血痛叵堪
至心稱誦大悲呪　三唾毒腫隨口消
衆生濁惡起不善　厭魅呪詛結怨讎
至心稱誦大悲呪　厭魅還著於本人
惡生濁亂法滅時　婬欲火盛心迷倒
棄背妻婿外貪染　晝夜邪思無暫停
若能稱誦大悲呪　婬欲火滅邪心除
我若廣讚呪功力　一劫稱揚無盡期

爾時觀世音菩薩告梵天言。誦此呪五遍。取五色線作索。呪二十一遍結作二十一結繫項。此陀羅尼是過去九十九億恒河沙諸佛

一〇八

所說。彼等諸佛爲諸行人。修行六度未滿足者速令滿足故。未發菩提心者速令發心故。若聲聞人未證果者速令證故。若三千大千世界內諸神仙人。未發無上菩提心者令速發心故。若諸衆生未得大乘信根者。以此陀羅尼威神力故。令其大乘種子法芽增長。以我方便慈悲力故。令其所須皆得成辦。大三千大千世界。幽隱闇處三塗衆生。聞我此呪皆得離苦。有諸菩薩未階初住者速令得故。乃至令得十住地故。又令得到佛地故。自然成就三十二相八十隨形好。若聲聞人聞此陀羅尼一經耳者。修行書寫此陀羅尼者。以質直心如法而住者。四沙門果不求自得。若三千大千世界內。山河石壁四大海水能令涌沸。須彌山及鐵圍山能令搖動。又令碎如微塵。其中衆生悉令發無上菩提心。若諸衆生現世求願者。於三七日淨持齋戒。誦此陀羅尼必果所願。從生死際至生死際。一切惡業並皆滅盡。三千大千世界內。一切諸佛菩薩。梵釋四天王神仙龍王悉皆證知。若諸人天誦持此陀羅尼者。其人若在江河大海中。沐浴其中衆生，得此人浴身之水霑著其身。一切惡業重罪悉皆消滅。即得轉生他方淨土。蓮華化生不受胎身濕卵之身。何況受持讀誦者。若誦持者行於道路。大風時來吹此人身毛髮衣服。餘風下過諸類衆生。得其人颺身風吹著身者。一切重罪惡業並皆滅盡。更不受三惡道報常生佛前。當知受持者福德果報不可思議。誦持此陀羅尼者。口中所出言音若善若惡。一切天魔外道天龍鬼神聞者，皆是清淨法音。皆於其人起恭敬心。尊重如佛。誦持此陀羅尼者。當知其人即是佛身藏。九十九億恒河沙諸佛所愛惜故。當知其人即是光明身。一切如來光明照故。當知其人是慈悲藏。恒以陀羅尼救衆生故。當知其人是妙法藏。普攝一切諸陀羅尼門故。當知其人是禪定藏。百千三昧常現前故。當知其人是虛空藏。常以空慧觀衆生故。當知其人是無畏藏。龍天善神常護持故。當知其人是妙語藏。口中陀羅尼音無斷絕故，當知其人是常住藏。三災惡劫不能壞故。當知其人是解脫藏。天魔外道不能稽留故。當知其人是藥王藏。常以陀羅尼療衆生病故。當知其人是神通藏。遊諸佛國得自在故。其人功德讚不可盡。善男子若復有人。厭世間苦求長生樂者。在閑淨處清淨結界。呪衣著，若水若食若香若藥皆呪一百八遍。服必得長命。若能如法結界依法受持。一切成就。其結界法者。取刀呪二十一遍，劃地爲界。或取淨水呪二十一遍，散著四方爲界。或取白芥子呪二十一遍。擲著四方爲界。或以想到處爲界。或取淨灰呪二十一遍爲界。或呪五色線二十一遍。圍繞四邊爲界。皆得。若能如法受持自然剋果。若聞此陀羅尼名字者。尚滅無量劫生死重罪。何況誦持者。若得此神呪誦者。當知其人已曾供養無量諸佛。廣種善根。若能爲諸衆生拔其苦難。如法誦持者，當知其人即是具大悲者。成佛不久。所見衆生皆悉爲誦。令彼耳聞與作菩提因。是人功德無量無邊讚不可盡。若能精誠用心身持齋戒。爲一切衆生懺悔先業之罪。亦自懺謝無量劫來種種惡業。口中颰颰誦此陀羅尼聲聲不絕者。四沙門果此生即證。其利根有慧觀方便者。十地果位剋獲不難。何況世間小小福報，所有求願無不果遂者也。若欲使鬼者。取野髑髏淨洗。於千眼像前設壇場。以種種香華飲食祭之。日日如是七日。必來現身隨人使令。若欲使四天王者。呪檀香燒之。由此菩薩大悲願力深重故。亦爲此陀羅尼威神廣大故。佛告阿難，若有國土災難起時。是土國王若以正法治國。寬縱人物不枉衆生赦諸有過。七日七夜身心精進誦持如是大悲心陀羅尼神呪。令彼國土一切災難悉皆除滅。五穀豐登萬姓安樂。又若爲於他國怨敵。數來侵擾百姓不安。大臣謀叛疫氣流行。水旱不調日月失度。如是種種災難起時。當造千眼大悲心像面向西方。以種種香華幢幡寶蓋或百味飲食至心。供養。其王又能七日七夜身心精進。誦持如是陀羅尼神妙章句。外國怨敵即自降伏。各還政治不相擾惱。國土通同慈心相向。王子百官皆行忠赤。妃后婇女孝敬向王。諸龍鬼神擁護其國。雨澤順時果實豐饒人民歡樂。又若家內遇大惡病百怪競起。鬼神邪魔耗亂其家惡人橫造口舌以相謀害。室家大小內外不和者。當向千眼大悲像前設其壇場。至心念觀世音菩薩。誦此陀羅尼滿其千遍。如上惡事悉皆消滅

永得安隱

阿難白佛言。世尊此呪名何云何受持。佛告阿難。如是神呪有種種名。一名廣大圓滿。一名無礙大悲。一名救苦陀羅尼。一名延壽陀羅尼。一名滅惡趣陀羅尼。一名破惡業障陀羅尼。一名滿願陀羅尼。一名隨心自在陀羅尼。一名速超上地陀羅尼。如是受持。阿難白佛言。世尊此菩薩摩訶薩名字何等。善能宣說如是陀羅尼。佛言此菩薩名觀世音自在。亦名撚索亦名千光眼。善男子此觀世音菩薩。不可思議威神之力。已於過去無量劫中。已作佛竟號正法明如來。大悲願力。為欲發起一切菩薩。安樂成熟諸眾生故現作菩薩。汝等大眾諸菩薩摩訶薩梵釋龍神。皆應恭敬莫生輕慢。一切人天常須供養專稱名號。得無量福滅無量罪。命終往生阿彌陀佛國。佛告阿難。此觀世音菩薩所說神呪真實不虛。若欲請此菩薩來。呪拙具羅香三七遍燒菩薩即來(拙具羅香安息香也)若有猫兒所著者。取弭哩吒那(死猫兒頭骨也)燒作灰。和淨土泥。捻作猫兒形。於千眼像前。呪鑌鐵刀子一百八遍。段段割之亦一百八段。遍遍一呪一稱彼名。即永差不著。若為蠱毒所害者取藥劫布羅(龍腦香也)和拙具羅香。各等分,以井華水一升。和煎取一升。於千眼像前呪一百八遍。服即差。若為惡蛇蠍所螫者。取乾薑末呪一七遍。著瘡中立即除差。若為惡怨橫相謀害者。取淨土或麵或蠟捻作本形。於千眼像前。呪鑌鐵刀一百八遍。一呪一截一稱彼名。燒盡一百八段。彼即歡喜終身厚重相愛敬。若有患眼睛壞者。若青盲眼暗者。若白暈赤膜無光明者。取訶梨勒果 菴摩勒果 鞞醯勒果 三種各一顆。擣破細研。當研時唯須護淨。莫使新產婦人及猪狗見。口中念佛。以白蜜若人乳汁。和封眼中。著其人乳要須男孩子母乳。女母乳不成。其藥和竟。還須千眼像前呪一千八遍。著眼中滿七日。在深室慎風。眼睛還生。青盲白暈者光奇盛也。若患瘧病著者。取虎豹豺狼皮呪三七遍。披著身上即差。師子皮最上。若被蛇螫。取被螫人結聹。呪三七遍著瘡中即差。若患惡瘧入心悶絕欲死者。取桃膠一顆。大小亦如桃顆。清水一升和煎取半升呪七遍頓服盡即差。其藥莫使婦人煎。若患傳屍鬼氣伏屍連病者。取拙具羅香呪三七遍。燒熏鼻孔中。又取七丸如兔糞。呪三七遍吞即差。慎酒肉五辛及惡罵。若取摩那屎羅(雄黃是也)和白芥子印成鹽。呪三七遍。於病兒床下燒。其作病兒即魔掣迸走不敢住也。若患耳聾者。呪胡麻油著耳中即差。若患一邊偏風耳鼻不通手脚不隨者。取胡麻油煎青木香。呪三七遍。摩拭身上永得除差。又方取純牛酥。呪三七遍摩亦差。若患難產者。取胡麻油呪三七遍。摩產婦臍中及玉門中即易生。若婦人懷妊子死腹中。取阿波末利伽草(牛膝草也)一大兩。清水二升和煎取一升。呪三七遍。服即出一無苦痛。胎衣不出者。亦服此藥即差。若卒患心痛不可忍者。名遁屍疰。取君柱魯香(薰陸香)乳頭成者一顆。呪三七遍。口中嚼咽不限多少。令變吐即差。慎五辛酒肉。若被火燒瘡。取熱瞿摩夷(烏牛屎也)呪三七遍。塗瘡上即差。若患蛔蟲齩心。取骨魯末遮(白馬屎也)半升。呪三七遍服即差。重者一升。蟲如綟索出來。若患丁瘡者。取凌鎖葉擣取汁。呪三七遍。瀝著瘡上即拔根出立差。若患蠅螫眼中。骨魯怛佉(新驢屎也)濾取汁。呪三七遍。夜臥著眼中即差。若患腹中痛。和井華水和印成鹽三七顆。呪三七遍服半升即差。若患赤眼者。及眼中有努肉及有翳者。取奢奢彌葉(苟杞葉也)擣濾取汁。呪三七遍。浸青錢一宿更呪七遍著眼中即差。若患畏夜不安恐怖出入驚怕者。取白線作索。呪三七遍作二十一結繫項。恐怖即除。非但除怖亦得滅罪。若家內橫起災難者。取石榴枝寸截一千八段。兩頭塗酥酪蜜。一呪一燒盡千八遍一切災難悉皆除滅。要在佛前作之。若取白菖蒲呪三七遍。繫著右臂上。一切鬪處論義處皆得勝他。若取奢奢彌葉枝柯寸截。兩頭塗真牛酥白蜜牛酥。一呪一燒盡一千八段。日別三時時別一千八遍。滿七日呪師自悟通智也。若欲降伏大力鬼神者。取阿唎瑟迦柴(木患子也)呪七七遍。火中燒。還須塗酥酪蜜。要須於大悲心像前作之。若取胡嚧遮那(牛黃是也)一大兩。著瑠璃瓶中。置大悲心像前。呪一百八遍。塗身點額一切天龍鬼神人及非人皆悉歡喜也。若有身被枷鎖者。取白鴿糞呪一百八遍。塗於手上用摩枷鎖。枷鎖自脫也。若有夫婦不和狀如水火者。取鴛鴦尾。於大悲心像前呪一千八遍。帶彼即終身歡喜相愛敬。 若有被蟲食田苗及五果子者。取淨灰淨沙或淨水。呪三七遍。散田苗四邊蟲即退散也。 果樹兼呪水灑者樹上。蟲不敢食果也。佛告阿難。若爲富饒種種珍寶資具者。當於如意珠手。若爲種種不安求安隱者。當於羂索手。若爲腹中諸病。當於寶鉢手。若爲降伏一切魍魎鬼神者。當於寶劍手。若爲降伏一切天魔神者。當於跋折羅手。若爲摧伏一切怨敵者。當於金剛杵手。若爲一切處怖畏不安者。當於施無畏手。若爲眼闇無光明者。當於日精摩尼手。若爲熱毒病求清涼者。當於月精摩尼手。若爲榮官益職者。當於寶弓手。若爲諸善朋友早相逢者。當於寶箭手。若爲身上種種病者。當於楊枝手。若爲除身上惡障難者。當於白拂手。若爲一切善和眷屬者。當於胡瓶手。若爲辟除一切虎狼豺豹諸惡獸者。當於旁牌手。若爲一切時處好離官難者。當於斧鉞手。若爲男女僕使者。當於玉環手。若爲種種功德者。當於白蓮華手。若爲欲得往生十方淨土者。當於清蓮華手。若爲大智慧者。當於寶鏡手。若爲面見十方一切諸佛者。當於紫蓮華手。若爲地中伏藏者。當於寶篋手。若爲仙道者。當於五色雲手。若爲生梵天者。當於軍遲手。若爲往生諸天宮者。當於紅蓮華手。若爲辟除他方逆賊者。當於寶戟手。若爲召呼一切諸天善神者。當於寶螺手。若爲使令一切鬼神者。當於髑髏杖手。若爲十方諸佛速來授手者。當於數珠手。若爲成就一切上妙梵音聲者。當於寶鐸手。若爲口業辭辯巧妙者。當於寶印手。若爲善神龍王常來擁護者。當於俱尸鐵鉤手。若爲慈悲覆護一切衆生者。當於錫杖手。若爲一切衆生常相恭敬愛念者。當於合掌手。若爲生生之衆不離諸佛邊者。當於化佛手。若爲生生世世常在佛宮殿中。不處胎藏中受身者。當於化宮殿手。若爲多聞廣學者。當於寶經手。若爲從今身至佛身菩提心常不退轉者。當於不退金輪手。若爲十方諸佛速來摩頂授記者。當於頂上化佛手。若爲果蓏諸穀稼者。當於蒲萄手。如是可求之法有其千條。今粗略說少耳

日光菩薩爲受持大悲心陀羅尼者。 說大神呪而擁護之

南無勃陀瞿上聲那上聲迷一 南無達摩莫訶低二 南無僧伽多夜泥三 底丁以切哩部畢薩當沒切咄登沒切檐納摩

誦此呪滅一切罪。亦能辟魔及除天災。若誦一遍禮佛一拜。如是日別三時誦呪禮佛。未來之世所受身處。當得一一相貌端正可喜果報

月光菩薩亦復爲諸行人。 說陀羅尼呪而擁護之

深低帝屠蘇吒一 阿若蜜帝烏都吒二 深耆吒三 波賴帝四 耶彌若吒烏都吒五 拘羅帝吒耆摩吒六 沙婆訶

誦此呪五遍。取五色線作呪索。痛處繫。此呪乃是過去四十恒河沙諸佛所說。我今亦說。爲諸行人作擁護故。除一切障難故。除一切惡病痛故。成就一切諸善法故。遠離一切諸怖畏故。佛告阿難。汝當深心清淨受持此陀羅尼。廣宣流布於閻浮提莫令斷絕。此陀羅尼能大利益三界衆生。一切患苦縈身者。以此陀羅尼治之無有不差者。 此大神呪呪乾枯樹。尚得生枝柯華果。何況有情有識衆生。身有病患治之不差者必無是處。 善男子此陀羅尼威神之力。 不可思議不可思議歎莫能盡。若不過去久遠已來廣種善根。乃至名字不可得聞。何況得見。汝等大衆天人龍神。聞我讚歎皆應隨喜。若有謗此呪者。即爲謗彼九十九億恒河沙諸佛。 若於此陀羅尼生疑不信者。當知其人永失大利。百千萬劫常淪惡趣無有出期。常不見佛不聞法不覩僧。一切衆會菩薩摩訶薩。 金剛密跡梵釋四天龍鬼神。聞佛如來讚歎此陀羅尼。皆悉歡喜奉教修行

千手千眼觀世音菩薩廣大圓滿無礙大悲心陀羅尼經

## II.
## Text des *Ch'ien-shou ch'ien-yen ta pei ch'an-fa*, Ausgabe: Kamata Shigeo, *Chûgoku no bukkyô girei*, Tôkyô 1986, S. 928-932

# 千手千眼大悲懺法

千手千眼大悲懺法

南無大悲觀世音菩薩三稱出聲

一切恭敬

一心頂禮十方常住三寶一拜起立主懺白云

是諸眾等　各各胡跪

嚴持香花　如法供養

願此香花雲　遍滿十方界

一一諸佛土　無量香莊嚴

具足菩薩道　成就如來香

我此香花徧十方。以為微妙光明臺。諸天音樂天寶香。諸天肴饍天寶衣。不可思議妙法塵。一一塵出一切塵。一一塵出一切法。旋轉無礙互莊嚴。徧至十方三寶前。十方法界三寶前。悉有我身修供養。一一皆悉徧法界。彼彼無雜無障礙。盡未來際作

佛事。普熏法界諸眾生。蒙熏皆發菩提心。同入無生証佛智。

供養已一切恭敬

南無過去正法明如來現前觀世音菩薩成妙功德具大慈悲於一身心現千手眼照見法界護持眾生令發廣大道心教持圓滿神咒永離惡道得生佛前無間重愆纏身惡疾莫能救濟悉使消除三昧辯才現生求願皆令果遂決定無疑能使速獲三乘早登佛地威神之力歎莫能窮故我一心歸命頂禮

一心頂禮本師釋迦牟尼世尊

諸位皆須五體投地勤重致禮想云能禮所禮性空寂感應道交難思議我此道場如帝珠釋迦如來影現中我身影現釋迦前頭面接足皈命禮至禮阿彌陀佛即云阿彌陀佛影現中云云禮法想云真空法性如虛空常住法寶難思議我身影現法寶前一心如法皈命禮禮僧準上禮佛但改為菩薩等唯禮觀音云為求滅障接足禮此是懺主故再稱本號並維那引磬一聲眾起下同例

一心頂禮西方極樂世界阿彌陀世尊

一心頂禮過去無量億劫千光王靜住世尊

一心頂禮過去九十九億殑伽沙諸佛世尊

一心頂禮過去無量劫正法明世尊

一心頂禮十方一切諸佛世尊

一心頂禮賢劫千佛三世一切諸佛世尊

一心頂禮廣大圓滿無礙大悲心大陀羅尼神妙章句三稱三拜想云法性如空不可見常住法難思議我今三業如法請惟願顯現受供養

一心頂禮觀音所說諸陀羅尼及十方三世一切尊法

一心頂禮千手千眼大慈大悲觀世音自在菩薩摩訶薩三稱三拜想云能禮所禮性空寂感應道交難思議我此道場如帝珠大悲菩薩影現中我身影現大悲前為求滅障接足禮

一心頂禮大勢至菩薩摩訶薩

一心頂禮總持王菩薩摩訶薩

一心頂禮日光菩薩月光菩薩摩訶薩

一心頂禮寶王菩薩藥王菩薩藥上菩薩摩訶薩

一心頂禮華嚴菩薩大莊嚴菩薩寶藏菩薩摩訶薩

一心頂禮德藏菩薩金剛藏菩薩虛空藏菩薩摩訶薩

一心頂禮彌勒菩薩普賢菩薩文殊師利菩薩摩訶薩

一心頂禮十方三世一切菩薩摩訶薩

一心頂禮摩訶迦葉無量無數大聲聞僧

一心頂禮開天台教觀四明尊者法智大師

一心代為善吒梵摩瞿婆伽天子護世四王天龍八部童目天女虛空神江海神泉源神河沼神藥草樹林神舍宅神水神火神風神土神山神地神宮殿神等及守護持呪一切天龍鬼神各及眷屬頂禮三寶

此一段唯啟請用

頂禮畢問訊主鳴磬眾胡跪上香主按磬舉云

經云若有比丘比丘尼優婆塞優婆夷童男童女欲誦持者於諸眾生起慈悲心先當從我發如是願眾隨舉

以下一字一擊引磬

南無大悲觀世音　願我速知一切法
南無大悲觀世音　願我早得智慧眼
南無大悲觀世音　願我速度一切衆
南無大悲觀世音　願我早得善方便
南無大悲觀世音　願我速乘般若船
南無大悲觀世音　願我早得越苦海

南無大悲觀世音　願我速得戒定道
南無大悲觀世音　願我早登涅槃山
南無大悲觀世音　願我速會無爲舍
南無大悲觀世音　願我早同法性身
我若向刀山　刀山自摧折　我若向火湯
火湯自枯竭　我若向地獄　地獄自消滅

我若向餓鬼　餓鬼自飽滿　我若向修羅
惡心自調伏　我若向畜生　自得大智慧
南無觀世音菩薩十聲
南無阿彌陀佛十聲
觀世音菩薩白佛言。世尊。若諸衆生。誦持大
悲神咒。墮三惡道者。我誓不成正覺。誦持

大悲神咒。若不生諸佛國者。我誓不成正
覺。誦持大悲神咒。若不得無量三昧辯才
者。我誓不成正覺。誦持大悲神咒。於現在
生中。一切所求若不果遂者。不得爲大悲
心陀羅尼也。乃至說是語已。於衆會前。合
掌正住。於諸衆生。起大悲心。開顏含笑。即

說如是廣大圓滿無礙大悲心大陀羅尼
神妙章句陀羅尼曰。
南無喝囉怛那哆囉夜耶。南無阿唎耶。婆盧
羯帝爍鉢囉耶。菩提薩埵婆耶。摩訶薩埵婆
耶。摩訶迦盧尼迦耶。唵。薩皤囉罰曳。數怛那
怛寫。南無悉吉利埵伊蒙阿唎耶。婆盧吉帝

室佛囉楞馱婆。南無那囉謹墀。醯利摩訶皤
哆沙咩。薩婆阿他豆輸朋。阿逝孕。薩婆薩哆
那摩婆薩哆。那摩婆伽。摩罰特豆。怛姪他。唵。
阿婆盧醯。盧迦帝。迦羅帝。夷醯唎。摩訶菩提
薩埵。薩婆薩婆。摩囉摩囉。摩醯摩醯。唎馱孕。
俱盧俱盧。羯懞。度盧度盧。罰闍耶帝。摩訶罰

闍耶帝。陀囉陀囉。地利尼。室佛囉耶。遮囉遮
囉。摩摩罰摩囉。穆帝隸。伊醯伊醯。室那室那。
阿囉嘇。佛囉舍利。罰沙罰嘇。佛囉舍耶。呼嚧
呼嚧摩囉。呼嚧呼嚧醯利。娑囉娑囉。悉利悉
利。蘇嚧蘇嚧。菩提夜。菩提夜。菩馱夜。菩馱夜。
彌帝利夜。那囉謹墀。地利瑟尼那。波夜摩那

娑婆訶。悉陀夜。娑婆訶。摩訶悉陀夜。娑婆訶。
悉陀喻藝。室皤囉耶。娑婆訶。那囉謹墀。娑婆
訶。摩囉那囉。娑婆訶。悉囉僧阿穆佉耶。娑婆
訶。娑婆摩訶阿悉陀夜。娑婆訶。者吉囉阿悉
陀夜。娑婆訶。波陀摩羯悉哆夜。娑婆訶。那囉
謹墀皤伽囉耶。娑婆訶。摩婆利勝羯囉夜。娑

婆訶。南無喝囉怛那哆囉夜耶。南無阿唎耶
婆嚧吉帝。爍皤囉夜。娑婆訶。唵悉殿都。漫哆
囉跋陀耶。娑婆訶。

主者按磬立白云

觀世音菩薩說此咒已。大地六變震動。天雨
寶花。繽紛而下。十方諸佛。悉皆歡喜。天魔

外道。恐怖毛豎。一切衆會。皆獲果證。或得
須陀洹果。或得斯陀含果。或得阿那含果
或得阿羅漢果。或得一地二地。三四五地
乃至十地者。無量衆生。發菩提心。拜下。默念想云

我及衆生。無始常爲三業六根。重罪所障。不見諸佛。不知出要。但順生死。不知妙理。我今雖知。猶與衆生。同爲一切重罪所障。今對觀音。十方佛前。普爲衆生。皈命懺悔。惟願加護。令障消滅。念已合掌唱云。

普爲四恩三有。法界衆生。悉願斷除三障。歸
命懺悔。唱已五體投地。心復念云。我與衆生無始來今。由愛見故。內計我人。外加惡友。不隨喜他一毫之善。唯徧三業。廣造衆罪。事雖不廣。惡心徧布。晝夜相續。無有間斷。覆諱過失。不欲人知。不畏惡道。無慚無愧。撥無因果。故於今日。深信因果。生重慚愧。生大怖畏。發露懺悔。斷相續心。發菩提心。斷惡修善。勤策三業。翻昔重過。隨喜凡聖一毫之善。念十方佛。有大福慧。能救拔我。及諸衆生。從二死海。置三德岸。從無始來。不知諸法。本性空寂。廣造衆惡。今知空寂。爲求菩提。爲衆生故。廣修諸善。徧斷衆惡。惟願觀音慈悲攝受。觀已唱云

至心懺悔。弟子某甲等。與法界一切衆生。現
前一心。本具千法。皆有神力。及以智明。上
等佛心。下同含識。無始闇動。障此靜明。觸

事昏迷．染心縛著．平等法中．起自他想．愛
見爲本．身口爲緣．於諸有中．無罪不造．十
惡五逆．謗法謗人．破戒破齋．毁塔壞寺．偷
僧祇物．污淨梵行．侵損常住．飲食財物．千
佛出世．不通懺悔．如是等罪．無量無邊．捨
玆形命．合墮三途．備嬰諸苦．復於現世．衆

惱交煎．或惡疾縈纏．他緣逼迫．障於道法．
不得熏修．今遇
大悲圓滿神咒．速能滅除如是罪障．故於今
日．至心誦持．歸向
觀世音菩薩．及十方大師．發菩提心．修眞言
行．(音根)與諸衆生發露衆罪．求乞懺悔．畢竟

消除唯願
大悲觀世音菩薩摩訶薩．千手護持．千眼照
見．令我等內外障緣寂滅．自他行(音根)願圓
成．開本見知．制諸魔外．三業精進．修淨土
因．至捨此身．更無他趣．決定得生．
阿彌陀佛極樂世界．親承供養大悲觀音．具

諸總持．廣度群品．皆出苦輪．同到智地
懺悔發願已．歸命禮三寶．
南無十方佛　南無十方法　南無十方僧
南無本師釋迦牟尼佛
南無阿彌陀佛　南無千光王靜住佛
南無廣大圓滿無碍大悲心大陀羅尼

南無千手千眼觀世音菩薩
南無大勢至菩薩
南無總持王菩薩(旋繞已迎至像前．三自歸．)
自皈依佛．當願衆生．體解大道．發無上心．
自皈依法．當願衆生．深入經藏．智慧如海．
自皈依僧．當願衆生．統理大衆．一切無碍．

和南聖衆
南無大悲觀世音菩薩(三稱入說)

## III.

## Abbildungen von Avalokiteśvara aus dem *Fan-yin ta pei chou,* Hong Kong 1928

南無喝囉怛娜哆囉夜㖿一

此是觀世音菩薩夲身大須慈悲
用心誦讀勿高聲神性急

Avalokiteśvara in Grundgestalt

此是觀世音菩薩大丈夫身也

陁羅陁羅 三十

廾九

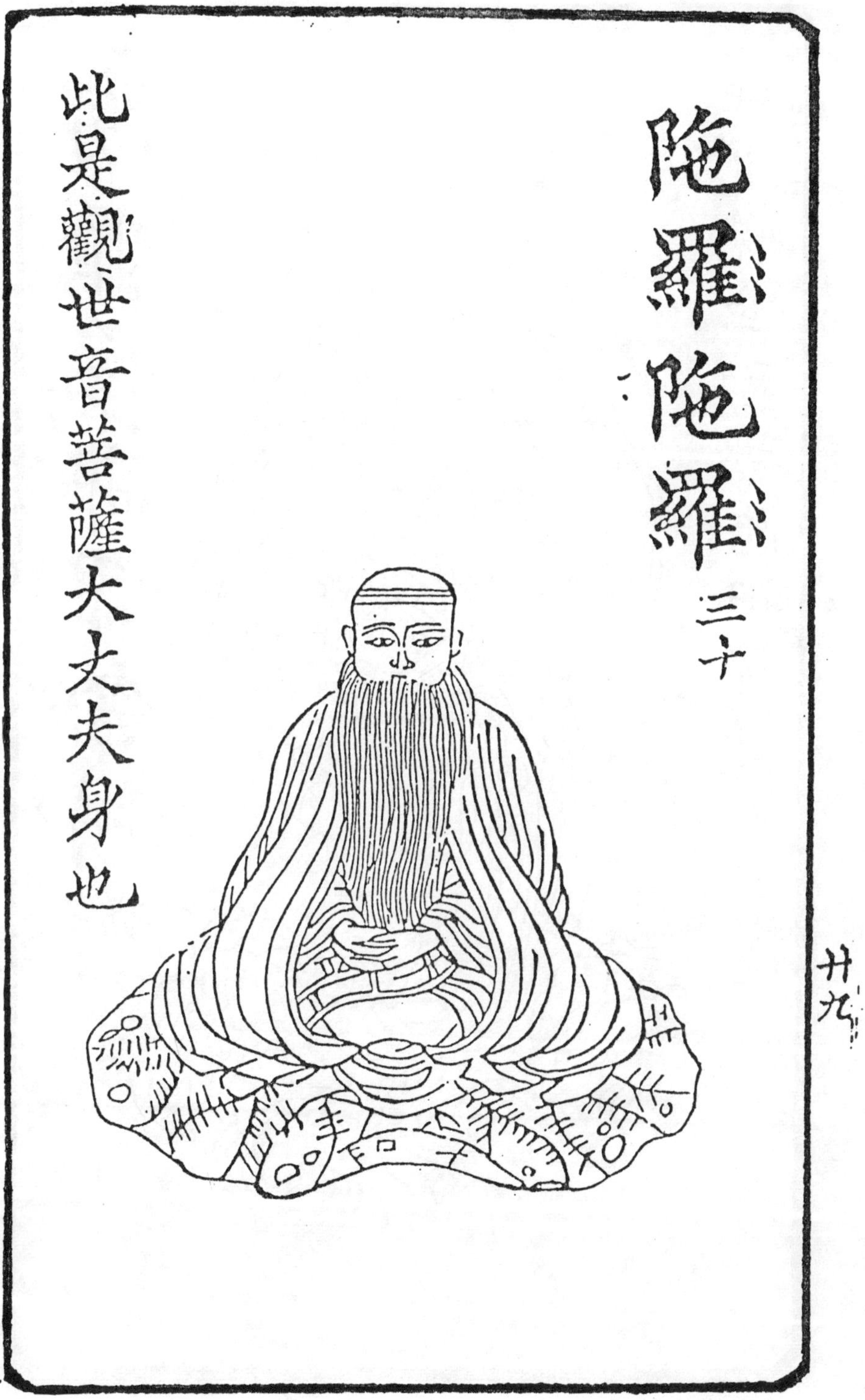

Avalokiteśvara in der Gestalt eines Mahâsatta

阿囉嘇佛囉舍利

三十八

此是觀世音菩薩把牌弩弓箭也

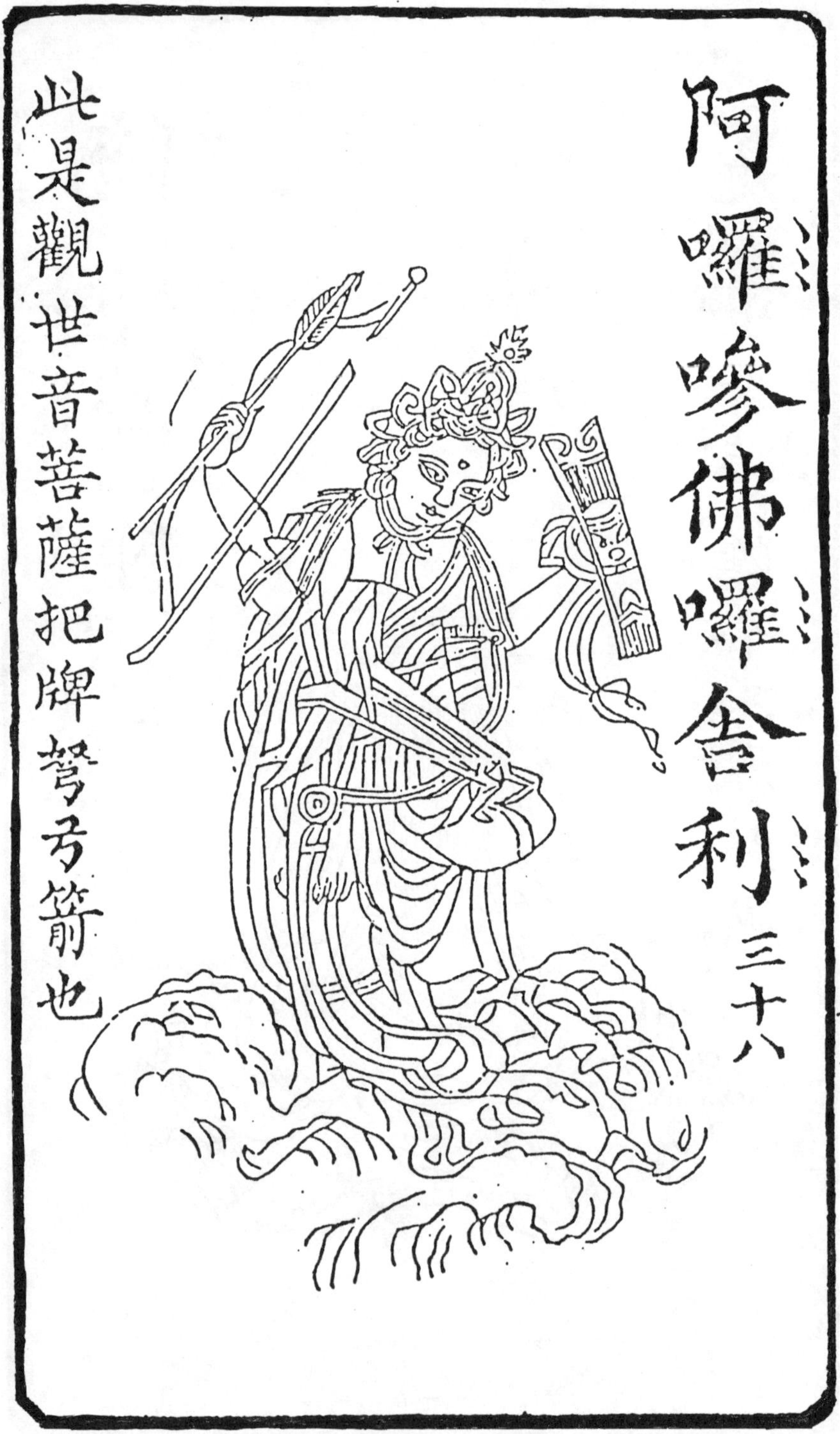

Avalokiteśvara, der Schild, Pfeil und Bogen trägt

娑婆訶 八十四

此是觀世音菩薩解意根分別一切諸法

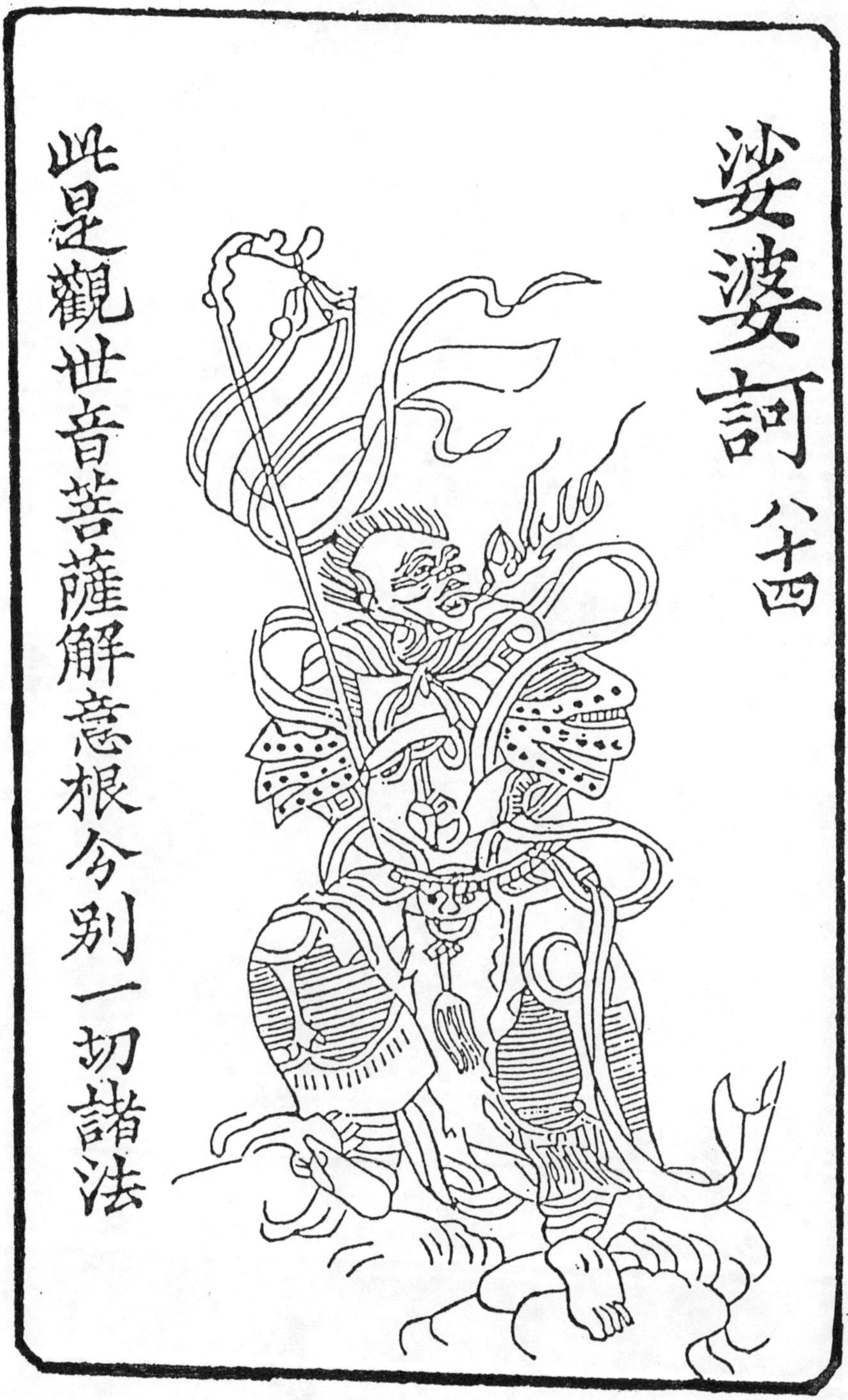

Avalokiteśvara, der die Sinne befreit und alle Dharma unterscheiden läßt

# MONUMENTA SERICA MONOGRAPH SERIES
(ISSN 0179-261X)

Edited by ROMAN MALEK, SVD ■ Institut Monumenta Serica

Arnold-Janssen-Str. 20, D-53754 Sankt Augustin

I. ANTOINE MOSTAERT, C.I.C.M., *Textes ordos recueillis et publiés avec introduction, notes morphologiques, commentaires et glossaire*, Peiping 1937, H. Vetch. [Out of print/vergriffen]

II. MARC VAN DER VALK, *An Outline of Modern Chinese Family Law*, Peking 1939, H. Vetch. [Out of print/vergriffen]

III. WOLFRAM EBERHARD, *Untersuchungen über den Aufbau der chinesischen Kultur. II. Lokalkulturen im Alten China*. Teil 2: *Die Lokalkulturen des Südens und des Ostens*, Peking 1942, Fu Jen Catholic University Press. [Out of print/vergriffen]

IV. WALTER FUCHS, *Der Jesuitenatlas der Kanghsi-Zeit. Seine Entstehungsgeschichte nebst Namenindices für die Karten der Mandjurei, Mongolei, Ostturkestan und Tibet mit Wiedergabe der Jesuiten-Karten in Originalgröße*, Peking 1943, Fu Jen Catholic University Press. [Out of print/ vergriffen]

V. ANTOINE MOSTAERT, C.I.C.M., *Dictionnaire Ordos*, T. I-III, Peking 1941-1944, Fu Jen Catholic University Press. [Out of print/ vergriffen]

VI. A. DE SMEDT, C.I.C.M. - A. MOSTAERT, C.I.C.M., *Le Dialecte Monguor parlé par les Mongols du Kansou occidental.* IIe Partie. *Grammaire*, Peking 1945, Fu Jen Catholic University Press. [Out of print/ vergriffen]

VII. EUGEN FEIFEL, *Geschichte der chinesischen Literatur und ihrer gedanklichen Grundlage*. Nach NAGASAWA KIKUYA *Shina Gakujutsu* übersetzt von ..., Peking 1945, Fu Jen Catholic University Press. [Out of print/vergriffen]

VIII. WALTER FUCHS, *The "Mongol Atlas" of China by Chu Ssu-pen and the Kuang-yü-t'u*. With 48 facsimile maps dating from about 1555, Peking 1946, Fu Jen Catholic University Press. [Out of print/vergriffen]

IX. KARL BÜNGER, *Quellen zur Rechtsgeschichte der T'ang-Zeit*, Peiping 1946, Fu Jen Catholic University Press. Erweiterte Neuauflage: St. Augustin - Nettetal: Steyler Verlag 1993 [In Vorbereitung].

X. WALTHER HEISSIG, *Bolur Erike "Eine Kette aus Bergkristallen". Eine mongolische Chronik der Kienlung-Zeit von Rasipungsug (1774-75)*, Peiping 1946, Fu Jen Catholic University Press. [Out of print/vergriffen]

XI. ANTOINE MOSTAERT, C.I.C.M., *Folklore Ordos. Traduction des "Textes oraux Ordos"*, Peiping 1947, Fu Jen Catholic University Press. [Out of print/ vergriffen]

XII. JOSEPH JOHN SPAE, *Itô Jinsai. A Philosopher, Educator and Sinologist of the Tokugawa Period*, Peiping 1947, Fu Jen Catholic University Press. [Out of print/ vergriffen]

XIII. W. LIEBENTHAL, *The Book of Chao. A Translation from the Original Chinese with Introduction, Notes and Appendices*, Peking 1948, Fu Jen Catholic University Press. [Out of print/vergriffen]

XIV. NOEL BARNARD, *Bronze Casting and Bronze Alloys in Ancient China*. Published Jointly by The Australian National University and Monumenta Serica, Nagoya 1961. [Out of print/vergriffen]

XV. CH'EN YÜAN, *Western and Central Asians in China under the Mongols. - Their Transformation into Chinese*. Translated and annotated by CH'IEN HSING-HAI and L. CARRINGTON GOODRICH, Los Angeles 1966, 328 pp. Reprint: St. Augustin - Nettetal 1989 (paperback). ISBN 3-8050-0243-2

XVI. YEN YÜAN, *Preservation of Learning. With an Introduction on His Life and Thought*. Translated by MANSFIELD FREEMAN, Los Angeles 1972, 215 pp.

XVII. CLAUDIA VON COLLANI, *P. Joachim Bouvet S.J. - Sein Leben und sein Werk*, St. Augustin - Nettetal 1985, 269 S., Abb. ISBN 3-87787-197-6

XVIII. W. SOUTH COBLIN, *A Sinologist's Handlist of Sino-Tibetan Lexical Comparisons*, St. Augustin - Nettetal 1986, 186 pp. ISBN 3-87787-208-5

XIX. GILBERT L. MATTOS, *The Stone Drums of Ch'in*, St. Augustin - Nettetal 1988, 497 pp., Illustr. ISBN 3-8050-0194-0

# MONUMENTA SERICA MONOGRAPH SERIES

**XX.** LIVIA KÖHN, *Seven Steps to the Tao: Sima Chengzhen's "Zuowanglun"*, St. Augustin - Nettetal 1987, 205 pp. ISBN 3-8050-0195-9

**XXI.** KARL-HEINZ POHL, *Cheng Panch'iao. Poet, Painter and Calligrapher*, St. Augustin - Nettetal 1990, 269 pp., Illustr. ISBN 3-8050-0261-0

**XXII.** JEROME HEYNDRICKX (ed.), *Philippe Couplet, S.J. (1623-1693). The Man Who Brought China to Europe*. Jointly published by Institut Monumenta Serica and Ferdinand Verbiest Foundation, Leuven, St. Augustin - Nettetal 1990, 260 pp., Illustr. ISBN 3-8050-0266-1

**XXIII.** ANNE S. GOODRICH, *Peking Paper Gods. A Look at Home Worship*, St. Augustin - Nettetal 1991, 501 pp., Illustrations. ISBN 3-8050-0284-X

**XXIV.** MICHAEL NYLAN, *The Shifting Center: The Original "Great Plan" and Later Readings*, St. Augustin - Nettetal 1992, 211 pp. ISBN 3-8050-0293-9.

**XXV.** ALFONS VÄTH S.J., *Johann Adam Schall von Bell S.J. Missionar in China, kaiserlicher Astronom und Ratgeber am Hofe von Peking 1592-1666. Ein Lebens- und Zeitbild.* Neue Auflage mit einem Nachtrag und Index. Eine gemeinsame Veröffentlichung des China-Zentrums und des Instituts Monumenta Serica, St. Augustin - Nettetal 1991, 421 S., Abb. ISBN 3-8050-0287-4

**XXVI.** JULIA CHING - WILLARD G. OXTOBY, *Moral Enlightenment. Leibniz and Wolff on China*, St. Augustin - Nettetal 1992, 288 pp. ISBN 3-8050-0294-7

**XXVII.** MARIA DOROTHEA REIS-HABITO, *Die Dhāraṇī des Großen Erbarmens des Bodhisattva Avalokiteśvara mit tausend Händen und Augen. Übersetzung und Untersuchung ihrer textlichen Grundlage sowie Erforschung ihres Kultes in China*. St. Augustin - Nettetal 1993, 487 S. ISBN 3-80-50-0296-3

**XXVIII.** NOEL GOLVERS, *The "Astronomia Europaea" of Ferdinand Verbiest, S.J. (Dillingen, 1687). Text, Translation, Notes*. In preparation [1993].

**XXIX.** GERD WÄDOW, *T'ien-fei hsien-sheng lu. "Die Aufzeichnungen von der manifestierten Heiligkeit der Himmelsprinzessin." Einleitung, Übersetzung, Kommentar*, St. Augustin - Nettetal 1992, 374 S., Abb. ISBN 3-8050-0310-2.

**XXX.** JOHN W. WITEK, S.J. (ed.), *Ferdinand Verbiest (1623-1688): Jesuit Missionary, Scientist, Engineer and Diplomat*. In preparation [1993].

**In preparation:**

- RICHARD C. RUDOLPH, *Comprehensive Bibliography of Manchu Studies*. Enlarged and edited by HARTMUT WALRAVENS.
- CH'EN YÜAN, *The "Shih-hui chü-li". On Avoiding the Tabooed Names in China.*

**Other publications:**

- ANNE SWANN GOODRICH, *The Peking Temple of the Eastern Peak. The Tung-yüeh Miao in Peking and Its Lore*, with 20 Plates. Appendix: *Description of the Tung-yüeh Miao of Peking in 1927* by JANET R. TEN BROECK, Nagoya 1964, 331 pp., Illustr.
- ANNE SWANN GOODRICH, *Chinese Hells. The Peking Temple of Eighteen Hells and Chinese Conceptions of Hell*, St. Augustin 1981. Reprint 1989, 167 pp., Illustr.
- *Monumenta Serica. Journal of Oriental Studies. Index to Volumes I-XXXV(1935-1983)*. Compiled and edited by ROMAN MALEK, SVD, Sankt Augustin 1993, 471 S. ISSN 0254-9948; ISBN 3-8050-0312-9

## Place order with:

Steyler Verlag
Bahnhofstraße 9
D-41311 Nettetal
Tel.: 02157/12 02 20
Fax: 02157/12 02 22

**or**

Editorial Office
Institut Monumenta Serica
Arnold-Janssen-Str. 20
D-53754 Sankt Augustin
Tel.: 02241/237 404
Fax: 02241/20 58 41

## MONUMENTA SERICA MONOGRAPH SERIES
## Vol. XIX

### Gilbert L. Mattos

### The Stone Drums of Ch'in

Institut Monumenta Serica, Sankt Augustin
Steyler Verlag, Nettetal 1988
497 pp., Illustr.
ISBN 3-8050-0194-0 ■ ISSN 0179-261X

Discovered early in the 7th century A.D., the ten Stone Drums (*shih-ku*) remain the earliest stone inscriptions unearthed in China to date. The objective of the study of G.L. Mattos is to elucidate as much of these texts as the Sung rubbings (uncovered in the early 1930's) permit and to examine their linguistic and material (i.e., script) properties in the light of other Chou dynasty texts, with the intent of establishing the probable reasons for and date of their manufacture.

*

"Die vorliegende Monographie bietet eine verdienstvolle kritische Edition der ältesten chinesischen Steininschriften und eine übersichtliche Zusammenfassung bisheriger wissenschaftlicher Untersuchungen zu diesen epigraphischen Quellen, ergänzt durch die Resultate intensiver Forschungen des Autors. ... Mattos hat mit der Edition einer begrenzten Gruppe früh-chinesischer Inschriften Pionierarbeit innerhalb der europäischsprachigen Sinologie geleistet, die in ihrer Gediegenheit Maßstäbe gesetzt hat." (*Orientalische Literaturzeitung*)

"... Mattos's book is a giant step forward in the study of the Stone Drum inscriptions. He surveys and discusses all of the previous work which has been done, and applies methodology which in general is more critical than that of his prdecessors." (*Acta Orientalia*)

**Contents:** Part One - Background and Problems (General Description - The Discovery and Transmission of the Stone Drums - The Stone Drum Inscriptions: Their Gradual Loss and Partial Recovery; Dating of the Stone Drums; The Key Issues in Review; The Sequence of the Stone Drum Poems); Part Two - The Stone Drum Texts (Objectives and Methods; Inscriptions: Restoration and Textual Studies); Bibliographies; Maps; Plates; Figures; Tables.

**MONUMENTA SERICA MONOGRAPH SERIES**
**Vol. XX**

**Livia Köhn**

## Seven Steps to the Tao

**Sima Chengzhen's *Zuowanglun***

Institut Monumenta Serica, Sankt Augustin
Steyler Verlag, Nettetal 1987
205 pp., Illustr.
ISBN 3-8050-0195-9 ■ ISSN 0179-261X

The *Zuowanglun*, "Treatise on Sitting in Oblivion," by the Taoist patriarch Sima Chengzhen of the 8th century, is an excellent example for the mysticism aspired to and practiced in medieval China. The text itself outlines the development of the human mind and body toward complete oneness with the Tao in seven steps or stages. Its appendix, found independently also under the title *Dingguan jing*, "Canon on Concentration and Observation," provides practical meditation instructions.

Livia Köhn's book offers complete and thoroughly annotated translations of these most revealing documents on medieval Chinese mysticism. More than that, it places the materials in an historical context and discusses underlying religious and psychological concepts within the framework of traditional Chinese thought. It provides, moreover, an understanding of Taoist spiritual realization in terms of 20th-century psychology. As alien as the ancient tradition of Taoism may ever remain to our experience, in this book we can yet appreciate its understanding of human salvation.

*

"Drawing from the most recent scholarship from China, Japan, and Europe, this slim volume makes important contributions to the history of Chinese religions, T'ang studies, and our understanding of meditation. ... This reader found *Seven Steps to the Tao* an enormously valuable study, full of fresh insights on the great classical traditions." (SUZANNE CAHILL)

*

From the contents: Dating and Lineage of theText; The Seven Steps of Sitting in Oblivion: 1. Respect and Faith, 2. Interception of Karma, 3. Taming the Mind, 4. Detachment from Affairs, 5. True Observation, 6. Intense Concentration, 7. Realizing the Tao; Concepts Underlying the Seven Steps; Steps and Stages in the Mystical System; Modern Psychological Understanding.

**Place order with:**

Steyler Verlag, D-41311 Nettetal, Germany
Tel.: 02157/12 02 20 ■ Fax: 02157/12 02 22

MONUMENTA SERICA MONOGRAPH SERIES
Vol. XXI

Karl-Heinz Pohl

# Cheng Pan-ch'iao
## Poet, Painter and Calligrapher

Institut Monumenta Serica, Sankt Augustin
Steyler Verlag, Nettetal 1990
269 pp., Illustr.
ISBN 3-8050-0261-0 ■ ISSN 0179-261X

Cheng Hsieh (1693-1765), popularly known under his pen-name Cheng Pan-ch'iao, is grouped, as a painter of bamboo and orchids, with the "Eight Eccentrics of Yang-chou" and ranks among the most renowned literati of the late Imperial China. His eminence rests not solely on his literary and artistic achievements but also on his integrity and concern for the common people as a scholar-official. Due to his unconventional behaviour and peculiar combination of poetry, painting, and calligraphy, Cheng gained the reputation of an unrestrained bohemian and eccentric artist. A careful analysis of his writings on literature and art shows, however, that his aesthetic ideals are rooted in the tradition of the literati aesthetics beginning with Su Shih in the Sung period.

The present study attempts to comprehend Cheng's so-called "eccentricity" mainly in the context of the socio-political conditions and changes of the early Ch'ing dynasty (i.e. Ming loyalism, rise of the salt-merchants and their domination of the cultural milieu of Yang-chou) and interprets it as an expression of his political dissent and indignation with declining literati values.

This monograph on Cheng Pan-ch'iao is the first comprehensive study of his life and works in the three scholarly arts in western language. It contains a biography, an exposition and discussion of his views on literature, calligraphy, and painting, as well as translations (his "Inscriptions on Paintings" are entirely translated), interpretations, and illustrations of representative works.

**MONUMENTA SERICA MONOGRAPH SERIES**
**Vol. XXIV**

## Michael Nylan

# The Shifting Center
## The Original "Great Plan" and Later Readings

Institut Monumenta Serica, Sankt Augustin
Steyler Verlag, Nettetal 1992, 211 S.
ISBN 3-8050-0293-9 ■ ISSN 0179-261X

The "Great Plan" ("Hung fan") chapter of the *Book of Documents* (*Shu ching*) is a major source of Confucian political, cosmological, and social theory in early China.

In her on the "Great Plan" and its major commentaries, Michael Nylan explores the exegetical tradition of this significant text, thus following the "shifting center" of Chinese orthodoxy.

The first chapter attempts to reconstruct the original message of the "Plan", its concern with the unification of the state and its focus on techniques for maximizing the ruler's power. The second chapter examines the interpretive changes which accompanied the elevation of the "Plan" from administrative manual to canonical status in the Western Han (206 B.C. - A.D. 8), when it became one of the cornerstones of the *Yin-yang* Five Agents theory. The third chapter demonstrates still another shift in the center of Chinese orthodoxy in eleventh century Sung China. The Appendix reviews scholarly efforts to date the "Plan", concluding with the author's own proposal of a tentative date for the work.

Ms. Nylan's careful examination of the commentaries of the "Great Plan" convincingly illustrates the fact that the Chinese Classics are by no means absolutes but texts which exist as functions of different historical contexts. Her study will be of great importance for anyone interested in Chinese thought.

The book includes the Chinese text of the "Plan" according to Karlgren, and in addition a reproduction of the Chinese text and its translation by Legge, a bibliography, and an index.

**MONUMENTA SERICA MONOGRAPH SERIES**
**Vol. XXV**

# Johann Adam Schall von Bell S.J.
**Missionar in China, kaiserlicher Astronom und Ratgeber am Hofe von Peking 1592-1666**
Ein Lebens- und Zeitbild
von
**ALFONS VÄTH S.J.**
Unter Mitwirkung von LOUIS VAN HEE S.J.

Neue Auflage mit einem Nachtrag und Index

Eine gemeinsame Veröffentlichung
des China-Zentrums und des Instituts Monumenta Serica, Sankt Augustin
Steyler Verlag, Nettetal 1991, 419 S., Abb.
ISSN 0179-261X ■ ISBN 3-8050-0287-4

"What is remarkable is how this work remains to this day a grand tale of narrative history and a veritable mine of information that is unsurpassed in treating its subject. Those interested in its contents would extend beyond specialists to include a semi-popular audience. The scholarly value of the book has been enhanced in the new edition by the addition of a bibliographical addendum by Ms. C. von Collani, in which the bibliography of the first edition is enlarged and brought up to date. In addition, a new index was prepared by Fr. R. Malek, S.V.D. that includes Chinese characters. Finally, a new genealogical tree featuring Schall's relationship to his family was contributed by a contemporary descendant of Fr. Schall, the Graf Schall-Riaucour. This is a surprisingly inexpensive, well-produced hardbound work that would be a valuable addition to any personal or institutional library in the field of Sino-Western cultural relations." (*D.E. Mungello*)

MONUMENTA SERICA MONOGRAPH SERIES
Vol. XXIX

## Gerd Wädow

# *T'ien-fei hsien-sheng lu*

**"Die Aufzeichnungen von der manifestierten Heiligkeit der Himmelsprinzessin"**
**Einleitung, Übersetzung, Kommentar**

Institut Monumenta Serica, Sankt Augustin
Steyler Verlag, Nettetal 1992
374 S., Illustr., Facsimile
ISBN 3-8050-0310-2 ■ ISSN 0179-261X

Die Gottheit T'ien-fei, "Himmelsprinzessin", die in der volksreligiösen Tradition vor allem unter ihrem populären Namen Ma-tsu, "Großmütterchen", bekannt ist, entwickelte sich seit der Sungzeit gleichermaßen zu einer der bedeutendsten staatskultischen wie auch volkstümlichen Gottheiten Chinas.

Der Text *T'ien-fei hsien-sheng lu* (*TF*) ist eine in mehreren Phasen entstandene anonyme Textkompilation "zu Ehren der Gottheit" und datiert nach 1727. In der vorliegenden Arbeit wird die erste vollständige annotierte Übersetzung des *TF* präsentiert; sie will durch die Bereitstellung dieses Quellenmaterials zur Ma-tsu/T'ien-fei-Forschung beitragen, die sich seit einiger Zeit wachsenden Interesses erfreut. Die Übersetzung beinhaltet sämtliche Vor- und Nachworte sowie den Editionsbericht der zugrundeliegenden chinesischen Ausgabe.

Durch die offiziöse Sicht und Absicht der Kompilatoren, die staatsdienerische Bedeutung der Gottheit deutlich herauszustellen, eröffnet der Text den Blick auf eine häufig unzureichend beachtete Facette einer der bemerkenswertesten chinesischen Gottheiten, die im Westen vielfach nur als "volkstümliche Schutzpatronin der Fischer Südchinas" bekannt ist. Er dokumentiert die von den jeweiligen dynastiespezifischen Staatsinteressen geprägte Sicht und Haltung gegenüber der Götterwelt des staatskultischen Pantheons.

Der Text verzeichnet über einen Berichtszeitraum von vier Dynastien offizielle Dekrete zu Verleihungen von Ehrentiteln sowie kaiserliche Proklamationen anläßlich Belehnungen und Opferzeremonien für die Gottheit. Darüberhinaus liegt in einem zweiten Textblock mit 55 Wundergeschichten die exemplarische Legende der Himmelsprinzessin vor.

Die Arbeit enthält außerdem die Reproduktion des chinesischen Textes des *TF* und wird ergänzt durch eine Serie von sieben ch'ingzeitlichen Bildern aus den Beständen der Asiatischen Abteilung des Rijksmuseums Amsterdam, auf denen einige der Legendenepisoden dargestellt sind.

## Anne Swann Goodrich

# The Peking Temple of the Eastern Peak

### The Tung-yüeh Miao in Peking and Its Lore with 20 Plates

**Appendix**

*Description of the Tung-yüeh Miao of Peking in 1927*
by Janet R. Ten Broeck

Monumenta Serica, Nagoya, Japan, 1964
331 pp., Illustr.

The Tung-yüeh Miao in Peking is a veritable pantheon housing hundreds of deities with scores of attendants, presided over by the Great God of the Eastern Peak. Mrs. Goodrich, in her delightful narrative, relates the stories of these deities: how they came to be deified, how they secured the faith and trust of thousands of devotees, and how they managed to accomodate themselves to each other without interfering with the rights and responsibilities of the neighboring deities. Here is the story of how a faithful people, common fold, gradually built up a religious, syncretistic system happily free from any shackles of logic and historical accuracy. Yet it worked so well that the Chinese flocked to this temple at regular intervals. If there is a popular demand, a common need, a private hope or anxiety, there must be a deity who answers to it. If not, people will create such a deity and show that its worship is not useless and therefore justified.

Mrs. Anne S. Goodrich lived in China for seven years, spending most of her time in Peking, but making trips that took her as far north as Jehol, and as far south as Changsha and Canton. In 1923 she married L. Carrington Goodrich. With her husband she has traveled extensively in Asia.

Janet R. Ten Broeck made detailed studies of the Tung-yüeh Miao, part of which she has published, together with Dr. Yiu Tung in *T'oung Pao* XL (1950-1951). She lived in Peking with her husband who for seven years (1920-1927) held a professorship at the Peking Union Medical College.

## Anne Swann Goodrich

## Chinese Hells
### The Peking Temple of Eighteen Hells
### and
### Chinese Conceptions of Hell

Institut Monumenta Serica, Sankt Augustin
Second edition 1989
167 pp., Illustr.

The present book of Mrs. Anne S. Goodrich may be considered a sequel to *The Peking Temple of the Eastern Peak.* The Peking Temple of the Eighteen Hells, she deals with in the first part, was a much smaller institution opposite the Temple of the Eastern Peak. The notes on which the descriptions of both sites are based were taken during frequent visits in the years 1931 and 1932, when Mrs. Goodrich accompanied her husband, late Professor L. Carrington Goodrich, on a study tour.

The commentaries on both places, provided by Mrs. Goodrich's teacher and guide, Mr. Shih, a resident of the area, preserve much of the folk beliefs concerning the world of gods and ghosts. It is very fortunate that Mrs. Goodrich has been able to illustrate her description with numerous photographs generously supplied by Professor Robert des Rotours.

In the second part of the book Mrs. Goodrich goes on to trace the origins of the Chinese ideas of Hell and to give a survey of Chinese descriptions of Hell, particularly those contained in stories of visits to Hell, and of the influence which the belief in an afterlife and in otherworldly punishment had on the practical conduct of people.

Mrs. Goodrich affords a fascinating glance back into the material and spiritual realities of a China which is rapidly disappearing before our eyes in the din of a new era.

# Monumenta Serica
## Journal of Oriental Studies
## Index to Volumes I-XXXV (1935-1983)

Compiled and edited
by
ROMAN MALEK, S.V.D.

Institut Monumenta Serica, Sankt Augustin 1993
471 pp. ISSN 0254-9948

To provide an easier access to the variety of materials included in *Monumenta Serica Journal of Oriental Studies*, a general index to volumes I-XXXV(1935-1983) has been prepared.

This index covers the volumes published in the course of the journal's history of more than five decades. It contains the following parts:

I. Tables of contents in chronological order of the single volumes (I-XXXV);
II. General index of the volumes I-XXXV in alphabetical order of items;
III. Index of the titles and tables of contents of the "Monumenta Serica Monograph Series" (vol. I-XX). The general index also refers to the authors and main subjects of each of the monographs.

The general index of subjects includes all the titles of the articles, the names of authors of articles and reviews, and the key-words concerning the subjects. Every key-word is indicated in the language in which it was written. To each of the non-English key-words references to English terms are added.

The index will be an indispensable tool for the use of *Monumenta Serica* and provides access to a wealth of information gathered in fifty years of sinological studies.